普通高等教育土建学科专业"十一五"规划教材

高校工程管理专业指导委员会规划推荐教材

建筑工程技术经济学
（第三版）

刘长滨等　编著

中国建筑工业出版社

图书在版编目（CIP）数据

建筑工程技术经济学/刘长滨等编著. —3版. —北京：中国建筑工业出版社，2007

普通高等教育土建学科专业"十一五"规划教材.
高校工程管理专业指导委员会规划推荐教材

ISBN 978-7-112-09136-2

Ⅰ.建... Ⅱ.刘... Ⅲ.建筑工程-技术经济学-高等学校-教材 Ⅳ.F407.937

中国版本图书馆 CIP 数据核字（2007）第 025296 号

普通高等教育土建学科专业"十一五"规划教材
高校工程管理专业指导委员会规划推荐教材

建筑工程技术经济学
（第三版）

刘长滨　等编著

*

中国建筑工业出版社出版、发行（北京西郊百万庄）
各地新华书店、建筑书店经销
北京红光制版公司制版
北京市铁成印刷厂印刷

*

开本：787×960 毫米　1/16　印张：23　字数：478 千字
2007 年 4 月第三版　　2011 年 10 月第二十二次印刷
定价：38.00 元
ISBN 978-7-112-09136-2
（20783）

版权所有　翻印必究
如有印装质量问题，可寄本社退换
（邮政编码 100037）

本社网址：http://www.cabp.com.cn
网上书店：http://www.china-building.com.cn

本书内容包括：技术经济的基本概念和基本经济要素、经济性分析的基本原则及应用、资金时间价值及单方案评价、不同条件下多方案经济效果评价、物价变动时的投资分析、设备更新的技术经济分析、不确定性分析、费用效益分析、技术经济方案综合评价、建设项目可行性研究、价值工程、实物期权理论在投资项目决策中的应用，共十三章。每章之后备有思考题或习题，为便于读者使用，书后备有各章习题的参考答案。书后有复利因数表、随机数表和 EXCEL 在财务评价中的应用说明和示例供学习时使用。

本书系统地阐述了技术经济分析中常用的基本理论和基本方法。掌握这些理论和方法并予以灵活应用，可解决实际发生的较为复杂的经济性分析问题。本书可作为高校工程管理专业及理工科建筑工程技术经济学课程教材，也可供研究生、工程技术人员、工程管理人员和经济管理人员参考使用。

＊　　＊　　＊

责任编辑：张　晶
责任设计：赵　力
责任校对：王雪竹　陈晶晶

第三版前言

时光荏苒，光阴似箭，自本书第二版面世以来，转瞬间又过去了 8 年多。在此期间，我国经济持续高速增长，人民生活水平不断提高；高等教育进入了快速发展的时期，社会对高等教育的需求发生了很大的变化。基于上述情况，2005 年全国高校工程管理专业指导委员会决定对该书进行修订再版。

修订后的第三版，仍然保持原书的风格和特色，突出对基本理论、基本知识和基本技能的阐释，同时根据社会的变化和需求，对第二版进行了较大的调整，删除了部分章节，增加了一些章节，调整了部分内容，力图使读者确立正确的经济性分析和思维方式，以适应分析和解决客观存在的大量复杂经济问题的要求。

为便于学习，每章末根据该章的内容和学习要求备有思考题或习题，供读者检验对该章知识的掌握程度。根据很多读者的要求，在书后备有习题参考答案，供读者使用。值得说明的是：之所以称为"参考答案"，是因为有时同一道题可能有多种解法，本书不可能也没有必要将所有解法都一一列出。

完成本书全部内容的讲授约需 60 学时，使用者可根据需要决定取舍，以适应不同的对象和要求。

本书由北京建筑工程学院刘长滨等编著，主编刘长滨。参加撰写的有刘长滨（第一、二、三、四、五、六、七、九、十一、十二章，其中第九章与北京建筑工程学院周晓静合写；第十一章与北京建筑工程学院张卓合写），北京交通大学刘玉明（第八、十三章），北京建筑工程学院咸振强（第十章）；第三、四、五、六章习题参考答案由刘长滨提供，由北京化工大学任继勤校核；第七章习题参考答案由任继勤提供；第八章习题参考答案由刘玉明提供；附录 Ⅳ EXCEL 在财务评价中的应用由咸振强撰写。全书最后由刘长滨审核定稿。

在修订过程中参考了大量的文献资料，在此谨向它们的作者和关心本书再版的读者们表示由衷的感谢。

在本次修订过程中，尽管所有的编著者都做出了最大的努力，但是由于水平所限，仍然会存在缺点和不足，欢迎读者批评指正。

二〇〇七年三月

第二版前言

自本书第一版问世以来，已整整过了6年。随着时光的流逝，我国已由计划经济向市场经济体制过渡。第一版的部分内容需要修改，有些内容和提法需要更新，新的知识需要补充。基于上述原因和1996年5月全国高校建筑与房地产管理学科专业指导委员会的决定，对该书进行修订再版。

修订后的第二版，力求保持第一版的风格和特色，突出了对基本知识、基本理论和基本技能的阐释，试图使读者树立正确的经济性分析的思维方式，以提高解决客观存在的复杂的经济性分析问题的能力。

为便于学习，每章末根据该章的内容备有思考题或练习题，以供读者使用。

完成本书全部内容的课堂讲授约需60学时，亦可根据使用对象和课时安排予以取舍，以适应不同的需求。

本书由北京建筑工程学院刘长滨主编。参加修订的有刘长滨（第一、二、三、四、五、六、七、八、九、十、十一、十三章），周永生（第十四章），哈尔滨建筑大学薛飞提供了第十二章初稿，由吴增玉完成该章的全部撰写工作，全书最后由刘长滨统一定稿。

在修订过程中参考了大量的文献资料，在此谨向它们的作者和关心本书再版的读者们表示衷心的感谢。

本书虽经认真修订，但限于著者的水平，还会存在缺点和不足，欢迎广大读者指正。

一九九八年六月

第一版前言

《建筑工程技术经济学》是在1986年于三亚市召开的编委会议初稿审定后，几经修改撰写而成的。

全书共十三章，全部内容课堂讲授约需60学时，亦可根据使用对象和课时安排予以取舍。

本书由哈尔滨建筑工程学院刘长滨主编，由清华大学卢谦教授担任主审。第三、四、五、六、七、八（除第一节外）、十、十一章由刘长滨撰写；第一、二、九、十二、十三章由武永祥撰写；第八章第一节由芦金峰撰写。全书由刘长滨统一定稿。

本书在撰写过程中参考了大量文献资料，在此谨向它们的作者和担任本书主审的卢谦教授表示衷心的感谢。

本书虽然几经修改，但由于水平有限，定会存在缺点和错误，敬请读者予以指正。

目 录

1 绪论 …………………………………………………………………… 1
　1.1 技术与经济的概念及其相互关系 ………………………………… 1
　1.2 技术经济学的研究对象和特点 …………………………………… 5
　1.3 研究技术经济学的重要意义 ……………………………………… 7
　1.4 建筑工程技术经济学的任务和内容以及与其他课程的关系 …… 10
　　思考题 …………………………………………………………………… 11
2 建筑工程技术经济的基本概念和基本经济要素 ………………… 12
　2.1 经济效益的内容和特点 …………………………………………… 12
　2.2 方案技术经济效果评价原则及其可比条件 ……………………… 14
　2.3 建筑工程经济性分析常用的基本经济要素 ……………………… 17
　　思考题 …………………………………………………………………… 28
3 经济性分析的基本原则及应用 …………………………………… 29
　3.1 经济性分析的基本原则 …………………………………………… 29
　3.2 分摊计算与损益计算 ……………………………………………… 30
　3.3 使用平均成本时应注意的事项 …………………………………… 32
　3.4 损益分歧点与可变费用 …………………………………………… 33
　3.5 利润变动与利润图表 ……………………………………………… 35
　3.6 生产能力状态与考察范围 ………………………………………… 37
　3.7 沉没成本及财务会计 ……………………………………………… 38
　3.8 有利产品的选择 …………………………………………………… 41
　3.9 失败损失 …………………………………………………………… 43
　3.10 技术改进方案的经济性分析 …………………………………… 43
　3.11 降低成本与生产率 ……………………………………………… 45
　　习题 ……………………………………………………………………… 46
4 资金时间价值计算与单方案评价 ………………………………… 51
　4.1 资金的时间价值 …………………………………………………… 51
　4.2 资金时间价值复利计算的基本公式 ……………………………… 53
　4.3 资金时间价值公式推导的假定条件 ……………………………… 57
　4.4 资金时间价值计算公式的应用例题 ……………………………… 58
　4.5 等值的意义、名义利率与实际利率 ……………………………… 60

  4.6 基准收益率、净现值、净年值、净将来值 ·· 62
  4.7 内部收益率与回收期 ·· 65
  4.8 等比型现金流量与物价变动时的资金时间价值计算 ································· 69
  习题 ··· 71

5 不同条件下多方案的经济效果评价 ·· 74
  5.1 利润额和利润率 ·· 74
  5.2 方案选择的目的、条件与类型 ··· 75
  5.3 独立方案的选择 ·· 77
  5.4 互斥方案的选择 ·· 82
  5.5 互斥方案与收益率 ·· 89
  5.6 寿命期不同时的互斥方案选择 ··· 94
  5.7 混合方案的选择 ·· 96
  5.8 投资方案选择的例题 ··· 102
  5.9 投资方案自身的效率与资本的效率 ··· 108
  5.10 收益率法的适用范围 ··· 109
  5.11 应用投资回收期时应注意的事项 ··· 111
  习题 ··· 112

6 物价变动时的投资分析 ·· 118
  6.1 物价变动的两种指标 ··· 118
  6.2 考虑物价变动时的资金时间价值的计算 ·· 118
  6.3 多投资方案的优劣比较 ··· 120
  6.4 物价变动时投资方案的收益率 ·· 122
  6.5 含有不同的价格上升要素时的投资方案比较 ··· 124
  6.6 个别价格变动与实质价格 ·· 127
  6.7 寿命期不同的互斥方案选择与实质价值 ·· 128
  6.8 物价变动时方案评价的应用例题 ··· 130
  习题 ··· 136

7 设备更新的技术经济分析 ·· 139
  7.1 设备的磨损 ··· 139
  7.2 设备的经济寿命 ·· 142
  7.3 更新方案的评价与选择 ··· 151
  习题 ··· 159

8 不确定性分析与风险分析 ·· 160
  8.1 不确定性分析与风险分析概述 ·· 160
  8.2 盈亏平衡分析 ··· 162
  8.3 敏感性分析 ··· 168

8.4　风险分析 …………………………………………………………… 175
　　思考题与习题 …………………………………………………………… 190
9　费用效益分析 …………………………………………………………… 191
　　9.1　概述 ………………………………………………………………… 191
　　9.2　财务费用效益分析 ………………………………………………… 192
　　9.3　经济费用效益分析 ………………………………………………… 199
　　9.4　经济费用效益分析中的影子价格 ………………………………… 204
　　9.5　费用效果分析 ……………………………………………………… 209
　　9.6　建设项目环境影响评价 …………………………………………… 211
　　9.7　区域经济与宏观经济影响分析 …………………………………… 216
　　9.8　建设项目财务评价与国民经济评价的区别 ……………………… 218
　　思考题 …………………………………………………………………… 221
10　方案综合评价 ………………………………………………………… 222
　　10.1　综合评价概述 …………………………………………………… 222
　　10.2　评分综合法 ……………………………………………………… 224
　　10.3　层次分析法 ……………………………………………………… 229
　　10.4　模糊综合评价 …………………………………………………… 236
　　思考题 …………………………………………………………………… 240
11　建设项目可行性研究 ………………………………………………… 241
　　11.1　概述 ……………………………………………………………… 241
　　11.2　可行性研究的阶段 ……………………………………………… 243
　　11.3　可行性研究的内容、步骤和依据 ……………………………… 248
　　11.4　民用建筑可行性研究的特点 …………………………………… 252
　　11.5　改扩建项目的可行性研究 ……………………………………… 253
　　11.6　市政公用设施和房地产开发项目的特点 ……………………… 259
　　思考题 …………………………………………………………………… 260
12　价值工程 ……………………………………………………………… 261
　　12.1　概述 ……………………………………………………………… 261
　　12.2　VE 对象选择和情报资料收集 …………………………………… 265
　　12.3　功能分析、整理和评价 ………………………………………… 270
　　12.4　改进方案的制定与评价 ………………………………………… 277
　　思考题 …………………………………………………………………… 282
13　实物期权理论在项目投资决策中的应用 …………………………… 283
　　13.1　期权理论概述 …………………………………………………… 283
　　13.2　实物期权理论 …………………………………………………… 288
　　13.3　实物期权理论在项目投资决策中的应用 ……………………… 296

思考题 …………………………………………………………… 302
习题参考答案 ………………………………………………………… 303
附录 …………………………………………………………………… 327
　　附录Ⅰ　复利因数表 ………………………………………… 327
　　附录Ⅱ　随机数表 …………………………………………… 347
　　附录Ⅲ　标准正态分布表 …………………………………… 348
　　附录Ⅳ　EXCEL在财务评价中的应用 ……………………… 350
主要参考书目 ………………………………………………………… 357

1 绪 论

1.1 技术与经济的概念及其相互关系

1.1.1 技术的概念

人们往往把科学与技术视为一体，但严格说来，"科学"是人们对客观规律的认识和总结，而"技术"则是人类改造自然的手段和方法，是应用各种科学所揭示的客观规律进行各种产品（或结构、系统及过程）开发、设计和制造所采用的方法、措施、技巧等水平的总称，其目的是为了更好地改造世界，为人类造福。

由于人们对技术的理解不同，技术经济学研究的对象也就不同。从技术经济学的角度来看，技术是科学知识和技术知识的总和，是运用科学原理对自然进行控制与变革的方法和手段，是科学的具体应用。

科学技术是第一生产力，是先进生产力的集中体现和主要标志。

新中国成立 50 多年来，经过几代人艰苦卓绝的持续奋斗，我国科技事业取得了令人鼓舞的巨大成就。以"两弹一星"、载人航天、杂交水稻、陆相成油理论与应用、高性能计算机等为标志的一大批重大科技成就，极大地增强了我国的综合国力，提高了我国的国际地位，振奋了我们的民族精神。同时，还必须认识到，同发达国家相比，我国科学技术总体水平还有较大差距，主要表现为：关键技术自给率低，发明专利数量少；在一些地区特别是中西部农村，技术水平仍比较落后；科学研究质量不够高，优秀拔尖人才比较匮乏；同时，科技投入不足，体制机制还存在不少弊端。目前，我国虽然是一个经济大国，但还不是一个经济强国，一个根本原因就在于创新能力薄弱。

进入 21 世纪，我国作为一个发展中大国，加快科学技术发展、缩小与发达国家的差距，还需要较长时期的艰苦努力，但同时也有着诸多有利条件。一是我国经济持续快速增长和社会进步，对科技发展提出巨大需求，也为科技发展奠定了坚实基础；二是我国已经建立起比较完备的学科体系，拥有丰富的人才资源，部分重要领域的研究开发能力已跻身世界先进行列，具备科学技术大发展的基础和能力；三是坚持对外开放，日趋活跃的国际科技交流与合作，使我们能分享新科技革命成果；四是坚持社会主义制度，能够把集中力量办大事的政治优势和发挥市场机制有效配置资源的基础性作用结合起来，为科技事业的繁荣发展提供重要的制度保证；五是中华民族拥有五千多年的文明史，中华文化博大精深、兼容并蓄，更有利于形成独特的创新文化。只要我们增强民族自信心，贯彻落实科学发展观，深入实施科教兴国战略和人才强国战略，奋起直追、迎头赶上，经过15年乃至更长时间坚韧不拔的艰苦奋斗，就一定能够创造出无愧于时代的辉煌科技成就。

根据全面建设小康社会的紧迫需求、世界科技发展趋势和我国国力现状，必须把握科技发展的战略重点。一是把发展能源、水资源和环境保护技术放在优先位置，下决心解决制约经济社会发展的重大瓶颈问题；二是抓住未来若干年内信息技术更新换代和新材料技术迅猛发展的难得机遇，把获取装备制造业和信息产业核心技术的自主知识产权，作为提高我国产业竞争力的突破口；三是把生物技术作为未来高技术产业迎头赶上的重点，加强生物技术在农业、工业、人口与健康等领域的应用；四是加快发展航天和海洋技术；五是加强基础科学和前沿技术研究，特别是交叉学科的研究。

今后15年，科技工作的指导方针是：自主创新，重点跨越，支撑发展，引领未来。自主创新，就是从增强国家创新能力出发，加强原始创新、集成创新和引进消化吸收再创新；重点跨越，就是坚持有所为、有所不为，选择具有一定基础和优势、关系国计民生和国家安全的关键领域，集中力量、重点突破，实现跨越式发展；支撑发展，就是从现实的紧迫需求出发，着力突破重大关键、共性技术，支撑经济社会的持续协调发展；引领未来，就是着眼长远，超前部署前沿技术和基础研究，创造新的市场需求，培育新兴产业，引领未来经济社会的发展。这一方针是我国半个多世纪科技发展实践经验的概括总结，是面向未来、实现中华民族伟大复兴的重要抉择。

要把提高自主创新能力摆在全部科技工作的突出位置。改革开放20多年来，我国引进了大量技术和装备，对提高产业技术水平、促进经济发展起到了重要作用。但是，必须清醒地看到，只引进技术而不注重其消化吸收和再创新，势必削弱自主研究开发的能力，拉大与世界先进水平的差距。事实告诉我们，在关系国民经济命脉和国家安全的关键领域，真正的核心技术是买不来的。我国要想在激烈的国际竞争中掌握主动权，就必须提高自主创新能力，在若干重要领域掌握一批核心技术，拥有一批自主知识产权，造就一批具有国际竞争力的企业。总之，必须把提高自主创新能力作为国家战略，贯彻到现代化建设的各个方面，贯彻到各个产业、行业和地区，大幅度提高国家竞争力。

科学技术必须通过下面几个途径才能直接转化为生产力：一是随着科学技术的发展，不断改进现有的生产工具和技术装备，创造出前所未有的高效率的生产工具和技术装备，创造出巨大的生产力；二是不断提高劳动对象的质量，扩大劳动对象的领域；三是通过教育、科研和人才开发，把现代科学技术转变为劳动者的知识和技能。

技术发展的任务基本表现在两方面：一方面是它能创造落后技术所不能创造

的产品和劳务，例如宇宙技术、微电子技术、海洋技术、新材料、新能源、新生产技术等；另一方面是它能用更少的人力和物力创造出相同的产品和劳务。

1.1.2 经济的概念

经济包括三个方面的含义：

(1) "经济"指生产关系。从政治经济学角度来看，"经济"是指生产关系和生产力的相互作用，它研究的是生产关系运动的规律。

(2) "经济"指社会生产和再生产。即指物质资料的生产、交换、分配、消费的现象和过程，如国民经济学、部门经济学，它们是研究社会和部门经济发展规律的科学。

(3) "经济"指"节约"。技术经济学研究中较多应用的概念是第三种。主要是指人、财、物、时间等资源的节约和有效使用。对于建筑工程来说，它是指建筑产品全寿命周期所消耗的资源最省。建筑产品全寿命周期费用是指建筑产品在规划、设计、施工、竣工、交付使用、产品拆除、回收利用各个阶段所消耗的全部资源，而不是某一个或几个阶段的消耗最省。

此外，技术经济决策所涉及的经济问题，又多与社会生产和再生产的部门经济发展规律有关，因而技术经济学的经济概念重点是上述的第三种和第二种含义。

1.1.3 技术与经济的关系

经济是技术进步的目的和动力，技术则是经济发展的手段和方法。技术的先进性与经济的合理性是社会发展中一对相互促进、相互制约的既有统一、又有矛盾的统一体。

(1) 在社会再生产活动中，技术和经济是密切联系、相互促进而又相互制约的两个方面，既有矛盾、又有统一。

技术进步是经济发展的重要条件和物质基础。技术一般包括自然技术和社会技术两方面。自然技术是根据生产实践经验和自然科学原理而发展形成的各种工艺操作方法、技能和相应的生产工具及其他物质装备。社会技术是指组织和管理生产及流通的技术。由这两部分组成的技术，是变革物质代谢过程的手段，是科学与生产联系的纽带，是改造自然、变革自然的手段和方法。技术进步是提高劳动生产率、推动经济发展的最为重要的手段和物质基础。人类历史上已经发生了三次世界性的重大技术革命，每一次都是由于有新的科学发现和技术的发展而产生的。这些新的发现和发展导致生产手段和生产方法的重大变革，促进了新的产业部门的建立和经济水平的提高，有力地推动了生产的发展和社会的进步。

第一次世界性的技术革命是18世纪60年代首先从英国开始的，其基础是用煤冶炼矿石和纺织工业机械化，以蒸汽机的广泛使用为主要标志。随着蒸汽机的广泛使用，1807年发明了轮船，1814年发明了火车，使交通运输业得到了巨大的发展，因而大大促进了当时许多国家的工业和商业的发展。

第二次世界性的技术革命发生在19世纪70年代到20世纪初，是以电力作为新能源用于生产开始的。电动机单独驱动使机器的结构简化，设备布置方便，并有利于工业的合理分布。在这一时期，内燃机技术逐渐成熟，相继出现了汽油机和柴油机。在内燃机技术基础上，20世纪建立了汽车工业、拖拉机工业、航空工业等新兴产业。

第三次世界性技术革命是从20世纪40年代开始，以原子能技术、电子计算机和空间技术的发展为标志。

进入21世纪，新科技革命迅猛发展，正孕育着新的重大突破，将深刻地改变经济和社会的面貌。信息科学和技术发展方兴未艾，依然是经济持续增长的主导力量；生命科学和生物技术迅猛发展，将为改善和提高人类生活质量发挥关键作用；能源科学和技术重新升温，为解决世界性的能源与环境问题开辟新的途径；纳米科学和技术新突破接踵而至，将带来深刻的技术革命。基础研究的重大突破，为技术和经济发展展现了新的前景。科学技术应用转化的速度不断加快，造就新的追赶和跨越机会。目前世界各经济发达国家都竞相采用新技术来促进经济发展，而经济的发展又进一步推动技术的进步。

(2) 技术进步促进经济发展，而经济发展则是技术进步的归宿和基础。

经济发展的需要是推动技术进步的动力，任何一项新技术的产生都是经济上的需要引起的。同时技术发展是要受经济条件制约的。一项新技术的发展、应用和完善，主要取决于是否具备必要的经济条件，是否具备广泛使用的可能性，这种可能性包括与采用该项技术相适应的物质和经济条件。

(3) 在技术和经济的关系中，经济占据支配地位。

技术进步是为经济发展服务的，技术是人类进行生产斗争和改善生活的手段，它的产生就具有明显的经济目的。因此，任何一种技术，在推广应用时首先要考虑其经济效果问题。一般情况下，技术的发展会带来经济效果的提高，技术的不断发展过程也正是其经济效果不断提高的过程。随着技术的进步，人类能够用越来越少的人力和物力消耗获得越来越多的产品和劳务。从这方面看，技术和经济是统一的，技术的先进性和它的经济合理性是相一致的。先进技术大都具有较高的经济效果，恰恰是较高的经济效果才决定它是先进的技术。但是，有时新技术缺少社会条件的经济适应性，与经济又是相互矛盾、相互对立的。例如，有的技术在国外的社会综合条件下它是先进的，而引进到国内来，由于电力、运输、原料质量，特别是技术管理水平与技术工人的操作水平等与新技术不协调、不适应，而使新技术发挥不出应有的经济效益。另外，也有的技术，本身并不算很先进，但在一定条件下采用时，经济效益却不错。这是因为任何技术的应用都必然受到当地、当时具体自然条件和社会条件的约束。条件不同，技术带来的经济效果也就不同。随着条件的变化，技术的经济效果也会发生变化，原来经济效果不好的技术会变为经济效果较好，原来经济效果好的技术可以发展为效果更好或变得不好。技术经济学的主要任务，就是研究技术和经济之间的合理关系，找出它们的协调发展规律，促进技术的发展和经济效果的提高。

1.2 技术经济学的研究对象和特点

1.2.1 技术经济学的研究对象

技术经济学是研究工程技术在一定社会、自然条件下的经济效果的科学，它是研究工程技术各种可行方案未来经济效果差异的分析理论与计算方法的科学，它通过经济分析、对比、评价选优等过程，达到确定最适合于实现工程技术所在的客观环境（包括经济与自然环境）的技术政策、技术措施和技术方案的目的。

由此可见，技术经济学的研究对象是技术的经济性问题，包括技术方案、技术政策、技术措施、新材料、新工艺、新技术、新设备的经济问题。凡是技术实践，都必须考虑经济效果，并把经济分析运用于各种技术问题中去，这就是通常所说的技术经济分析。

技术经济学的内容可以概括如下：

(1) 为国家和部门制订各种技术方案、技术政策与技术措施提供经济上的依据。研究技术方案、技术政策与技术措施的技术经济效果的评价理论和方法，并研究新材料、新产品、新工艺、新技术的经济效果评价理论和方法；研究衡量经济效果的指标、指标体系及计算方法；此外尚需研究技术经济效果的各种预测、决策方法。

(2) 研究多个技术可行方案选优方法与改进方案的途径，特别要研究如何选择最优方案和如何开展价值工程等问题。

(3) 研究并提出技术经济效果的途径，创造各种可行的方案。

1.2.2 技术经济学的特点

技术经济学是技术和经济相结合的综合性的边缘科学，因此具有边缘学科的特点，即一门学科采用另一门学科的理论与方法，或一门学科的内容同另一门学科的内容有机的结合而成的新学科。技术经济学必须以自然规律为基础，但不同于技术科学研究自然规律本身，它又不同于其他经济科学研究经济规律本身，而是以经济科学作为理论指导和方法论。技术经济学的任务不是创造和发明新技术，而是对成熟的技术和新技术进行经济性分析、比较和评价，从经济的角度为技术的采用和发展提供决策依据。技术经济学也不去研究经济规律，它是在尊重客观经济规律的前提下，对技术方案的经济效果进行分析和评价。

技术经济学具有如下特点：

(1) 技术经济学强调的是技术可行基础上的"经济分析"。

技术经济学的研究内容是在技术上可行的条件已确定后,也就是在技术可行性研究的基础上,进行经济合理性的研究与论证工作。技术经济学不包括应由工程技术学研究解决技术可行性的分析论证内容,它是为技术可行性提供经济依据,并为改进技术方案提供符合社会采纳条件的改进方案的途径。

(2) 工程技术的经济分析和评价与所处的客观环境(自然环境与社会环境)关系密切。

工程技术方案的优选过程必须受到客观条件的制约,技术经济学是研究工程技术在某种特定的社会经济环境下的效果的科学,它是把技术问题放在社会的政治、经济与自然环境的大系统中加以综合分析、综合评价的科学,因此技术经济学的特点之一是系统的综合评价。

(3) 技术经济学是对新技术各可行方案的未来的"差异"进行经济效果分析比较的科学。

因而,遵循"有无对比"的原则。"有无对比"是指"有方案"相对于"无方案"(即保持现状)的对比分析,或"有项目"与"无项目"的对比分析。

比较和分类,是认识事物的基本逻辑方法。科学研究中的比较,要求能在表现差异极大的事物之间看出它们在本质上的共同点,在表现极为相似的事物之间看出它们在本质上的差异点。分类是在比较的基础上,根据共同点将事物归结为较大的类;根据差异点,将事物划分为较小的类。技术经济效果比较,就是寻找技术可行方案中的共同点(共性),比较基础与其异点(个性),而正是这些差异表现了方案之间的区别和方案之优劣。

所以,技术经济学的着眼点,除研究各方案经济可行性与合理性之外,还要放在各方案之间的经济效果的差别上,把各方案中等同的因素在具体分析中略去,以简化方案的分析和计算的工作量。

(4) 技术经济学所讨论的经济效果问题几乎都和"未来"有关。

它的着眼点是"未来",即遵循"过去属于死神,未来属于自己"的思维方式,也就是对技术政策、技术措施制定以后,或技术方案被采纳后,将要带来的经济效果进行计算、分析与比较。技术经济学关心的不是某方案已经花费了多少代价,而是从现在开始将会发生什么,即不考虑"沉没成本"(过去发生的,而在今后的决策过程中,我们已无法控制和改变的,已经用去的那一部分费用)的多少,而只考虑从现在起采用各个方案时其费用效果如何,在可能的方案中,执行哪个或哪些方案其经济效益最佳。

既然技术经济学讨论的是各方案"未来"的经济效果问题,而方案执行期可能很长,特别是建设项目,有时涉及几十年,在这么长的时间内,就不可避免地会产生各种不确定性。所以,就意味着要对方案所涉及的时间范围内可能的"不确定性因素"与"随机因素"进行预测,并对他们进行不确定性分析,以便确定他们对方案的影响及影响程度，这不仅将关系到技术效果评价计算的结果，有时甚至会影响方案的取舍。因此技术经济学是建立在预测基础上的科学。

综上所述，技术经济学具有很强的技术和经济的综合性、系统性、方案差异的对比性、对未来的预测性以及方案的优选性等特点。

1.3 研究技术经济学的重要意义

技术经济学既是研究技术的经济效果的科学，又是对生产建设中采用的技术方案、技术措施、技术政策进行技术经济评价的科学，因此，应用技术经济学的理论和方法，加强生产建设过程中的技术经济分析和研究，对于提高生产建设中的经济效果，走具有中国特色的经济建设新路子，无疑是有积极的现实意义。

新中国成立以来，在经济建设中取得的成功经验和失误教训，反复证明了进行技术经济分析和讲求经济效果的极端重要性。早在我国的第一个五年计划期间，每建设一个工程项目之前，也曾搞过"方案研究"、"建设意见书"、"技术经济论证"等，虽然研究的工作比较粗浅，但还是发挥了一定的作用，取得了较好的技术经济效果。在此期间，以156项为核心的大中型建设项目，从规划、选址、设计、施工到竣工验收的各个环节都有一定程度的技术经济分析，特别是在初步设计阶段进行技术经济论证，以判断项目方案在技术上的先进性和经济上的合理性。因此，这些项目是按基本建设程序建设起来的，建设速度快、质量较好、投产后能很快地达到设计能力，其中大多数项目现在还是我国国民经济的骨干企业，仍然较好地发挥效益。实践证明，在大规模经济建设中，进行技术经济分析和论证，把决策工作放在可靠基础上是完全必要的，也是非常正确的。

20世纪60年代初，国家提出了"调整、巩固、充实、提高"的经济建设方针，制定了1963~1972年科学技术的十年发展规划。这个规划为了适应经济建设的需要，从正反两方面总结了我国自己的技术经济理论和方法，同时还吸收了前苏联的行之有效的技术经济理论和方法。因此，20世纪60年代初期是我国技术经济学的重要发展时期。

十年动乱期间，已初步形成的以提高经济效果为中心的经济发展路线被取消，国民经济的发展遭到很大程度的破坏。纵观解放后的前30年，我国经济建设的经济效益是很低的。自1952~1978年我国进行了大量的固定资产投资，而固定资产交付使用率仅达68.50%。又如，某部门对在此期间投产的33个项目进行统计，达到设计能力的只有15.20%，达到设计能力50%~80%的项目只占33.3%，而大多数项目还不到设计能力的一半。1980年与1952年相比，工农业产值增长了8.1倍，国民收入增长了4.2倍，工业固定资产增长26倍，而全国人民的平均消费水平仅提高一倍。从"一五"到"五五"时期，每百元积累增加的国民收入由35元下降到22元；每百元国民收入消耗的物资总量却由"一五"

时期的 79 元增加到"五五"时期的 127 元，建设一个大中型项目的建设周期由"一五"时期 6 年左右增加到"五五"时期的 14 年左右。产生这些问题的原因是多方面的。除政治与经济关系处理不当，国民经济管理体制本身产生的弊病、生产关系上急于过渡、生产上单纯追求产值等原因外，宏观决策失误，不对建设项目进行可行性研究和技术经济论证，盲目地将大批经济效益很低的项目上马也是重要的原因之一。

党的十一届三中全会以后，技术经济学受到了广泛的重视并得以迅速发展。国家在经济建设中，强调加强投资前期工作的重要性，要求进行可行性研究和技术经济分析，鼓励多方案比较，从中选出花钱少、收效快的方案，并把经济效益作为衡量一切经济工作的主要标志。1978 年 11 月成立了中国技术经济研究会，此后许多省市和部门成立了具有地区特点的技术经济研究会或学会，1980 年中国社会科学院成立了全国第一个技术经济研究所，很多地区和部门也相继成立了技术经济研究机构。许多大学开设了技术经济课程，有些学校还设立技术经济专业。特别是"1978~1985 年全国科学技术发展规划"明确要求，必须广泛开展技术经济研究，并把技术经济与管理现代化结合在一起编制了我国技术经济科学和管理现代化科学长远发展规划。这个规划为技术经济学的发展指明了方向和道路。

20 世纪 90 年代是我国经济建设实现"四化"宏伟目标关键的 10 年，在此期间，我国经济建设飞速发展，在建设项目建设过程中普遍开展了技术经济分析论证工作，与此同时，技术经济的理论、方法也得到了发展和丰富。

从经济学角度看，人类在 20 世纪取得了巨大的收益，但同时，也付出了昂贵的代价。20 世纪以来，随着科技进步和经济的迅猛发展，人类干预大自然的能力和规模空前增长。回顾 20 世纪的发展历程，可以发现，地球上发生了三种影响深远的变化：一是人类物质文明高度发达。社会生产力的极大提高和经济规模的空前扩大，创造了前所未有的物质财富，大大推动了人类文明的进程。二是人口的过度增长。二战结束后，世界人口增长速度加快，从 30 亿增加到 40 亿用了 15 年，从 40 亿增加到 50 亿用了 12 年，而至 21 世纪到来时，全球人口数已经突破了 60 亿，增加这 10 亿人口用了不到 10 年的时间。三是生态环境遭受严重损害。由于自然资源的过度开发与消耗和污染物质的大量排放，导致了全球性的资源短缺、环境污染和生态破坏。由于人们长期以来片面追求产值的经济畸形发展和不合理的消费方式，既浪费了宝贵的自然资源，又向环境倾注了大量有毒、有害的污染物，使自然环境不断恶化，严重影响了人类生活质量，阻碍了福利的增长。据联合国环境规划署负责人克劳斯·特普费尔于 1998 年 7 月 18 日在法国《问题》周刊发表题为"环境——地球上的十大祸患"的论文指出，威胁人类的十大环境祸患是：土壤遭到破坏、气候变化和能源浪费、生物的多样性减少、森林面积减少、淡水资源受到威胁、化学污染、混乱的城市化、海洋的过度开发和沿海地带被污染、空气污染、极地臭氧层空洞。显然，人类已经开始遭受全球生态系统破坏的"回报"。这种反作用的强度之大、涉及范围之广与持续时间之长都是惊人的，并且其恢复的经济代价与时间代价难以计算。根据现在的发展趋势，恶劣的自然环境已经严重威胁到当代人的生存与发展。一系列严峻的挑战说明人类的生存环境状况已经严重恶化，当代人的经济发展已经威胁到作为同一物种的后代人的发展利益甚至生存。因此，自20世纪80年代末期可持续发展思想提出以来，很快就得到国际学术界的广泛认同，"可持续发展"这个名词至今也成为全球使用频率最高的词汇之一。不论是发达国家，还是发展中国家，人们对社会、经济发展与生态环境相协调的可持续发展观已达成共识，对它的研究与实践也将直接关系到人类自身的前途与命运。

可持续发展理论所试图解决的是人类的发展危机，为了研究和解决人类的发展危机，相继产生或者发展了诸如生态经济学、资源经济学、环境经济学、生态哲学、环境社会学等学科，它们从经济学、生态学、社会学等学科传统与范式出发，从多个侧面解释与研究人类的发展问题。

进入21世纪以来，转变增长方式、建立循环经济和构建环境友好型社会，已是摆在我们面前的迫切任务。现在我们正站在一个新的历史起点上，同时处在一个非常重要的关口。在世界范围内，以大量消耗原材料和能源为特征的传统经济正在逐渐失去昔日的荣耀。由资源依赖型转向创新驱动型，真正实现经济增长方式的转变，已成为正处于快速城镇化、工业化和机动化的中国经济发展面临的非常迫切的重大战略选择。在未来30年内，我国还需建造400亿平方米的新建筑，建筑数量和建设速度都属于世界发展史上所罕见。建筑属于长期的消费品，不可能进行频繁地更新。延长建筑使用寿命或装修期限，就意味着能源和资源的大量节约和环境污染的减少。

建筑是指为人们提供健康、舒适、安全的居住、工作和活动的空间，同时在建筑全生命周期（物料生产、建筑规划、设计、施工、运营维护及拆除、回用过程）中实现高效率的利用资源（能源、土地、水、材料等）、最低限度的影响环境的建筑物。今后的建筑应该是以节约能源、有效利用资源的方式，建造出能在低的环境负荷情况下运行的安全、健康、高效及舒适的空间，使得人及建筑与环境共生共荣、永续发展，促进建筑、人、城市与环境和谐发展目标的实现。

如何从我国目前国情出发，更有效地利用现有资源，更好地制定技术经济政策、技术经济措施，更好地对技术方案进行技术经济分析和论证，对于技术经济学的研究、应用和发展都具有十分重要的意义。

综上所述，经济建设和生产建设都要求把技术经济学和技术经济分析放在十分重要的地位，要求技术经济研究为制定技术政策、技术措施、技术方案提供经济上的依据。我们应从中国实际出发，吸取国外技术经济学的理论和方法之精华，不断完善符合我国现代化经济建设需要的技术经济学。

1.4 建筑工程技术经济学的任务和内容以及与其他课程的关系

1.4.1 建筑工程技术经济学的任务

技术经济学有许多分支,例如工业技术经济、农业技术经济、运输技术经济、能源技术经济、建筑工程技术经济等。建筑工程技术经济学是技术经济学的理论和方法在建筑工程技术政策和技术方案中的具体应用。

建筑工程技术经济学研究的中心问题,是建筑工程技术发展中的经济效果问题。在建筑工程技术发展过程中,存在着技术方案的技术可行与经济合理的分析、评价和优选等问题。因此它的主要任务,就是要选择技术上、经济上最优和最合理的方案,使建筑工程技术方案的技术与经济两方面得到最优的统一。

其次,它的任务应为国家和建设部门制定建筑工程技术政策、技术方案和技术措施提供经济依据。

再次,它将促进建筑工程新技术的发展等。

1.4.2 建筑工程技术经济学的内容

建筑工程技术经济学的内容大体上可归纳为三个组成部分,它们是:

(1) 第一部分是属于技术经济学理论的方法部分,以及结合建筑工程的技术经济理论和方法的部分。中心问题是技术经济效果及经济效益的问题。这是研究的基础和起点。

(2) 第二部分是围绕建筑生产全过程的技术方案的经济问题,它可分为下列诸问题:①建设前期的工程项目的可行性研究的经济问题;②建设期的规划设计的经济问题;③施工与管理的经济问题;④工程交付使用的经济问题;⑤工程改造(扩建与改建)的经济问题。这些问题是我们研究的重点。

(3) 第三部分是建筑工程材料、制品与构件的经济问题。这些问题也是我们关心的基本经济问题。

1.4.3 建筑工程技术经济学与其他相关学科的关系

建筑业的生产与管理涉及面较广,经济问题是多方面的。根据研究的对象、范围和任务,大体可分为四个方面:建筑(部门)经济学、建筑企业管理学、建筑工程施工组织学以及建筑工程技术经济学。每个方面都各自有明确的研究对象和任务,同时彼此又紧密相连而互有交叉,从而组成完整的建筑工程领域中经济学的体系。

(1) "建筑经济学"是建筑业的部门宏观经济学,它的研究对象是整个建筑业发展中经济现象、规律和问题。

研究的主要内容是整个建筑业的管理体制、建筑生产的社会组织形式、建筑业的生产计划、物资供应、劳动工资、建筑产品的价格与利润、经济核算等。

研究目的在于探求建筑业发展的经济规律，改进管理，完善生产关系，以促进建筑生产技术的发展和提高建设业活动的经济效果。

建筑经济学是用马克思主义的政治经济学的理论基础在分析、研究建筑业的经济规律方面的运用。建筑经济学属于社会科学范畴。

(2)"建筑企业管理学"研究对象是建筑企业勘察、设计、施工、安装、构配件制品等生产管理的经济活动。

研究的主要内容是建筑企业内部的生产组织、计划、技术、质量、材料、设备、劳动工资、财务方面的经营管理问题，其目的在于提高企业的经营管理水平和经济效益。建筑企业管理学属于微观经济学范畴。

(3)"建筑工程施工组织学"的研究对象，是建筑工程项目施工安装全过程的组织管理活动。通过优选施工组织方案和编制施工计划，以实现多、快、好、省地完成工程建设的目的，即达到提高工程的经济效果的目的。它属于微观经济学范畴。

(4)"建筑工程技术经济学"是建筑工程技术学科和经济学科的边缘科学，它所研究的中心问题是建筑工程技术发展中经济效果问题，属于微观经济学范畴。

在上述学科体系中，建筑技术经济学与建筑经济学关系最为密切，它们之间既有必要的交叉，又有各自不同的侧重点。建筑经济学是以定性的方法研究如何自觉地按照客观经济规律促进建筑业的发展，研究的重点是生产关系，以提高全行业的经济效益。建筑技术经济学主要研究建筑业中建筑技术和经济之间的关系，研究的重点是生产力，以定量的方法探讨工程建设过程中的人力、财力、物力和时间的合理运用，以谋求建筑企业乃至建筑行业的最佳经济效益。

思 考 题

1. 什么是技术？什么是经济？技术与经济的关系是什么？
2. 技术经济学研究的对象、内容及其特点是什么？
3. 研究技术经济学具有哪些重要意义？
4. 什么叫建筑工程技术经济学？它包括哪些内容？
5. 建筑工程技术经济学的主要任务是什么？
6. 建筑工程技术经济学与其他相关课程的相互关系是什么？

2 建筑工程技术经济的基本概念和基本经济要素

在进行建筑工程技术经济分析时，都要涉及到很多基本概念和基本经济要素。本章将对其中主要的概念和经济要素进行简单的介绍，为以后有关的知识的学习奠定基础。

2.1 经济效益的内容和特点

2.1.1 技术经济效果的概念

技术方案、技术措施、技术政策以及新材料、新工艺等一切新技术的成败均取决于技术的先进性和经济的合理性。一般说来，技术的先进性和经济的合理性是一致的，但它们之间又存在着一定的矛盾。因此，为了保证技术很好地服务于生产活动和经济活动，就必须研究在当时当地具体条件下采取哪一种技术才能收到较好的经济效果。

技术经济效果是采用的新技术所获得的物质财富（或使用价值）同所花费的社会劳动消耗之比。新技术发展的目的在于最大限度地满足人们日益增长的物质文化需要，在于创造更多的人类所需的物质文化财富，正如马克思指出的那样，"真正的财富在于用尽量少的价值创造出尽量多的使用价值。换句话说，就是在尽量少的劳动时间里创造出尽量丰富的物质财富"（《马克思恩格斯全集》第26卷 第281页）。

经济效果是指生产经营活动或技术改革活动中，劳动耗费（或劳动占用）与取得的劳动成果的比较。劳动耗费是指技术活动、生产活动中活劳动和物化劳动的耗费；劳动占用指生产活动、技术改革活动过程中厂房设备、工具和原材料等的占用；劳动成果指从事生产经营与技术革新等活动所得到的结果，如产量、利润、各项费用与材料的节约等。经济效果的计算公式可表达如下：

$$经济效果 = \frac{劳动成果}{劳动耗费（或劳动占用）} \tag{2-1}$$

或

$$经济效果 = \frac{使用价值}{社会必要劳动} \tag{2-2}$$

或

$$经济效果 = 劳动成果 - 劳动消耗 \tag{2-3}$$

经济效果可以用实物形式表示，如生产单位产品消耗原材料的数量、单位设备的产品率；也可以用价值形式表示，如利润、成本利润率、资金利润率等。当劳动成果与劳动消耗采用同样的计量单位时，可用公式(2-3)计算经济效果的绝对数量，但多数情况是计量单位并不一样，此时用公式(2-1)或公式(2-2)计算经济效果的效益与费用的比例，或产出与投入的差值。

经济效果是衡量人们从事生产经营活动和技术革新活动的成败或成绩大小的重要标志。劳动耗费（或劳动占用）数量愈小，取得的劳动成果或使用价值愈大，说明经济效果愈好；反之，则说明经济效果差。同样，为了获得一定的使用价值或劳动成果，要耗用的劳动越少越好。对于一定的劳动成果来说，劳动消耗越少，经济效果越好。

2.1.2 经济效益的含义

经济效益这个词是20世纪50年代初由俄文"ЭКОНОМИЧЕСКАЯ ЭФФЕКТИВНОСТЬ"翻译过来的，词的原意包含效率的意思。效率高一般指带来的成果多。但是当劳动消耗所取得的劳动成果不能为社会造福，不能为提高人民的物质和文化生活水平带来实际效果时，尽管效率很高，但其实际使用价值并不大。

经济效益一般指人们在物质生产活动或技术改革活动中，消耗一定的活劳动和物化劳动后所能实际取得的符合社会需要的产品数量的大小。在社会主义制度下，生产是为了满足社会的现实需要，即适合现实社会购买力水平和投资水平的需要时，才具有经济效益。在满足社会需要的前提下，投入一定量的活劳动和物化劳动，得到的产品的产出量越多、质量越高，经济效益就越大，反之则越小。这一概念比经济效果的概念更为全面和准确，既包括劳动成果和劳动消耗（劳动占用）的比较，又包含着劳动成果要符合社会的需要、被社会所采用的有用成果。提高经济效益是社会主义经济管理的重要原则，是我国现代化建设的关键。

在具体计算方案的效益或费用时，应在利益相关者分析的基础上，研究在特定的社会经济背景条件下相关利益主体获得的收益及付出的代价。采用的原则是支付意愿原则。

经济效益不包括由于提高生产效率而创造的，不为社会所用的那部分价值。例如，产品由于规格不适用的积压，由于产大于销的积压，或由于其他原因（如运输条件不够）而不能使社会得到实惠的一切生产活动效果，不属于经济效益的一部分。

可见，经济效果和经济效益二者虽然在意义上相近，但考虑问题的角度是有差别的。经济效果是从生产建设的技术活动的角度来考虑，把经济分析渗入到生产建设的技术活动中去，即从生产力的角度考察生产力诸要素的经济问题；它的评价对象是技术方案、技术政策、技术措施（采用新材料、新工艺、新结构、新技术）等技术方面的问题，所以又叫技术经济效果。经济效益不仅从生产建设的技术活动，而且也要从经营管理活动的角度，即从经济基础和上层建筑角度来考察,把经济分析渗入经济管理体制中去。因此研究经济效益的意义更加广泛。

2.1.3 技术方案经济效果的实质

前面已经提到,经济效果最高的方案一定是社会劳动消耗最少的方案,也就是社会劳动生产率最高的方案。

技术活动或生产过程中,消耗的劳动可分为三个部分:第一部分是生产资料的消耗所代表的物化劳动(通常用"C"表示);第二部分是活劳动中的必要劳动部分,即劳动者为自己的那一部分(通常用"V"表示,即工资部分);第三部分是活劳动中的剩余劳动部分,或劳动者为社会作贡献的那一部分活劳动(通常用"m"表示)。($C+V+m$)代表社会劳动的总消耗量。如果用货币表示,C包括固定资产的折旧费、材料费、燃料费、动力费等;V是工资;m是利润。这样,它的经济效果的数学表达式可以表示为:

$$C + V + m = \min \tag{2-4}$$

设 $C+V=E$(E表示成本)

在社会化大生产或商品生产条件下,价值以价格形式表示,这时利润率"P"为单位投资"K"所获得的利润,即"P"就是社会平均资金利润率,将$C+V=E$代入公式(2-4),即得

$$E + PK = \min \tag{2-5}$$

上式中E代表产品在生产或使用过程中所必须不断消耗的部分活劳动和全部物化劳动;PK代表其余部分的活劳动,即剩余劳动;$E+PK$就代表所需要消耗的社会劳动总量,也反映着劳动消耗和劳动占用两者的结合关系。当产出相同时,$E+PK$的总和最小的方案就代表社会劳动消耗最少的方案,也就是经济效果最高的方案。

2.2 方案技术经济效果评价原则及其可比条件

2.2.1 方案效益和费用的计算

建设项目投资所产生的经济费用或效益的计算,应在利益相关者分析的基础上,研究在特定的社会经济背景条件下相关利益主体获得的收益及付出的代价,计算项目相关的费用和效益。所应遵循的原则有:

(1) 支付意愿原则。项目产出物的正面效果的计算应遵循支付意愿(WTP)原则,用于分析社会成员为项目所产出的效益愿意支付的价值。

(2) 受偿意愿原则。项目产出物的负面效果的计算应遵循接受补偿意愿(WTA)原则,用于分析社会成员为接受这种不利影响所得到补偿的价值。

(3) 机会成本原则。项目投入的经济费用的计算应遵循机会成本原则,用于

分析项目所占用的所有资源的机会成本。机会成本应按资源的其他最有效利用所产生的效益进行计算。

(4) 实际价值原则。项目经济费用效益分析应对所有费用和效益采用反映资源真实价值的实际价格进行计算，不考虑通货膨胀因素的影响，但应考虑相对价格的变动。

2.2.2 方案经济评价应遵循的基本原则

在 1.2.2 技术经济学的特点中曾讲到"有项目"与"无项目"的对比分析的问题，值得指出的是，在这两种情况下，效益和费用的计算范围、计算期应保持一致，使其具有可比性。方案经济评价应遵循的基本原则如下：

(1) 效益和费用的计算口径对应一致的原则。将效益和费用限定在同一个范围内，才有可能进行比较，计算的净效益才是项目投入的真实回报。

(2) 收益与风险权衡的原则。投资人关心的是效益指标，但是，对于可能给项目带来风险的因素考虑得不全面，对风险可能造成的损失估计不足，结果往往有可能使项目失败。收益与风险权衡的原则提示投资者，在进行投资决策时，不仅要看到效益，也要关注风险，权衡利弊得失后再进行决策。

(3) 定量分析与定性分析相结合，以定量分析为主的原则。经济评价的本质就是要对拟建项目在整个计算期的经济活动，通过效益与费用的计算，对项目经济效益进行分析和比较。一般来说，项目经济评价要求尽量采用定量指标，但对一些不能量化的经济因素，不能直接进行数量分析，对此要求进行定性分析，并与定量分析结合起来进行评价。

(4) 动态分析与静态分析相结合，以动态分析为主的原则。动态分析是指利用资金时间价值的原理对现金流量进行折现分析。静态分析是指不对现金流量进行折现分析。项目经济评价的核心是折现，所以分析评价要以折现（动态）指标为主。非折现（静态）指标与一般的财务和经济指标内涵基本相同，比较直观，但是只能作为辅助指标。

(5) 节约稀有资源的原则。资源是有限的，无论是资金、不可再生的自然资源、稀有物资等，凡是用在这个项目上，就不能再用于其他项目上。对于稀有资源的使用，要进行择优分配。选优的标准是综合评价单位资源所获得的经济效益。

(6) 从实际出发，正确处理好与其他方面关系的原则。

①正确处理技术与经济的关系

技术先进与经济合理性往往是一对矛盾。如果我们片面地追求先进技术，如片面强调电子技术、计算机技术的作用，脱离我国的实际情况、不全面考虑技术与经济的促进与制约关系，技术不但不能促进我国四化建设，反而会浪费大量的资金；如果处理得当，新技术将有力地促进经济发展。

②正确处理局部的、微观经济效益同全局的、宏观经济效益的关系

企业的、部门的、局部的经济效益若与全局的、国民经济的宏观经济效益出现矛盾时，局部利益应服从整体利益，这是社会主义国家处理个体与集体、局部与整体、地方与国家的利益矛盾时应遵循的原则。但是，应该认识到没有局部的健全的"细胞"，也就组织不成健全的机体。只有处理好这些方面的利益关系，全面衡量多方面的经济效果，才有助于整个社会财富的增长。

③正确处理当前经济效益与长远经济效益的关系

新技术方案评价，不仅要注意近期的经济效果的预测工作，而且要重视将来的发展趋势与远期效果的预测工作。要注意目前的短期的经济效果与远期的经济效果相结合。过去在推广新技术上，往往只注意当前利益，不注意长远利益。在进行工程建设上，大量兴建简易住宅，几年之后又得拆迁，造成很大浪费。此外，还要注意建设阶段的经济效果与投产使用阶段的经济效果相结合，综合考虑，权衡利弊。

④直接经济效益与间接经济效益兼顾

例如，在分析把长江水调运到海河流域的南水北调工程项目的经济评价问题时，不仅要考虑它的直接效果（解决北方缺水灌溉问题与工业供水问题），还应考虑因长江水调走引起的其他问题：如海水从长江口倒灌引起长江三角洲的水质变化、鱼场减产、沙丘淤积以及长江微气候变化等一系列的间接效果问题。只有综合评价直接与间接的利弊之后，才能得出方案经济效益的正确结论。

总之，项目的技术经济评价是一项综合性很强的工作，必须用系统分析的观点进行综合评价与正确处理各方面的矛盾关系，贯穿于项目评价的始终。

2.2.3 技术方案经济比较的可比条件

在对各项技术方案进行评价和优选时，必须遵循可比原则，以保证这些分析、论证既能全面、正确地反映实际情况，又有助于决策的正确选择。方案的可比条件要求技术方案在一些主要方面具有同一性、可比性。它们主要表现在目标与满足需要方面的可比性、消耗费用方面的可比性、价格与基础数据采集方法一致的可比性以及时间因素的可比性等几个方面。

(1) 满足需要、预定目标的可比性

住宅是满足人们居住上的需要，厂房则是满足生产上的需要，它们都需要投资。在比较投资经济效益时，我们只能用住宅的投资与满足同样居住质量标准，解决同样数量的居民需要的不同住宅类型各住宅投资方案进行对比，而不能把解决人民居住需要的住宅投资与解决生产需要的工业厂房投资进行对比。因为它们的预定目标不同，它们满足的是不同的需要，因此没有可比性。

(2) 消耗费用的可比性

方案对比时，对于它们所消耗的费用要进行全面的对比，对每个方案的全过

程所需的费用进行综合对比，而不能只选择其中一部分。没有全面的费用对比，就不可能得出正确的结论。例如，武汉钢厂的 1.7m 轧机是从原西德引进的先进设备。这个项目所消耗的费用，不仅应包括建设期的一切有关费用投资，还应包括使用期的一切费用，除此之外，还应包括这个机器开动时，武汉市为了保证它的电力供应而不得不停止其他工厂的电力而造成其他工厂临时停产所造成的一切损失。只有把一切费用计算在内后，再与其所得利益相比时，才能得出项目的正确的经济效益值。

(3) 价格指标的可比性

在技术经济分析中最通用的办法，是采用价格指标。在资本主义国家全面实行市场经济，产品价格受价值规律支配。不同用途、不同质量的产品的销售价格也不同，所以在对比方案时，不同产品和一种产品的不同规格应按不同价格处理。

例如水泥、玻璃、钢材、黏土砖等材料所实行的价格体系，可能不是按质论价、优质优价，而是大中型企业的产品优质低价，小型企业的产品低质高价。在这种情况下，用现行价格来比较大中小型企业的经济效益，可能得出完全错误的结论。

根据这种错误的结论，常常使耗能高、质量低、不经济的小水泥厂、小钢厂、小砖厂得到发展，而大企业由于经济效益差的假象，反而得不到应有的发展，最后只能使整个国民经济的发展受到不应有的损失。

因此，在进行这类分析比较时，必须作价格修正，使对比方案在相同的、合理的价格基础上进行比较。

(4) 时间因素的可比性

技术经济评价所涉及的项目的经济问题，大都是未来的效果，对未来的预测，一般说，许多方案的建设期、使用期的周期都很长，在技术经济决策中，时间是影响经济效益的重要因素，是在对比中不可忽略的重要影响因素。

不同的技术方案必须符合以下时间方面的可比条件：不同技术方案的经济比较应该采用相等的计算期作为比较基础；同时应该考虑它们由于在人力、物力和资源的投入以及效益发挥的时间先后不同时对国民经济所引起的经济影响的大小。考虑时间因素的分析方法我们称之为动态分析法。

2.3 建筑工程经济性分析常用的基本经济要素

2.3.1 建设工程项目总投资的构成

投资有广义和狭义之别。广义投资指总投资，包括固定资产投资、投资方向调节税（已暂停征收）、建设期利息和流动资金。狭义投资即固定资产投资，是指项目按拟定建设规模（分期建设项目为分期建设规模）、产品方案、建设内容进行建设所需的费用。它是用于购置设备、仪表、建设厂房、构筑物、完善现有技术、工艺、建立新的生产系统和新的企业等方面的资金。通常，这种投资是一次性发生或发生在工程的初始。

建设工程项目总投资由建设投资和流动资产投资构成。建设投资的构成可按概算法分类或按形成资产法分类。

按概算法分类，建设投资由工程费用、工程建设其他费用和预备费用三部分构成。其中工程费用又由建筑工程费（包括各种建筑物、构筑物、各种管道、电力及电讯的敷设、设备基础、各种混凝土和钢结构构件的制作与安装，水利、防空、防洪等工程所花费的费用）、设备购置费（含工具、器具及生产家具购置费）和安装工程费构成；建筑安装工程费用含直接费（包括直接工程费和措施费）、间接费（含规费和企业管理费）、利润和税金构成。工程建设其他费用内容较多，且随着行业和项目的不同而有所区别。预备费包括基本预备费和涨价预备费，其中基本预备费是指在项目实施中可能发生的难以预料的支出、需要预先预留的费用；涨价预备费是指工程项目在建设期内由于物价上涨、汇率变化等因素影响而需要增加的费用。

按形成资产法分类，建设投资由形成固定资产的费用、形成无形资产的费用、形成其他资产的费用和预备费用四部分组成。固定资产费用是指项目投产时将直接形成固定资产的建设投资，包括工程费用和工程建设其他费用中按规定形成固定资产的费用，后者被称为固定资产其他费用，主要包括建设单位管理费、可行性研究费、勘察设计费、环境影响评价费、场地准备及临时设施费、引进技术和引进设备其他费、工程保险费、联合试运转费、特殊设备安全监督及检验费和市政公用设施建设及绿化费等；无形资产费用是指直接形成无形资产的建设投资，主要是专利权、非专利技术、商标权、土地使用权和商誉等；其他资产是指建设投资中除形成固定资产和无形资产以外的部分，如生产准备及开办费等。

对于土地使用权的特殊处理：按照规定，在尚未开发或建造自用项目前，土地使用权作为无形资产核算，房地产开发企业开发商品房时，将其账面价值转入开发成本。因此，为了与以后的折旧和摊销计算相协调，在建设投资估算表中通常可将土地使用权直接列入固定资产其他费用中。

1. 总投资形成的资产

在项目评价中总投资是指项目建设和投入运营所需要的全部投资（其估算范围与现行的投入总资金一致），是建设投资、建设期利息和全部流动资金之和。它区别于目前国家考核建设规模的总投资，即建设投资和30%的流动资金（又称铺底流动资金）。

在建设项目评价中总投资形成的资产可分为以下三种情况。

(1) 形成固定资产，构成固定资产原值的费用包括：

① 工程费用，即建筑工程费、设备购置费和安装工程费；
② 工程建设其他费用；
③ 预备费用，可含基本预备费和涨价预备费；
④ 建设期利息。

(2) 形成无形资产，构成无形资产原值的费用主要包括技术转让费或技术使用费（含专利权和非专利技术）、商标权和商誉等。

(3) 形成其他资产，构成其他资产原值的费用主要包括生产准备费、开办费、出国人员费、来华人员费、图书资料翻译复制费、样品样机购置费和农业开荒费等。

上述固定资产投资中的一部分向国家财政部门核销，不构成固定资产。如生产职工培训费、勘察设计费、施工机构转移费、报废工程损失、拨付其他单位基建费、移交其他单位的未完工程、子弟学校，以及样机、样品的购置费等，对于从国外引进的设备和技术，包括出国实习费、专利费等，也不构成固定资产。通常实际核销的投资约为基建投资的5%左右，有时高达10%~20%。由于基本建设投资的绝大部分形成固定资产，因此，通常把基本建设投资称为固定资产投资。在项目建设前连同流动资金等都要预先作为建设投资加以考虑，以便在项目建成后能及时投入使用或运行。

2. 总成本费用

总成本费用是指在运营期内为生产产品或提供服务所发生的全部费用，等于经营成本与折旧费、摊销费和财务费用之和。总成本费用估算宜符合下列要求。

(1) 总成本费用可按下列两种方法进行估算：

① 生产成本加期间费用估算法，即：

$$总成本费用 = 生产成本 + 期间费用 \qquad (2\text{-}6)$$

其中　　　生产成本 = 直接材料费 + 直接燃料和动力费 +

$$直接工资 + 其他直接支出 + 制造费用 \qquad (2\text{-}7)$$

$$期间费用 = 管理费用 + 营业费用 + 财务费用 \qquad (2\text{-}8)$$

按照《企业会计制度》，制造费用是指企业为生产产品和提供劳务而发生的各项间接费用，包括生产单位管理人员工资和福利费、折旧费、修理费（生产单位和管理用房屋、建筑物、设备）、办公费、水电费、机物料消耗、劳动保护、季节性和修理期间的停工损失等。但不包括企业行政管理部门为组织生产经营活动而发生的管理费用。建设项目评价中的制造费用是指项目包含的各分厂或车间的总制造费用，为了简化计算常将制造费用归类为管理人员工资及福利费、折旧费、修理费和其他制造费用。其他制造费用是指由制造费用中扣除生产单位管理人员工资及福利费、折旧费、修理费后的其余部分。

管理费用是指企业为管理和组织生产经营活动所发生的各项费用，包括公司经费、工会经费、职工教育经费、劳动保险费、待业保险费、董事会费、咨询费、聘任中介机构费、诉讼费、业务招待费、排污费、房产税、车船使用税、土地使用税、印花税、矿产资源补偿费、技术转让费、研究与开发费、无形资产与其他资产摊销、集体的坏账准备和存货跌价准备等。为了简化计算，在建设项目评价中将管理费用归类为管理人员工资及福利费、折旧费、无形资产和其他资产摊销、修理费和其他管理费用几个部分。其他管理费用是指由管理费用中扣除工资及福利费、折旧费、摊销费、修理费后的其余部分。建设项目评价中常见的估算方法是按人员定额获取工资及福利费总额的倍数估算。

营业费用是指企业在销售商品的过程中发生的各项费用以及专设销售机构的各项经费，包括应由企业负担的运输费、装卸费、包装费、保险费、广告费、展览费以及专设销售机构人员工资及福利费、类似工资性质的费用、业务费等经营费用。为了简化计算，建设项目评价中将营业费用归为销售人员工资及福利费、折旧费、修理费和其他营业费用几部分。其他营业费用是指由营业费用中扣除工资及福利费、折旧费、修理费后的其余部分。建设项目评价中常见的估算方法是按营业收入的百分数估算。

②生产要素估算法

$$总成本费用 = 外购原材料、燃料和动力费 + 工资及福利费 + 折旧费 \\ + 摊销费 + 财务费用（利息支出） + 其他费用 \quad (2\text{-}9)$$

式中，其他费用是指从制造费用、管理费用和经营费用中扣除了折旧费、摊销费、修理费、工资及福利费以后的其余部分。

(2) 成本费用估算应遵循国家现行的企业会计制度规定的成本和费用核算方法，同时遵循有关税收制度中准予在所得税前列支科目的规定。

(3) 各行业成本费用的构成各不相同，制造业项目可直接采用上述公式估算，其他行业的成本费用估算应根据行业规定或结合行业特点另行处理。

(4) 总成本费用可分解为固定成本和可变成本。固定成本是指不随产品产量变化的各项成本费用；可变成本是指随产品产量增减变化而成比例变化的各项费用。固定成本一般包括折旧费、摊销费、修理费、工资及福利费（计件工资除外）和其他费用等，通常把运营期发生的全部利息也作为固定成本；可变成本主要包括外购原材料、燃料及动力费和计件工资等。有些成本费用属于半可变（或半固定）成本，工资、营业费用和流动资金利息都可能既有可变因素又有固定因素。必要时需将半可变（或半固定）成本进一步分解为可变成本和固定成本，使产品成本费用最终划分为可变成本和固定成本。

3. 流动资金

流动资金是指运营期内长期占用并周转使用的营运资金，不包括运营中需要的临时性营运资金。流动资金的估算基础是经营成本和商业信用等，其计算应符合下列要求：

(1) 按行业或前期研究阶段的不同，流动资金估算可选用扩大指标估算法或分项详细估算法。

①扩大指标估算法

这种方法是参照同类企业流动资金占营业收入或经营成本的比例、或者单位产量占用营运资金的数额估算流动资金。

②分项详细估算法

这种方法是利用流动资产与流动负债估算项目占用的流动资金。一般先对流动资产和流动负债主要构成要素进行分项估算，进而估算流动资金。一般项目的流动资金已采用分项详细估算法。

流动资产的构成要素一般包括存货、库存现金、应收账款和预付账款；流动负债的构成要素一般只考虑应付帐款和预收帐款。流动资金等于流动资产与流动负债的差额。

(2) 投产第一年所需的流动资金应在项目投产前安排，为了简化计算，项目评价中流动资金可以从第一年开始。

4. 投资的估算

建设项目投资的估算在不同的工作阶段其精确度和作用也不同。一般分为估算（可行性研究阶段）、概算（初步设计阶段）、预算（施工图设计阶段）。在可行性研究阶段对建设项目投资进行估算（毛估或粗估），并根据估算结果判别接受或拒绝该投资项目。投资估算一般多采用指数估算法、工程系数法、按比例投资估算法等。而设计概算是确定建设项目投资额、编制基本建设计划、控制基本建设拨款或贷款的依据，上级财政部门按该概算数额进行拨款或贷款。施工图预算是考核设计经济合理性、考核建设成本的依据，同时也作为确定该建筑产品价格的依据。

(1) 生产规模指数估算法（即 0.6 指数法）

这种方法是利用已知的投资指标来概略地估算同类型但不同规模的工厂或设备投资。产量和投资不呈直线变化，而按下述关系变化：

$$Y = a \cdot x^n \tag{2-10}$$

式中　Y——设备投资；

　　　a——已知的同类型的设备投资；

　　　x——规模的倍数；

　　　n——指数。

当 x_1 为第一种规模，x_2 为第二种规模时，则 Y_1 为第一种规模的设备投资，Y_2 为第二种规模的设备投资，则有：

$$\frac{Y_2}{Y_1} = \left(\frac{x_2}{x_1}\right)^n \text{ 即 } Y_2 = Y_1 \cdot \left(\frac{x_2}{x_1}\right)^n \tag{2-11}$$

在借助提高设备的生产能力扩大生产规模时，$n = 0.6 \sim 0.7$；在借助增加设备的数量达到扩大再生产能力时，取 $n = 0.8 \sim 1.0$。

(2) 工程系数法

工程系数法按下式进行估算:

$$建设项目投资 = 估算系数 \times 根据通常的经验估算的设备总价值 \quad (2\text{-}12)$$

该系数如表 2-1 所示。

估算系数 表 2-1

工厂类型	按设备交货价格的系数	按设备安装价格的系数
固体处理过程的企业	3.10	2.16
固体—流体处理过程的企业	3.63	2.56
流体处理过程的企业	4.74	3.30

(3) 按比例投资估算法

该法是根据过去同类工程主要设备投资占全项目建设投资总额的比例, 估算投资的方法。应用时只要估算出主要设备或主要生产车间的投资额, 便可求得全部建设投资额。估算公式为:

$$建设总投资 = 主要设备或主要生产车间投资 \div 占建设总投资的比例 \quad (2\text{-}13)$$

生产性流动资金一般参考类似企业的资料, 按百元产值占用额进行估算。该项资金由银行贷款, 超出部分利率随之增加。

流动资金由定额流动资金和非定额流动资金两部分组成。由于非定额流动资金随着管理水平、企业性质、客观环境等的变化而变化, 很难计算, 加之占整个流动资金的比重不大, 因此通常只估算定额流动资金。

估算建设资金在可行性研究中是十分重要的, 其精确性如何主要取决于所占有资料的多少, 一般要求误差范围在 ±10%~30% 以内。

2.3.2 建设资金来源及融资方案

在这里将简单介绍两部分内容: 一是如何确定项目的融资主体以及项目资本金、项目债务资金的来源渠道和方式; 二是融资方案, 选定的方案必须满足投资估算确定的投资额及其使用计划对投资数额、时间和币种的要求, 并为财务分析提供必须的基础数据。

1. 融资主体

融资主体是指进行融资活动, 承担融资责任和风险的项目法人单位。确定项目的融资主体应考虑项目投资的规模和行业特点, 项目与既有法人资产、经营活动的联系, 既有法人财务状况, 项目自身的盈利能力等因素。

一般应以既有法人为融资主体的有: 既有法人具有为项目进行融资和承担全部责任的经济实力; 项目与既有法人的资产以及经营活动联系密切; 项目的盈利能力差, 但项目对整个企业的持续发展具有重要作用, 需要利用既有法人的整体资信获得债务资金。

一般应以新设法人为融资主体的有：拟建项目的投资规模较大，既有法人不具有为项目进行融资和承担全部融资责任的经济实力；既有项目法人财务状况较差，难以获得债务资金，且项目与既有法人的经营活动联系不密切；项目自身具有较强的盈利能力，依靠项目自身未来的现金流量可以按期偿还债务。

2．既有法人融资和新设法人融资

按照融资主体的不同，项目融资可分为既有法人融资和新设法人融资两种融资方式。

(1) 既有法人融资方式是以既有法人为融资主体的融资方式。采用既有法人融资方式的建设项目，既可以是改扩建项目，也可以是非独立法人的新建项目。

既有法人融资方式的基本特点是：由既有法人发起项目、组织融资活动并承担融资责任和风险；假设项目所需要的资金，来源于既有法人内部融资、新增资本金和新增债务资金；新增债务资金依靠既有法人整体（包括拟建项目）的盈利能力来偿还，并以既有法人整体的资产和信用承担债务担保。

(2) 新设法人融资方式是以新组建的具有独立法人资格的项目公司为融资主体的融资方式。采用新设法人融资方式的建设项目，项目法人大多是企业法人。社会公益性项目和某些基础设施项目也可能组建新的项目法人实施。采用新设法人融资方式的建设项目，一般是新建项目，但也可以是将既有法人的一部分资产剥离出去后重新组建新的项目法人的改扩建项目。

新设法人融资方式的基本特点是：有项目发起人（企业或政府）发起组建新的具有独立法人资格的项目公司，由新组建的项目公司承担融资责任和风险；建设项目所需资金的来源，可包括项目公司股东投入的资本金和项目公司承担的债务资金；依靠项目自身的盈利能力来偿还债务；一般以项目投资形成的资产、未来收益或权益作为融资担保的基础。

3．项目资本金的来源渠道和筹措方式

(1) 项目资本金（外商投资项目为注册资本）

项目资本金是指在建设项目总投资（外商投资项目为投资总额）中，由投资者认缴的出资额，对建设项目来说是非债务性资金，项目法人不承担这部分资金的任何利息和债务，投资者可按其出资的比例享有所有者权益，也可转让其出资，但一般不得以任何方式抽回。

(2) 项目资本金的出资方式

投资者可以用货币出资，也可以用实物、工业产权、非专利技术、土地使用权、资源开采权等作价出资。其中以工业产权和非专利技术作价出资的比例一般不得超过项目资本金总额的20%（经特别批准，部分高新技术企业可以达到35%以上）。

(3) 项目资本金的来源渠道和筹措方式

其来源渠道和筹措方式有：

①股东直接投资

股东直接投资包括政府授权投资机构入股资金、国内外企业入股资金、社会团体和个人入股的资金以及基金投资公司入股的资金，分别构成了国家资本金、法人资本金、个人资本金和外商资本金。

②股票融资

无论是既有法人融资项目还是新设法人融资项目，凡是符合规定条件的，均可通过发行股票在资本市场募集股本资金。股票融资可以采取公募与私募两种方式。公募又称为公开发行，使证券市场上向不特定的社会公众公开发行股票；私募又称不公开发行或内部发行，是指将股票直接出售给少数特定的投资者。

③政府投资

政府投资资金，包括各级政府的财政预算内资金、国家批准的各种专项建设基金、同价国外贷款、土地批租收入、地方政府按规定收取的各种费用及其他预算外资金等。政府投资主要用于关系国家安全和市场不能有效配置资源的经济和社会领域，包括加强公益性和公共基础设施建设，保护和改善生态环境，促进欠发达地区的经济和社会发展，推进科技进步和高新技术产业化。中央政府投资除本级政权等建设外，主要安排跨地区、跨流域以及对经济和社会发展全局有重大影响的项目。

(4) 项目债务资金的来源渠道和筹措方式

债务资金是项目投资中以负债方式从金融机构、证券市场等资本市场取得的资金。债务资金具有的特点有：资金在使用上具有时间限制，到期必须偿还；无论项目的融资主体今后经营效果好坏，均选其还本付息，从而形成企业的财务负担；资金成本一般比权益资本低，且不会分散投资者对企业的控制权。其来源渠道和筹措方式有：

①商业银行贷款

商业银行贷款是我国建设项目获得短期、中长期贷款的重要渠道。

②政策性银行贷款

政策性银行贷款一般期限较长，利率较低，是为配合国家产业政策等的实施，对有关的政策性项目提供的贷款。

③外国政府贷款

外国政府贷款是一国政府向另一国政府提供的具有一定的援助或部分赠予性质的低息优惠贷款。我国各级财政可以为外国政府贷款提供担保，按照财政担保方式分为三类：国家财政部担保、地方财政厅（局）担保、无财政担保。

④国际金融组织贷款

国际金融组织贷款是国际金融组织按照章程向其成员国提供的各种贷款。目前与我国关系最为密切的国际金融组织是国际货币组织、世界银行和亚洲开发银行。国际金融组织一般都有自己的贷款政策，只有这些组织认为应当支持的项目才能得到贷款。使用国际金融组织的贷款需要按照这些组织的要求提供资料，并且需要按照规定的程序和方法实施项目。

⑤出口信贷

出口信贷是设备出口国政府为促进本国设备出口，鼓励本国银行向本国出口上（或进口方银行）提供的贷款。贷给本国出口商的称为"卖方信贷"，带给外国进口上（或进口方银行）的称为"买方信贷"。贷款的使用条件是购买贷款国的设备。

⑥银团贷款

银团贷款是指多家银行组成一个集团，由一家或几家银行牵头，采用同一贷款协议，按照共同约定的贷款计划，向借款人提供贷款的贷款方式。

⑦企业债券

企业债券是企业以自身的财务状况和信用条件为基础，依照《中华人民共和国证券法》、《中华人民共和国公司法》等法律法规规定的条件和程序发行的、约定在一定期限内还本付息的债券。企业债券代表着发行债券企业和债券投资者之间的一种债权债务关系。债券投资者是企业的债权人，不是所有者，无权参与企业经营管理，但有权按期收回本息。

⑧国际债券

国际债券是一国政府、金融机构、工商企业或国际组织为筹措和融通资金，在国际金融市场上发行的、以外国货币为面值的债券。

⑨融资租赁

融资租赁是资产拥有者在一定期限内将资产租给承租人使用，由承租人分期付给一定的租赁费的融资方式。融资租赁是一种以租赁物品的所有权与使用权相分离为特征的信贷方式。融资租赁，一般由出租人按承租人选定的设备，购置后出租给承租人长期使用。在租赁期内，出租人以收取租金的形式收回投资并取得收益；承租人支付租金租用设备进行生产经营活动。租赁期满后，出租人一般将设备作价转让给承租人。

2.3.3 折旧

固定资产是指使用期限较长，单位价值较高，并且在使用过程中基本保持原有物质形态不变的资产。固定资产必须同时具有如下特征：

（1）固定资产的最基本特征是可供企业经营使用。企业持有固定资产的目的是为了生产商品、提供劳务、出租或经营管理，而不是直接用于销售。

（2）使用期限长。固定资产通常表现为设备、机械、房屋建筑物、运输工具等实物形态，其使用年限至少超过一年或者超过一年的一个营业周期，并且能多次参加生产经营过程而不改变其原有的物质形态。

固定资产由于长期使用，不断地损耗和磨损，逐渐丧失了原来的使用价值，企业为了将来不断地更新固定资产，将其磨损的部分价值逐年转移到产品成本中去，从而补偿固定资产价值的损耗。这种补偿固定资产价值损耗的方法称为折旧。从产品销售收入中提取折旧费的数额应根据固定资产的有形磨损和无形磨损来确定。

固定资产的有形磨损是指机器设备在使用和长期保管过程中由于发生物理变化而使其逐渐丧失使用价值，如磨损、破坏、腐蚀、变形等；无形磨损亦称精神磨损，是指虽然固定资产没有发生任何物理变化或这种变化很小，但由于技术进步，使同类机器设备的再生产费用降低或出现效率更高的同类机器设备，从而使原有机器设备发生了"贬值"。

折旧费用的计算方法很多，下面介绍四种方法。

(1) 平均年限法

这种方法亦称使用年限法，是按照固定资产的预计使用年限平均分摊固定资产折旧额的方法。由于按这种方法计算的折旧额在各个使用期间都是相等的，因此，这种方法也称直线折旧法。其计算公式为：

$$年折旧额 = 固定资产原值 \times 年折旧率 \qquad (2\text{-}14)$$

$$年折旧率 = \frac{1 - 预计净残值率}{预计折旧年限} \qquad (2\text{-}15)$$

(2) 工作量法

这是一种按固定资产生产经营过程中所完成的工作量计提折旧的方法，是上述方法的派生，适用于各时期使用程度不同的专用大型机械、设备。按该法计算折旧可采用下列两种方法：

① 按行驶里程计算折旧的公式：

$$单位里程折旧额 = \frac{原值 \times (1 - 预计净残值)}{预计总行驶里程} \qquad (2\text{-}16)$$

$$年折旧额 = 单位里程折旧额 \times 年行驶里程 \qquad (2\text{-}17)$$

② 按工作小时计算折旧的公式：

$$每工作小时折旧额 = \frac{原值 \times (1 - 预计净残值率)}{总工作小时} \qquad (2\text{-}18)$$

$$年折旧额 = 每工作小时折旧额 \times 年工作小时 \qquad (2\text{-}19)$$

(3) 双倍余额递减法

这是一种按固定资产账面净值和百分比计算折旧的方法，是快速折旧法的一种。其计算公式为：

$$年折旧率 = \frac{2}{预计折旧年限} \times 100\% \qquad (2\text{-}20)$$

$$年折旧额 = 固定资产净值 \times 年折旧率 \qquad (2\text{-}21)$$

实行双倍余额递减法的固定资产，应当在其固定资产折旧年限到期前两年内，将固定资产净值扣除预计净残值后的净额平均摊销。

(4) 年数总和法

年数总和法也是一种快速折旧的方法。其计算公式为：

$$年折旧率 = \frac{预计折旧年限 - 已使用年限}{预计折旧年限 \times (预计折旧年限 + 1) \div 2} \times 100\% \qquad (2-22)$$

$$年折旧额 = (固定资产原值 - 预计净残值) \times 年折旧率 \qquad (2-23)$$

有些企业经财政部批准，其机械设备的折旧可采用双倍余额递减法或年数总和法。

2.3.4 销售收入、税金和利润

1. 销售收入

销售收入是指企业在一定时期内（一年或一个月）产品销售的货币收入总额，用公式可表示如下：

$$销售收入 = 产品销售数量 \times 产品单价 \qquad (2-24)$$

销售收入在技术经济中被视为效益或产出，有时也称为收益。在进行项目经济评价时，销售收入往往通过预测方法得出。

计算销售收入时，假设生产出来的产品全部售出，销售量等于生产量。销售价格一般采用出厂价格，也可根据需要采用送达用户的价格或离岸价格。

2. 税金及附加

税金是企业为国家提供积累的一部分，是国家利用其政治权力强制参与企业收入分配的一种重要手段；缴纳税金是纳税人为国家和社会应尽的义务。

根据现行会计制度规定，税金及附加主要有：进入产品成本费用的税金有房产税、土地使用税、车船使用税、印花税，以及进口原材料、备品备件的关税和产品税（增值税）。

从销售收入中直接扣除的有产品税、增值税、营业税、城市维护建设税、资源税和教育费附加。交通运输、建筑、邮电通讯、服务等行业应按税法规定计算营业税；营业税是价内税，包含在营业收入之内。营业税金附加包括城市维护建设税和教育费附加，城市维护建设税是一种地方附加税，目前以流转税额（包括增值税、营业税和消费税）为计税依据，税率根据项目所在地分市区、县、镇和县、镇以外三个不同等级；教育费附加是地方收取的专项费用，计税依据也是流转税额，税率由地方确定。

从利润中扣除的有所得税。

各种税金及附加按现行税法规定的税目、税率、计税依据进行计算。

3. 利润

利润是企业在一定时期内的经营成果，包括营业利润和投资净收益及营业外收支净额，即：

$$利润 = 营业利润 + 投资净收益 + 营业外收支净额 \qquad (2-25)$$

营业利润是企业在一定时期内从事经营活动取得的利润,是企业利润的最主要来源,其计算公式为:

营业利润 = 主营业务利润 + 其他业务利润 – 管理费用 – 财务费用　　(2-26)

式中　投资净收益——企业对外投资取得的收益扣除投资损失的余额;

营业外收支净额——指企业营业外收入减去营业外支出的差额。

思 考 题

1. 什么是经济效果?什么是经济效益?如何更好地提高工程技术方案的经济效果?
2. 工程技术方案经济效果的评价原则是什么?
3. 工程技术方案经济效果评价的可比条件都有哪些?
4. 经济性分析常用的基本经济要素有哪些?各代表什么含义?
5. 常用的投资估算方法有哪些?各有什么特点?
6. 常用的折旧方法有哪些?各有什么特点?

3 经济性分析的基本原则及应用

任何企业、部门、单位或个人总是要进行决策的。在决策时最为关心的问题之一，就是"该方案的经济效果如何"的问题。

本章将讲述作为技术经济分析基础的一些重要的基本原则，不论涉及问题的大小，计划时间的长短，这些原则都是适用的。

3.1 经济性分析的基本原则

在现实的经济活动中，我们所遇到的需要进行经济性分析的问题千差万别，问题的性质和内容不同，分析的方法和原则理应不同。但是，不论遇到的问题是什么，在进行经济性分析时，归根到底都要归结到下面两个最为重要的基本原则上来。

第一个基本原则：明确比较的目的和对象；

第二个基本原则：重视方案的现金流量，找出方案间收益与费用的差额。

上述基本原则看起来很简单，但是，事实上很多经济分析上所产生的错误正是由于没有掌握住这两个原则所致。

应用上述第一个原则时，应注意明确下述三点：

(1) 所要达到的目的是什么；

(2) 是否已将达到目的的所有可能方案找了出来；

(3) 确定分析比较的范围（空间和时间）。

在制定、寻找可能的方案时，不仅应该注意现实条件下可能存在的方案，尚应注意随着时间的推移和科学技术的进步，还可能有哪些方案。特别是对于像建设项目这种经济效果波及的时间较长的问题更应如此。

分析比较方案时，其范围不能太宽，也不能太窄。太宽，则使分析复杂化，有时甚至难以进行；太窄，则使分析的结果产生不允许的偏差。

例如，在研究某构件厂准备改善某工序的工艺过程，以降低不合格品率，从而增加利润的方案时，仅仅知道该工序每月会减少多少不合格品数量，每个不合格品的直接费可以节约多少是不够的。如果该工序是制约生产能力的工序，则可能会由于不合格品率的下降而使最终产品的合格品数量增加，销售收益增大。但是，如果该工序的改进会引起后续工序加班时间增加，从而增加了加班费，那么考察的范围就应增大。在考虑该工序改善的经济效果时，应该将考察的空间范围扩大到营业部门的销售量以及对其他工序的影响、加班费等，否则就无法得出正确的结论。当该工序的改进尚需要更新改造设备时，那么考虑的时间范围就不能是一个月，而应扩大到其效果涉及的年数。

关于第二个原则，似乎也是理所当然的。但是，很多事实表明，有些决策上的错误往往正是由于没有正确地运用这项原则所致。值得注意的是，如果将会计中分摊计算的资料不经处理就原封不动地运用于经济性的计算中，将会使方案分析的结果产生错误。技术经济分析所采用的方法与会计中所使用的分摊计算方法的基本出发点是不同的，通常用下式计算净收益：

$$净收益 = 收益 - 费用$$

这里没有定义成：

$$利润 = 收入 - 支出$$

目的是与会计方法予以区别。在作经济性分析时，仅考虑研究对象方案本身所能获得和支出的金额，由于本金（借款或投资）而引起的收入和支出（例如借款或偿还）是不予考虑的。按企业的惯例，通常将总支出金额像对待折旧费那样分配到各个年度计作费用；赊卖商品时，收入尚未发生，但却计为收入。这一点与技术经济分析所采用的损益计算的方法是不同的。在进行经济性分析时，为什么应将注意力放在某一方案实施时发生的收益与费用的现金流量上？其原因是：

设有 A、B 两个方案。采用 A 方案时收益为 R_A，费用为 C_A，净收益为 G_A；采用 B 方案时收益、费用和净收益分别为 R_B、C_B 和 G_B，则有：

$$G_A = R_A - C_A$$
$$G_B = R_B - C_B$$

要想知道两个方案哪个有利，只要知道两个方案间的差额即可。因而有：

$$净收益增加额 = G_A - G_B = (R_A - C_A) - (R_B - C_B) = (R_A - R_B) - (C_A - C_B)$$

该式说明比较两个方案经济性时，只要比较收益与费用的差额即可。比较方案优劣时，想通过各个方案各自收益和费用的绝对值或逐一计算其总额加以比较往往是很困难的。但是，在很多情况下比较它们之间的差额，以确定方案优劣的方法却要简单得多。

3.2 分摊计算与损益计算

自本节起我们将用简单的例子说明比较原则的具体应用。首先研究分摊计算与损益计算的差别。

3.2.1 单位成本与分摊计算

用一个例子说明分摊计算。

甲建筑工程公司租赁一台打桩机，租赁费（包括维修费用）（此费用是与打桩个数不成比例的费用）每月为 75000 元，与打桩根数成比例的变动费（例如能量消耗、润滑油、易耗品等）每根为 100 元。若取纵轴为打桩费用，横轴为每月打桩数量，则二者的关系如图 3-1 所示。

若该公司每月打桩 500 根，则每月打桩费用为：

$Y = 75000 + 100 \times 500 = 125000$ 元

若该公司第一施工队和第二施工队共用这台打桩机，且第一施工队打桩 200 根，第二施工队打桩 300 根，如果双方商定打桩费用按各自打桩根数成比例地负担时，则每根的平均成本 $\overline{C}$ 应为上述 Y 值与总根数相除的商。

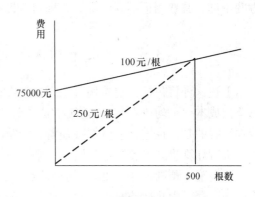

图 3-1 打桩费用与每根成本

$\overline{C} = 125000 \div 500 = 250$（元/根）（相当于图 3-1 中的虚线）

在这种约定下，各施工队应负担的费用为：

第一施工队　$250 \times 200 = 50000$（元）
第二施工队　$250 \times 300 = 75000$（元）

若双方商定各负担租赁费的一半；变动费按各自打桩根数负担，则各队支出的费用为：

第一施工队　$\dfrac{75000}{2} + 100 \times 200 = 57500$（元）

第二施工队　$\dfrac{75000}{2} + 100 \times 300 = 67500$（元）

可见，双方商定的原则不同其负担的费用是不同的。像这种将费用在相关者之间进行公平分配的计算就是所谓"分摊"计算。

3.2.2 单位成本与损益计算

仍以上题为例，说明什么是经济性计算，即损益计算。假如在一起施工的乙公司因自己的打桩机发生故障，想用甲公司的打桩机打桩 100 根，并表示不影响甲公司使用，每打桩一根支付给甲公司 200 元钱。此时如果甲公司应用上述每根成本为 250 元作为判断尺度而拒绝乙公司使用，这种作法对吗（假设与打桩根数成比例的变动加工费由甲公司负担）？显然是不正确的。因为此时乙公司每打一根桩，甲公司为其负担 100 元，因此，因接受乙公司的请求，将多得（200 − 100）$\times 100 = 10000$ 元。像这种计算得失的作法称为损益计算。

以后将随着采取方案的不同而变化的费用称为可变动费用，不论采取哪个方案都不改变的费用称为不变动费用。在损益计算中，重要的是把握住因所采取的方案不同，其费用也不同的部分，即可变动费用。

3.3 使用平均成本时应注意的事项

上述这种将包括固定费用（租赁费）在内的全部费用进行除法运算而得到的每单位成本（平均成本），在传统的成本计算资料中是极为常见的。但是，应该特别注意的是，在进行经济性（损益）计算时，不经处理就原封不动地使用这种资料进行计算将会犯原则性的错误。请看下例：

某混凝土预制构件厂生产预应力钢筋混凝土电杆，最近由于需求量减少产生了过剩库存，为此准备减少产量，调整产品结构，开发新产品。该厂生产能力每月为1800根，现月产1600根。

但是，有人认为减少产量会使生产费用增加。为此询问了财务部门，得知制造成本为：

制造1600根时，每根1200元；

制造1400根时，每根1300元。

由上述数据，有人认为由目前月产量1600根减少至1400根时其单位成本上升100元，因此生产费用增加额为：

$$100 \times 1400 = 140000 （元）$$

这种算法正确吗？事实上是错误的。

为了得到正确的结论，只要将财务上提供的平均成本值折算成总额之后加以比较即可。

生产1600根时，$1200 \times 1600 = 1920000$（元）

生产1400根时，$1300 \times 1400 = 1820000$（元）

故实际上将产量降为1400根时将比生产1600根节省生产费用100000元，而不是增加140000元。

上述错误发生的原因就在于对固定费用的处理上。由上节的计算可知：产量越高，分担固定费用的分母越大，每根桩均摊的固定费用越小，因而平均费用就越小，反之，则平均费用越大。正是上述原因而使上例出现了生产1400根时平均成本大于生产1600根时的平均成本。因而，应用这种数据进行损益计算当然就不行了。但是，如果制造的根数都是1400根，而要比较两种制造方法哪种有利，则比较平均值与比较总额的结果是相同的，这是因为求平均值时所用的分母值相同的缘故。另外，当固定费用为零时也可以使用平均值进行方案比较。但是，方案固定费用为零的情况是极为罕见的，因此还是以比较费用总额为好。

在作方案比较时，对于固定费用的处理应格外引起注意，通常以比较费用总额为宜。

3.4 损益分歧点与可变费用

在进行设备选择时，新购置设备之间已具备的设备之间以及新设备与已具备设备之间的比较内容是不同的，因此选择的方案亦不同。此时重要的是找出那些因方案而异的费用，即可变动费用是什么。

3.4.1 新购置设备的优劣比较

某建筑工程公司计划租赁机械设备生产建筑配件，现正研究租赁 A 机械和 B 机械哪台有利的问题。使用 A 机械时每月租赁费为 1000 元，与加工数量成比例的费用（材料费与变动加工费等）每个为 1.20 元；使用 B 机械时每月租赁费为 1500 元，与加工个数成比例的费用为 1.00 元。假设两台机械的加工质量与加工速度等完全相同，试选择方案。

显然，比较两方案(选择 A 机械的方案和选择 B 机械的方案)的目的就是选择哪台设备在经济上是有利的。在应用经济性比较的第二项原则时，我们注意到，方案不同其费用是不同的，不仅与加工配件的个数成比例的费用(变动费)有关，就是每月的租赁费(固定费)也因方案而异。正如上节所述，我们将因方案变化数值改变的费用称为可变动费用(注意与变动费含义不同)，在进行方案比较时重要的是比较那些因方案而异的费用——可变动费用。那些不论取哪个方案其数值都不改变的费用称为不变动费用(注意：与固定费含义不同)。假设用 C_A 和 C_B 分别表示 A、B 两种机械每月加工费用总额，用 x 表示每月加工的个数，则有：

$$C_A = 1000 + 1.20x$$

$$C_B = 1500 + 1.00x$$

当每月加工的配件数一定时，只要将该值代入上式，比较 C_A 与 C_B 哪个数值小，即可决定租赁哪台机械有利。

但是，在很多情况下很难确切地预测加工的准确数量。此时如果能求出优劣分界点处的 x_0 值，将给问题的分析带来很大的方便。这里的 x_0 即为 $C_A = C_B$ 值时的 x 值。

所以

$$x_0 = \frac{1500 - 1000}{1.20 - 1.00} = 2500 \text{ 个}$$

因而，将如图 3-2 所示，如果每月加工的配件数小于 2500 个时，则租赁 A 机械

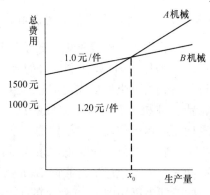

图 3-2 优劣分歧点

有利；否则租赁 B 机械有利。2500 个是有利与否的分界点，称之为优劣分歧点。

优劣分歧点分析方法虽然简单，但是应用却很广泛。在进行方案的不确定性分析时，它将是一个有效的工具。

3.4.2 已有设备的优劣比较

同样是比较两种设备的优劣问题，业已租赁（或购置）的设备与决定购置或租赁哪台设备有利的问题，其优劣比较的内容是不同的。举例说明如下：

某建筑工程公司的木材加工厂，因使用机械的人多，为了提高工作效率，避免等待时间，所以租赁了两台具有同样性能的木工 A 机械与 B 机械。其租赁费每个月分别为 800 元、600 元；变动加工费每小时分别为 10 元、20 元。

该厂生产科假如应用上述计算方法求得优劣分歧点为 20h，因而要求作业人员在每月生产时间不足 20h 时，尽可能使用 B 机械，仅在 B 机械被占用时使用 A 机械。其作法正确吗？

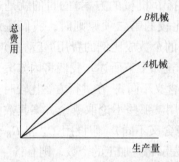

图 3-3　现有设备的优劣比较

为了比较哪种使用方案好，需要比较两方案（优先使用 A 机械和优先使用 B 机械方案）的可变动费用何者为小。两台机械业已租赁，其租赁费不因使用哪台机械、工作的时间多少而改变，是一种不变动费用。因此，租赁费用对方案的优劣是不起作用的。我们知道，比较方案时重要的是找出可变动费用，这里可变动费用是各方案的变动加工费。A 机械和 B 机械的变动加工费分别为 10 元和 20 元，因而如图 3-3 所示，其优劣分歧点在零处，即不管生产时间多少都应尽可能使用 A 机械，仅当 A 机械被占用时才使用 B 机械。这种观点可以在具有大量设备的工厂制定生产计划时使用。

3.4.3 已有设备与欲购置设备的优劣比较

当欲将已具有的设备更换成新设备时，其比较的内容又与上述情况不同。

以 3.4.1 所举问题为例。假如该建筑工程公司在开始选择租赁 A、B 机械何者有利时，由于生产量比优劣分歧点少很多，最多需要生产 600 个左右，因而业已租赁了 A 机械。为讨论方便起见，假设机械租赁合同期为一年，且合同期内不管使用与退还都需支付租赁费。

半年后，该公司所需配件量大幅度增加，因此考虑是否应该改租 B 机械有利的问题。为简化讨论，假设 B 机械租赁合同期为半年。

此时如果仍用图 3-2 所示的优劣分歧点 2500 作为是否改换 B 机械的标准，那就是错误的了。因为 A 机械不论是否改用 B 机械租赁费都是不可改变的。今后半年（下次更新合同前）内依据用 A 机械还是 B 机械而改变的费用如图 3-4 所示。其优劣分歧点为：

$$x_0 = \frac{1500}{1.20 - 1.00} = 7500 \text{（个）}$$

因而，当每月加工个数超过 7500 个时，宜改换为 B 机械。合同期满后比较应租赁哪台有利时，就与图 3-2 相同了。

这个问题的思路可以应用于具有很多设备的企业研究是否需要更新的分析中。

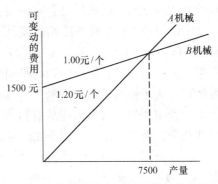

图 3-4 现有设备与欲购置设备的选择

3.5 利润变动与利润图表

以上各节仅以费用为中心，讨论了损益评价的问题。但是，研究产品的生产与销售问题就必须同时考虑收益与费用的变化。此时最重要的是找出那些依采取的方案而改变的因素，即可变要素。

3.5.1 变动费用与利润分析

对利润有影响的计划问题中，最有代表性的就是"接受这批定货是否有利"的问题。分析这类问题的关键在于找出因方案而异的可变动费用。试看下例：

某化工厂承担着某种产品的制造和销售工作。该厂最近由于改进生产工艺和推行自动化，因而人员和设备皆有富余。但是由于国内市场疲软，要想扩大销售量只能靠出口。因在国际市场销售需要负担关税和运输费用，所以销售收益将比在国内销售少很多。最近每月生产 1000t。根据财会资料，每吨制造费用如表 3-1 所示为 1060 元。表中③～⑤括弧中的数字为每月固定的费用除以吨数而得。国内销售的价格为 1200 元，目前每月利润额为 14 万元。

每单位产品的费用　　　　　　　　　　　　　　　　　　表 3-1

费　　用	每吨费用
①材料消耗品费	400 元
②变动加工费、经费	100 元
③直接劳务费（24 万元÷1000t）	240 元
④各种间接费（20 万元÷1000t）	200 元
⑤折旧费（12 万元÷1000t）	120 元
合计	1060 元

假设现有一外商要求每月进口 200t，销售价格减去关税、运费及其他经费后

每吨收益为900元,则该厂是否应该接受这批定货?

如果使用表3-1所列平均制造费用分析是否接受定货,则每吨产品利润为 900 – 1060 = – 160(元),即出口1t将有160元损失,结论就是以不接受定货为宜。

但是,应该注意,表中所列的平均费用将随出口与否而变化的费用和不变费用混淆了。为了做出正确的判断需另行计算。

表中费用栏中①材料消耗品费和②变动加工费、经费是与产品的产量成比例的变动费用;而③、④、⑤诸费用,可以看成是不随产量变化而变化的每月必然发生的固定费用。其中劳务费为每月的平均值,如果不加班,则该厂每月的固定费为 24 + 20 + 12 = 56(万元),每吨的变动费为500元,故目前每月利润 G 为:

$$G = (1200 - 500) \times 1000 - 560000 = 14 \text{(万元)}$$

由于因出口而增加的费用每吨仅为500元,而出口时每吨的收益为900元,因此出口1t利润增加400元。从损益角度看,近期以接受这批定货为宜。接受定货利润增加 $(900 - 500) \times 200 = 8$(万元)。

3.5.2 利润图表

表3-1这种将包括固定费用在内的全部费用平均分摊到每单位产品上去的计算方式称为"全部成本计算",通常应用于传统的会计成本的计算中。但是,作为经济性分析,为了掌握因方案而异的费用变化情况,将其区分为固定经费与变动费,并绘成图3-5的形式将是有益的。通常将该图称为利润图表或损益分歧点图表。

由该图可知:该厂每月的固定经费56万元是短期内工厂规模既不扩大也不缩小时,必然要发生的费用。为了扩大利润,就必须使销售收益减去变动费用后的数值(称为贡献利润)增大。例如,该厂在国内销售时,每增加1t即可回收 1200 – 500 = 700(元)固定费用,全部回收固定费用的产量为:

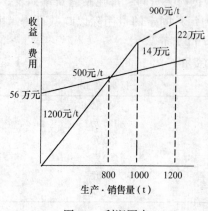

图3-5 利润图表

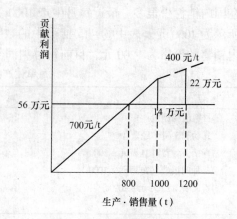

图3-6 另一种形式的利润图表

$$x_0 = 56 \text{万元} \div 700 \text{元/t} = 800\text{t}$$

为了读取方便也可以将图 3-5 改画成图 3-6，画出该图之后，就可以很容易地进行类似上述是否接受国外定货的问题了。对于短期问题，通常只要贡献利润大于零，即可接受定货。

3.6 生产能力状态与考察范围

上述这种将生产费用划分为固定费用与变动费用的作法是研究因素改变时利润是否发生变化的必要条件，但并不是充分条件。因为生产所处的状态不同，即使是同一"定货问题"结论也是完全不同的。本节将讲述经济性分析时值得注意的两个问题。

3.6.1 生产能力状态

生产能力与需求间的关系决定了生产能力所处的状态。值得注意的是，上节所述是否接受定货的问题是在以该厂生产能力有富余的前提下研究的短期决策问题。

假如该厂产品国内市场供不应求就以每吨 900 元的收益出口，那就等于放弃了国内每吨售价 1200 元，因此就不合算了。出口 200t，将损失 6 万元。

很多企业都要处理下述问题，即生产能力有余而需求量不足；或者需求量大而生产能力有限。经常维持与需求量相同的生产能力是很困难的。这是因为构成生产能力的要素中包含着设备、人员等这种不依需求量的微小变化而随时予以增减的因素。从短期看，企业所处的生产状态有以下两种类型。

(1) 需求不足，供给能力有余的状态——生产能力过剩状态；

(2) 需求超过生产能力的状态——生产能力不足状态。

前者是在景气后退期发生的，故称为"不景气型"。此时即使扩大生产能力也不能增加收益，强制生产只能导致库存过剩。后者常发生于景气上升或者是生产成熟期，因而称为"景气型"。此时只要增加生产能力，其销售额就相应增加，因而贡献利润额也相应增加。

企业可以通过加班、承包等手段来缓解生产的制约能力，我们称这种中间状态为"弹性约束状态"。

企业所处的生产状态不同，采取的扩大利润的对策亦应不同，同一对策对不同状态的企业其经济效果是不同的。

3.6.2 考察的范围及经营策略

上述工厂以接受定货有利的结论是以较短时间内不考虑生产设备及人员变动为前提的。假如对于长期的定货问题也做这种判断，那么将使工厂衰退。因为固定费用将无法回收。通常处理这种临时出现的可否少量出口的短期问题，将设备、人员看作是确定的，相关的费用是不变费用是可以的。但是，对于期间较长的问题，作为增减生产能力手段的设备和人员也将发生增减变动，因而必须将其看作是可变的。

若上述工厂处理的是长期出口损益的问题，则每吨的可变动的费用将发生如下变化：

（1）短期内仅考虑变动费即可，即 500 元；期间较长时则应考虑人员的变化，此时每吨的可变费用为 740 元。

（2）更长期间则除人员外，表 3-1 的间接费也将发生变化，因而可变费用为 940 元。通常对待这种因考察时间不同损益变化的问题，原则上若生产能力有余，只要短期间定货的贡献利润为正即可接受，但应考虑合同期间内可能发生的自然减员及补充、陈旧设备的更新等所引起的固定费用的变化。假如包括这种费用在内不利的话，就应缩减人员和设备，中止出口，研究开发更为有利的产品。

3.7 沉没成本及财务会计

对财务会计稍有常识的人都会知道，现在企业会计进行的是事后处理的计算。这种计算的主要目的是向上级报告、确定分配、作为向国家和地方政府交纳税金的依据等。因而要求的是如何公平地对待有关的利害集团。

传统的企业会计通常采用分摊的方式，而这种方式是通过税法和其他法律、制度予以统一，以满足上述要求。

然而，以扩大利润为目的的损益计算却是为了寻求、比较和选择有利的方案，因而必然是要求面向未来。其计算方法自然与重点放在正确记录的财务会计有本质的差别。

对于沉没成本的处理就表现出两种计算的观点上的不同。

3.7.1 沉没成本

为了说明沉没成本的概念，我们举一个例子。

某甲想用手头余款 500 元购买一台旧摩托车，去几家旧物商店之后，发现乙店有一台可心的车，售价恰好为 500 元，因而约好购买此车并交了定金 100 元（假设该定金不论购买与否都不能返回）。几天后，甲的朋友丙，因工作调动想把自己与乙店完全相同的车以 350 元出售给甲。对于甲来说是个难得的机会，但为时已晚。现在购买丙的车就等于白交给乙店 100 元，因而下不了决心到底买哪台摩托车合适。

假如甲按下述方法计算支付的金额：（1）再花 400 元就可以买乙店的车；

(2) 丙的车是 350 元，但业已支付给乙店 100 元，所以总支付额为 450 元。因而决心买乙店的车。这种作法正确吗？将上述问题整理之后可列出表 3-2，采用表 3-2 中任何一种方法都可以看出甲的想法是错误的。

旧摩托车支付金额表（单位：元）　　　　　　　表 3-2

方案	价格	定金	(1) 现在起应支付金额	(2) 支付总金额	甲的余额
乙店的车	500	100	400	500	0
丙的车	350	—	350	450	50

表 3-2 中：(1) 是不计业已支付的金额，只计算从现在开始必须支付的金额；(2) 是分别求出购买两车所需支付的总金额（包括业已支付的金额）。这两种方法的区别是：前者不包括定金，后者包括定金。但不管包括与否，其结果都是购买丙的车便宜 50 元。

对于如此简单的问题也许谁也不会犯与甲相类似错误，但是现在企业犯有与甲相同错误的事例绝非罕见。

无视过去业已支出金额的作法似乎是太欠考虑了，但事实并非如此。通常将过去业已支付，靠今后决策无法回收的金额称为"沉没成本"。因无论实施何种方案其值都不可改变，因此沉没成本是不可变动费用。在比较方案优劣时，不论是将该费用考虑进去，还是不予考虑其结论是相同的。但以不考虑为宜。

3.7.2 设备更新与会计损失

对设备更新时发生的各种费用的处理反映了经济性分析与财会观点的不同，例如：某厂用 5 万元购置了 X 机械后不久，得知用 4 万元就可以买到性能更好的 Y 机械。继续使用 X 机械则作业费用（设备的维修、运转等）每年为 2 万元；相同的工作由 Y 机械做，则作业费每年仅为 0.75 万元。两机械的寿命都为 5 年。因 X 机械已按该厂情况予以改造，故残值仅为 1.5 万元。

图 3-7　财务的更新处理

为清楚起见，将上题的内容汇总成表 3-3。如果认为，为了每年节约 1.25 万元作业费用所需投资额为 7.5 万元（现有设备处理损失 3.5 万元加 4 万元），就大错特错了（见图 3-7）。

账面价值与更新　　　　　　　表 3-3

方案	购置价格	账面价格	净残值	每年作业费用
机械 X	5 万元	5 万元	1.5 万元	2 万元
机械 Y	4 万元	—	—	0.75 万元

为了便于分析，通常用图描述现金的流进与流出发生的时点和量值大小。横

轴表示时间，横轴上垂直向上的线段表示现金的收入，向下的线段表示现金的支出，其长短与量值大小成比例。该图称为现金流量图，广泛地用于投资分析，关于它的进一步知识与应用将在下章中讲述。

现在我们运用上述概念分析该问题。业已支付的购置 X 机械的 5 万元，实际是沉没成本。我们知道，沉没成本对于问题的决策没有影响。假如不考虑沉没成本，则正确的解释是：支出 2.5 万元（4 万元 – 1.5 万元）购置 Y 机械后，每年可以节约作业费用 1.25 万元（参见图 3-8）。不愿无视购置 X 机械所花费的 5 万元，而将该值考虑进去（见图 3-9），其结论也是相同的。但是，以不考虑沉没成本为简单。

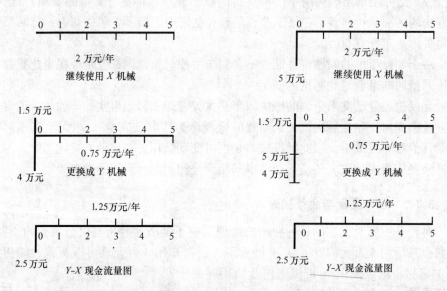

图 3-8　不考虑沉没成本时的现金流量图　　图 3-9　考虑沉没成本时的现金流量图

将业已投资的设备价值作账面上的价格（购置价格减业已折旧后的余额称为账面价格）处理是必要的。会计上常将现有设备账面价格减去处理价格后的余额记作"固定资产处理损失"，并将该值与新设备的投资额相加。这种作法在进行损益计算时就是错误的，3.5 万元处理损失决不是在处理 X 机械时新发生的支付，因而不能将该值与新设备投资期相加。

现实问题会比上述问题复杂。随着社会的发展、技术的进步，新的高性能的机械不断涌现，因而经常发生更新的问题。在处理更新问题时，习惯于对"沉没成本"作正确的处理是致关重要的。珍惜资源是对的，但是，不仅现有设备是重要的资源，由于错过更新时机继续使用原有设备，从而导致使用更多的材料、电力、人工等则是更大的浪费。

3.8 有利产品的选择

前面曾指出：将固定成本平均地分摊到单位产品上去的作法是方案选择产生错误的原因之一，对产品的生产方案的选择情况也是如此。

3.8.1 "逆差产品"与"顺差产品"

某厂每天各做 A、B 两种产品各一箱，每箱产品的生产时间皆为 4h，每天工作 8h；其成本及价格等如表 3-4 所示。其中直接劳务费是将支付给作业人员的月薪换算成每日金额后，按实用工时成比例地分摊到 A、B 产品而成。间接经费也是每日固定要发生的费用，它是按直接费用（这里为材料费与直接劳务费之和）成比例地分摊到 A、B 产品而得的数值。

由表 3-4 利润栏可知产品 B 是逆差产品，产品 A 是顺差产品。如果不论生产 A、B 哪种产品都可销售出去，那么怎样制定生产计划有利呢？从表面看来，每天仅做两箱 A 产品有利。但是，假如将生产两箱时的收益和费用列出（表 3-5），则发现事实上与观察的结果相反。

每种产品各生产一箱　　　　　　　　　　表 3-4

	一箱 A 产品	一箱 B 产品
销售收益	2000 元	3000 元
材料费、变动加工费	400 元	1200 元
直接劳务费（每天 1400 元）	700 元	700 元
间接经费（每天 2000 元）	730 元	1270 元
	—	—
利润	170 元	-170 元

每种产品各生产两箱　　　　　　　　　　表 3-5

	两箱 A 产品	两箱 B 产品
销售收益	4000 元	6000 元
材料费、变动加工费	800 元	2400 元
直接劳务费	1400 元	1400 元
间接经费	2000 元	2000 元
	—	—
利润	-200 元	200 元

那么，如果仅生产两箱 B 产品会怎样呢（见表 3-5）？当初看来是逆差产品的 B 反而是顺差产品了。

那么，应该怎么解释这种现象呢？

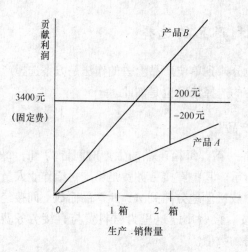

图 3-10 不同产品的利润状况

前面曾指出,像表3-4这种将固定费用按产品分配的计算方法是传统的全部成本计算方式。应该指出,根据这种资料是不能正确判定哪个产品是有利的产品的。

如果目的是比较在给定的设备、人员等条件下哪个产品有利的话,那么就应该以销售价格减变动费后的贡献利润为尺度予以衡量。每箱的贡献利润:产品 A 为 1600 元;产品 B 为 1800 元。故 B 产品有利。此时,不论做哪种产品,固定费(直接劳务费与间接经费共计 3400 元)都是不变的。各产品单独生产时每天的利润额(图3-10)为:

制作两箱 A 产品时:$1600 \times 2 - 3400 = -200$(元)

制作两箱 B 产品时:$1800 \times 2 - 3400 = 200$(元)

因而 B 产品较 A 产品有利。

当单位产品生产时间不同,而用于生产的总时间受到限制时,重要的是有效地利用时间,此时重要的是每单位时间的贡献利润,而不是每箱的贡献利润。

3.8.2 生产速度不同时有利产品的选择

上述任何一种产品单位产品所需的时间都相同,因而只要比较单位产品贡献利润大小即可。那么,当单位产品生产的时间不同时应如何选择有利产品呢?

例如,某厂经营与上述完全相同的产品 A 和 B,但生产所需的时间为:每生产一箱 B 产品为 3h;B 产品为 4.5h;每天生产时间为 9h。此时每天的产量为:仅生产 A 产品时为 3 箱;仅生产 B 产品时为 2 箱。每天所获利润总额为:

仅制作 A 产品:$1600 \times 3 - 3400 = 1400$(元)

仅制作 B 产品:$1800 \times 2 - 3400 = 200$(元)

因而 A 较 B 有利得多。

如果运用单位时间贡献利润作为判断依据,则有:

$$\frac{1600}{3} > \frac{1800}{4.5}$$

即 A 产品有利。

3.9 失 败 损 失

如前所述：很多企业生产能力有余，但市场需求不足；很多企业的产品需求有余，但生产能力不足。恰好维持与市场需求完全相同的生产能力是困难的。值得注意的是：企业所处的生产能力状态不同，其不合格品造成的损失、停工损失、交货期推迟损失等等所谓失败损失的数值是不同的。请看下例：

一家餐馆 A，由于刚刚营业，顾客稀少，人员和设备皆有富余，即处于生产能力有余状态。一天，该店服务员将炒菜交给顾客时不慎滑落，不能吃了，但重新做尚来得及。假如容器没有损伤。菜的价格及费用情况如表 3-6 所示。那么由于服务人员不慎所造成的损失是多少？

每份炒菜的价格及费用	表 3-6
销售价格	12 元
材料费、其他变动费	6 元
人工费	1 元
折旧费及其他固定经费	2 元
利润	3 元

假如另有一家餐厅 B，因服务态度好，买卖格外兴隆，供不应求，即处于生产能力不足的状态。某种菜的费用等与 A 餐馆相同。如果发生与 A 餐馆相同的情况，那么其损失是多少呢？

如前所述，在研究经济性问题时重要的是明确比较的对象是什么，收益和费用发生了什么变化。在评价失败损失时也是如此。

由于 A 餐馆生产能力有余，不管滑落与否该天顾客人数并没有发生变化，因而销售收益不变。每损失一份菜仅仅损失了相应的材料费及其他变动费 6 元，其他固定费并没有增加。尽管损失后又重新做了，但人工费、折旧费及其他固定费用总额并未发生变化，因而总损失仅为 6 元。

由于 B 餐馆生产能力不足，即全力以赴进行生产也满足不了顾客需要，每当损失一个菜时，就将少销售一个，即销售收益减少 12 元。不论固定经费还是变动费用其总额并没发生变化。因此，由于服务人员不慎造成的损失为 12 元。

3.10 技术改进方案的经济性分析

失败损失的分析方法也适用于技术改进方案的经济性分析。同一技术方案，当生产能力所处的状态不同时，其经济效益是不同的。技术改进方案多种多样，下面仅举两种情况进行分析。

3.10.1 降低不合格品率的经济效益

有一个生产单一产品的工厂，产品的销售价格及单位变动费分别为 40 元和

15元；人工费每月为14万元，固定费用为8万元。最近每月生产20000个，其中20%为不合格品，不合格品处理价格为零。目前该厂每月利润G为：

$$G = 40 \times 20000 \times (1 - 0.2) - 15 \times 20000 - (140000 + 80000)$$
$$= 120000(元)$$

现在该厂打算通过质量管理使不合格品率减少一半，为此每月所需对策费用（例如设备改造、增加质检人员等）平均为25000元。那么此技术方案的经济效益如何？

因为根据题意无法知道该厂生产能力处在什么状态，因此分两种情况讨论。

（1）假如该厂处于生产能力过剩状态

该厂目前生产20000个，说明需求量为16000个（因只有合格品才是市场需求的）。现在如果将不合格品率降至10%，则包括不合格品在内就必须生产x个，可得下式：

$$x(1 - 0.1) = 16000$$
$$x = 16000/(1 - 0.1) = 17778(个)$$

今后的产量较目前少生产20000 - 17778 = 2222个就可以满足市场的需要。由于销售数量和销售价格仍然保持目前的数量不变，所以销售收益不变；由于今后将少生产2222个产品，因而材料费及变动费较前减少$15 \times 2222 = 33330$（元）。此值减去对策费用25000元即为该技术方案的经济效益，等于8330元。

（2）假如该厂处于生产能力不足状态

与（1）相反，该厂产品需求量大，但生产能力每月只有20000个。将不合格品率降至10%时的合格品将增加到：

$$20000 \times (1 - 0.1) = 18000(个)$$

较目前的生产状态将增加2000个合格品。由于生产总量未变，其他各种费用不变，仅由于可供销售的产品数量增加从而引起销售收益增加，其增加额即为较目前增加的利润值。其值为：

$$40 \times 2000 = 80000（元）$$

该值减对策费用25000元即为该技术方案的经济效益，其值为55000元。可见，此时较生产能力过剩时的经济效益大很多。

由此可见，在生产能力状态不同时，采用同一种技术方案其经济效果是完全不同的。

3.10.2 增加运转时间的经济效果

上面讲述了降低不合格品率的经济效果，可以看出，尽管技术方案完全相同，但生产能力状态不同，其经济效果却相差甚大。

评价由于改善管理工作从而增加了机械设备运转时间的经济效果也是如此。工厂由于减少设备故障所引起的停工时间、缩短工序间衔接时间、提高运转速度等扩大了生产能力。但是，对于生产能力有剩余的工厂却不能增加收益；而对于生产能力不足的工厂却带来与此相应的贡献利润。

例如上述工厂在生产能力不足情况下，当减少工序衔接时间使月产量比原来增产 10%、不合格品率依旧是 20% 时，其销售收益的增加值为：
$$40 \times 20000 \times 10\% \times (1 - 0.2) = 64000 \text{(元)}$$

由此引起的变动费增加了
$$15 \times 2000 = 30000 \text{(元)}$$

因而利润额增加值为 $64000 - 30000 = 34000$（元）。但是，与此相反，在生产能力有余的情况下，运转时间的增加并不能使销售收益有任何增加。

3.11 降低成本与生产率

研究经济性问题时，人们都希望降低成本，且认为每人的附加价值生产率越高越好。当然在多数情况下是正确的。但是，并不是在任何情况下都是如此。一般说来，企业研究经济性的主要目的是使收益 – 费用 = 净收益为最大。因此，当某种对策会使销售收益发生变化时，使用成本的高低或附加价值生产率的高低等指标作为判定的尺度将会导致错误的判断，应该引起注意。

3.11.1 增加成本的增产方案是否有利

有一个雇用 10 人做包装运输工作的工厂，月产量为 1000 件，每个价格为 100 元，材料及消耗品每个为 30 元，每月劳务费为 25000 元、固定经费为 15000 元。由于需求急剧增加，想将产量增加到 2000 件。但因工作面狭窄，增加作业人员则使效率降低，估计 30 人才能完成 2000 件的任务。将上述内容整理如表 3-7 所列。

增加产量时费用的变化　　　　　　　　　　　　　　表 3-7

方　案	产　量	材料费消耗品费	劳务费	固定经费	总费用
A（10 人时）	1000 件	30000 元	25000 元	15000 元	70000 元
B（30 人时）	2000 件	60000 元	75000 元	15000 元	150000 元

通常，产量增加时单位成本降低，但该题因劳务费增加，因而生产 2000 件时成本增加，A、B 两方案的单位平均成本分别为：
$$70000 \div 1000 = 70 \text{（元）}$$
$$150000 \div 2000 = 75 \text{（元）}$$

假如认为 B 方案较 A 方案成本高，因而增加作业人员增加生产量的 B 方案是不利的，那就是错误的了。由于增加产量，生产成本确实增大了，但与此同时收益也增加了，因而有利与否要看两者谁增加得快。两方案的利润额为：

A 方案（作业人员 10 人）
$$100 \times 1000 - 70000 = 30000（元）$$
B 方案（作业人员 30 人）
$$100 \times 2000 - 150000 = 50000（元）$$
因而实际是 B 方案有利。

3.11.2 采用人均生产率尺度时应注意的问题

研究上述这种导致人员增减变化的方案时，常常采用作业人员附加价值生产率为多少予以判断。所谓附加价值是销售收益减去材料、零件等外购生产要素费用后的金额。简言之，是减去人工费、支付利息之前的利润。在研究生产和流通领域的问题时粗略地认为是减去人工费前的利润也是可以的。

现在求解上述 A、B 两方案的附加价值，即减去人工费之前的利润为：

$$A 方案：100 \times 1000 - (30000 + 15000) = 55000（元）$$
$$B 方案：100 \times 2000 - (60000 + 15000) = 125000（元）$$

因而人均附加价值生产率为：

$$A 方案：55000 \div 10 = 5500（元/人）$$
$$B 方案：125000 \div 30 = 4167（元/人）$$

可见，增加产量的方案实施后人均生产率大幅度下降。但是，上面我们已经求得 B 方案的净利润要比 A 方案大得多。

通常，在制造成本中，人工费所占的比例很大，而且人工费的逐年上升率已达到不可忽视的程度。所以在其他条件一定时，尽可能选择附加价值生产率高的方案。但在比较投入人员变化、生产量也发生变化，因而收益发生变化的方案的优劣时，就必须回到经济性比较的基本原则上去，比较各方案可能产生的利润总额。

习　　题

1. 有一个出租公司专门出租小型面包车。租车者除每天支付固定的费用 100 元之外，尚应付与走行距离成比例的费用 0.20 元/km（主要是负担汽油费）。

(1) 甲欲租赁该公司中型车 1d，预计将走行 100km，此时应支付给公司多少钱？平均每 1km 为多少钱？

(2) 甲估计午前用此车就可以把事办完，因此约朋友乙共同使用该车。甲午前走行 100km，乙午后走行 50km。假如支付给出租公司的金额按走行距离成比例地负担，则他们应分别支付多少钱？

(3) 两人用完车后，朋友丙想到距离 10km（往返 20km）的地方办事，因此请求借用该车。假设到还车时间尚有富余，且丙需要支付 10 元钱，那么甲、乙借给丙是否有利？

2. 某建筑公司自有工厂准备生产建筑配件，正在研究租赁具有相同功能的两种机械 A 与 B 何者有利。租赁与维修费每月 A 为 2 万元，B 为 4 万元；生产单位产品的变动费 A 为 6 元，

B 为 4 元。如何选择有利？

3. 上述工厂，假如除了上述两个方案之外尚有将产品承包给外单位加工的第三方案，那么此时应如何选择？若承包单价为 8.50 元，应如何选择？

4. 前述工厂因每月产量为 8000 件，故租赁安装了机械 A。这种决策正确吗？假如租赁合同期为 1 年，中途不得毁约。每个产品的平均加工费为多少？

半年后，产品需求量突然增加了 2000 件（总数为 10000 件），若增加的产品可按每个 8 元承包出去，那么自制与承包何者有利？

5. 上述工厂产品需求量再大幅度增加时亦可考虑更换 B 机械。此时每月的产量应为多少？设 A 机械的租赁费不论是继续使用还是退还，合同部分（尚有半年）都必须支付，二者生产能力都可达到每月 25000 件左右。

6. 李师傅是某厂的机械工，退休后将自家私房改造成作坊并租赁一台车床，承包原厂的加工业务。因李师傅技艺高，所以定货很易取得。最近承包的产品都是相同的。李师傅每天工作 8h，可加工 40 个。每月工作 20d，共可加工 800 个。生产必需的费用中，直接加工费（工具、电费、修理费等）平均每天花 36 元。该值可以看作是与工作量（加工时间）成正比的费用。材料由原厂支给，机械租赁费每月 560 元，平均每小时 3.50 元（每个为 0.70 元）。假如折旧费、保险费、其他固定经费每月为 120 元，换算成每小时则为 0.75 元（每个为 0.15 元）。每个产品销售价格为 2.0 元，李师傅用表 3-8 计算每个产品的费用和利润。

(1) 某休息日，李师傅之子请父亲修理炉具，市场修理为 9 元，自己修理需花费 1.5 元材料费和 1h 工作时间，那么何者有利？

利润计算表　　　　　　　　　　　表 3-8

直接加工费	0.90 元	合计	1.75 元
各种经费	0.15 元	销售收益	2.00 元
设备费	0.70 元	利润	0.25 元

(2) 假如同一情况发生在工作日，此时修理炉具就必须减少 1h 加工时间。那么何者有利？

7. 有一个小工厂，以每月金额 9000 元租赁了一套工作机械，加工某公司使用的部分产品，作业人员每月工资总额为 5400 元。正常时每天工作 8h 可做 160 个，每月工作日为 22.5d，因此每月可做 3600 个。主要材料由公司支给，辅助材料（每个为 0.50 元）自备。加工费每天为 160 元，该费用可看作是与工作时间成正比的费用。每个产品以 7.50 元的价格出售给公司。该厂用下述方法计算正常情况下每天的利润：

Ⅰ 销售收益　　$7.50 \times 160 = 1200$（元）

Ⅱ 费用

①机械租赁费　　$9000 \div 22.5 = 400$（元）

②劳务费　　$5400 \div 22.5 = 240$（元）

③辅助材料费　　$0.50 \times 160 = 80$（元）

④加工费　　160 元

费用合计 880 元

Ⅲ 每天的利润　　320 元

由此得月利润为 $22.5 \times 320 = 7200$（元）。

该厂用下述方法计算每小时及每个产品的费用和利润。

每工作小时：

费用：$880 \div 8 = 110$（元）

利润：$320 \div 8 = 40$（元）

每个产品：

费用：$880 \div 160 = 5.5$（元）

利润：$320 \div 160 = 2.0$（元）

另外，每月月末可以得知公司下月的定货量。定货多时，每月总计最多可以加班50h。此时支付给职工的每小时加班费比正常工作时间多25%，即37.5元/h。

(1) 该厂将费用和利润数据加以整理的作法对于盈亏决策似有不妥之处，请将不妥之处列举出来。

(2) 将该厂的费用分解为固定费用和变动费用，画出利润图表，横轴分别取：(a) 生产、销售量；(b) 工作时间。

(3) 恰好将每月固定费用回收的产量是多少？

(4) 将包括加班的50h在内的全部有效工作时间用于加工公司产品，每月可以加工多少个？此时利润为多少？

8. 上述工厂，至某月末得知公司定货很少，每月仅有2800个。正在此时，某 X 工厂想在下月内将 A 零件500个承包给该厂。预计每小时可加工10个，故接受这批定货需花50h，交货价格每个6元。

(1) 接受 X 工厂的 A 零件定货有利吗？若接受这批定货，1个月内的利润将增加（减少）多少？

(2) 想通过 X 厂定货每月获利2000元，则交货价格不应低于多少元？

9. 上述工厂，数月后的月末得知公司定货很多，即使满负荷生产也供不应求。此时 X 工厂要求加工2000个 A 零件，交货期为1个月。该厂认为"现在公司已超负荷了，如果价格不大幅度地调整就不应接受"。协商后 X 厂同意每个定价为8元。

(1) 该厂减少公司定货接受 X 厂定货有利吗？假如现在还可以改变公司定货。

(2) 为使接受 X 厂定货合算，其交货价格应为多少？

10. 有一个生产单一产品的工厂，产品的销售价格每个为10元。制造费用中变动费每个为6元；固定费每月为1.4万元。生产速度每个为4min，每月实际有效工作时间为200h。该厂不合格品率为20%，不合格品每个可按4元处理。

(1) 产品需求量为3000个时，某月不合格品所造成的损失（利润减少额）为多少？

(2) 产品需求量只有2000个时，不合格品造成的损失为多少？

11. 某厂使用成型机制造多种产品，所有产品都是相近的。作业人员每月工作时间为200h（其中40h为加班），但定期保养与修理等每月约花费17h，作业前准备、工序衔接、作业后整理约为23h，因而净有效工作时间为160h，每月产量为8万个，其中10%为不合格品，不合格品处理价格为零。

作为平均值，每个产品材料费为0.90元；人工费为0.25元；变动加工费为0.22元；固定费为0.30元。销售价格为1.80元。

(1) 在生产景气全负荷生产时（每月 200h）进行下列改进时的经济效果每月为多少？

①减少 10% 不合格品（即 9% 为不合格品）时；

②保养、修理、工序衔接时间（合计为 40h）减少 10% 时；

③改进设计，材料费减少 10% 时；

④由于质量提高，销售价格提高 10% 时；

⑤由于改进工作使单位产品生产时间缩短 10% 时。

(2) 经济萧条，每月需求量仅为 54000 个，因而无需加班，但又不减少作业人员数时回答上述①～⑤的经济效果。

12. 某施工队用 24 万元买了一台卡车用来运输建筑材料。使用这台车，则每年的各种修理、保养等费用需花费 8 万元。几周后，发现市场上正在出售 种新型卡车，其运载量也能满足施工队的需要，价格为 18 万元，每年各种修理、保养等运营费用仅需 6 万元。两车的经济耐用年数都为 6 年，6 年后处理价格为零。如果买新型卡车，则手头的车仅能卖 10 万元。现在施工队长正与 A 商量如何办好。A 认为：新型车价格为 18 万元，手头的车处理损失为 14 万元，因而买新型车的投资总额为 32 万元。但施工队长认为：现有车的处理损失是沉没成本，因而不能与新车的投资相加，使用现有车投资额为 24 − 10 = 14 万元，新车为 18 万元，因而追加投资额为 4 万元。A 觉得：买新型车的投资为 18 万元，如果无视 10 万元的处理损失是不可理解的。

对这个问题应如何分析才正确？

13. 某企业集团，由于以前在甲工厂使用的 18t 锅炉太小，准备更新成大型的锅炉。与此同时该企业集团下属的乙工厂正好需要 18t 的锅炉，因此，正在研究将甲工厂的锅炉移至乙工厂，还是将甲工厂的锅炉在甲地卖掉，乙工厂重新购买新锅炉为好的问题。

甲工厂锅炉的账面价值（设备的购置价格减去业已计提的折旧费用后的价值）是 40 万元，如果将其在甲地卖掉则其净处理价格（处理价格减去各种费用后的金额）为 28 万元。与此同时，乙工厂购置与其相同的新锅炉的价格为 100 万元。另外，若将甲工厂的锅炉移至乙工厂，由于该锅炉是水管式的，需要切断水管、更新、运输、再组装等需要花费 20 万元。同时，该锅炉的寿命将延长至 20 年，新锅炉的寿命预计也是 20 年，旧锅炉与新锅炉相比较其效率较低，因而每年作业费用将多花费 4 万元。

围绕着是迁移还是重新购置锅炉的问题，担当该计划实施者的意见产生的分歧如下：

A 的意见是：为了迁移锅炉将花费 20 万元的考虑是正确的，但是，新购锅炉时除了要花费 100 万元之外，将账面价值为 40 万元的锅炉以 28 万元卖掉，会产生 12 万元的损失，因而投资合计为 112 万元。但是，这样一来就不需要迁移时的 20 万元。考虑到上述情况，新购与迁移相比，每年将节约 4 万元的作业费用，因而所需投资额的增加额为：112 − 20 = 92（万元）。

B 的意见是：迁移时需要 20 万元的考虑是正确的，但是，新购置的费用应是在甲的数值中减去处理净值，即：100 + 12 − 28 = 84 万元。因而两者投资额的差值应该是：84 − 20 = 64（万元）。

C 的意见是：迁移时需要 20 万元的考虑是正确的，但是，新购锅炉时所需要的费用应该是从 100 万元中减去 28 万元，即应为 72 万元。所以两方案投资额的差额是：72 − 20 = 52（万元）。

D 的意见是：A、B、C 三人的意见中对于 40 万元账面价值的处理是错误的。将现有锅炉迁移时，由于乙工厂接受了账面价值为 40 万元的设备的同时，将花费 20 万元的迁移费用，因而投资额应为 60 万元。与此同时，新购锅炉时除了要花费 100 万元之外，将账面价值为 40 万元的锅炉以 28 万元处理掉，将产生处理损失 12 万元，因而投资总额合计为 112 万元。即两个投资方案的差额是：112 − 60 = 52（万元）。其结果虽然与 C 的结果一致，但是，其想法是不同的。

E 的意见是：迁移时的投资总额正如 D 所考虑的那样，为 60 万元，迁移锅炉时所需的费用应该是从 100 万元中减去 28 万元，即应该是 72 万元。即两个投资方案的差额仅是：72 − 60 = 12（万元）。

请将上述意见加以整理，并详细说明哪些是正确的，为什么？

4 资金时间价值计算与单方案评价

上一章讲述了经济性分析的基本原则,并用实例说明了经济性分析考虑问题的基本思维方式,但是,为了便于说明问题而没有触及长期投资的方案。本章将讲述进行投资决策,特别是长期投资决策时所不可缺少的资金时间价值的概念及其基本的计算方法与单方案评价问题。

4.1 资金的时间价值

4.1.1 资金时间价值的含义

用一个实例说明资金的时间价值。

某工厂建厂时因考虑到大量的原材料运输问题,因而建在原材料产地的附近。近来,因该原材料产地的资源枯竭,所需的原材料必须从外地运来,致使产品的成本大幅度上升,因而打算研究是否将该厂迁至新的原材料产地的问题。

根据计算,迁到新厂址每年预计可以节约运费 1000 万元,建厂期间原厂照常生产。假设新厂的寿命期为 20 年。出卖现有工厂用地的价格将比购买新厂址用地的价格低,加上搬迁和搬迁期间所造成的损失,以及建新厂所花的投资,总和应为多少才合适呢?

根据上述情况,认为 20 年总计可以节约 2 亿元,因而认为搬迁所花总费用只要少于 2 亿元就合算的想法是否正确呢?如果这种想法正确,那么是否意味着当新厂的寿命期为无限时,建新厂无论花多少钱都是合算的呢?

事实上上述想法是不对的。因为如果这 2 亿元不用于搬迁,而是以 6% 的年利率存于银行,则每年的利息金额就是 1200 万元。该值比每年运费的节约金额还要大,而且将资金存入银行的作法对谁都是可以办到的。另外,如果该厂打算用于搬迁的资金总额有年利率为 10% 的运用机会,且将这种机会比做银行存款,则年利息额将达 2 亿元 × 10% = 2000 万元。由此可见,现在支出 2 亿元与今后每年收入 1000 万元相比,后者的价值小。换言之,1 年节约 1000 万元,2 年节约 2000 万元,……,20 年节约 2 亿元的算法是错误的。

可见,当执行某一方案的经济效果持续时间较长时,如果不考虑资金的时间价值,就不能得出正确的判断。特别是在建筑业中,工程项目应用的资金数额大、时间长,如果不考虑资金的时间价值就不能得出正确的结论。

资金的运动规律就是资金的价值随时间的变化而变化,其变化的主要原因有:

(1) 通货膨胀、货币贬值——今年的1元钱比明年的1元钱价值大；

(2) 承担风险——明年得到1元钱不如现在拿到1元钱保险；

(3) 货币增值——通过一系列的经济活动使今年的1元钱获得一定数量的利润，从而到明年成为1元多钱。

资金的时间价值有两个含义：其一是将货币用于投资，通过资金的运动而使货币增值；其二是将货币存入银行，相当于个人失去了对这些货币的使用权，按时间计算这种牺牲的代价。

社会主义市场经济条件下，存在着商品的生产，因而必然受商品生产的规律所制约，就是说必须通过生产与流通，货币的增值才能实现。因此，为了使有限的资金得到充分的运用，就必须运用"资金只有运动才能增值"的规律，加速资金周转，提高经济效益。

4.1.2 单利与复利

通过上述的实例可以看出：在评价、比较投资方案的优劣时，必须考虑各方案的资金时间价值后才能做出正确的结论。其原因就在于投资方案产生的资金流量大多要持续很长时间，因此，将不同时点的收入或支出简单地予以加减的计算方法是不合理的。

大家知道，如果从银行贷款，则每年必须负担一定百分比的利息；如果是用自有资金去投资，就等于牺牲了运用这笔钱进行其他投资的机会，因而造成相应的机会损失（亦称为机会成本）。通常将伴随着这种资金筹措所应负担的利息或某种运用机会的牺牲额称为资本化成本，其利率称为资本的利率。

利息有单利和复利两种，计息期可按一年或不同于一年的计息周期计算。

所谓单利是指利息与时间成线性关系，即只计算本金的利息，而本金所产生的利息不再计算利息。因而如果用 P 表示本金的数额，F 表示计息的周期数，i 表示单利的利率，I 表示利息数额，则有：

$$I = P \cdot n \cdot i \tag{4-1}$$

例如，以单利方式借款1000元，规定年利率为6%，则在第一年末利息额应为：

$$I = 1000 \times 1 \times 0.06 = 60(元)$$

年末应付本利和为1060元。

当借入资金的期间等于几个计息周期时，例如上述款项共借3年，则偿还情况如表4-1所示。

单利计算表（单位：元） 表4-1

年 次	贷款额	利 息	负债额	偿还额
0	1000	—		
1	—	60	1060	—
2	—	60	1120	—
3	—	60	1180	1180

应该指出：单利没有反映出资金运动的规律性，不符合扩大再生产的实际情况。因而通常采用复利计算。

所谓复利就是借款人在每期的期末不支付利息，而将该期利息转为下期的本金，下期再按本利和的总额计息。即不但本金产生利息，而且利息的部分也产生利息。上述问题如果按 6% 复利计算，则有表 4-2 所示的形式。

复利计算表（单位：元） 表 4-2

年次	贷款额	利息	负债额	偿还额
0	1000	—	—	—
1	—	1000 × 0.06 = 60	1000 + 60 = 1060	0
2	—	1060 × 0.06 = 63.6	1060 + 63.6 = 1123.6	0
3	—	1123.6 × 0.06 = 67.42	1123.6 + 67.42 = 1191.02	1191.02

可见，按复利计算所得的三年末的复本利和比按单利计算的本利和多 11.02 元，该值是利息所产生的利息。

4.2 资金时间价值复利计算的基本公式

复利计算公式是研究经济效果，评价投资方案优劣的重要工具。下面介绍六个最常使用的基本公式。在此之前先介绍现金流量图。

4.2.1 现金流量图

在经济活动中，任何方案和工程项目的实现过程总要伴随着现金的流进与流出，为了形象地表述这种现金的变化过程，通常用图示的方法将现金流进与流出、量值的大小、发生的时点描绘出来，并把该图称为现金流量图。

现金流量图的作法是：画一水平直线，将该直线分成相等的时间间隔，间隔的时间单位依计息期为准，通常以年为单位。该直线的时间起点为零，依次向右延伸。用向上的比例线段表示现金流入，向下的比例线段表示现金流出。

应该指出：流入和流出是相对而言的，借方的流入是贷方的流出，反之亦然（图 4-1）。

4.2.2 资金时间价值计算的基本公式

(1) 现值与将来值的相互计算

假如按复利 6% 将 1000 元钱存入银行，则一年后的复本利和为：

$$1000 + 1000 \times 0.06 = 1000 \times (1 + 0.06) = 1060(元)$$

此时若不取出利息而继续存款，则第二年末的复本利和为：

$$1000 \times (1 + 0.06) + 1000 \times (1 + 0.06) \times 0.06 = 1000 \times (1 + 0.06)^2 = 1123.6(元)$$

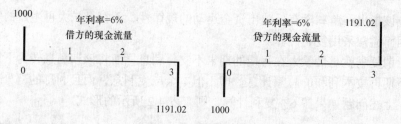

图 4-1 借方与贷方的现金流量图

如果用 F 表示三年年末的复本利和，其值则为：

$$F = 1000 \times (1 + 0.06)^2 + 1000 \times (1 + 0.06)^2 \times 0.06$$
$$= 1000 \times (1 + 0.06)^3 = 1191.02(元)$$

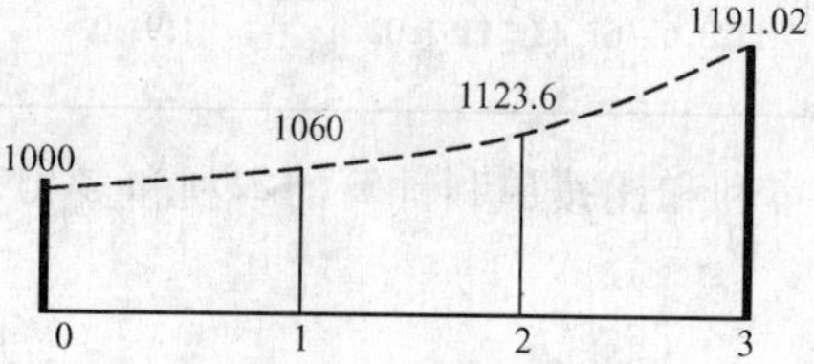

其资金的变化情况如图 4-2 所示。

通常用 P 表示现在时点的资金额（简称现值），用 i 表示资本的利率，如果每期期末的复本利和用 F 表示，则有下述关系存在：

$$F = P \cdot (1 + i)^n \qquad (4-2)$$

图 4-2 复利存款与复本利和

这里的 $(1+i)^n$ 称为一次支付复本利和系数，用符号 $(F/P, i, n)$ 表示，意味着当 P、i、n 为已知时，想知道 n 期期末的值为多少的计算，即将现值 P 换算成将来值 F。在具体计算时，换算系数值不必自行计算，已有现成表格以供使用，计算时可直接查表（见本书末的附录 I 复利系数表）。

如果用符号形式计算上例，则有：

$$F = 1000 \times (F/P, 6\%, 3) = 1000 \times 1.191 = 1191(元)$$

当将来值 F 为已知时，可利用式（4-2）求出现值是多少。此时只要将式（4-2）稍加变换即可。即：

$$P = F \cdot \frac{1}{(1+i)^n} \qquad (4-3)$$

上式中的 $\frac{1}{(1+i)^n}$ 称为一次支付现值系数，用符号 $(P/F, i, n)$ 表示，意味着已知 F 值求现值 P 为多少。同样，该系数值可由相应的表中查得，而不必自行计算。现值与将来值的换算关系可用图 4-3 表示。

举例说明该公式的应用：欲将一笔资金按年利率 6% 存入银行，使 6 年后复本利和为 1000 元，则现在应存款多少？

此时可应用式（4-3）求解如下：

$$P = 1000 \times (P/F, 6\%, n) = 1000 \times 0.705 = 705(元)$$

（2）年等值与将来值的相互计算

4.2 资金时间价值复利计算的基本公式

假如每年年末分别按利率 6% 存入银行 1000 元，若按（4-2）式逐项折算成将来值，则第 4 年末的复本利和 F 值为（图 4-4）：

$$F = 1000 \times (1+0.06)^3 + 1000 \times (1+0.06)^2 + 1000 \times (1+0.06) + 1000$$
$$= 1000 \times [1 + (1+0.06) + (1+0.06)^2 + (1+0.06)^3]$$

应用等比级数求和公式，则上式可变为：

$$1000 \times \frac{(1+0.06)^4 - 1}{(1+0.06) - 1} = 1000 \times \frac{(1+0.06)^4 - 1}{0.06} = 4374.6(元)$$

当计息期间为 n，每期期末支付的金额为 A，资本的利率为 i，则 n 期末的复本利和 F 值为：

$$F = A + A(1+i) + A(1+i)^2 + \cdots + A(1+i)^{n-1} = A \cdot \frac{(1+i)^n - 1}{i} \tag{4-4}$$

上式中 $\frac{(1+i)^n - 1}{i}$ 称为等额支付将来值系数，用符号（$F/A, i, n$）表示。应用符号形式计算上例，则有：

$$F = 100 \times (F/A, 6\%, n) = 100 \times 4.3746 = 437.46(元)$$

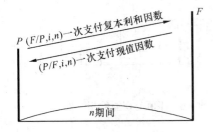

图 4-3 现值与将来值的相互换算

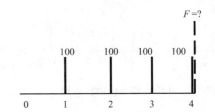

图 4-4 已知年值求将来值

当已知将来值 F，欲将其计算成年等值 A 时，只需将（4-4）式稍加变换即可得到：

$$A = F \cdot \frac{i}{(1+i)^n - 1} \tag{4-5}$$

式中 $\frac{i}{(1+i)^n - 1}$ 系数称为等额支付偿债基金系数，用符号（$A/F, i, n$）表示，意味着由已知 F 值求未知的 A 值，同样，其值可由表中查到。

例如，欲在 7 年后偿还 100000 元借款，打算每年年末存入银行一定数额的款项（称为偿债基金），若存款利率为 8%，则每年末存款额应为：

$$A = 1000000 \times (A/F, 8\%, 7) = 100000 \times 0.1121 = 11210(元)$$

即每年末应存款 11210 元。

年等值与将来值的相互计算关系可以用图 4-5 表示。

(3) 年等值与现值的相互计算

为了求出将年等值 A 计算成现值 P 的公式，只需应用业已推导出的将 F 值换算成 A 值的关系式（4-5）与将 F 值换算成 P 值的公式（4-3）即可得到：

$$P = A \cdot \frac{(1+i)^n - 1}{i(1+i)^n} \tag{4-6}$$

为了得到当 P 值为已知，求年等值 A 的公式，只需将上式稍加变换即得：

$$A = P \cdot \frac{i(1+i)^n}{(1+i)^n - 1} \tag{4-7}$$

式（4-6）中与 A 相乘的系数称为等额支付现值系数，用（P/A, i, n）表示，意味着年等值 A 为已知时求现值 P；式（4-7）中与 n 相乘的系数称为资本回收因数，用符号（A/P, i, n）表示，同样，使用时只要从有关表中查出该系数值加以计算即可。该系数意味着已知现值 P 求年度等值 A 时使用。现值 P 和年等值 A 的相互关系如图 4-6 所示。

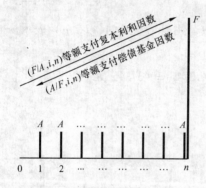

图 4-5 年值与将来值的相互换算

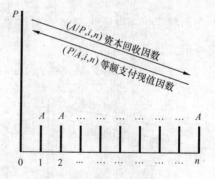

图 4-6 年值与现值的相互换算

下面用简单的例子说明上述两个公式的应用。

【例 4-1】 如果使某施工过程机械化，则每年将节约人工费 2000 元。若机械的寿命为 8 年，资本的利率 $i = 12\%$，则该机械初期投资额 P 为多少合适？

该问题可用下式求解：

$$P \leqslant 2000 \times (P/A, 12\%, 8) = 2000 \times 4.968 = 9936(\text{元})$$

即该机械初期投资额小于 9936 元时该项投资合适。

【例 4-2】 某机械设备初期投资为 2 万元，若该设备使用年限为 10 年，资本利率 $i = 10\%$，则每年平均设备费用为多少？

$$A = 20000 \times (A/P, 10\%, 10) = 20000 \times 0.1628 = 3256(\text{元})$$

即考虑了资金时间价值后的年平均设备费用为 3256 元。

值得指出的是：当 n 值足够大时，年值 A 和现值 P 之间的换算可以简化。用 $(1+i)^n$ 分别去除（4-7）式中资本回收系数的分子和分母，就可以得到下式：

$$A = \frac{i}{1 - (1+i)^{-n}} \cdot P$$

根据数学中极值的概念可知：当 n 值趋于无穷大时，$\dfrac{i}{1-(1+i)^{-n}}$ 将趋近于

i 值（即资本回收因数趋近于 i 值）。同样，用 $(1+i)^n$ 分别去除 (4-6) 式等额支付现值因数的分子和分母可得：当 n 趋于无穷大时，其值趋于 $\frac{1}{i}$。事实上因数值收敛的速度很快，当投资的效果持续几十年以上时就可以认为 n 趋于无穷大，此时应用上述的简化计算方法，其计算结果的误差也是在允许范围内的（这种情况从书末的因数表就可以看出来）。

利用上述原理，当求港湾、道路、寿命期长的建筑物、构筑物等的投资年等值或者收益的现值时，将给问题的计算带来极大的便利。

4.3 资金时间价值公式推导的假定条件

任何公式都是有适用条件的，上面讲述的复利计算的六个基本公式，同样也必须满足某些假定条件时才能使用，为了准确无误地应用这些公式，必须搞清这些公式推导的前提，即假定条件。这些条件是：

(1) 实施方案的初期投资假定发生在方案的寿命期初；
(2) 方案实施中发生的经常性收益和费用假定发生在计息期的期末；
(3) 本期的期末即为下期的期初；
(4) 现值 P 是当前期间开始时发生的；
(5) 将来值 F 是当前以后的第 n 期期末发生的；
(6) 年等值 A 是在考察期间间隔发生的；当问题包括 P 和 A 时，系列的第一个 A 是在 P 发生一个期间后的期末发生的；当问题包括 F 和 A 时，系列的最后一个 A 与 F 同时发生。

上述六个因数的关系和 P、F、A 发生的时点可用图 4-7 表示，利用该图很容易搞清各因数之间的关系以及上述的几个假定条件。

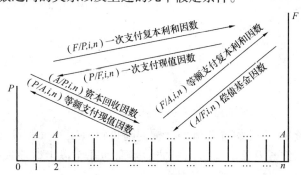

图 4-7 基本公式的相互关系

当需要解决的问题的现金流量不符合上述推导公式时所依据的假定条件时，只要经过简单的处理使其符合上述的假定条件后，即可应用上述的基本公式。下

【例 4-3】 某建筑机械预计尚可使用 5 年,为更新该机械预计需 3 万元。为此,打算在今后的 5 年内将这笔资金积蓄起来。假设资本的利率为 12%,每年积蓄多少才能满足更新该机械所需的资金需求?假定存款发生在:(1) 每年的年末;(2) 每年的年初。

【解】 (1) 该问题的条件符合公式推导的前提条件,因此可直接用公式求得如下:

$$A = 30000 \times (A/F, 12\%, 5) = 30000 \times 0.15741 \approx 4722(元)$$

(2) 该问题需要换算成与推导公式时的假定条件相符的形式。其计算如下:

$$A = 30000 \times (A/F, 12\%, n) \div (1 + 12\%) = 30000 \times 0.15741 \div 1.12 \approx 4216(元)$$

4.4 资金时间价值计算公式的应用例题

【例 4-4】 某建筑公司计划从一年后开始的今后 20 年间,每年能从银行取出 20 万元,第 5 年能多取出 10 万元,第 10 年能多取出 15 万元。若年利率为 6%,则该公司现在应存多少钱才能满足上述用款需要?

【解】 首先画出现金流量图(图 4-8)。存款总额应为等额支付的 $A = 20$ 万元的现值与两次单项支付金额的现值之和,即:

$$P = 20 \times (P/A, 6\%, 20) + 10 \times (P/F, 6\%, 5) + 15 \times (P/F, 6\%, 10)$$
$$= 20 \times 11.4699 + 10 \times 0.7473 + 15 \times 0.5584 = 244.947(万元)$$

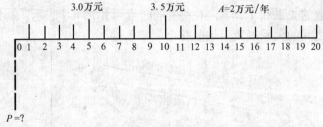

图 4-8 例题 4-4 的现金流量图

【例 4-5】 投资 24 万元购置某施工机械,则每年人工费(假设已折算成每年年末支付额)可节约 6 万元。那么该机械的寿命为几年以上时该项投资合适?设 $i = 12\%$。

【解】 设机械的寿命为 n,按题意,则应有:

$$6 \times (P/A, 12\%, n) \geq 24$$

即 $(P/A, 12\%, n) \geq 4$,而 $(P/A, 12\%, 5) = 3.6048$,$(P/A, 12\%, 6) = 4.1114$,用插值法可得寿命期 n 应满足的条件是:

$$n \geqslant 5 + \frac{4 - 3.6048}{4.1114 - 3.6048} \times (6 - 5) = 5.78(年)$$

【例 4-6】 投资 400 万元购置一宾馆,则每半年的利润额为 30 万元。假设该宾馆的寿命期为无限(通常寿命期为几十年时,即可认为是寿命期为无限,以简化 A 值与 P 值的计算),资本的利率每半年为 5%,则该项投资的净收益(减去投资后的余额)为多少?若每年的利润额为 30 万元,其他条件不变时,该方案的净收益额又是多少?分别按现值和每期平均值(假设每半年为一个期间的净年值)求解。

【解】 以半年为一个期间,净收益为 30 万元时:

$$净收益\ P = 30 \div 0.05 - 400 = 200(万元)$$

$$每半年的平均净收益额\ A = 30 - 400 \times 0.05 = 10(万元)$$

以一年为一个期间,净收益为 30 万元时,年复利的利率为:

$$i = (1 + 0.05)^2 - 1 = 10.25\%$$

$$净收益\ P = 30 \div 0.1025 - 400 = -107(万元)$$

$$每年的平均净收益额\ A = 30 - 400 \times 0.1025 = -11(万元)$$

【例 4-7】 欲建工厂,需购置土地,与土地所有者商定的结果是:现时点支付 600 万元;此后,第一个五年每半年需支付 40 万元;第二个五年每半年需支付 60 万元;第三个五年每半年需支付 80 万元。按复利计算,每半年的资本利率 $i = 4\%$。则该土地的价格相当于现时点的值是多少?

【解】 首先画出现金流量图(图 4-9)。解答该题的方法有很多种,下面用几种方法求解,以熟练地掌握资金时间价值的计算公式。

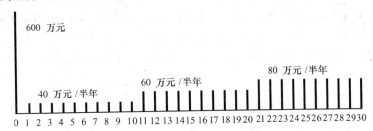

图 4-9 例 4-7 的现金流量图

(1) $P = 600 + 40 \times (P/A, 4\%, 30) + 20 \times (P/A, 4\%, 20) \times (P/F, 4\%, 10) + 20 \times (P/A, 4\%, 10) \times (P/F, 4\%, 20)$
$\approx 1549(万元)$

(2) $P = 600 + 80 \times (P/A, 4\%, 30) - 20 \times (P/A, 4\%, 20) - 20 \times (P/A, 4\%, 10)$
$\approx 1549(万元)$

(3) $P = 600 + [40 \times (F/A, 4\%, 30) + 20 \times (F/A, 4\%, 20) + 20 \times (F/A, 4\%, 10)] \times (P/A, 4\%, 30) \approx 1549(万元)$

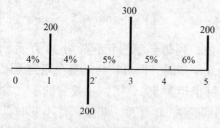

图 4-10 例题 5 的现金流量图

【例 4-8】 某现金流量图和逐年的利率 i 如图 4-10 所示，试确定该现金流量的现值、将来值和年度等值。

【解】 以上所举例题都是各期间利率相等的情况，但现实中利率往往是变化的，当各个期间利率值不等时，其计算应按利率相等的区间逐步分别计算。根据这个思路，该题的计算结果如下：

$$P = 200 \times (P/F,4\%,1) - 200 \times (P/F,4\%,2) + 300 \times (P/F,5\%,1) \times$$
$$(P/F,4\%,2) + 200 \times (P/F,6\%,1) \times (P/F,5\%,2) \times (P/F,4\%,2)$$
$$= 200 \times 0.9615 - 200 \times 0.9246 + 300 \times 0.9542$$
$$\times 0.9246 + 200 \times 0.9434 \times 0.9070 \times 0.9246$$
$$= 429.79$$

$$F = 200 + 300 \times (F/P,5\%,1) \times (F/P,6\%,1) - 200 \times (F/P,5\%,2) \times$$
$$(F/P,6\%,1) + 200 \times (F/P,4\%,1) \times (F/P,5\%,2) \times (F/P,6\%,1)$$
$$= 200 + 300 \times 1.05 \times 1.06 - 200 \times 1.1025 \times 1.06 + 200 \times 1.04 \times 1.1025 \times 1.06$$
$$= 543.25$$

根据已求得的 P 值和年等值 A 的关系可求出 A 值：

$$P = A(P/F,4\%,1) + A(P/F,4\%,2) + A(P/F,5\%,1)(P/F,4\%,2)$$
$$+ A(P/F,5\%,2)(P/F,4\%,2) + A(P/F,6\%,1)(P/F,5\%,2)(P/F,4\%,2)$$

因 $P = 429.79$，故有：

$$429.79 = A(0.9615 + 0.9246 + 0.9524 \times 0.9246 + 0.9070 \times 0.9246 +$$
$$+ 0.9434 \times 0.9070 \times 0.9246)$$
$$\therefore A = 97.76$$

4.5 等值的意义、名义利率与实际利率

4.5.1 等值的意义

如果两个事物的作用效果相同，则称该两个事物是等值的。例如有两个力矩，一个是由 100N 和 2m 的力臂所组成；一个是由 200N 和 1m 的力臂所组成，因为二者的作用都是 200N·m，于是就说它们是等值的。

在技术经济分析中，等值是个很重要的概念，在方案的分析与比较时往往都加以应用。在技术经济分析中等值的含意是：由于利息的存在，因而使不同时点上的不同金额的货币可以具有相同的经济价值。这一点可用一个例子加以说明。如果年利率为 6%，则现在的 300 元等值于 8 年后的 478.20 元。这是因为：

$$F = 300 \times (1 + 0.06)^8 = 478.20(元)$$

同样，8年后的478.20元等值于现在的300元，即：

$$A = 478.20 \times \frac{1}{(1+0.06)^8} = 300(元)$$

应该指出：如果两个现金流量等值，则在任何时点其相应的数值必相等。如上例，现在的300元，7年后为 $300 \times (1+6\%)^7 = 451$（元），8年末的478.20元在第7年末为 $478.20 \div (1+0.06) = 451$（元）。它们在任何时点上都是相等的。

4.5.2 名义利率与实际利率

通常复利计算中的利率一般指年利率，计息期也以年为单位。但计息期不为一年时也可按上述公式进行复利计算。

当年利率相同，而计息期不同时，其利息是不同的，因而存在有名义利率和实际利率之分。实际利率又称为有效利率；名义利率又称非有效利率。

假如年利率为 i，而实际上利息不是一年进行一次复利计息，而是将一年分为四个季度或分成十二个月进行复利计算，则实际利息是会有差异的。举例说明如下：

设年利率为12%，现在存款额为1000元，期限为一年，试按：一年一次计息；一年四次按每季度3%（12%÷4）利率计息；一年十二次按月利率1%（12%÷12）计息。这三种情况的复本利和分别为：

一年一次计息 $F = 1000 \times (1+12\%) = 1120(元)$

一年四次计息 $F = 1000 \times (1+3\%)^4 = 1125.51(元)$

一年十二次计息 $F = 1000 \times (1+1\%)^{12} = 1126.83(元)$

这里的12%，对于一年一次计息时它既是实际利率又是名义利率；3%和1%称为周期利率。由上述计算可知：

名义利率=周期利率×每年的复利周期数。对于一年计息四次和十二次来说，12%就是名义利率。实际利率则分别为：

一年计息四次时：$(1+3\%)^4 - 1 = 12.55\%$

一年计息十二次时：$(1+1\%)^{12} - 1 = 12.68\%$

通过上述分析与计算，可以得出名义利率与实际利率间存在着下述关系：

（1）当计息周期为一年时，名义利率与实际利率相等，计息周期短于一年时，实际利率大于名义利率；

（2）名义利率不能完全地反映资金的时间价值，实际利率才真实地反映了资金的时间价值；

（3）令 i 为实际利率，r 为名义利率，m 为复利的周期数，则实际利率与名义利率间存在着下述关系：

$$i = \left(1 + \frac{r}{m}\right)^m - 1 \tag{4-8}$$

(4) 名义利率越大，周期越短，实际利率与名义利率的差值就越大。

用一个例子说明名义利率与实际利率的应用。

【例4-9】 年利率为6%，每季度复利一次，若想此后10年内每季度都能得到5000元，则现在应存款多少？

这里的6%是名义利率，周期利率为 6% ÷ 4 = 1.5%，每年按 1.5% 复利4次，10年复利次数为 4 × 10 = 40（次），应用（4-5）式，则有：

$$P = A \cdot \frac{(1+i)^n - 1}{i(1+i)^n}$$

这里 $A = 5000$ 元，$i = 1.5\%$，$n = 40$，故有：

$$P = 5000 \times \frac{(1+1.5\%)^{40} - 1}{1.5\%(1+1.5\%)^{40}} = 149579(元)$$

或者，首先按公式（4-8）求出一年的实际利率为：

$$i = \left(1 + \frac{6\%}{4}\right)^4 - 1 = 6.14\%$$

再按资金时间价值的计算公式，求解现在应存款的金额为：

$$P = 5000 \times (P/A, 1.5\%, 4) \times (P/A, 6.14\%, 10) = 149579(元)$$

4.6 基准收益率、净现值、净年值、净将来值

4.6.1 基准收益率

上述的 i 值表明伴随着资金筹措而应承担的利息占资金的比率。但是，该值还有一个更为重要的含义，就是基准收益率或基准折现率的含义。

所谓基准收益率，就是企业或者行业所确定的投资项目动态的应该达到的可以接受的最低收益水平标准，是评价和判断投资方案在经济上是否可行的依据和重要的经济参数。不同的投资者对于同一个项目的判断不尽相同，所处行业、项目具体特点、筹资成本的差异、对待风险的态度、对收益水平的预期等诸多因素，决定了投资者必须自主确定其在相应项目上最低可接受的收益水平；政府作为一类特殊的投资者，其基准收益率是由国家规定的。根据政府导向确定行业基准收益率，是针对我国现阶段和今后相当长时期内存在的基本情况提出的，是政府投资决策与管理的需要。政府投资并不是不可盈利，但是对于那些急需考虑公众承受能力的行业而言，为了兼顾投资效率与社会公平，行业基准收益率应是政府投资收益水平的上限；对于竞争性行业而言，行业基准收益率应是政府投资收益水平的下限。基准收益率在本质上体现了投资者对资金时间价值的判断和对项目风险程度的估计。从上面的描述中可以看到，在确定基准收益率时应综合考虑如下因素：

(1) 资金成本和机会成本。资金成本是为取得资金资金使用权而支付的费用，包括筹资费和资金使用费。筹资费是指在筹集资金过程中发生的各种费用；资金使用费是指因使用资金而向资金的提供者支付的报酬。投资的机会成本是指投资者将有限的资金用于拟建项目而舍弃的其他投资机会所能获得的收益。值得说明的是，机会成本是所研究方案之外形成的，必须通过经济分析和比较才能确定项目的机会成本。基准收益率不应低于资金成本和机会成本。当全部采用企业自有资金投资时，可参考行业或企业通常使用资金时的平均收益水平，该收益水平即可以理解为企业的机会成本；如果项目的投资资金来源于自有资金和贷款时，行业的平均收益水平与贷款利率的加权平均值即可以理解为机会成本。

(2) 投资风险。一般情况下，项目的风险越大，要求的投资收益率就越大。在进行项目经济分析时，可以从国家规划与政策、资源情况、市场需求、法制环境、技术构成、资金供应、项目所在地的自然条件等若干方面，分析项目面临的风险。在确定基准收益率时，常在无风险收益率的基础上加上一定的附加收益，确定相应的基准收益率。

(3) 通货膨胀。通货膨胀是指由于货币的发行量超过商品流通所需要的货币量而引起的货币贬值和物价上涨的情况。

根据中国的目前情况，部分行业进行建设项目财务评价时采用的基准收益率的协调结果是：种植业为6%；森林工业为13%；移动通信为12%；铁路网既有线改造为6%；大中型（干线）机场建设为4%；火力发电为10%。

应该指出：基准收益率不能定得太高或太低。太高，则可能使某些投资经济效益好的被淘汰；太低，则可能使某些投资经济效益差的被采纳；基准收益率与贷款的利率是不同的，通常基准收益率应大于贷款的利率。

4.6.2 净现值、净年值、净将来值

净现值（NPV）是投资方案执行过程中和生产服务年限内各年的净现金流量（现金流入减去现金流出）按基准收益率或设定的收益率换算成现值的总和（本书在这里用 PW 表示）。

净年值（AW）通常又称为年值，是将投资方案执行过程和生产服务年限内的现金流量利用基准收益率或设定的收益率换算成均匀的等额年值。

净将来值（FW）通常称将来值，是将投资方案执行过程和生产服务年限内的现金流量利用基准收益率或设定的收益率换算成未来某一时点（通常为服务或生产年限末）的将来值的总和。

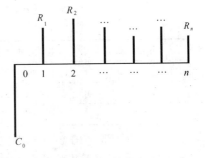

图 4-11 一般投资方案的现金流量图

通常的投资方案是在初期有一个投资额 C_0，此后第 1，2，…，n 期末将产生 R_1，R_2，…，R_n 净收益的情况（图 4-11），我们将其称为常规投资方案。此时，根据资金时间价值的计算公式即可得到净现值、净年值、净将来值的计算值。

$$PW(i) = \frac{R_1}{1+i} + \frac{R_2}{(1+i)^2} + \cdots + \frac{R_n}{(1+i)^n} - C_0 \tag{4-9}$$

上式即为净现值（NPV）。当该值为零时，表明该方案恰好满足给定的收益率；若为正值，说明该方案除能保证给定的收益率之外，尚有较通常的运用机会更多的收益；该值为负，则说明不能满足预定的收益率或其收益小于通常运用机会的收益。因此，当该值 ≥0 时方案可行，否则不宜采用。

求出净现值之后，只要应用现值换算成年值的公式即可求得净年值：

$$AW(i) = PW(i) \cdot (A/P, i, n)$$

同样，可求出净将来值（FW）如下：

$$FW(i) = PW(i) \cdot (F/P, i, n)$$

或者 $FW(i) = R_1(1+i)^{n-1} + R_2(1+i)^{n-2} + \cdots + R_n - C_0(1+i)^n$ (4-10)

下面用一个例子说明净现值、净年值和净将来值得具体求法和其表明的含义。

【例 4-10】 某施工机械投资 1000 万元之后，将使年净收益增加（表 4-3），该机械寿命为 5 年，基准收益率 $i=10\%$，净残值为零。

首先画出该方案的现金流量图（图 4-12），求净现值时只需将各时点的现金流量折算到零时点累计求和即可。具体计算如下：

$$PW(10\%) = \frac{350}{1+0.1} + \frac{320}{(1+0.1)^2} + \frac{280}{(1+0.1)^3} + \frac{230}{(1+0.1)^4} + \frac{250}{(1+0.1)^5} - 1000$$
$$= 105.3(万元)$$

求净将来值时只需将各时点的现金流量折算成将来时点的值（第 5 期期末）然后累计求和即可。具体计算如下：

$$FW(10\%) = 350 \times (1+0.1)^4 + 320 \times (1+0.1)^3 + 280 \times (1+0.1)^2$$
$$+ 230 \times (1+0.1) + 250 - 1000 \times (1+0.1)^5 = 169.6(万元)$$

净收益的增加值　　　　　　　　　　表 4-3

年　度	净收益的增加值	年　度	净收益的增加值
1	350 万元	4	230 万元
2	320 万元	5	250 万元
3	280 万元		

亦可用 $FW(10\%) = PW(10\%)(P/F, 10\%, 5)$ 求得。

净年值可用下述两种方法中的任何一种求得：

$$AW(10\%) = FW(10\%) \cdot (A/F, 10\%, 5) = PW(10\%) \cdot (A/P, 10\%, 5)$$

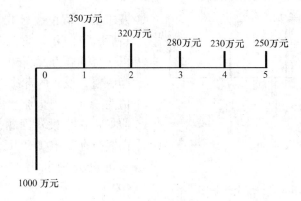

图 4-12 净现金流量图

如：$AW(10\%) = PW(10\%) \cdot (A/P, 10\%, 5) = 105.4 \times 0.2638 = 27.8$（万元）

其净现值的含义是：该方案较通常的投资机会（$i = 10\%$）多获得收益折算成现时点的值是 105.4 万元。净年值的含义是：该方案较通常的投资机会（$i = 10\%$）每年平均多获得 27.8 万元的净收益。净将来值的含义是：该方案较通常的投资机会（$i = 10\%$）多获得净收益值折算成第 5 期末值为 169.6 万元。

假如各年的净收益的增加额不是如表 4-1 所示，而是每期皆为 300 万元，则使计算简化。此时：

$$PW(10\%) = 300 \times (P/A, 10\%, 5) - 1000$$
$$= 300 \times 3.7908 - 1000 = 137.2(万元)$$
$$FW(10\%) = 300 \times (F/A, 10\%, 5) - 1000 \times (F/P, 10\%, 5)$$
$$= 300 \times 6.1051 - 1000 \times 1.6105 = 221.0(万元)$$
$$AW(10\%) = 300 - 1000 \times (A/P, 10\%, 5)$$
$$= 300 - 1000 \times 0.2638 = 36.2(万元)$$

净现值、净年值和净将来值是方案是否可以接受的重要判据之一，它们反映了方案较通常投资机会净收益值增加的数额，尤其是净现值更能给出这种收益增加的现时点的直观规模。但进行这种计算时，须事先给出基准收益率或设定收益率。以后将会讲到，应用这三个指标中的任何一个进行方案评价所得到的结论都是相同的。

4.7 内部收益率与回收期

4.7.1 内部收益率的概念

内部收益率是一个被广泛采用的投资方案评价标准，下面用实例说明其含义

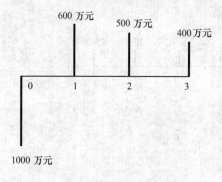

图 4-13 现金流量图

及求法。假设投资 1000 万元购置某台设备后,第一年、第二年、第三年末分别可获得 600 万元、500 万元、400 万元的净收益,设备的寿命为 3 年,3 年后的残值为零(其现金流量图如图 4-13 所示)。假如将这个投资问题加以抽象,看作是向银行存款 1000 万元,此后三年每年年末可以分别取出 600 万元、500 万元、400 万元,第三年末其存款的余额为零,显然并不改变问题的实质。假设该银行的年利率为 r(该值即为内部收益率,为与前面的 i 区别,这里用 r 表示),则各年年末的存款余额应为:

第一年末:$1000 \times (1+r) - 600$

第二年末:$[1000 \times (1+r) - 600] \times (1+r) - 500$

第三年末:$\{[1000 \times (1+r) - 600] \times (1+r) - 500\} \times (1+r) - 400$

因第三年末银行存款的余额为零,故有下式成立:

$$1000 \times (1+r)^3 - 600 \times (1+r)^2 - 500 \times (1+r) - 400 = 0$$

$$600 \times (1+r)^2 + 500 \times (1+r) + 400 - 1000 \times (1+r)^3 = 0$$

上式左边恰是该现金流量的净将来值,因变量 r 表示内部收益率。因此,由上式可以得到:所谓内部收益率,就是使方案寿命期内的现金流量的净将来值等于零的利率。

如果用 $(1+r)^3$ 去除上式的两边,则有:

$$\frac{600}{1+r} + \frac{500}{(1+r)^2} + \frac{400}{(1+r)^3} - 1000 = 0 \tag{4-11}$$

上式的左边恰是该方案现金流量的净现值,因变量 r 表示内部收益率。因此,又可以这样定义:所谓内部收益率,是指方案寿命期内可以使现金流量的净现值等于零的利率。

同样,可以定义为使净年值为零的利率即是该方案的内部收益率。

4.7.2 内部收益率的求法

为了与资本的利率 i 加以区别,我们用 r 表示方案的内部收益率。为了求出内部收益率,可以应用上述内部收益率的含义求解。

在具体求解内部收益率之前,首先介绍净现值与内部收益率之间的关系。正如 4.6.2 中所述:一般的投资项目通常是在进行初期投资之后就将有连续的正的净收益,我们将这种类型的投资项目称为常规投资项目,其现金流量如图 4-11 所示。根据 (4-9) 式所示,净现值是关于 i 的函数,i 与净现值 $PW(i)$ 之间的函数关系曲线见图 4-14。

该函数曲线具有两个主要特点：

(1) 该函数曲线是关于 i 的单调减少的减函数，即净现值 $PW(i)$ 随着 i 值的增加而不断减少，随着 i 值的不断减少而不断增加；

(2) 该函数曲线是一条凸向原点的曲线，即连接曲线上任意两点所成的弦在其对应的曲线的右倾，即弦与横轴的交点（如果有交点）所对应的 i 值大于其对应曲线与横轴交点所对应的 i 值。

在求解内部收益率时，将利用上述函数曲线具有的两个主要特点。

注意到，净现值函数往往是关于 i 的高次函数，求解内部收益率

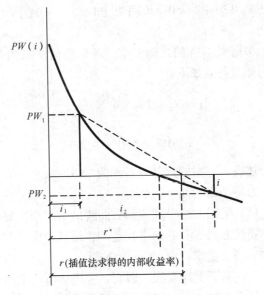

图 4-14　常规投资净现值函数曲线的性质

实质是求该净现值函数等于零时的方程的解，而高次方程没有标准解法，所以通常用插值法求解。

下面以 4.7.1 的题目为例说明内部收益率的具体求法。

如前所述，求内部收益率可以利用净现值、净年值和净将来值等于零其中的任何一个求得。例如，应用净现值等于零的含义求解时，可以将 (4-11) 式看作是关于 i 的函数，使该函数的值等于零时方程的解，即是内部收益率。先假定一个 i 值，如果求得的净现值为正，则根据净现值函数曲线第一个主要特点，说明 i 值假定得太小；再假定 i 值时为了使净现值等于零或出现负值，就必须加大 i 值；如加大 i 值后净现值为负，则可以在上述两个值之间进行插值计算求出内部收益率。即当两次假定的 i 值，使净现值由正变负或由负变正时，则在两者之间必定存在使净现值等于零的 i 值，该值即为欲求的该方案的内部收益率。

4.7.1 的题目的现金流量如图 4-13 所示。该例的净现值函数为：

$$PW(r) = \frac{600}{1+r} + \frac{500}{(1+r)^2} + \frac{400}{(1+r)^3} - 1000$$

试算时可分别取 i 值，例如 10%、20% 等。若取 $i_1 = 20\%$，则有：

$$PW_1(20\%) = \frac{600}{1+0.2} + \frac{500}{(1+0.2)^2} + \frac{400}{(1+0.2)^3} - 1000 = 78.70（万元）$$

因 $PW_1(20\%) > 0$，说明 20% 取小了，再试算时应加大 r 值。例如取 $i_2 = 30\%$，则有：

$$PW_2 = \frac{600}{1+0.3} + \frac{500}{(1+0.3)^2} + \frac{400}{(1+0.3)^3} - 1000 = -60.54（万元）$$

因 $PW_2(30\%) < 0$,说明使 $PW(r) = 0$ 的 r 值,即内部收益率在20%和30%之间。

根据图4-14的几何关系,可得插值法求内部收益率 r 的计算公式及该例题的内部收益率如下:

$$r = i_1 + (i_2 - i_1) \frac{|PW_1(i_1)|}{|PW_1(i_1)| + |PW_2(i_2)|}$$

$$= 20\% + (30\% - 20\%) \times \frac{78.70}{78.70 + 60.54} = 25.65\%$$

即上述投资方案的内部收益率为25.65%。

值得指出的是:

(1) 根据上述净现值函数曲线的第二个主要特点可知,插值法求得的内部收益率要比方案真实的内部收益率,即函数曲线与横轴交点所对应的 i 值(方案真实的内部收益率)大;

(2) 基于上述事实,因而,应用插值法求内部收益率时所假定的使净现值出现正负变化的两个 r 值的差应尽可能接近,以减少真实的内部收益率与插值法求得的内部收益率的较大差异。

另外,假如每期期末的净收益值是一个不变的数值,则利用资金时间价值的计算公式即可以简单地通过查表求得。例如,某台设备的投资为2000万元,投资之后的今后5年内每年年末都将有900万元净收益时,即可以认为2000万元投资相当于向银行存款,此后5年每年年末都可以从银行取出900万元,5年后其余额为零,此时银行的利率即为内部收益率。因而有:

$$AW(r) = 2000 \times (A/P, r, 5) - 900 = 0$$
$$(A/P, r, 5) = 0.45$$

用查表的方式即可得出, r 值约为35%。当然也可以用下式求出 r 值,结果都是相同的。

$$PW(r) = 900 \times (P/A, r, 5) - 2000 = 0$$
$$r \approx 35\%$$

4.7.3 回收期的求法

由于考虑到将来的不确定性和资金的筹措等问题,有时需要知道靠每年的净收益将初期投资额回收完了所经历的时间(称为回收期)为多少年。

假如初期投资额为 K_0,每期期末的净收益分别为 $R_1, R_2, \cdots, R_n$,则回收期即为满足下式的 N 值:

$$\sum_{j=1}^{N-1} \frac{R_j}{(1+i)^j} < K_0 \leq \sum_{j=1}^{N} \frac{R_j}{(1+i)^j} \quad (j = 1, 2, \cdots, N) \quad (4\text{-}12)$$

如果 $R_1 = R_2 = \cdots = R_n = R$,则回收期可由下式求得:

$$K_0 \cdot (A/P, i, n) = R$$

上式中的资本回收因数如果不用符号,而用原始系数表达式,则有:

$$K_0 \cdot \frac{i(1+i)^n}{(1+i)^n - 1} = R$$

用上式求出 n 值,即可得到回收期的值为:

$$n = \frac{\lg\left(\frac{R}{R - iK_0}\right)}{\lg(1+i)} \tag{4-13}$$

【例 4-11】 某自动化机械初期投资为 2000 万元,此后每年年末的人工费将节约 500 万元。那么,该机械的寿命期为多少年以上时,该节省人工费的投资方案是合适的? 如果不考虑资金的时间价值,则应有:

$$2000 \div 500 = 4 \text{ 年}$$

即该机械寿命为 4 年以上时该投资合适。如果考虑资金的时间价值,例如 $i = 10\%$ 时,则回收期应是满足下式的 n 值:

$$2000 \times (A/P, 10\%, n) \leqslant 500$$
$$(A/P, 10\%, n) \leqslant 0.25$$

由书末附录的复利系数表可以查出 $i = 10\%$ 时,资本回收系数值小于 0.25 的 n 值应大于 6 年。

4.8 等比型现金流量与物价变动时的资金时间价值计算

4.8.1 等比数列现金流量的资金时间价值计算

现金流量成等比关系的情况下,经过适当的转换仍然可以利用书后的复利因数表进行计算。

设某投资方案的第一期期末的净收益为 R,此后按等比级数增加,设等比为 $(1+k)$,则按等比级数的特点,第二期期末的净收益为 $R(1+k)$,……,第 n 期期末为 $R(1+k)^{n-1}$(即净收益的增加率为 k),假设资本的利率为 i,则净收益的现值为:

$$P = R\left[\frac{1}{1+i} + \frac{1+k}{(1+i)^2} + \cdots + \frac{(1+k)^{n-1}}{(1+i)^n}\right]$$
$$= \frac{R}{1+k}\left[\frac{1+k}{1+i} + \frac{(1+k)^2}{(1+i)^2} + \cdots + \frac{(1+k)^n}{(1+i)^n}\right]$$

由此可以推导出下述适用于不同情况的计算公式:

当 $k > i$ 时,令 $(1+k)/(1+i) = 1+w$,则有:

$$P = \frac{R}{1+k}[(1+w) + (1+w)^2 + \cdots + (1+w)^n]$$

$$= \frac{R}{1+k}(1+w)[1+(1+w)+\cdots+(1+w)^{n-1}]$$

$$= \frac{R}{1+k} \cdot \frac{1+k}{1+i} \cdot \frac{(1+w)^n - 1}{w} = \frac{R}{1+i} \cdot (F/A, w, n) \tag{4-14}$$

当 $k < i$ 时，令 $(1+i)/(1+k) = 1+x$，则有：

$$P = \frac{R}{1+k}\left[\frac{1}{1+x} + \frac{1}{(1+x)^2} + \cdots + \frac{1}{(1+x)^n}\right]$$

$$= \frac{R}{1+k} \cdot \frac{(1+x)^n - 1}{x \cdot (1+x)^n} = \frac{R}{1+k} \cdot (P/A, x, n) \tag{4-15}$$

当 $k = i$ 时，则有：

$$P = \frac{nR}{1+k} = \frac{nR}{1+i} \tag{4-16}$$

上述的计算利用相应的系数表即可进行。下面举几个简单的例题。

【例 4-12】 某人第一年末存款 2000 元，此后每年年末存款额都较上一年增加 10%，连续 10 年，假设利率 $i = 6\%$，10 年末的复本利和为多少？

【解】 复本利和为：

$$F = 2000 \times [(1+0.06)^9 + (1+0.1) \times (1+0.06)^8 + \cdots +$$

$$(1+0.1)^8 \times (1+0.06) + (1+0.1)^9]$$

$$= 2000 \times (1+0.06)^9 \times \left[1 + \frac{1+0.1}{1+0.06} + \frac{(1+0.1)^2}{(1+0.06)^2} + \cdots + \frac{(1+0.1)^9}{(1+0.06)^9}\right]$$

由于 $\frac{1.1}{1.06} = 1.038$

$$F = 2000 \times (1+0.06)^9 \times (1 + 1.038 + \cdots + 1.038^9)$$

$$= 2000 \times (F/P, 6\%, 9) \times (F/A, 3.8\%, 10)$$

$$= 2000 \times 1.69 \times 11.90$$

$$= 40222(元)$$

【例 4-13】 购买某技术专利后将使企业净收益增加，估计第一年末为 800 万元，此后每年将以前一年的 70% 递减，该企业选定的收益率为 12%。那么，购买该专利的投资为多少合适？

【解】 如果投资额小于逐年的净收益增加额的现值之和，则该项投资合适。因而有：

$$P = \frac{800}{1+0.12} + \frac{800 \times 0.7}{(1+0.12)^2} + \frac{800 \times 0.7^2}{(1+0.12)^3} + \cdots$$

$$= \frac{800}{0.7} \times \left[\frac{0.7}{1.12} + \left(\frac{0.7}{1.12}\right)^2 + \left(\frac{0.7}{1.12}\right)^3 + \cdots\right]$$

$$= \frac{800}{0.7} \times \left[\frac{1}{1+0.6} + \frac{1}{(1+0.6)^2} + \frac{1}{(1+0.6)^3} + \cdots\right]$$

$$= \frac{800}{0.7} \times \frac{1}{0.6}$$

$$= 1904.8(万元)$$

4.8.2 物价变动时的时间价值计算

无论是材料价格还是人工费，总是处于一种上升的趋势。如果某种物价今后各年变动的比率大致相等，即可应用上面已经推导出来的等比型现金流量的公式进行计算。下面用实例说明。

【例 4-14】 某公司投资购买某台设备后，可以使材料费得到节约，第一年末为 30 万元，此后每年将以 6% 的比率增加。基准收益率为 10%，设备的寿命期为 10 年。材料费节约总额的现值为多少？

【解】 $k = 6\%$，$i = 10\%$，由于 $k < i$，因而有：

$$\frac{1+0.1}{1+0.06} = 1 + x$$

解上式，得 $x = 3.77\%$

$$P = \frac{30}{1+0.06} \times (P/A, 3.77\%, 10) = 232.2(万元)$$

【例 4-15】 若上例材料费上升率分别是 10% 和 15% 时，材料费节约额的现值为多少？

【解】 若材料费上升率为 10%，$k = i$，因而有：

$$P = \frac{nR}{1+k} = \frac{nR}{1+i} = \frac{10 \times 30}{1+0.1} = 272.7(万元)$$

若材料费上升率为 15%，由于 $k > i$，因而有：

$$w = \frac{1+k}{1+i} - 1 = \frac{1+0.15}{1+0.1} - 1 = 4.545\%$$

$$P = \frac{30}{1+0.1} \times (A/F, 4.545\%, 10) = 27.2727 \times 12.314 = 335.8(万元)$$

习 题

1. 假如以年单利 7% 存入银行 6500 元，问多少年后本利和为 8775 元？

2. 向银行借款 10 万元，借款期为 5 年，试分别用 6% 单利和 6% 复利计算 5 年后的利息总额，并比较其大小。

3. 某人以 8% 单利借出 1500 元，借期为 3 年。然后以 7% 复利将上述借出金额的本利和再借出，借期 10 年。问此人在第 13 年末可以获得的复本利和为多少？

4. 下列存款的将来值是多少？

（1）现时点存款 5000 元，复利利率为 10%；

（2）现时点存款 7000 元，复利利率为 8%。

5. 求下述情况的现值是多少？

（1）第 6 年年末准备偿还 5500 元借款，存款利率（复利）为 9%；

（2）第 15 年年末欲获得 6200 元，年利率为 12%，每月计息一次。

6. 下列等额支付的现值是多少？

（1）每年年末支付 3500 元，连续支付 8 年，年利率为 7%；

（2）年利率为 12%，每年年末支付 3000 元，连续 6 年，但每半年计息一次。

7. 计算下列等额支付的将来值是多少？

（1）年利率为 6%，每年年末存入 4000 元，连续存款 10 年；

（2）年利率为 10%，每半年计息一次，每月月末存入银行 1500 元，连续 2 年。

8. 计算下述将来值的年值：

（1）第 8 年末积累 15000 元，从现在起每年年末存入银行一笔钱，年利率为 8%；

（2）第 10 年末欲得 20000 元，从现在起每年年末存入银行一笔钱，年利率为 10%，每半年计息一次。

9. 现在存款 3000 元，存款利率为 8%，多少年后才能获得 15000 元？

10. 现在存款 4000 元，5 年后想获得 8000 元存款的利率最低应为多少？

11. 某台设备初期投资为 10 万元，投资效果持续时间（寿命）为 10 年，净收益发生于每年末且数值相等。资本的利率（基准收益率）为 10% 时，年净收益为多少合适？寿命期为 20 年、30 年、无限时又应为多少？

12. 某台设备估计尚可使用 5 年，为更新该设备估计需 30 万元，为此准备今后 5 年内将该款积蓄起来。若存款的利率为 10%，则每年应存款多少钱？假设存款发生在：（a）每期期末；（b）每年的年初。

13. 用 50 万元购置了某设备，欲在 10 年内将该投资的复本利和全部回收完了，则每年均等的折旧费应提出多少？基准收益率为 12%。

14. 某债券现在购买 10 万元，则 6 年后可得 20 万元。

（1）如果将购买债券看作是按复利在银行存款，那么相当于银行存款的利率是多少？

（2）假设该人的基准收益率为 8%，那么这项投资的净收益是多少？以（a）净现值；（b）净年值；（c）净将来值回答上述问题。

15. 某人现在 40 岁，现有存款 2 万元，因为在他 60 岁时将退休，退休时他想有 10 万元存款。假设退休时他可以一次从单位获得 1 万元的退休金。从现在起准备每年年末均等地存入银行一笔钱，那么为达到退休时有 5 万元存款，则应存款多少钱？假设存款的利率为 5%。如果每次存款都发生于年初，回答上述问题。

16. 某机械设备投资 24 万元之后每年可节约人工费 6 万元（假设发生于每年年末），设利率 $i=10\%$，那么该设备的寿命期为多少年以上时，该投资合适？

17. 某人在孩子 5 岁时将一笔款存入银行，准备在孩子 18 岁和 24 岁时可以分别取出 1 万元,假如银行的利率是7%按复利计算,则现在应存多少钱?

18. 某台设备投资 100 万元之后,每期末的净收益将增加(表 4-4)。该设备使用期为 5 年,假如基准收益率为 12%,求该设备投资所产生的净收益的 (a) 净现值;(b) 净年值;(c) 净将来值。

每期末净收益增加值 表 4-4

年　度	净收益增加值	年　度	净收益增加值
1	40 万元	4	23 万元
2	32 万元	5	17 万元
3	28 万元		

19. 某方案初期投资额为 300 万元,此后每年年末的作业费用为 40 万元。方案的寿命期为 10 年,10 年后的残值为零。假设基准收益率为 10%,求该方案的总费用的 (a) 现值;(b) 年值;(c) 将来值。

20. 上述投资后,每年年末的净收益为 90 万元,假设净收益和作业费用都发在每年年末。
(1) 求该投资所产生的净收益的 (a) 现值;(b) 年值。
(2) 该投资的内部收益率是多少?
(3) 用每年的净收益将初期投资额全部回收的年数是多少年?按 (a) 静态方法(不考虑基准收益率);(b) 动态方法(基准收益率为 10%)。

21. 资金时间价值计算公式中的 i 和 n 给定时,证明下述关系成立。
(1) $(F/P, i, n) = (A/P, i, n) \times (F/A, i, n)$
(2) $(F/A, i, n) = \dfrac{1}{(P/F, i, n) \times (A/P, i, n)}$
(3) $(A/P, i, n) \times (F/A, i, n) \times (P/F, i, n) = 1$

22. 证明资本回收系数 $(A/P, i, n)$ 与偿债基金系数之间有下述关系成立。
(1) $(A/P, i, n) = (A/F, i, n) + i$
(2) $(A/F, i, n) = (A/P, i, n) - i$

5 不同条件下多方案的经济效果评价

上一章讲述了资金时间价值的计算及应用这些知识进行单一投资方案选择的问题。可以看到，经常使用的投资方案选择与评价方法概括起来大致可以分成以下三类：

(1) 以"数额"的大小加以比较的方法，即是以考虑了资金的时间价值后的净收益值为指标的评价与选择方法，包括净现值法、净年值法和净将来值法。

(2) 以"效率"为尺度的比较方法，如应用内部收益率进行投资方案选择。

(3) 以"期限"为尺度的比较方法，即回收期。关于"回收期"的是与非，本章还要专门讲述。

对于投资方案，其各年的净收益可以通过以下三种途径获得：

(1) 销售收益的增加－作业费用的增加；

(2) 销售收益增加；

(3) 作业费用减少。

但是，无论企业或部门，经常会遇到多方案的选择问题，而且往往是在资源有限的条件下进行的。此时，我们总是要应用某种尺度和标准进行优劣判断，以便选择最有利的方案。应该指出：方案之间的关系不同，所采用的尺度和标准也应不同。本章主要讲述方案间的关系是独立、互斥和混合时的选择问题。

5.1 利润额和利润率

首先用一个最简单的例子说明可否利用人们经常使用的利润额和利润率进行方案选择的问题。

某甲现有余款，欲在一年内进行投资。一年后可收回投资的方案有 A 和 B 两个。A 方案现在支出 2000 元，一年后可收回 2600 元；B 方案现在支出 3000 元，一年后可收回 3750 元。此时哪个方案有利呢？

在这种情况下，使用最广泛的判断尺度就是利润额和该值除以投资额而得的利润率。如果以利润额为尺度判断哪个方案为好，则有：因 A 方案的利润额为 600 元；B 方案的利润额为 750 元，B 较 A 多 150 元；甲的钱为自有资金，无需支付利息。因而判定的结果是利润额大的 B 方案有利。这种判断正确吗？

事实上是不正确的。举一个极端的例子加以说明。有投资 2000 元，回收 2600 元与投资 20000 元，回收 20600 元的两个方案。哪个方案的利润额皆为 600 元，但恐怕没有人认为这两个方案是等同的吧。因为后者的投资是前者的 10 倍。

用利润额判断方案的优劣显然是不合理的。因而广泛地采用投资效率的尺度，即以利润率为尺度确定方案的优劣。利润率的表达式为：利润率 = 利润 ÷ 投资额。由此可以计算出上述 A 和 B 两个方案的利润率分别为 30% 和 25%。由于 A 方案较 B 方案利润率大，因而认为 A 方案有利。这种判断是正确的吗？

假设有投资 3 万元，收益为 3.6 万元，其利润率为 20% 的方案，因 20% 小于 A、B 两方案的利润率，是否可以说该方案较 A、B 两方案都不利呢？的确，该方案的效率较低，但利润的金额较 A、B 两方案都大得多。因而，我们会觉察到仅以利润率为尺度加以判定存在着某种危险。

通过上例可以看出：为了正确地判定方案的优劣，仅仅使用利润额或利润率是不行的。那么，在有限资源的条件下，应如何进行方案的选择呢？

5.2 方案选择的目的、条件与类型

上述甲的目的是想找到一种方法以使资金的总额达到最大，而不是仅仅想知道方案的利润额或利润率是多少。

实际上，上述问题的前提条件是不完备的。至少不给定以下条件就无法得出正确的结论。

第一，不知道全部投资方案是否只有 A 和 B 两个方案；B 方案的投资额较 A 方案多出的 1000 元是否还有其他应用途径。

第二，A、B 两方案只能取其中一个呢？还是两个方案都可以取？方案之间的关系不清。

第三，甲用作本金使用的资金来源（自有资金还是贷款）与限额是多少？机会成本是多少？其限制条件不清。

5.2.1 投资方案与基准收益率

上例之所以不能应用利润额或利润率作为优劣判定的理由之一，就是缺乏 A、B 两方案之外是否尚有其他方案，即投资机会这个条件。假如甲采用了 A、B 两方案中的某一个方案，很可能就失去了比这两个方案有更高收益的机会。当然大多数情况下将全部方案都找出来是不可能的；但是总要有个标准，以便以此标准判定方案的优劣，这个标准就是上一章讲过的基准收益率（亦称基准贴现率）。该值描述了通常投资机会的可能收益的比率。

5.2.2 方案的类型

方案之间的关系不同，其选择的方法和结论就不同。举一个简单的例子予以说明。

现在研究甲、乙两人分别以不同的条件贷款给朋友的问题。

甲所面对的是借给一个朋友 A 多少钱合适的问题。贷款的方法有三种，皆为一年后收回本利和，贷款金额和获得的利息如表 5-1 所示。对于 A 来说，利率越小就越想多借。甲现有余款 3 万元，因此每个方案都是可能实施的。另外，为了简化问题的分析，假定甲若不将自己的钱出借，则只好将其放在家里。

甲借给 A 多少钱的问题　　　　　　　　　　　　　　　　表 5-1

方　案	贷款金额（元）	贷款利率（10%）	利息额（元）
A_1 方案	10000	10	1000
A_2 方案	20000	8	1600
A_3 方案	30000	6	1800

乙所面对的问题是在众多的借款者中选择借给谁合适的问题。借款者有三个人——A、B、C，借款的条件如表 5-2 所示。乙有余款 3 万元，也假定如不将自己的钱出借，则只好放在家里。

显然，对于甲来说，借给 A 的 30000 元可使利息（在这里即是利润）最大；对于乙来说，应该借给 A 和 B 才能使利息额最大。

乙借给 A、B、C 三人的选择问题　　　　　　　　　　　表 5-2

方　案	贷款额（元）	贷款利率（%）	利息额（元）
A 方案	10000	10	1000
B 方案	20000	8	1600
C 方案	30000	6	1800

由此看来：虽然甲乙两人可供选择的方案利率都相同，但对于甲最有利的方案是 A_3 方案，对于乙来说最有利的方案却是 A 和 B 方案。

注意到甲和乙所面对的方案有本质上的区别：甲是从三个方案中仅能选择一个的问题；乙是从三个方案中可任意选择，直到自有资金得到充分运用为止。从上面的例子可以看出，方案间的关系不同，选择的结果就不同。那么，方案的类型有几种呢？

根据方案间的关系，可以将其分为独立方案、互斥方案和混合方案。

所谓独立方案是指方案间互不干扰，即一个方案的执行不影响另一些方案的执行，在选择方案时可以任意组合，直到资源得到充分运用为止。例如某部门欲建几个产品不同、销售数额互不影响的工厂时，这些方案之间的关系就是独立的。

独立方案的定义如果更加严格地讲，应该是：若方案间加法法则成立，则这些方案是彼此独立的。例如，现有 A、B 两个投资方案（假设投资期为 1 年），仅向 A 方案投资，投资额为 2000 元，收益为 2600 元；仅向 B 方案投资时，投资额为 3000 元，收益为 3750 元；同时向两个方案投资时，若有投资额为 5000（2000＋3000）元，收益为 6350（2600＋3750）元的关系成立，则说这两个方案间加法法则成立，即 A、B 两个方案是相互独立的。

所谓互斥方案，就是在若干个方案中，选择其中任何一个方案，则其他方案就必然被排斥的一组方案。例如，在某一个确定的地点有建工厂、商店、住宅、公园等方案，此时因选择其中任何一个方案其他方案就无法实施，即具有排它性，因此这些方案间的关系就是互斥的。

往往有这种情况：两方案互相影响（互不独立），但又不是互相排斥的关系。例如，某厂打算制定两种产品的增产计划，但其中一种产品畅销，则另一种滞销。此时我们可以将其分为"A 产品增产的投资方案"、"B 产品增产的投资方案"、"A、B 两种产品增产的投资方案"等三个互斥方案。

在现实中还存在着大量的在若干个互相独立的方案中每个独立方案又存在若干个互斥方案的问题，我们称这些方案是混合方案。例如，某部门欲对下属不同产品的生产企业分别进行新建、扩建和更新改造的 A、B、C 三个方案，而新建、扩建和更新改造方案中又存在若干个方案，例如新建方案有 A_1、A_2，扩建方案有 B_1、B_2，更新改造方案有 C_1、C_2、C_3 等互斥方案，但由于资金有限，需要选择能使资金得到充分运用的方案时，就是面临着混合方案的选择问题。

在方案选择前搞清这些方案属于何种类型是至关重要的，因为方案类型不同，其选择、判断的尺度不同，因而选择的结果也不同。

5.2.3 资金的制约条件

在方案选择时资金的制约条件是很重要的。按资金的来源大致可分为两种：自有资金和借贷资金。用自有资金进行投资，就意味着失去了进行其他投资时所能获得的收益（机会成本）；用借贷资金进行投资，就必须在一定期间内偿还，并要支付利息。在进行方案分析时，必须搞清资金的来源、限额和利率是多少。

5.3 独立方案的选择

下面用一个实例说明独立方案选择的标准。

某银行 X，现有资金 200 万元，有 A、B、C 三个单位各要求贷款 100 万元，贷款的利率分别为 10%、20%、30%，贷款的期限为一年。该银行如不将此款贷给 A、B、C，则其他贷款的利率最高可达 8%。X 银行可以从中选择一个单位，亦可选择两个单位作为贷款对象，当然也可以谁都不借，因而 A、B、C 三个方案对 X 银行来说是个独立方案的选择问题。

因贷款利率最小者（10%）大于银行的其他运用机会的利率（8%），因而对 X 银行来说，A、B、C 三方案都是有利的方案。但 X 银行仅有 200 万元的资金，无法满足三者的要求，因而 X 银行经理想从其他银行借款以满足三者要求并获最大利息。

现在假如另有一家银行 Y 同意按年利率 25% 借给 X 银行 100 万元。如果 X 银行经理认为:"Y 银行利率 25% 虽然很高,但从 C 单位可以得到更高的利息(利率为 30%),如果将从 Y 银行贷款的 100 万元借给 C,自有资金 200 万元分别借给 A 和 B,一定会得到更多的利息。"那么,该经理的想法正确吗?

初听起来 X 银行经理的意见似乎有一定道理,但是,进行种种组合以后就会发现有更为有利的出借方法。就是将现有资金 200 万元借给 C 和 B,既不向 Y 银行借款,也不借给 A,此时可获得的利息额为最大。试比较两方案的利息额:

X 银行经理的方案 $10 + 20 + 30 - 25 = 35$(万元)

改进的方案 $20 + 30 = 50$(万元)

可见后者较前者有利得多。

像这种简单的独立方案问题通过方案组合的方法是可以找到最佳解的。但是,现实的问题如果存在着更多的方案,资金的来源更多,那么靠组合的方法选择方案就困难了。因而需要寻求有效的评价标准。

5.3.1 独立方案选择与效率尺度

在某种资源有限的条件下,从众多的互相独立的方案中选择几个方案时,使用"效率"的尺度加以确定是十分有效的。通常"效率"可用下式表达:

$$效率 = \frac{净收益}{制约资源的数量} \tag{5-1}$$

这里的制约资源可以是资金,也可以是时间、空间、面积等,要依问题的内容而定。因而上述公式不仅仅是对投资方案有效,对其他任何内容的独立方案选择都是有效的尺度。例如,签订订货合同时,如果生产能力不足,则有限的资源就是时间;如果出租的仓库按体积计价,则有限的空间就是制约的资源数量。前者就应以单位时间的边际利润大小为序选择方案,后者就应以单位空间的利润额的大小为序加以选择。进行方案选择时应如何作呢?

5.3.2 独立方案选择图

我们以 X 银行面临的问题为例说明如何进行独立方案选择。为了简捷无误地解答上述 X 银行的问题,下面介绍一种应用"效率"尺度进行独立方案选择的图解方法。该方法的步骤如下:

(1) 计算各方案的利润与制约资源的比率,本题为 10%、20%、30%,该值即为资源的"效率",将各值按自大至小的顺序排列如图 5-1(a)所示;

(2) 将可以用于投资的资金的利率,本题为 8% 和 25%,由小至大排列如图 5-1(b)所示;

(3) 将上述两图合并成图 5-1(c)的形式,通常称该图为独立方案选择图;

(4) 找出由左向右减小的利润率线与由左向右增加的资本的利率线的交点,

该交点左方所在的方案即是最后选择的方案。

由图 5-1（c）可以看出：X 银行最有利的选择应该是将 200 万元分别借给 C 与 B，而 Y 银行利率 25% > 10%，故不应借给 A。

5.3.3 独立方案选择图的应用

独立方案选择图不仅可以应用于上述的投资问题，也可以应用于任何资源有限条件下的其他类型的独立方案选择中。下面用一实例说明其选择的全过程。

【例 5-1】 某工厂使用大型成型机制作多种产品，但根据情况可以将其分成 A、B、C、D 四类。产品之间是互相独立的，即其中任何一类产品的生产都不对其他产品的生产产生任何影响。各类产品的售价、材料及变动费、生产所需时间、销售量的上限列于表 5-3 中。设备的折旧费、维修费、劳务费及其他固定经费每月为 8 万元。该成型机每月有效的加工时间最多为 500h。应如何制定生产计划才有利？

【解】 该题目研究的是独立方案选择的问题，应用"效率"的尺度及上述的独立方案选择图即可得到最佳选择。

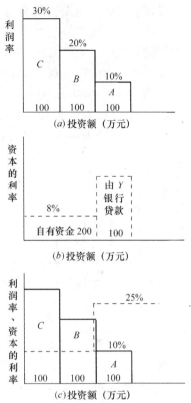

图 5-1 独立方案选择顺序

A、B、C、D 四类产品表　　　　　　　　　　表 5-3

项　目	A	B	C	D
销售价格（元）	8.60	11.40	12.00	18.00
材料及变动费（每个）（元）	4.00	6.00	8.50	11.00
生产所需的时间（h）	0.02	0.06	0.01	0.05
销售数量的上限（每月）(d)	10000	4000	20000	5000

对于短期生产计划的产品选择问题，贡献利润是判定产品是否应该生产的尺度，因此首先应求出贡献利润。例如 A 产品的贡献利润为 8.60 - 4.00 = 4.6（元/个）；B 产品为 11.40 - 6.00 = 5.40（元/个）等。因各产品的贡献利润皆为正，因而近期内皆为有利的产品。

但是，如果全部产品都按销售数量的上限进行生产，则生产时间为 10000 × 0.02 + 4000 × 0.06 + 20000 × 0.01 + 5000 × 0.05 = 890（h），但成型机每月有效加工时间最多为500h,故不可能全部按上限生产。由此可见:本题制约的资源是有效的生产时间。这里的"效率"尺度就是单位生产时间的贡献利润,并以此确定生产的优先顺序。各产品的"效率"计算如下:

A 产品:$(8.60 - 4.00) \div 0.02 = 230$(元/h)
B 产品:$(11.40 - 6.00) \div 0.06 = 90$(元/h)
C 产品:$(12.00 - 8.50) \div 0.01 = 350$(元/h)
D 产品:$(18.00 - 11.00) \div 0.05 = 140$(元/h)

可见,单位时间贡献利润(即"效率")大小的顺序为 C、A、D、B,以此顺序画出独立方案选择图如图5-2所示。

横轴取时间,纵轴取每小时贡献利润。由图可知,选择的结果是生产 C 产品200h,A 产品200h,其余100h生产 D 产品。此时可做 C 产品2万个、A 产品1万个、D 产品2000个。

每月的利润为:$(3.50 \times 20000 + 4.60 \times 10000 + 7.00 \times 2000) - 80000 = 5$(万元)

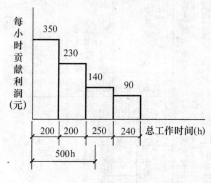

图5-2 独立方案选择图

除上述方法外,很多人还常常使用其他标准确定优先生产的产品顺序(表5-4)。表中销售利润率为单位产品贡献利润除以销售价格,例如 A 产品为 $4.60/8.60 \approx 53\%$;销售成本率为材料及变动费除以销售价格,如 A 产品该值为 $4.00/8.60 \approx 47\%$。

使用不同尺度比较时的优先顺序   表5-4

产品类型	单位产品贡献利润(1)(元)	销售利润率(2)(%)	销售成本率(3)(%)
A	4.60③	53①	47①
B	5.40②	47②	53②
C	3.50④	29④	71④
D	7.00①	39③	61③

注:①~④表示选择时的优先顺序。

由表5-4可知:(2)、(3)的先后顺序都与(1)的选择顺序不同,因而(1)不能作为优劣选择的尺度,单位产品贡献利润值之所以不能作为尺度,是因为有的产品虽然贡献利润大,但所花时间长,不能发挥有限资源的效率,其他两种方法也是如此。只有"效率"的尺度才是判断的标准。

5.3.4 独立投资方案选择的实例

当若干个单位提出各自独立的方案,由于资金有限不可能实施全部可行方案时，就出现了如何使有限的资金得到充分运用的问题。由于独立方案不存在排它性，可以自由地选择有利的方案，因此，选择时以方案自身的效率——内部收益率为尺度。下面用实例说明。

表 5-5 是某部门的 6 个互相独立的投资方案。各方案每期期末的净收益都相同，寿命期皆为 8 年。若该部门的基准收益率为 12%，可利用的资金总额只有 3000 万元时应选择哪些方案？若该部门所需资金必须从银行贷款，贷款数额为 600 万元时的利率为 12%，此后每增加 600 万元利率就增加 4%，则应如何选择方案？

六个独立的投资方案　　　　　　　　　　　表 5-5

投资方案	初期投资额（万元）	每年的净收益（万元）
A	500	171
B	700	228
C	400	150
D	750	167
E	900	235
F	850	159

由于独立方案选择采用自身效率的尺度，因而首先求出各方案的内部收益率如下：

$$171 \times (P/A, r_A, 8) - 500 = 0, \quad r_A = 30\%$$
$$228 \times (P/A, r_B, 8) - 700 = 0, \quad r_B = 28\%$$
$$150 \times (P/A, r_C, 8) - 400 = 0, \quad r_C = 34\%$$
$$167 \times (P/A, r_D, 8) - 750 = 0, \quad r_D = 15\%$$
$$235 \times (P/A, r_E, 8) - 900 = 0, \quad r_E = 20\%$$
$$159 \times (P/A, r_F, 8) - 850 = 0, \quad r_F = 7\%$$

将上述求得的内部收益率按自大至小的顺序排列（见图 5-3）。由图可知：当资金的限额为 3000 万元时应取 C、A、B、E 四个方案。此时虽然资金尚有 3000 -（400+500+700+900）= 500（万元）的余额，但 D 方案需投资 750 万元，所以不能选 D 方案。由于 F 方案的内部收益率仅为 7%，因此即使资金足够也不宜采纳。

当利率递增时，将递增利率线画在该图上（见图 5-3 中的虚线）。此时应取 C、A、B 方案，其他方案不宜采用。

应该指出：对于独立方案，当一定利率的资金可以得到充分满足时，亦可以一个方案一个方案地加以判定。在进行判定和选择时采用下述的任何一种方法皆可。

（1）只要投资方案的净现值（净年值或净将来值）为正即可以接受，否则不

宜接受;

(2) 只要投资方案的内部收益率 r 大于给定的基准收益率或假定的收益率即可以接受,否则不宜接受。

上述两种方法实际上是同一种方法的不同表述方式,由其中的一种方法可以推导出另一种方法。实际应用时哪种方法方便即可以采用哪种方法,当然结论是相同的。

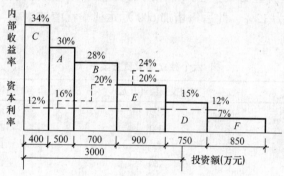

图 5-3 独立投资方案的选择

5.4 互斥方案的选择

独立方案选择时使用"效率"的尺度,那么互斥方案的选择是否也可以用这种"效率"的尺度呢?如果使用这种"效率"的尺度其结果又将如何呢?试看下例。

【例 5-2】 某商店春节期间因工作繁忙,欲在此期间雇用临时工以增加营业利润。根据预测,雇用人数与营业利润增额的关系如表 5-6 所示,雇用人员工资为 180 元。

表 5-6 中"营业利润增加额"是指销售额减成本及其他营业费,但尚未减去人工费用前的数额。那么该商店雇用几人能使该期间的利润最大?

雇用人数与营业利润增加额　　　　　　　　　　表 5-6

方　案	雇用人数	营业利润增加额(元)
A_1	1	600
A_2	2	850
A_3	3	1000

【解】 如果使用独立方案的"效率"尺度,此时为人均生产率,则
A_1 方案为:$600 \div 1 = 600$ 元/人

A_2 方案为：$850 \div 2 = 425$ 元/人

A_3 方案为：$1000 \div 3 = 333$ 元/人

因而最优方案似乎应是 A_1 方案。但是春节过后该店净利润的增额却为：

A_1 方案：$600 - 180 \times 1 = 420$（元）

A_2 方案：$850 - 180 \times 2 = 490$（元）

A_3 方案：$1000 - 180 \times 3 = 460$（元）

可见 A_2 方案才是最优方案，A_1 方案实际是最差方案。因而应用独立方案选择时的"效率"标准将得出错误结论。那么在进行互斥方案的选择时应采用什么标准呢？

5.4.1 互斥方案与追加资源的效率

对于互斥方案选择，追加资源的效率才是评价的标准。那么什么是追加资源的效率呢？追加资源效率就是追加资源所增加的利润与追加资源的数量之比。

以上题为例。当雇用人数由 0 人增加到 1 人时，追加的营业利润为 600 元，该值比工资额 180 元多，因而增加 1 人的方案较 0 人方案有利；当人数由 1 人增至 2 人时，营业利润增加 250 元，仍比工资多，因而 2 人的方案较 1 人的方案有利；当人数由 2 人增至 3 人时，营业利润增加 150 元，比工资还小，因而 A_1 方案不如 A_2 方案，最有利的方案为 A_2 方案。

可以将上述结果用图 5-4 表示。横轴表示雇用人数，纵轴表示营业利润增加额，各直线线段的斜率即为追加资源的效率。当此

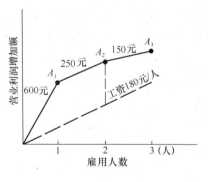

图 5-4　追加资源效率

斜率大于工资的斜率（图中的虚线）时，为有利方案，由大变小的临界点即为最有利的方案。通常将这种追加单位资源而引起的利润增加额为尺度的选择方法称为追加效率法。该方法广泛地应用于互斥方案的选择中。

5.4.2 追加收益率与无资格方案

对于投资方案，追加资源的效率就是追加投资收益率。图 5-4 联结各方案的利润点所成的图形恰好呈现出上凸的形式（单调减小）。但实际上并不是所有各方案联结成的图形都能形成上凸的形式。对于不成上凸形式的图形必须予以适当处理之后再加以运用。下面用实例说明。

【例 5-3】　表 5-7 为 6 个互斥的投资方案，假如收益仅在一年内发生一次，基准收益率为 10%。试用追加投资收益率法选择最有利的投资方案。

【解】 首先计算追加投资收益率：

互斥的投资方案（单位：万元）　　　　表 5-7

方　案	投　资　额	年末净收益	净利润（年末净收益—投资额）
A_1	200	250	50
A_2	300	390	90
A_3	400	513	113
A_4	500	620	120
A_5	600	732	132
A_6	700	840	140

$$r_{A_1} = \frac{50-0}{200-0} \times 100\% = 25\% \qquad r_{A_2-A_1} = \frac{90-50}{300-200} \times 100\% = 40\%$$

$$r_{A_3-A_2} = \frac{113-90}{400-300} \times 100\% = 23\% \qquad r_{A_4-A_3} = \frac{120-113}{500-400} \times 100\% = 7\%$$

$$r_{A_5-A_4} = \frac{132-120}{600-500} \times 100\% = 12\% \qquad r_{A_6-A_5} = \frac{140-132}{700-600} \times 100\% = 8\%$$

将上述追加投资收益率画成图（图5-5），可以看到追加投资收益率不是单调减少的，因而图形不呈现上凸形式，所以无法应用5.4.1中所介绍的方法。为了应用上述方法，应该对该图加以恰当处理。处理的方法很简单，只需将其联结成上凸的折线形式即可（见图5-6）。

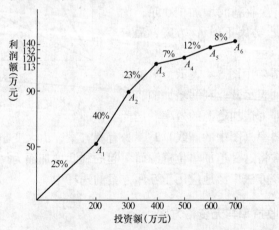

图 5-5　不单调减少的追加投资收益率

折线下的方案（A_1）称为无资格方案，就是说它们不可能成为最优方案，无资格参与选择，在方案选择前即可以将其淘汰，以简化方案选择的过程。

下一步就是求出新连线（图5-6中虚线）所形成的方案的追加投资收益率。由不投资到追加投资300万元而成 A_1 方案时的追加投资收益率为：

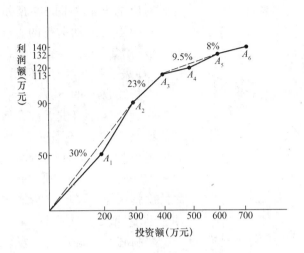

图 5-6　单调减少的追加投资收益率

$$r_{A_2-A_0} = \frac{90-0}{300-0} \times 100\% = 30\%$$

在 A_3 方案基础上再追加 200 万元投资而成 A_5 方案时，其追加投资收益率为：

$$r_{A_5-A_3} = \frac{132-113}{600-400} \times 100\% = 9.5\%$$

排除无资格方案后的追加投资收益率如表 5-8 所示。上述出现的 A_0 表示不投资方案。从图 5-5 或表 5-8 可知，因本题的基准收益率为 10%，而 $r_{A_3-A_2}$ = 23% > 10%，$r_{A_5-A_3}$ = 9.5% < 10%，因此最有利的方案为 A_3 方案，即以基准收益率为准，大于和小于该值交点处所代表的方案就是最终选择的方案。

追加投资收益率　　　　　　　　　　　　　表 5-8

追加投资方案	追加投资额（万元）	追加利润（万元）	追加投资收益率（%）
$A_2—A_0$	300	90	30
$A_3—A_2$	100	23	23
$A_5—A_3$	200	19	9.5
$A_6—A_5$	100	8	8

那么为什么折线（图 5-6 中虚线）下的方案就一定是无资格方案呢？我们用 5.4.1 中雇用人员的问题为例加以证明（图 5-6）。证明之前应该强调的是：对于互斥方案的选择，因为若干方案中只要取其中某一方案，则其他方案就必然被排斥，就是说最终选择的只可能是一个方案，因而净利润最大的方案是最终选择的方案。即只要证明折线下的点所代表的方案不可能使净利润为最大，就等于证明了该方案是无资格方案。现在假定有任意的 3 个方案 A、B、C，各自与人数相

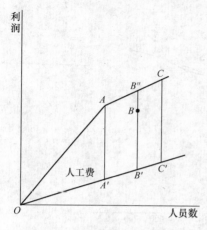

图 5-7 无资格方案的证明

对应的利润如图 5-7 所示;自点 A、B、C 引出与纵轴平行的直线并与人工费直线相交于 A'、B'、C',则 AA'、BB'、CC' 表示各方案的净利润。现在假设点 B 在折线 OAC 的下方,BB' 的延长线交直线 AC 于 B'' 点。于是,按几何学的原理可知:如果直线 AC 不平行于 $A'C'$,则 $B''B'$ 就必定小于 AA' 或 CC' 中的某一个;另外,若 AC 平行于 $A'C'$,则 AA'、BB' 与 CC' 的长度就相等。因此,BB' 的长度就肯定只小于 AA' 或 CC' 中的某一个,因而 B 方案的净利润不可能最大,也就是它必定是无资格方案。

互斥方案的选择方法有很多种,采用其中任何一种方法都是可以的。其他选择方法将在后面讲述。

5.4.3 互斥方案选择的其他方法

互斥方案的选择方法有很多,下面将用具体的例子予以讲述。

1. 净现值法、净年值法、净将来值法

第四章我们曾说明,对于单一的投资方案,当给定基准收益率或目标收益率后,只要求得的净现值、净年值或净将来值大于零,那么该方案就是可以接受的。对于多个互斥方案的选择来说,如何应用净现值、净年值和净将来值呢?

某企业准备生产某种新产品,为此需增加新的生产线,现有 A、B、C 三个方案,各自的初期投资额、每年年末的销售收益及作业费用如表 5-9 所示。各投资方案的寿命期皆为 6 年,6 年后的残值为零。基准收益率 $i = 10\%$。选择哪个方案最有利?

为了正确地选择方案,首先将三个方案的现金流量图画出来(图 5-8)。当各方案的寿命期都相同时可用下述方法求解。

(1) 净现值法

这种方法就是将包括初期投资额在内的各期的净现金流量换算成现值的比较方法。将诸年的净收益折算成现值时,只要利用等额支付现值因数 $(P/A, 10\%, 10) = 4.35526$ 即可。各方案的净现值 PW_A、PW_B 和 PW_C 如下:

$$PW_A = 700 \times (P/A, 10\%, 6) - 2000 = 1049 \text{(万元)}$$

$$PW_B = 950 \times (P/A, 10\%, 6) - 3000 = 1137 \text{(万元)}$$

$$PW_C = 1150 \times (P/A, 10\%, 6) - 4000 = 1008 \text{(万元)}$$

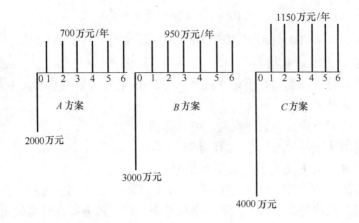

图 5-8 互斥方案的净现金流量图

投资方案的现金流量 表 5-9

投资方案	初期投资（万元）	销售收益（万元）	作业费用（万元）	净收益（万元）
A	2000	1200	500	700
B	3000	1600	650	950
C	4000	1600	450	1150

即 B 方案是最优方案，相当于现时点产生的利润值为 1137 万元（已排出了 10% 的机会成本）。该方案的现值较 A 方案多 88 万元，较 C 方案有利 129 万元。

(2) 净将来值法

用净将来值法比较时，只要将每年的净收益值与等额支付将来值因数 $(F/A, 10\%, 6) = 7.7156$ 相乘，初期投资额与一次支付复本利和因数 $(F/P, 10\%, 6) = 1.7716$ 相乘，两者相减即可。三个方案的 FW_A、FW_B、FW_C 值如下：

$FW_A = 700 \times (F/A, 10\%, 6) - 2000 \times (F/P, 10\%, 6) = 5400.9 - 3543.2 = 1858$（万元）

$FW_B = 950 \times (F/A, 10\%, 6) - 3000 \times (F/P, 10\%, 6) = 7329.8 - 5314.8 = 2015$（万元）

$FW_C = 1150 \times (F/A, 10\%, 6) - 4000 \times (F/P, 10\%, 6) = 8872.9 - 7086.4 = 1787$（万元）

由此可见，依然是 B 方案最有利。

(3) 净年值法

只要将初期投资额乘以 $(A/P, 10\%, 6) = 0.2296$，将其折算成年等值即可计算出 AW_A、AW_B、AW_C 值如下：

$AW_A = 700 - 2000 \times (A/P, 10\%, 6) = 241$（万元）

$AW_B = 950 - 3000 \times (A/P, 10\%, 6) = 261(万元)$

$AW_C = 1150 - 4000 \times (A/P, 10\%, 6) = 232(万元)$

依然是 B 方案最有利。

从以上计算可以看出，不论采用什么方法都是 B 方案最有利，A 方案次之，最不利的方案是 C 方案。

试比较 A、B 两方案的净收益，可以得到：

按净现值法 B 方案较 A 方案有利 88 万元；

按净将来值法 B 方案较 A 方案有利 157 万元；

按净年值法 B 方案较 A 方案有利 20 万元。

这决不是偶然的。事实上，当基准收益率一定，各方案寿命期相同时，上述三种尺度优劣判定的结论肯定是一致的。由资金时间价值的换算公式可知：

$$F = P \cdot (1 + i)^n$$

年值 A 与现值 P 及将来值 F 之间又存在下述关系：

$$A = P \cdot \frac{i(1+i)^n}{(1+i)^n - 1} = F \cdot \frac{i}{(1+i)^n - 1}$$

由于利率 i 与 n 的数值都是相同的，因此上述各因数都是一个确定的值。因此，必有下述关系成立：

若 $P_A < P_B$，则 $F_A < F_B$；

若 $P_A < P_B$，则 $A_A < A_B$。

这种关系在 B 方案与 C 方案、A 方案与 C 方案之间也是成立的。因此，在计算时采用任何一种方法皆可。

这一点也可以由上述 A、B 两方案计算的结果看出：

净现值的差值 88 万元 × $(F/P, 10\%, 6) \approx$ 净将来值的差值 157 万元。

净现值的差值 88 万元 × $(A/P, 10\%, 6) \approx$ 净年值的差值 20 万元。

另外，A 方案与 B 方案净现值之比为：

$$\frac{1137}{1049} \approx 1.084$$

这种关系也存在于净将来值、净年值之间：

$$\frac{2015}{1858} \approx \frac{261}{241} \approx 1.084$$

2. 差额法

实践中推测各投资方案的收益和费用的绝对值是很不容易的。但是，在很多情况下往往研究各方案不同的经济要素，找出现金流量的差额却比较容易。研究两方案现金流量的差额，由差额的净现值、净年值或净将来值的正负判定方案的优劣是有效的方法，这种方法就是差额法。

例如，以上述甲企业为例，求出 A、B 两方案差额的现金流量，如图 5-9 所

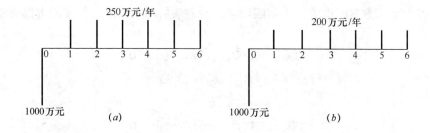

图 5-9 差额的现金流量图
（a）B 方案与 A 方案的差额；（b）C 方案与 B 方案的差额

示。图 5-9 中（a）表明：B 方案较 A 方案初期投资多 1000 元，每年的净收益多 250 万元。用 $PW_{(B-A)}$ 表示 B 方案较 A 方案增加部分现金流量的净现值，则有：

$$\begin{aligned} PW_{(B-A)} &= PW_B - PW_A \\ &= (950 - 700) \times (P/A, 10\%, 6) - (3000 - 2000) \\ &= 250 \times (P/A, 10\%, 6) - 1000 \\ &\approx 88(万元) > 0 \end{aligned}$$

因为 $PW_{(B-A)} > 0$，因此可以判定 B 方案较 A 方案有利。

同样，图 5-9（b）所示是 C 方案与 B 方案差额的现金流量图，其差额的现值为：

$$\begin{aligned} PW_{(C-B)} &= PW_C - PW_B \\ &= 200 \times (P/A, 10\%, 6) - 1000 \\ &= -129(万元) < 0 \end{aligned}$$

由此判定：C 方案不如 B 方案有利，因而最有利的方案是 B 方案。上述方法称为"差额的净现值法"。当将上述差额的现金流量折算成净年值和净将来值进行比较时，则分别称为"差额的净年值法"、"差额的净将来值法"。当然，其结论都是相同的。例如用差额的净年值法进行判定，则有：

$$AW_{(B-A)} = 250 - 1000 \times (A/P, 10\%, 6) = 20(万元) > 0$$

用差额的净将来值法判定 A 与 B 两方案哪个好时，则有：

$$FW_{(B-A)} = 250 \times (F/A, 10\%, 6) - 1000 \times (F/P, 10\%, 6) \approx 157(万元) > 0$$

5.5 互斥方案与收益率

评价投资方案是否有利时经常使用内部收益率。但是，如果采用这个尺度评价互斥方案，其结论又将如何呢？

5.5.1 互斥方案与内部收益率

我们以上一节甲企业的 A、B、C 三个投资方案为例阐述是否可以用内部收益率评价互斥方案的优劣。用第四章学过的方法可以求出这些方案的内部收益率如下：

$$2000 \times (A/P, r_A, 6) - 700 = 0$$

$$(A/P, r_A, 6) = 0.35$$

$$r_A \approx 26.4\%$$

$$3000 \times (A/P, r_B, 6) - 950 = 0$$

$$r_B \approx 22.1\%$$

$$4000 \times (A/P, r_C, 6) - 1150 = 0$$

$$r_C \approx 18.2\%$$

因而，A 方案的内部收益率最大。如果采用内部收益率的大小来判断方案的优劣，那么就是 A 方案最优。

但是，事实并非如此。上一节我们用净现值法、净年值法和净将来值法求得净收益，但不论采用何种方法都是 B 方案最大。可见，对于从若干个方案中选择一个最优方案的互斥方案问题，不能使用内部收益率的大小作为判断优劣的尺度。

在第四章求内部收益率的解释中我们曾谈到：所谓内部收益率就是将方案的投资比作银行存款，该银行的利率就是内部收益率。因此，对于上述的例子有人可能会提出下述问题。

这个问题就是："A 和 B 两个银行，A 银行的利率是 26.4%，B 银行的利率是 22.1%，为什么存在 B 银行反而是有利的呢？"。的确，A 银行的利率是 26.4%，但是存在该银行的钱只有 2000 万元，但存在 B 银行的钱却是 3000 万元。因此，在选择到底存在哪个银行为有利的时候就不能以银行的利率（即内部收益率）为尺度，而应该以 6 年后的净金额（即净将来值）哪个多为准。在应用时，由于净现值或者净年值使用起来更方便，因而较常使用，但结论都是相同的。

5.5.2　互斥方案与追加投资收益率

在 5.4 节中我们曾指出：对于互斥方案的选择应该采用追加投资收益率这个尺度。我们仍以甲企业的投资方案为例加以说明。向 B 方案投资就意味着比 A 方案多投资 1000 万元，追加投资的结果将使 B 方案较 A 方案每年年末多 250 万元的净收益，如图 5-9（a）所示，假如将其称为 B - A 方案，那么其追加投资收益率 r_{B-A} 即可由下式求得：

$$250 \times (P/A, r_{B-A}, 6) - 1000 = 0, r_{B-A} = 13\%$$

因为 13% 比基准收益率 $i = 10\%$ 大，所以追加投资是合适的。即可以断定 B 方案较 A 方案好。同样，在 B 方案的基础上再追加投资 1000 万元，其追加投资收益

率 r_{C-B} 可由图 5-9（b）求得：

$$200 \times (P/A, r_{C-B}, 6) - 1000 = 0, r_{C-B} = 5.5\%$$

因追加 1000 万元的收益率仅有 $5.5\% < 10\%$，因而没有必要追加，最有利的方案是 B 方案。如果用图形的形式将追加投资收益率描绘出来就是图 5-10。

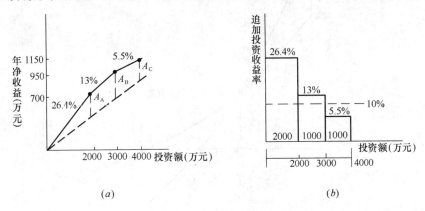

图 5-10　追加投资收益率图解

这种采用追加投资收益率（亦称差额投资收益率）进行互斥方案选择的方法，对于在资金有限条件下混合方案的选择是个很重要的概念。

5.5.3　追加投资收益率的数学与经济含义

上面指出，用 A、B 两个互斥方案的内部收益率作为判定方案的优劣的作法是错误的，下面我们用数学和经济上的含义解释一下为什么这种作法是错误的。我们曾说明方案的净现值可以看作是关于资本利率 i（通常为基准收益率）的函数，如果用复利因数的原式表述 A、B 两方案现值与年值之间的关系，则有下式成立：

$$PW_A(i) = 700 \times \frac{(1+i)^6 - 1}{i(1+i)^6} - 2000$$

$$PW_B(i) = 950 \times \frac{(1+i)^6 - 1}{i(1+i)^6} - 3000$$

根据内部收益率的概念，当净现值等于零时所对应的 i 值即是该方案的内部收益率。我们前面也已求出 A 方案的内部收益率为 26.4%，B 方案的内部收益率为 22.1%。为了更清晰地表述净现值与 i 的关系，可以画出它们之间的函数关系曲线，如图 5-11 所示。其中：

$$PW_A(0\%) = 700 \times \frac{6(1+i)^5}{(1+i)^6 + 6i(1+i)^5} - 2000$$

$$= 700 \times 6 - 2000 = 2200 (万元)$$

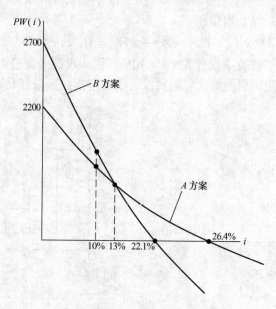

图 5-11 追加投资收益率的数学和经济解释

$$PW_B(0\%) = 950 \times \frac{6(1+i)^5}{(1+i)^6 + 6i(1+i)^5} - 3000$$
$$= 950 \times 6 - 3000 = 2700(万元)$$

上式中，因 $i=0\%$ 时等额支付现值因数分子和分母呈现零比零的形式，因而求极值时应用了罗必塔法则，即 $\frac{(1+i)^6-1}{i(1+i)^6}$ 的分子和分母分别对 i 求导。

当 A 方案和 B 方案优劣相同，即 $PW_A(i) = PW_B(i)$ 时，则有：

$$700 \times \frac{(1+i)^6-1}{i(1+i)^6} - 2000 = 950 \times \frac{(1+i)^6-1}{i(1+i)^6} - 3000$$

$$250 \times \frac{(1+i)^6-1}{i(1+i)^6} - 1000 = 0$$

即：$250 \times (P/A, i, 6) - 1000 = 0$

在 5.5.2 中我们求 r_{B-A} 的值时应用的是：

$$250 \times (P/A, r_{B-A}, 6) - 1000 = 0$$

观察一下该式与上式的关系，就会看到：肯定存在着由两式求得的 i 值与 r_{B-A} 值相等的关系。即：

$i = r_{B-A}(r_{B-A}$ 值已在前节求得$) = 13\%$。

由此可见：所谓追加投资收益率（或称差额投资收益率），在这里为 r_{B-A}，就是使两个方案优劣相等时的资本的利率（通常为基准收益率）。由图 5-11 可见：当给定的 i 值小于 13% 时，$PW_A(i) < PW_B(i)$，即 B 方案为优；当给定的 i 值大于 13% 时，$PW_A(i) > PW_B(i)$，即 A 方案为优。

5.5.4 互斥方案中有无资格方案时的追加投资收益率法

正如第五章所述，在应用追加投资收益率法进行互斥方案选择时，重要的是将含有无资格方案的追加投资收益率图（亦称互斥方案选择图）修改成使追加投资收益率呈单调减少的形式。如果各投资方案的年净收益是相等的，就可以用下述方法进行方案选择。

某企业正在研究从五个互斥方案中选择一个最优方案的问题。各方案的投资额及每年年末的净收益如表 5-10 所示。寿命期都为 7 年，该企业的基准收益率在 8%～12% 之间，试选择最优方案。

追加投资收益率不单调减少的互斥方案　　　　　表 5-10

投资方案	初期投资（万元）	年净收益（万元）
A	200	57
B	300	77
C	400	106
D	500	124
E	600	147

各方案的追加投资（或差额投资）收益率可分别由下式求得：

$$57 \times (P/A, r_{A-A_0}, 7) - 200 = 0, r_{A-A_0} = 21\%$$

$$(77 - 57) \times (P/A, r_{B-A}, 7) - (300 - 200) = 0, r_{B-A} = 9\%$$

$$(106 - 77) \times (P/A, r_{C-B}, 7) - (400 - 300) = 0, r_{C-B} = 19\%$$

$$(124 - 106) \times (P/A, r_{D-C}, 7) - (500 - 400) = 0, r_{D-C} = 6\%$$

$$(147 - 124) \times (P/A, r_{E-D}, 7) - (600 - 500) = 0, r_{E-D} = 13\%$$

应用追加投资收益率选择方案时，可采用图解形式，如图 5-12 所示。横轴为投资额，纵轴为每年的净收益。由于各方案点所连折线不成单调减少形式（图中粗实线所示），需将其联结成单调减少形式（图中虚线所示），由于 B 方案和 D 方案在虚线下，因此是无资格方案。排出了无资格方案后，即可进行方案的选择了。首先求出新的追加投资的收益率（即追加资源的效率），可由下式求得：

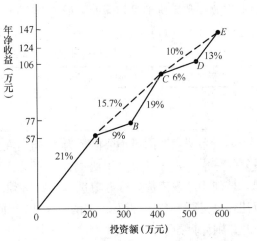

图 5-12　有无资格方案的互拆方案选择

$$(106 - 57) \times (P/A, r_{C-A}, 7) - (400 - 200) = 0, r_{C-A} = 15.7\%$$
$$(147 - 106) \times (P/A, r_{E-C}, 7) - (600 - 400) = 0, r_{E-C} = 10\%$$

该企业的基准收益率在8%~12%之间,若为8%,则由图可以看出,此时选 E 方案最优;若基准收益率为12%,则 C 方案是最佳选择;若为10%,则 C 方案与 E 方案优劣相同,可任意选择其一。

5.6 寿命期不同时的互斥方案选择

上面所述内容都是假定各方案的投资寿命期(服务年限)都是相同的情况下的方案选择问题。但是,现实中很多方案的寿命期往往是不同的。例如,在建造各种建筑物、构筑物时,采用的结构形式(例如木结构、钢结构、钢筋混凝土结构等)不同,其投资额及寿命期也不同;建筑施工单位所购置的机械设备型号不同、厂家不同,其寿命期和初期投资额也不同。那么,对于这些寿命期不同的方案应该采用什么标准和方法加以选择呢?

比较寿命期不同的投资方案优劣时,严格地说,应该考虑到各投资方案寿命期最小公倍数为止的实际可能发生的现金流量。但是,预测遥远未来的实际现金流量往往是相当困难的。为了简化计算,通常总是假定第一个寿命期以后的各寿命期所发生的现金流量与第一周期完全相同地周而复始地循环着,然后求出其近似解,进行方案比较与选择。在比较这类寿命期各异的投资方案时,年值法要比现值法和将来值法方便得多,因此,通常进行这类方案的比较时常常使用年值法。下面用具体的例子说明寿命期不同的互斥投资方案比选的方法。

某部门欲购置大型施工机械,现有 A、B 两个互斥的投资方案,该两个方案的工作效率和质量都是相同的,但每年(已折算到年末)的作业费用不同,寿命期也不同(表5-11)。基准收益率 $i = 12\%$。此时应选哪种机械为好?

两种机械投资、作业费用和寿命期　　表5-11

投资方案	初期投资额(万元)	年作业费用(万元)	寿命期(年)
A	20	4.5	4
B	30	4.0	6

两设备寿命期的最小公倍数为12年,在此期间 A 方案第一周期的现金流量重复了三次,B 方案重复了两次,因而 A、B 两方案的现金流量图如图5-13所示。若使用净现值法进行方案选择,则必须求出12年间全部现金流量的现值加以比较(见图5-13)。设 A、B 两方案12年间的净现值分别为 $PW_A(12)$、$PW_B(12)$,则计算如下:

$$PW_A(12) = 4.5 \times (P/A, 12\%, 12) + 20 \times (P/F, 12\%, 8)$$
$$+ 20 \times (P/F, 12\%, 4) + 20 = 68.66(万元)$$

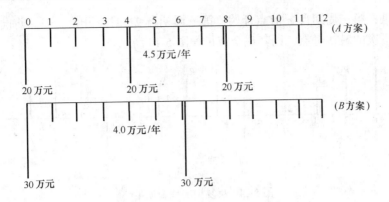

图 5-13 寿命期不同时的现金流量图

$$PW_B(12) = 4.0 \times (P/A, 12\%, 12) + 30 \times (P/F, 12\%, 6) + 30$$
$$= 70.00(万元)$$

由于两个方案中，A 方案的费用折算成的现值最小，因而 A 方案有利。上述计算虽然可以进行方案比较，但计算过程繁杂。上例最小公倍数 12 年是个较小的值，假如有寿命期分别为 7 年、9 年、11 年的三个方案，采用上述方法就要计算到最小公倍数为 $7 \times 9 \times 11 = 693$ 年为止，如果方案更多，则最小公倍数将是相当大的数，显然对方案的选择不利。但是，上面已经提到，如果采用年值法就无需考虑到最小公倍数为止，只需根据各方案第一个寿命周期的净年值选择方案就可以了。假如不考虑到最小公倍数为止的年限，仅考虑 A、B 两方案第一个寿命期的净年值，则有：

$$AW_A = 20 \times (A/P, 12\%, 4) + 4.5 = 11.08(万元)$$
$$AW_B = 30 \times (A/P, 12\%, 6) + 4.0 = 11.30(万元)$$

可见，A 方案每年较 B 方案有利 0.22 万元，其选择结果与采用最小公倍数为止的现金流量的净现值的方法是一致的。

那么，采用 12 年间的净现值折算成净年值的结果与上述采用第一个周期算得的净年值之间是否存在某种内在的联系呢？下面我们将 $PW_A(12)$ 与 $PW_B(12)$ 折算成净年值：

$$AW_A(12) = PW_A(12) \times (A/P, 12\%, 12) = 11.08(万元)$$
$$AW_B(12) = PW_B(12) \times (A/P, 12\%, 12) = 11.30(万元)$$

我们发现，该值与采用第一个周期作为计算期所算得的净年值完全相同。因此，在进行寿命期不同的互斥方案比较时宜采用计算第一寿命期的年值法。那么，上述的结论是一种偶然的巧合，还是必然的结果呢？事实上是必然的结果。下面证明这种关系。

令某投资方案的初期投资额为 C_0，此后第 1, 2, ……, n 期期末的净收益分别为 R_1, R_2, R_3, ……, R_n，并假设相同的现金流量此后重复了 K 次。重复的方式是：第二周期自 n 时点开始，第三周期自 $2n$ 时点开始……，前次的最终时点是下次的最初时点，则其现金流量如图 5-14 所示。

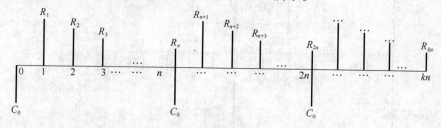

图 5-14 反复型的现金流量图

第一周期（n 期间）的净现值 PW_1 为：

$$PW_1 = \sum_{j=1}^{n} \frac{R_j}{(1+i)^j} - C_0$$

$n \times k$ 期间全部现金流量的净现值 PW_k 为：

$$PW_k = PW_1 + PW_1(1+i)^{-n} + PW_1(1+i)^{-2n} + \cdots + PW_1(1+i)^{-n(k-1)}$$

$$= \frac{PW_1[1-(1+i)^{-nk}]}{1-(1+i)^{-n}}$$

再据此求 $n \times k$ 期间的净年值 AW_k 为：

$$AW_k = PW_k \times (A/P, i, nk) = \frac{PW_1[1-(1+i)^{-nk}]}{1-(1+i)^{-n}} \times \frac{i(1+i)^{nk}}{(1+i)^{-nk}-1}$$

$$= \frac{PW_1[1-(1+i)^{-nk}]}{1-(1+i)^{-n}} \times \frac{i}{1-(1+i)^{-nk}}$$

$$= PW_1 \times \frac{i}{1-(1+i)^{-n}} = PW_1 \times \frac{i(1+i)^n}{(1+i)^n - 1}$$

$$= PW_1(A/P, i, n)$$

= 第一个周期的净现值折算的净年值

这样就证明了上述的结论是正确的。

5.7 混合方案的选择

通过上面的讲述，我们业已知道：进行独立方案选择时使用制约资源的效率这个标准，按这种"效率"的大小为序依次予以选择，直到资源被充分运用为止。对于投资方案该"效率"的标准就是内部收益率，即以内部收益率的大小为序依次加以选择，直到有限资金得到充分运用为止。进行互斥方案选择时，采用追加资源的"效率"标准，对于投资方案，采用追加投资收益率进行方案选择，其比较的基础是基准收益率。那么，当我们遇到的是混合方案，即在若干个方案中，既有独立方案，而每个独立方案中各有若干个互斥方案的问题时，又应采用什么方法加以选择呢？

5.7.1 "效率"指标与混合方案选择

对于混合方案，我们是否可以运用"效率"的指标进行方案选择呢？如果采用这个指标又会产生什么问题呢？我们用一个实例予以说明。

【例 5-4】 某厂欲对该厂的 A、B 两车间予以更新改造以增加利润。根据分析，可实施的方案如表 5-12 所示。若投资的寿命（收益持续的时间）为无限，基准收益率为 7%，A、B 两车间投资的效果互不影响（即互相独立）。表中 A、B 为不向该车间投资的方案，即保持现状的方案。

混合方案　　　　　　　　　　　　　　表 5-12

方案	投资额（万元）	利润额（元/年）	内部收益率（%）
向 A 车间投资			
A_0	0	0	0
A_1	1	4000	40
A_2	2	5200	26
A_3	3	6000	20
向 B 车间投资			
B_0	0	0	0
B_1	1	2000	20
B_2	2	3800	19
B_3	3	5400	18

寿命期为无限时现值与年值的关系业已在上一章讲述。根据内部收益率的概念，可以求得如下：

$$r_{A_1} = \frac{4000}{10000} \times 100\% = 40\%, \quad r_{A_2} = \frac{5200}{20000} \times 100\% = 26\%$$

$$r_{A_3} = \frac{6000}{30000} \times 100\% = 20\%, \quad r_{B_1} = \frac{2000}{10000} \times 100\% = 20\%$$

$$r_{B_2} = \frac{3800}{20000} \times 100\% = 19\%, \quad r_{B_3} = \frac{5400}{30000} \times 100\% = 18\%$$

并将上述值列入表 5-12 中。

假如该厂有足够的资金，则只要分别考虑对 A、B 两车间如何投资为好即可。但是如果资金有限，例如只有 4 万元，应如何考虑呢？如果按独立方案的选择方法，即按内部收益率的大小加以选择。那么，由于相同投资时 A 的内部收益率总是大于 B 的内部收益率，因而应尽可能向 A 车间投资，即向 A 车间投资

3万元，剩余的1万元投向 B 车间；当只有3万元时，应仅向 A 车间投资。

但是，对方案进行种种组合之后就会发现，上述作法产生的利润额每年仅为8000元（2000+6000），当只有3万元时，每年利润仅为6000元；但是，如果资金为4万元时向 A 车间投资1万元，向 B 车间投资3万元，年利润却是4000+5400=9400（元），较上述作法多9400-8000=1400（元）；如果资金为3万元时向 A 车间投资1万元，向 B 车间投资2万元，年利润却是4000+3800=7800（元），较上述作法多1800元。因而采用内部收益率作为混合方案的选择尺度显然是错误的。

对于上述这种简单的问题只要进行种种组合之后选出最好的方案是可以的。但是，如果方案更多、更复杂，这样做就困难了。那么，对于混合方案应该采用什么方法加以选择呢？

5.7.2 混合方案与追加投资收益率

对于混合方案的选择，只要按上节所述互斥方案的选择方法——追加资源的效率适当加以扩展即可进行。对于投资方案，这种追加资源的效率就是追加投资收益率。下面以上述向 A、B 车间投资的问题为例说明方案选择的过程。

向 A 车间增加投资后的追加投资收益率为：

（1）向 A_0 方案（保持现状方案）追加投资1万元而成 A_1 方案时年利润的增加额为4000元/年，故追加投资收益率为40%；

（2）向 A_1 方案追加投资1万元而成 A_2 方案时利润的增加额为1200元/年，追加投资收益率为12%；

（3）再向 A_2 方案追加投资1万元而得 A_3 方案时利润的增加额为800元/年，追加投资收益率为8%。

同样，可得向 B 车间追加投资时的追加投资收益率为：

（1）B_0 至 B_1 的追加投资收益率为20%；

（2）B_1 至 B_2 的追加投资收益率为18%；

（3）B_2 至 B_3 的追加投资收益率为16%。

将上述结果用图表示即为图5-15。

进行了上述工作之后，即可进行混合方案的选择。具体做法是：将每个追加投资方案看作是独立方案，按追加投资收益率的大小为序排列成与独立方案选择图相似的形式，然后依据资金的限额条件以及基准收益率的大小加以选择即可（图5-16），该图称为混合方案选择图。图中 A_1-A_0，A_2-A_1，……分别表示向 A_0 方案追加投资而得 A_1 方案；向 A_1 方案追加投资而得 A_2 方案……。因各追加投资收益率都大于基准收益率7%，故在资金数额可以充分满足时追加投资都是合适的。由图5-16可知：当资金的限额为4万元时应取 $(A_1-A_0)+(B_1-B_0)+(B_2-B_1)+(B_3-B_2)=A_1+B_3$ 方案；当资金的限额为3万元时，宜取 $(A_1-$

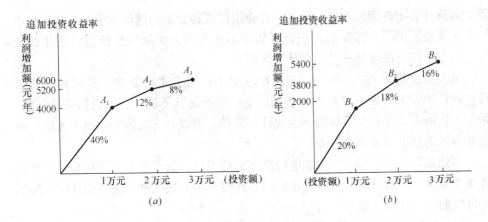

图 5-15 向 A、B 两个车间投资的追加投资收益率

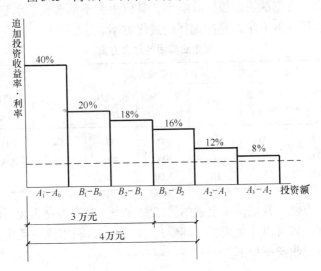

图 5-16 混合方案选择图

A_0) + ($B_1 - B_0$) + ($B_2 - B_1$) = $A_1 + B_2$ 方案选择的结果与上面通过组合方式选择的最优方案完全一致。

可见,对于混合方案来说,方案选择的标准不是制约资源的"效率"——即方案自身的"效率"(对投资方案而言,即内部收益率),而是追加资源的效率(对于投资方案而言,即追加投资收益率)。

5.7.3 混合方案选择的例题

前面我们讲述了一组互斥方案的选择以及当有若干独立方案时,如何使有限的资金得到充分利用,以使净收益为最大的问题。但是,在现实中尚存在有大量的混合方案问题,即若干个独立方案中每个独立方案又存在若干个互斥方案情况下如何选择方案的问题。上一章我们曾介绍过这种方案的选择方法，下面我们用一个长期投资的混合方案的例子说明如果不按上述方法加以选择会出现什么情况，它与上述方法选择的结果有什么区别。

某大型企业集团，下有 A、B、C 三个工厂准备进行新建、扩建和改建工程。各厂的方案如表 5-13 所示。各工厂生产的产品互不影响，即它们是独立的；每个工厂的方案是相互排斥的。为使计算简单，假设各方案的寿命期为无限。该企业集团的基准收益率为 10%。

本例如果可以利用的资金能够得到充分的保证，那么各个工厂从若干个互斥方案中选择一个最有利的方案是可以的。此时采用下述两种方法中的任何一种都是可以的。

(1) 计算 $i=10\%$ 时的净现值，然后采用其中最大者；

(2) 计算各方案的追加投资收益率，其值由大于基准收益率变为小于基准收益率的转换点所在的方案即是应选择的最优方案。

某企业集团的混合方案　　　　　　表 5-13

A 厂的新建方案			B 厂的扩建方案			C 厂的改建方案		
方案	投资额（万元）	年净收益（万元）	方案	投资额（万元）	年净收益（万元）	方案	投资额（万元）	年净收益（万元）
A_1	1000	300	B_1	1000	50	C_1	1000	450
A_2	2000	470	B_2	2000	400	C_2	2000	600
A_3	3000	550	B_3	3000	470			

为了讨论方便，我们采用上述的第二种方法。对于寿命为无限的方案，年值与现值的相互换算可以简化成：$P=A/i$，$A=P\cdot i$，利用该关系式，即可求得各方案的追加投资收益率如下：

$$r_{A_1-A_0} = \frac{300-0}{1000-0} \times 100\% = 30\%$$

$$r_{A_2-A_1} = \frac{470-300}{2000-1000} \times 100\% = 17\%$$

$$r_{A_3-A_2} = \frac{550-470}{3000-2000} \times 100\% = 8\%$$

$$r_{B_1-B_0} = \frac{50-0}{1000-0} \times 100\% = 5\%$$

$$r_{B_2-B_1} = \frac{400-50}{2000-1000} \times 100\% = 35\%$$

$$r_{B_3-B_2} = \frac{470-400}{3000-2000} \times 100\% = 7\%$$

$$r_{C_1-C_0} = \frac{450-0}{1000-0} \times 100\% = 45\%$$

$$r_{C_2-C_1} = \frac{600-450}{2000-1000} \times 100\% = 15\%$$

上述 A_0、B_0、C_0 为不投资方案，因而可以看到 A_1、B_1、C_1 方案的追加投资收益率与方案自身的内部收益率值相等。将以上各追加投资收益率用图表示，即为图 5-17。为了选择方案，必须将该图的追加投资收益率变为单调减少的（即使图形呈上凸）形式，可以看到，B_1 方案是无资格方案，应予以排除。排除无资格方案后的新的追加投资收益率为：

$$r_{B_2-B_0} = \frac{400-0}{2000-0} \times 100\% = 20\%$$

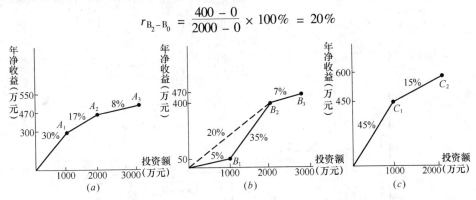

图 5-17 各厂互斥方案的追加投资收益率

实际上企业的资金并不是无限的，因此，就需要考虑在资金有限的条件下如何分配资金，以使资金发挥最有效的作用。假如该企业可供利用的资金只有 4000 万元，那么应如何合理地分配以使全企业投资的净收益为最大呢？

此时如果不按我们以前曾讲过的混合方案选择的程序进行，而是由各工厂分别提出一个方案，然后再由企业从各厂提出的方案中选择的话，那么就会产生下述不合理的情况：对各工厂来说，其方案都是互斥的，因此各厂如按互斥方案的选择方法将自己工厂最优的方案提交企业，那么提交的方案应该是 A_2、B_2、C_2。对于企业，A_2、B_2、C_2 方案又是互相独立的，按照独立方案选择的办法就应以各方案的内部收益率为准，三个方案的内部收益率为：

$$A_2 \text{方案}: r_{A_2} = \frac{470}{2000} \times 100\% = 23.5\%$$

$$B_2 \text{方案}: r_{B_2} = \frac{400}{2000} \times 100\% = 20\%$$

$$C_2 \text{方案}: r_{C_2} = \frac{600}{2000} \times 100\% = 30\%$$

选择的次序是 C_2、A_2、B_2。由于资金的限额为 4000 万元，因而 B_2 方案不能实施。A_2、C_2 方案实施后的净现值总和为：

$$PW_{A_2,C_2} = (470 \div 10\% - 2000) + (600 \div 10\% - 2000) = 6700 \text{万元}$$

但是，如果不是一开始就请各工厂将自己最优的方案提交企业，而是将各工厂全部方案集中起来由企业进行选择，那么结论又如何呢？

此时应按混合方案选择的方法进行，即将每个追加投资方案看作是独立方案，按追加投资收益率的大小为序予以排列，然后根据资金的限额条件进行方案选择（图5-18）。当资金的限额为4000万元时，选择 $(C_1 - C_0) + (A_1 - A_0) + (B_2 - B_0) = C_1 + A_1 + B_2$，即选 A_1、B_2、C_1 方案最有利。此时所选三个方案的净现值为：

$$PW_{A_1,B_2,C_1} = (300 \div 10\% - 1000) + (400 \div 10\% - 2000) + (450 \div 10\% - 1000)$$
$$= 7500（万元）$$

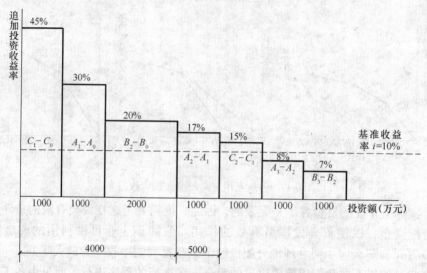

图 5-18 混合方案选择

该值较选择 A_2、C_2 方案的净现值大 800 万元。可见，按混合方案选择方法进行方案选择，其结果可使净收益达到最大值。而且当资金的限额或利率发生各种变化时都可按混合方案选择图选择出最有利的方案。

5.8 投资方案选择的例题

【例5-5】 某地区准备建设收费的高速公路，所需资金：现时点为4亿元，此后第1、2、3年末各需2亿元（3年内合计投资10亿元），修成后每隔5年修理一次，修理费用为1千万元。假定的收益率为8%。回答下述问题：

(1) 该道路自开通（3年后）维持40年所需总投资额的现值（包括初期投资和维修费在内）；

(2) 使该道路永远开通所需总的投资额；

(3) 为使该道路永远开通，每年的道路净收费（减去经常性的维修、人工费之后的净收益）应该在多少以上时这项投资才合适（假设每年的道路收费已折算到每年的年末）？

（4）欲在开通后 40 年内将维持该道路开通所需的总投资额（寿命期为无限）回收完了，此后改为免费道路，则每年的道路净收费额应为多少？如欲在 20 年内全部回收完了，该值又是多少？

【解】　（1）首先将现金流量图画出来（图 5-19）：

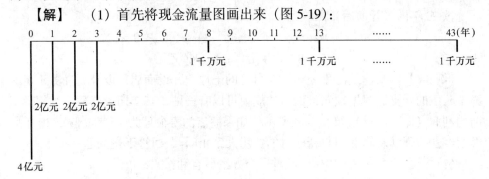

图 5-19　开通 40 年的现金流量图

根据现金流量图计算总费用的现值为：

$$PW(8\%) = 40 + 20 \times (P/A, 8\%, 3) + 1 \times (A/F, 8\%, 5)$$
$$\times (P/A, 8\%, 40) \times (P/F, 8\%, 3)$$
$$= 93.15（千万元）= 9.315（亿元）$$

（2）此时的现金流量图如图 5-20 所示。

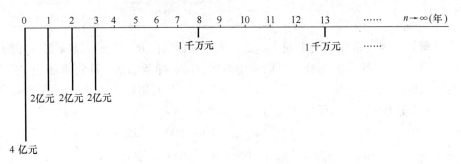

图 5-20　永远开通时的现金流量图

根据现金流量图和寿命期为无限时现值与年值的关系为 $PW(i) = A/i$，则有：

$$PW(8\%) = 40 + 20 \times (P/A, 8\%, 3) + 1 \times (A/F, 8\%, 5)$$
$$\times (1/8\%) \times (P/F, 8\%, 3)$$
$$= 93.23（千万元）= 9.323（亿元）$$

（3）此时只需将 93.23 千万元折算成第 3 年年末的金额回收完了即可，因而有：

$$AW(8\%) = 93.23 \times (F/P, 8\%, 3) \times 0.08$$
$$= 9.4(千万元)$$

(4) 欲在 40 年内（开通后）回收完了，则每年的净收费额为：
$$AW(8\%) = 93.23 \times (F/P, 8\%, 3) \times (A/P, 8\%, 40)$$
$$= 9.85(千万元)$$

欲 20 年内（开通后）回收完了，则有：
$$AW(8\%) = 92.23 \times (F/P, 8\%, 3) \times (A/P, 8\%, 20)$$
$$= 11.96(千万元) = 1.196(亿元)$$

【例 5-6】 某建筑工程公司欲在自己的土地上开设商店，以补充任务不足时施工队伍的开支。根据预测，商店的规模可以有三种，其初期投资额、每年折旧前的利润（即净收益）如表 5-14 所示。如果商店的寿命期为 10 年（假定 10 年后继续经营，则其装修费用与新建时的费用大致相同），回答下述问题：

(1) 资本的利率 $i = 10\%$，此时哪个方案最有利？

(2) 当资本的利率 i 增加到某个数值以上时三个方案都可能成为不可行的方案，那么 i 值应为多少？

(3) A 方案和 B 方案优劣相同时的资本利率 i 值应为多少？

三个投资方案　　　　　　　　　　　　　　　表 5-14

投资方案	初期投资额（万元）	每年的净收益（万元）
A	5000	1224
B	3000	970
C	1000	141

【解】 因为是在一块土地上实施方案，因而 A、B、C 三个方案是互斥的。

(1) 对于互斥方案选择，可以采用净现值法、净年值法、净将来值法、差额法或追加投资收益率法，当然其结论是相同的。下面用净现值法进行方案选择，其他方法读者可自行计算并比较结论是否相同，
$$PW_A = 1224 \times (P/A, 10\%, 10) - 5000 = 2521(万元)$$
$$PW_B = 970 \times (P/A, 10\%, 10) - 3000 = 2960(万元)$$
$$PW_C = 141 \times (P/A, 10\%, 10) - 1000 = -134(万元)$$
可见，B 方案最优。

(2) 如果使最有利的方案 B 变为不利（即净现值小于零），则各方案都变为不可行，因而有：
$$970 \times (P/A, i, 10) - 3000 < 0$$
$$(P/A, i, 10) < 3.0928$$
即 $i > 30\%$ 时方案都不可行。

(3) 当 A 方案与 B 方案的净现值相等时，即为优劣分界的资本利率 i 的值，

因而有：
$$1224 \times (P/A, i, 10) - 5000 = 970 \times (P/A, i, 10) - 3000$$
$$254 \times (P/A, i, 10) = 2000$$
$$(P/A, i, 10) = 7.8740 \quad i = 4.6\%$$

即 $i = 4.6\%$ 时，A、B 两方案优劣相同。

【例 5-7】 有 8 个互相独立的投资方案 A、B、C、…、H，投资的寿命期为 1 年，投资额及 1 年后的净收益如表 5-15 所示。资金的条件如下时，最优的选择是什么？

方案的投资额及净收益 表 5-15

方案	投资额（万元）	净收益（万元）	方案	投资额（万元）	净收益（万元）
A	500	570	E	750	810
B	600	750	F	850	1020
C	700	910	G	900	1035
D	750	885	H	1000	1120

(1) 资金的数量没有限制，但资本的利率可能发生下述三种情况：$(a) i = 10\%$；$(b) i = 13\%$；$(c) i = 16\%$；

(2) 资本的利率 $i = 10\%$，可利用的资金总额为 3500 万元；

(3) 资金为 1000 万元时，利率为 10%，此后每增加 1000 万元时利率增加 2%，最多可利用的资金额为 4000 万元。

【解】 独立方案的选择采用内部收益率的尺度，为此，首先求出各方案的内部收益率。对于 A 方案：

$$570 \times (P/F, r_A, 1) - 500 = 0, \text{即}: 570 \times \frac{1}{1 + r_A} - 500 = 0,$$

$$r_A = \frac{570 - 500}{500} \times 100\% = 14\%$$

由上面计算可知：对于寿命期为 1 年的方案，其内部收益率 = $\frac{\text{净收益} - \text{投资额}}{\text{投资额}} \times 100\%$。因而其他方案的内部收益率可求得如下：

$$r_B = \frac{750 - 600}{600} \times 100\% = 25\%$$

$$r_C = \frac{910 - 700}{700} \times 100\% = 30\%$$

$$r_{D} = \frac{885 - 750}{750} \times 100\% = 18\%$$

$$r_E = \frac{810 - 750}{750} \times 100\% = 8\%$$

$$r_F = \frac{1020 - 850}{850} \times 100\% = 20\%$$

$$r_G = \frac{1035 - 900}{900} \times 100\% = 15\%$$

$$r_H = \frac{1120 - 1000}{1000} \times 100\% = 12\%$$

将上述各方案按其内部收益率的大小由左往右排列如图 5-21，并将资本的利率用虚线由小至大向右排列，利用该图即可得到本题的答案如下：

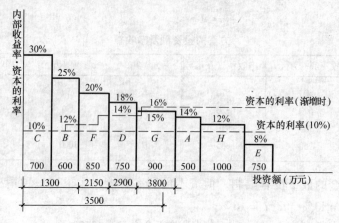

图 5-21　独立方案选择图

(1) (a) $i = 10\%$ 时，只有 E 方案不合格，其他可以全部采纳；

(b) $i = 13\%$ 时，E 方案和 H 方案不合格，其他方案可以全部采纳；

(c) $i = 16\%$ 时，A、E、G、H 方案不合格，其他方案可全部采纳。

(2) 由大至小取 C、B、F、D 方案，总投资为 2900 万元，因资金限额为 3500 万元，所余资金 600 万元无法实施 G 方案；但 A 方案投资为 500 万元，且其收益率 14% > 10%，因而剩余资金可实施 A 方案。所以，此时选择的方案是：C、B、F、D、A。

(3) 此时资本的利率如图中虚线所示，按内部收益率的大小依次进行选择。尽管资金的总额为 4000 万元。但除 C、B、F、D 方案之外，资本的利率皆大于方案的内部收益率，因此最终选择的方案为：C、B、F、D。

值得注意的是：当资金的限额与所选投资方案投资额之和不完全吻合时，应将紧后一、二个方案轮换位置比较看哪个方案最优后，即可得到最终选择的方案组合。

【例 5-8】　某部门下属的三个单位分别制定投资寿命期为一年的投资计划，各单位的投资彼此互不影响（即互相独立），其投资额和投资后的净收益如表 5-16 所示。各单位的投资方案是互斥的。该部门资金的数额为 400 万元和 500 万元时应选哪些方案？设该部门的基准收益率为 10%。

5.8 投资方案选择的例题

【解】 这是个混合方案的选择问题，首先将各追加投资收益率求出来：

A、B、C 三个单位的投资方案　　　　　表 5-16

A 单位			B 单位			C 单位		
方案	投资额（万元）	净收益（万元）	方案	投资额（万元）	净收益（万元）	方案	投资额（万元）	净收益（万元）
A_1	100	130	B_1	100	148	C_1	100	115
A_2	200	245	B_2	200	260	C_2	200	240
A_3	300	354				C_3	300	346

将上述追加投资收益率画成互斥方案选择图（图 5-22），由图可见，C_1 方案是无资格方案，将其排除在外，求出新的追加投资收益率为：

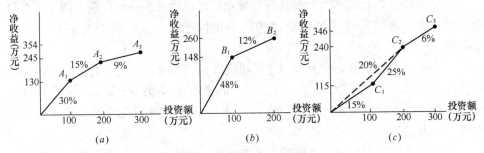

图 5-22　A、B、C 三个单位投资方案追加收益率
(a) A 单位投资；(b) B 单位投资；(c) C 单位投资

$$r_{C_2-C_0} = \frac{240-200}{200} \times 100\% = 20\%$$

将上述各追加投资方案看作是独立方案，按追加投资收益率的大小为序依次排列，即可选出最优方案来（图 5-23）。当资金的数额为 400 万元时应选（$B_1 - B_0$）

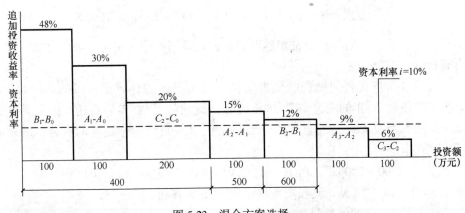

图 5-23　混合方案选择

$+(A_1-A_0)+(C_2-C_0)=B_1+A_1+C_2$,即 A_1、B_1、C_2 为最优方案。当资金数额为 500 万元时应选 $(B_1-B_0)+(A_1-A_0)+(C_2-C_0)+(A_2-A_1)=B_1+C_2+A_2$,即应选 A_2、B_1、C_2 方案。因 A_2 方案(投资 200 万元)再追加 100 万元而成 A_3 方案时其追加投资收益率为 9% < 10%;因此,即使是资金的数额可以得到充分保证也不宜再追加投资。

5.9 投资方案自身的效率与资本的效率

通过以上的讲述,我们看到:从众多的投资方案中选择最合适的方案时,内部收益率(投资的效率)这个指标在很多情况下都是有效的。此时重要的是搞清各方案之间的相互关系和资金的制约因素。

本节将讲述以收益率为尺度进行方案选择时应注意的一个问题,即不应将投资方案自身的效率与投入的净资本的效率混同起来。用一个具体的例子予以说明。

某企业,现在正在研究互相独立的投资方案 A、B、C 何者有利的问题。三个方案的投资额都为 5000 万元,每年年末的净收益 A 为 800 万元,B 为 700 万元,C 为 600 万元。投资的寿命期皆为 20 年。如无特殊情况,那么优选的次序应为 A、B、C。

但是,各方案的情况是不同的:A 方案是企业内工厂的扩建问题;B 方案是公共工程,其投资的一半(2500 万元)可以由市政府提供 20 年无息贷款;C 方案是引进外资的企业,其中的 4000 万元可以按 4% 的利率获得。

此时各方案自身的效率(即内部收益率)为:

A 方案:$5000 \times (A/P, r_A, 20) - 800 = 0, r_A \approx 15\%$

B 方案:$5000 \times (A/P, r_B, 20) - 700 = 0, r_B \approx 12.7\%$

C 方案:$5000 \times (A/P, r_C, 20) - 600 = 0, r_C \approx 10.3\%$

但是,作为企业,通常总是希望尽可能有效地运用有限的资金,因而有必要知道自有资金的效率是多少。

由于 A 方案无任何投资的优惠条件,因而上述的计算是可以的。但是,B 方案可以得到 20 年的无息贷款 2500 万元,该款将于 20 年后偿还,因此其现金流量如图 5-24 所示。此时自有资金 2500 万元(或贷款资金之外的资金)的效率可由下式求得:

$$2500 + 2500 \times (P/F, r, 20) - 700 \times (P/A, r, 20) = 0$$

可知 $r = 27.6\%$。可见,其投资效率远比 A 方案有利。

C 方案以 4% 的低息贷款 4000 万元,因而每年都需偿还,假如复本利和 20

年内偿还完了，则其现金流量如图 5-25（a）所示。其中每年偿还金额为：

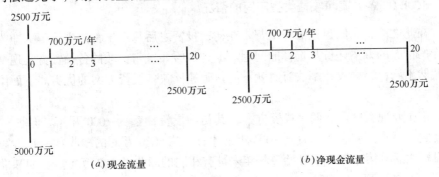

图 5-24　有无息贷款时的现金流量

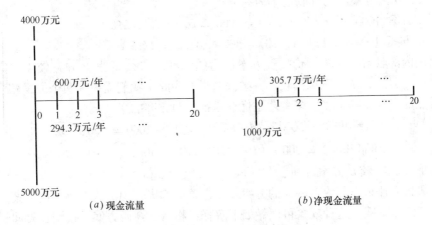

图 5-25　有低息贷款时的现金流量

$$A = 4000 \times (A/P, 4\%, 20) = 294.3(万元)$$

因而其净现金流量如图 5-25（b）所示。其他资金的效率为：

$$1000 \times (A/P, r, 20) - 305.7 = 0, r = 30.4\%$$

可见 C 方案"自有资金"的效率比 B 方案还高。

5.10　收益率法的适用范围

收益率（包括追加投资收益率）法是一种根据方案间的关系进行方案选择的有效方法。但是，对于长期投资方案的问题，它并不是在任何情况下都是可以应用的方法。搞清其适用条件将更有利于该尺度的应用。下面用具体例子说明其应用范围。

5.10.1 各方案净收益类型不同的情况

在此之前，我们讨论的方案都是在初期投资之后每期末都产生均等的净收益这样的情况的方案评价与选择的问题。但是，假如参与比较的各投资方案现金流量截然不同，那么收益率法有时就不能正确地反映各投资方案的优劣。下面用实例说明。

某企业现有 A、B 两个投资方案，其初期投资额都为 1000 万元。但 A 方案投资之后一直没有收益，直到 10 年年末才有一笔 5000 万元的净收益；B 方案初期投资之后从第一年年末开始每年年末都有相同的净收益 300 万元。假如基准收益率为 10%，那么，哪个投资方案有利？

A、B 两方案的内部收益率为：

A 方案：$1000 \times (F/P, r_A, 10) - 5000 = 0$，$r_A = 17.5\%$

B 方案：$1000 \times (A/P, r_B, 10) - 300 = 0$，$r_B = 27.3\%$

如果用内部收益率作为评价投资方案优劣的标准，那么显然 B 方案较 A 方案优越得多。但是，B 方案果真较 A 方案优越吗？为此，我们需研究两个方案相当于现时点的净收益哪个多，多者才是优选方案。两方案的净现值为：

$$PW_A(10\%) = 5000 \times (P/F, 10\%, 10) - 1000 = 928(万元)$$

$$PW_B(10\%) = 300 \times (P/A, 10\%, 10) - 1000 = 843(万元)$$

实际是 A 方案较 B 方案有利。

那么为什么内部收益率大的方案反而是差的方案，内部收益率小的方案反而是有利的方案呢？这种现象可以做如下解释：将 A、B 两方案的投资比做向银行的存款，虽然 B 银行存款的利率较 A 银行的高，但是，由于每年都需从银行取出 300 万元存款，而取出的款是按基准收益率 10% 在运用；A 银行虽然较 B 银行存款的利率低，但所存款额 1000 万元始终按 17.5% 计息，因而导致 10 年内的净现值 A 方案较 B 方案大得多。

由此可见，对于投资类型截然不同的方案选择不宜用内部收益率作为方案优选的尺度，而应采用净现值法（净年值法或净将来值法）。

5.10.2 有多个内部收益率的情况

在讲述内部收益率的求法时，我们曾说明，可以将净现值看作是关于 i 的函数，当净现值为零时所对应的 i 值即为内部收益率。因而，求内部收益率实际是求方程的根，对于 n 次方程就可能存在 n 个实数根，因而就对应着多个内部收益率。例如图5-26所示的现金流量的内部收益率可由下式求得：

$$\frac{198}{(1+r)^3} - \frac{477}{(1+r)^2} + \frac{380}{1+r} - 100 = 0$$

解上式可得 $r = 10\%$、$r = 20\%$、$r = 50\%$，即有三个内部收益率。显然，此时用内部收益率判定该方案是否可行是困难的。

在进行方案选择时，只要注意以下几点，就可以避免判断上的错误。

（1）对于初期投资之后有连续的正的净收益的情况没有复数个实数根（即内部收益率）；

（2）具有多个实数根的投资方案是各期净现金流量有时正有时负的情况，此时不宜采用内部收益率作为判断方案优劣的依据；

（3）通常具有多个实数根的投资方案往往其净现值很小，因而研究方案时，将这些方案排除在外，通常不会有大的差错；

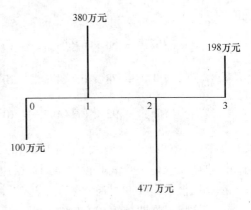

图 5-26 有多个内部收益率的现金流量图

（4）对于 5.10.1 中那种投资的类型完全不同的情况，不宜采用内部收益率作为方案选优的标准。

5.11 应用投资回收期时应注意的事项

上一章我们讲述了投资回收期的含义和如何求投资回收期。投资回收期的计算通常有两种：一种是从方案投产算起，另一种是从投资开始算起，计算时应予说明。经常听说某方案投资的回收期是多少，有时还用投资回收期的长短判断方案的优劣。那么，投资回收期果真可以用来判断方案的好坏吗？试看下例：

某部门欲建工厂，现有 A_1、A_2、A_3 三个方案，初期投资额、年（假定为年末）净收益如表 5-17 所示。寿命期为 10 年，$i = 12\%$。

互斥的投资方案　　　　　　　　　　　　　　　表 5-17

投资方案	初期投资额（万元）	年净收益（万元）
A_1	200	58
A_2	300	78
A_3	400	92

三个方案的投资回收期为：

	静态回收期	动态回收期
A_1 方案	3.4 年	3.7 年
A_2 方案	3.8 年	5.5 年
A_3 方案	4.3 年	6.5 年

如果用投资回收期的长短作为选择方案的标准，则 A_1 方案最好。但各方案的净

现值为:

$$PW_{A_1} = 58 \times (P/A, 12\%, 10) - 200 = 127.7(万元)$$

$$PW_{A_2} = 78 \times (P/A, 12\%, 10) - 300 = 140.7(万元)$$

$$PW_{A_3} = 92 \times (P/A, 12\%, 10) - 400 = 119.8(万元)$$

实际是 A_2 方案最好。由此可见,回收期的长短对于评价方案的优劣是不起作用的,回收期仅仅是一个表明投资得到补偿速度的指标,是个时间的限值。

在应用投资回收期时通常采用下述三种方法予以判定:
(1) 认为回收期越短越好;
(2) 回收期小于方案的寿命期即可接受;
(3) 回收期比国家或企业规定的最大容许回收期短即可接受。

第一种方法通过例题证明是错误的。当投资额和年净收益完全相同时,可以使用4年和可以使用8年的设备,何者有利是很明显的,但回收期法却无视了这一事实。

应用第二种方法时,如果合格的方案有多个时,应选择哪些方案呢?为得出正确结论,还需重新计算。

第三种方法采用的容许年数到底依靠什么确定的呢?方案的内容变化莫测,事先用一个"标准"予以约束显然是不合理的。

回收期法之所以仍被使用,其主要原因是:对一些资金筹措困难的部门迫切地希望将资金回收,回收期长则风险大,反之则风险小;计算简单,直观性强;期间越短,资金偿还的速度越快,资金的周转加速;回收期计算出来后,可大致地估计平均的收益水平。但是,即使如此,我们仍可以根据资金的约束条件找出最有利的方案来,长远看,回收期是不能解决根本问题的。

因而,回收期法不宜作为一个指标单独使用,只能作为辅助性的参考指标加以应用。

习 题

1. 现有 A、B、C、D、E、F、G 等 7 个互相独立的投资方案,各方案的投资和一年后的净收益如表 5-18 所示,方案的寿命期为 1 年,1 年后的残值为零。各方案都是不可分割的(即如不满足投资总额要求,则该方案不成立)。当资金的条件如下时,其最佳选择是什么?

(1) 基准收益率为 10%,可利用的资金总额为 1600 万元;
(2) 资金的数量不限,资本的利率 i 有以下三种可能:(a) $i = 12\%$;(b) $i = 14\%$;(c) $i = 16\%$。
(3) 资金筹措额在 1000 万元之内时,资本的利率为 10%,此后每增加 1000 万元,资本的利率便增加 2%,最多可筹措到 4000 万元。

独立投资方案的投资和一年后的净收益　　　　　表 5-18

方　案	投资额（万元）	净收益（万元）	方　案	投资额（万元）	净收益（万元）
A	200	230	E	500	550
B	300	390	F	700	870
C	400	540	G	800	900
D	450	540			

2．某单位有互斥的三个投资方案 A、B、C，欲从中选择最有利的方案。该单位没有自有资金，但所需投资可以按年利率 10% 从银行借到。三个投资方案的投资额及 1 年末的净收益如表 5-21 所示。该单位除了上述三个方案之外最佳的运用机会为以 6% 的利率存入银行（即基准收益率为 6%），那么最有利的投资方案是哪个？

互斥的三个投资方案投资额及 1 年末的净收益　　　　表 5-19

投资方案	投资额（万元）	一年后的净收益（万元）
A	200	260
B	300	375
C	400	483

3．与上题相同，但资金的条件发生如下变化时，最有利的方案是哪个？
（1）该单位自有资金 600 万元，其标准的运用机会的收益率为 6%；
（2）该单位只有自有资金 100 万元，不足部分可以 10% 利率从银行贷款；
（3）自有资金只有 100 万元，不足部分可以贷款，100 万元以内可以 10% 的利率从银行贷款，超过部分利率为 20%；
（4）该单位如果有资金，即有 16%～18% 的运用机会（即基准收益率为 16%～18%）。该单位可以从银行以 10% 的利率借款 400 万元。

4．用追加投资收益率求出上述两题的最佳解。

5．某企业正在研究投资寿命期为 1 年的投资方案，根据调查资料，现有 A、B、C、D 4 个互斥方案，各方案的初期投资额和 1 年后的净收益估计如表 5-20。资金可以从银行以 12% 的年利率获得。

互斥方案的初期投资额和 1 年后的净收益　　　　表 5-20

	A 方案	B 方案	C 方案	D 方案
投资额（万元）	800	2000	2600	3100
净收益（万元）	1040	2480	3110	3690
内部收益率（%）	30	24	20	19

甲认为，根据各方案内部收益率的大小应该采用 A 方案；乙表示反对甲的意见，认为对于互斥方案的问题应该采用追加投资收益率的方法予以选择。乙进行了下述计算：

A 方案的追加投资收益率 $= \dfrac{240}{800} \times 100\% = 30\%$；

B 方案的追加投资收益率 $= \dfrac{480 - 240}{2000 - 800} \times 100\% = 20\%$；

C 方案的追加投资收益率 $= \frac{510-480}{2600-2000} \times 100\% = 5\%$;

D 方案的追加投资收益率 $= \frac{590-510}{3100-2600} \times 100\% = 16\%$。

根据上述计算，乙认为应该采用 D 方案。你认为他们的想法是否正确？为什么？

6. 某工业企业使用一组大型设备生产和销售如表 5-21 所示的任意数量的 A、B、C、D 产品。每月固定的人工费为 12 万元，折旧费、间接费、人工费以外的固定费用每月为 20 万元，假设产品不库存。回答下述问题：

(1) 如果每月生产的时间只有 200h，为获得最大的利润该企业应该如何安排生产计划？此时每月的利润是多少？

(2) 假如有 B 产品必须最少生产和销售 1000 个的限制条件，则应生产哪种产品，生产多少？

(3) 超过正常工作时间后的加班费每小时需增加 900 元，每月最多增加 50h。那么利用加班时间进行生产有利吗？

(4) 假如 A 产品的销售价格降低了 10%，因而可以销售 5000 个，那么由于价格下跌而使销售量增加而产生的净收益是多少？

生产和销售情况 表 5-21

	A	B	C	D
每个产品的销售价格（元）	50	70	80	90
每个产品的材料费、变动费（元）	10	30	45	40
每小时可能生产的个数（个）	50	20	100	25
每月销售数量的上限个数（个）	4000	2000	4000	3000

7. 某部门欲对下属的三个工厂进行投资，投资寿命期为 1 年。其各方案的投资额及 1 年后的净收益如表 5-22 所示。各厂的决策结果互不影响（互相独立），各厂自身的投资方案是互斥的。若基准收益 $i=10\%$，最多可利用的资金为 40 万元时，应如何选择方案有利？

方案的投资额及 1 年后的净收益 表 5-22

	A 厂			B 厂			C 厂	
方案	投资额（万元）	净收益（万元）	方案	投资额（万元）	净收益（万元）	方案	投资额（万元）	净收益（万元）
A_1	10	13.0	B_1	10	14.8	C_1	10	11.5
A_2	20	24.5	B_2	20	26.0	C_2	20	24.0
A_3	30	35.4				C_3	30	34.6

8. 某部门准备生产 A、B、C 三种互不影响的产品（即 A、B、C 是互相独立的），各种产品的投资方案是互斥的（表 5-23），即只能取其中一个方案。假设该部门资金总额不能超过 5000 万元，各方案实施后可以认为寿命期是无限的，部门的基准收益率为 10% 应如何选择方

案才能充分地利用现有的资金?

产品的投资方案 表 5-23

A 产品			B 产品			C 产品		
方案	投资额（万元）	年净收益（万元）	方案	投资额（万元）	年净收益（万元）	方案	投资额（万元）	年净收益（万元）
A_1	2000	600	B_1	1000	100	C_1	2000	430
A_2	3000	650	B_2	2000	440	C_2	3000	750
A_3	4000	840	B_3	3000	600			
			B_4	4000	680			

9. 某仓库计划引进自动化机械，以减轻劳动强度，提高经济效益。现有 A、B 两种自动化机械可供选择，寿命期皆为 8 年。初期投资额，A 方案为 20 万元，B 方案为 30 万元。由于引进自动化机械，每年将使作业费用减少，A 方案可减少 4 万元，B 方案可减少 6 万元。

(1) 资本的利率为 10% 时，何者有利？用净现值法和净年值法判断。

(2) 用追加投资收益率解答该题；

(3) 使用 A 机械有利的使用年限（假如不是 8 年）应为多少年？

10. 某工厂正在研究选择具有同一功能的 A 和 B 两种机械哪一个有利的问题。使用期皆为 7 年。初期投资额，A 机械为 10 万元，B 机械为 14 万元。每年的作业费（假定为每年年末），A 机械为 2 万元，B 机械 0.9 万元。该厂拟定的收益率为 12%。

(1) 分别用净现值法、净年值法、净将来值法判断哪个方案有利，有利多少？

(2) B 机械较 A 机械有利时的使用年限应为多少？

(3) A 机械较 B 机械有利时的基准收益率（不是 12% 时）应为多少？

11. 某工厂准备在厂内铺设热力管道，现在正在研究使用 20cm 和 30cm 管径哪种有利的问题。工程费用和水泵的运行费用如表 5-24 所示，两种管的寿命期皆为 15 年，15 年后的处理价格都是初期投资额的 10% 左右，其他条件相同。

(1) 资本的利率为 10% 时，何者有利？用净现值法和净年值法判断。

(2) 当该厂产品生产线发生较大变化时，两种管道的使用年限将小于 15 年，假设处理价格与寿命无关，都为初期投资的 10% 左右，资本的利率还是 10%，则寿命期为多少时上题的解答发生优劣逆转？

工程费用和水泵的运行费用 表 5-24

管径（cm）	20	30
配管工程费（万元）	1800	2400
每年水泵运行费（万元）	350	200

12. 某建筑工程公司正在研究购买 A 与 B 两种吊装设备何者有利的问题。A 设备价格为 70 万元，寿命期为 4 年（B 设备的价格是 A 设备的两倍，即 140 万元，寿命期也为 A 设备的两倍，即 8 年。假设所需的动力费、人工费、故障率、修理费、速度和效率都是相同的，那么哪种设备有利？假设资本的利率为 10%。

13. 上题中，由于物价上涨，机械的价格将逐年上升，那么每年价格上升率为多少时 A 设备较 B 设备有利？

14. 某商店正在研究购买经营用的冷藏设备哪个有利的问题。P 装置的价格为 5 万元，寿命为 5 年；与此性能完全相同的 Q 装置的寿命为 8 年，那么 Q 装置的价格为多少时比 P 装置有利？设该商店的基准收益率为 12%。

15. 某企业现有互相独立的 8 个投资方案。其初期投资额和每期期末的净收益如表 5-25 所示。净收益每期都是相等的。各方案的寿命期都为 8 年，基准收益率为 10%。因资金总额有限，想将投资方案的优劣顺序排出来，以便按资金的限额条件予以选择。

(1) 求出各方案的净现值，依其大小顺序确定优劣，则排列的顺序是什么？

(2) 独立方案优先排列的正确尺度应该是什么？用该尺度确定出可以利用的资金限额为 50 万元时的选择顺序。此种选择的净现值是多少？

(3) 在相同金额的制约条件下，若以净现值为尺度排列优先顺序，则应作何种选择？此种选择的净现值为多少？请将结果与上述的结果进行比较。

投资方案初期投资额和每期期末的净收益　　　　　　表 5-25

投资方案	初期投资额（万元）	年净收益（万元）	投资方案	初期投资额（万元）	年净收益（万元）
A	10	3.42	E	18	5.56
B	14	4.56	F	17	4.96
C	8	3.00	G	6	2.16
D	15	4.50	H	12	3.80

16. 某机械加工厂提出表 5-26 所示的工艺改进方案（第 0 方案是维持现状的方案），第 1 至第 5 方案需要设备投资，各方案的寿命期都是 10 年。回答下述问题：

(1) 第 3 方案的内部收益率为多少？

(2) 使第 3 方案成为最佳投资方案的资本利率 i 的范围是什么？

(3) 不允许有第 0 方案（维持现状的方案）时，使第 3 方案为最佳方案的 i 值范围是什么？

工艺改进方案数据　　　　　　表 5-26

方案	初期投资额（万元）	每年末比现状节约的费用额（万元）	方案	初期投资额（万元）	每年末比现状节约的费用额（万元）
0	0	0	3	300	71.6
1	100	13.8	4	400	86.5
2	200	39.2	5	500	104.1

17. 某公司欲充分利用自有资金。现正在研究表 5-27 所示的各投资方案哪些方案有利的问题。其中 A、B、C 为投资对象，它们彼此之间是互相独立的。有脚标的方案为互斥方案，注有 0 者表示不投资的方案（维持现状）。各方案的投资额及 1 年后所得利润（净收益－投资额）如表 5-27 所列。

备选投资方案　　　　　　　　　　　　　　　　　　　　　　　　表 5-27

投资对象	投资方案	投资额（万元）	利润（万元）	投资对象	投资方案	投资额（万元）	利润（万元）
A	A_0	0	0	B	B_2	200	44
	A_1	300	90		B_3	300	60
	A_2	400	95		B_4	400	68
	A_3	500	112	C	C_0	0	0
B	B_0	0	0		C_1	200	43
	B_1	100	10		C_2	300	75

当该公司资金总额只有 500 万元时，最有利的选择是什么？假设资本的利率为 10%。假如资金可以再增加 200 万元，总计有 700 万元时，其选择的结果有什么变化？

18. 某企业下设有三个工厂 A、B、C，各厂都有几个互斥的技术改造方案，见表 5-28，各方案的寿命期都是 10 年。

某企业三个工厂的投资方案　　　　　　　　　　　　　　　　表 5-28

投资方案	初期投资额（万元）	比现状增加的年净收益（万元）	投资方案	初期投资额（万元）	比现状增加的年净收益（万元）
A_1	1000	272	B_3	3000	456
A_2	2000	511	C_1	1000	509
B_1	1000	20	C_2	2000	639
B_2	2000	326	C_3	3000	878

作为资金的来源，可以从 X、Y、Z 银行获得。X 银行的利率是 10%，可以获得贷款 3000 万元；Y 银行的利率是 12%，可以获得贷款 3000 万元；Z 银行的利率是 15%，可以获得贷款 3000 万元。当然也可以不贷款。回答下述问题：

(1) 假如每个工厂都可以采用维持现状的方案（即不投资方案），那么怎样筹措资金？选择哪些方案为好？

(2) B 工厂的方案是改善工作环境的方案，由于关系到作业安全，不能维持现状。那么，此时应如何筹措资金，选择哪些方案为好？

6 物价变动时的投资分析

以上几章讲述的投资分析的基本方法，并没有考虑物价变动对方案的影响。在实际问题中，由于受通货膨胀的影响，各种材料、产品、设备、各种经费的价格，甚至人工费也处在上升的趋势中。因此，在进行投资方案分析时，如果不考虑物价的变动对方案的影响，将使方案的分析失去真实性和可信度。有时物价上升的比例很大，是个不可忽略的因素，如果忽略，必将使方案的选择造成严重的失误和不可估量的损失。为此，本章将介绍物价变动时投资分析的基本知识。

6.1 物价变动的两种指标

价格变动或者是物价变动，有两种含义：其中一种是材料、消耗品、产品、各种经费等资源或者是服务的价格（单价）变动的意思，将其称为个别价格的变动；另一种是取各种资源价格变动的加权平均值而得的所谓一般物价水平的变动。

通常说的货币价值贬值，是指后者由于一般物价水平的上升导致用相同金额的货币所买到的物资或服务量减少，即货币的购买力下降。其变动的大致倾向可以通过销售物价指数、消费者物价指标等各种指标获得。

在投资方案经济性分析时，原则上是以计划的始点（现时点）的物价作为1（100%），然后预测将来会以百分之多少的比例上升。此外，通常支付给作业人员工资水准的上升不叫做"物价"上升，但是在经济性分析时与材料等费用的上升同等看待，都按物价上升处理。

通常作为投资结果而产生的将来各时点的收益、费用的增加部分往往都是按那个时点实际流进与流出的金额，即名义额推算的，当将这些预测的数值按现在的价格水平加以折算而得到的数值，通常称为实质价值。

因而，现在时点的收入和支出既是名义价值又是实质价值（以现时点为100%），在进行投资的经济性分析时，如果考虑价格的变动因素，只要没有特殊的情况，往往以现值法进行计算更为方便。下面我们就用具体的例子，说明如何将物价变动的因素应用于投资方案的分析中。

6.2 考虑物价变动时的资金时间价值的计算

用一个例子说明考虑物价变动时的资金时间价值的计算方法。

6.2 考虑物价变动时的资金时间价值的计算

某大型物资管理部门打算实行仓库物流的自动化，以节约人工费。如果购置自动化设备 A，则第一年就可以节约人工费 9 万元，估计人工费以后将以百分之几的速度增加。假设其他各种经费和收益不变，资本的利率（名义利率，以下无特殊声明时都是指名义利率）为 10%，设备的寿命期为 7 年时，应如何评价该设备投资的经济性问题？

当不考虑人工费的上升因素时，人工费的节约额的现值为：

$$90000 \times (P/A, 10\%, 7) = 438200(元)$$

因此，该设备的投资小于上值时，该节约人工费的自动化投资有利。

但是，由于人工费每年都将以一定的百分比上升，因而需考虑人工费上升的因素进行评价。假如节约的人工费每年以 7% 的比例上升，那么此时每年人工费的节约额为：第 1 年年末为 $9 \times (1+0.07)$，第 2 年年末为 $9 \times (1+0.07)^2$，…，第 7 年年末为 $9 \times (1+0.07)^7$，如果用 P 表示人工费节约额的现值和，则有：

$$P = 9 \times \left[\frac{1+0.07}{1+0.1} + \frac{(1+0.07)^2}{(1+0.1)^2} + \cdots + \frac{(1+0.07)^7}{(1+0.1)^7} \right]$$

因为 $\frac{1+0.07}{1+0.1} = \frac{1}{1+0.028}$，为简化计算，将该式代入上式可得：

$$P = 9 \times \left[\frac{1}{1+0.028} + \frac{1}{(1+0.028)^2} + \cdots + \frac{1}{(1+0.028)^7} \right]$$

上述方括弧中的值恰恰是 $i = 2.8\%$，年数为 7 年时的等额支付现值因数，因而上式可简化为：

$$P = 9 \times (P/A, 2.8\%, 7) = 56.50（万元）$$

因而，该项投资的数额如果小于 56.50 万元则合适，否则不合适。

由上述计算可知，利率 2.8% 是由下式求得的：

$$\frac{1+0.1}{1+0.07} - 1 = 2.8\%$$

该值就相当于考虑了人工费用上升之后按名义价值的资本利率所求得的实质利率。通常令名义利率为 i，产生收益的某生产要素（如材料、劳务、半成品等）的价格上升率用 h_f 表示，则实质利率 k_f 可以用下式表达：

$$k_f = \frac{1+i}{1+h_f} - 1 \tag{6-1}$$

因而，为了便于解答上述类型的问题，应遵循以下几个步骤：

(1) 每年的净收益（在上例中为人工费用的节约额）按现在的价格水平予以预测（上例为 9 万元）；

(2) 预测价格（上例为人工费）上升率的平均值（上例为 7%）；

(3) 根据价格的上升比率（上例为 7%）将名义的资本利率（上例为 10%）变为实质的利率（上例为 2.8%）；

(4) 将按照现在的价格水平所预测到的每年的净收益，依据上式实质的利率予以折算，求出现时点的值。

应该注意的是：由于价格上升的比例是个粗略的预测值，作为实质利率的代用指标可用下式计算：

$$k_f = i - h_f \tag{6-2}$$

对于上例，即可用 $k_f = 10\% - 7\% = 3\%$ 代替，通常误差在允许的范围内。

6.3 多投资方案的优劣比较

上面介绍了物价变动情况下资金时间价值的计算方法，下面用实例说明物价变动时投资方案的比较方法。

假如上节大型物资管理部门仓库物流自动化的方案有 A 和 B 两个：

A 方案初期投资额为 40 万元，每年人工费的节约额按现在的工资水平为 9 万元；

B 方案是自动化程度更高的方案，初期投资额为 80 万元，每年节约的人工费为 15 万元。上述两个方案寿命期皆为 7 年，资本的名义利率是 10%。人工费的上升率估计为 7% 左右，但是由于物价的上涨，也有可能以 10% 到 15% 左右的比率上升（图 6-1）。

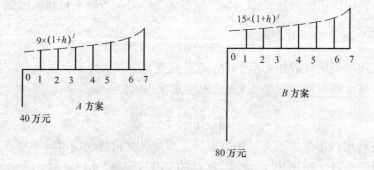

图 6-1 节约人工费的投资方案

比较寿命期相等的投资方案优劣时，现值法比较方便，如果 A、B 两方案的净现值分别为 PW_A 和 PW_B，人工费上升率为 7% 时，实质利率为 2.8%（见上节），因而有：

$$\begin{aligned} PW_A &= 9 \times (P/A, 2.8\%, 7) - 40 \\ &= 56.50 - 40 = 16.50 \text{(万元)} \\ PW_B &= 15 \times (P/A, 2.8\%, 7) - 80 \\ &= 94.16 - 80 = 14.16 \text{(万元)} \end{aligned}$$

即折算成现值 A 方案较 B 方案有利 2.34 万元。

如果人工费的上升比率再高，例如为10%的时候，实质利率可由下式求得：

$$\frac{1+0.1}{1+0.1} - 1 = 0$$

利率等于零时的等额支付现值因数为：

$$(P/A, 0\%, 7) = 7$$

因而，A、B两个方案的净现值为：

$$PW_A = 9 \times 7 - 40 = 23 \text{ 万元}$$
$$PW_B = 15 \times 7 - 80 = 25 \text{ 万元}$$

即，此时B方案较A方案多2万元，B方案有利。

如果人工费的上升率再高，例如为15%的时候，实质利率可由下式求得：

$$\frac{1+0.1}{1+0.15} - 1 \approx -4.35\%$$

由于复利因数表中无负利率时的等额支付现值因数，这时可用该因数的原式求得：

$$(P/A, -4.35\%, 7) = \frac{(1-0.0435)^7 - 1}{-0.0435 \times (1-0.0435)^7} = 8.396$$

利用该值求净现值，则有：

$$PW_A = 9 \times 8.396 - 40 = 35.46 \text{ 万元}$$
$$PW_B = 15 \times 8.396 - 80 = 45.94 \text{ 万元}$$

即，折算成现值B方案较A方案有利10.48万元。

由上题的计算过程可以看出：随着人工费的升高，节省人工费多的B方案变得越来越有利了。

当人工费上升的比率难以准确地预测时，如果将几种上升率情况下的A、B方案净现值画成图，将给投资的决策者提供很大的方便（图6-2）。该图是人工费

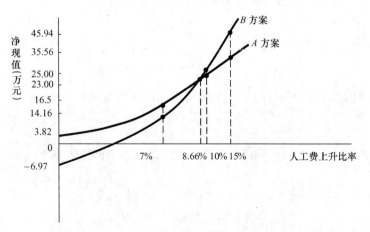

图6-2 人工费上升比率与净现值的关系

上升比率与净现值的关系曲线，由图可以看出，当人工费上升的比率为 8.66%
时，A、B 两个方案的优劣发生逆转，即：8.66% 是两个方案的优劣分歧点。计
算分歧点的人工费上升比率值需要实质价值的追加投资收益率的概念，关于这一
点，将在下一节中予以介绍。

6.4 物价变动时投资方案的收益率

在第四章曾经讲述了在净现金流量给定时的投资方案内部收益率的计算方
法，为了判定方案的优劣还需要求出追加投资收益率，其求法已在第 6 章讲过。
那么，在物价变动的情况下，内部收益率和追加投资收益率应如何求呢？

6.4.1 物价变动时的内部收益率

首先利用以前学过的知识，求人工费上升率为 7% 时，图 6-1 所示的两投资
方案的内部收益率。

求法之一，就是将净现金流量按名义价值折算成净现值（或净年值、净将来
值）等于零时所对应的利率值。对于 A 方案，即是满足下式的 r_A 值：

$$\frac{9 \times (1+0.07)}{1+r_A} + \frac{9 \times (1+0.07)^2}{(1+r_A)^2} + \cdots + \frac{9 \times (1+0.07)^7}{(1+r_A)^7} - 40 = 0$$

即：
$$9 \times \left[\frac{1+0.07}{1+r_A} + \frac{(1+0.07)^2}{(1+r_A)^2} + \cdots + \frac{(1+0.07)^7}{(1+r_A)^7} \right] = 40 \quad (6\text{-}3)$$

由上式即可解出 r_A 值，该值是按名义价值求得的内部收益率，称为名义内部收
益率。

但是，上述算法太繁杂了。实用上往往首先求出按实质价值计算的内部收益
率（称为实质内部收益率）更为容易。这里的所谓实质内部收益率 $\bar{r}$，是根据价
格上升率将名义内部收益率调整之后的值，因为：

$$1 + \bar{r} = \frac{1+r}{1+h}$$

$$\bar{r} = \frac{1+r}{1+h} - 1 \quad (6\text{-}4)$$

当价格上升的比率为 7% 的时候，上题的实质内部收益率：

$$\bar{r}_A = \frac{1+r_A}{1+0.07} - 1$$

将该关系式代入 (6-3) 式，则 A 方案实质内部收益率即为满足下式的 $\bar{r}_A$：

$$9 \times \left[\frac{1}{1+\bar{r}_A} + \frac{1}{(1+\bar{r}_A)^2} + \cdots + \frac{1}{(1+\bar{r}_A)^7} \right] = 40$$

$$9 \times (P/A, \bar{r}_A, 7) = 40$$

解上式，可求得 $\bar{r}_A \approx 12.8\%$，求出实质内部收益率 $\bar{r}_A$ 值之后，A 方案的名义

内部收益率即可用(6-4)式求得：
$$r_A = (1 + \bar{r}_A) \times (1 + 0.07) - 1$$
$$= 1.128 \times 1.07 - 1$$
$$= 20.7\%$$

同样，B 方案的实质内部收益率 $\bar{r}_B$ 值可由下式求得：
$$15 \times (P/A, \bar{r}_B, 7) = 80$$
$$\bar{r}_B = 7.3\%$$

因而，B 方案的名义内部收益率 r_B 为：
$$r_B = (1 + 0.073) \times (1 + 0.07) - 1 = 14.8\%$$

由上述计算可以看出：如果事先求出实质内部收益率，则应用（6-4）式即可求出不同价格上升率时的名义内部收益率。举例如下：

人工费上升率	A 方案	B 方案
0%时	12.8%	7.3%
7%时	20.7%	14.8%
10%时	24.1%	18.0%
15%时	29.7%	23.4%

当我们判定每个方案是否可以接受时，通常采用内部收益率的基准，即：该方案的内部收益率应大于基准收益率。但对于物价变动情况下的投资方案求得的是两个内部收益率——名义内部收益率和实质内部收益率。此时应注意：假如使用名义内部收益率作为尺度，就应将该值与名义的资本利率（基准收益率）i（该例为 10%）进行比较。例如，当人工费上升率为 7%时，应进行下述判断：

A 方案：$r_A = 20.7\% > 10\%$

B 方案：$r_B = 14.8\% > 10\%$

当使用实质内部收益率 $\bar{r}$ 为尺度时，则应与实质的资本利率进行比较。例如，当人工费上升率为 7%时，应进行下述判断：

$$\text{实质利率 } k = \frac{1 + 0.1}{1 + 0.07} - 1 = 2.8\%$$

A 方案：$\bar{r}_A = 12.8\% > 2.8\%$

B 方案：$\bar{r}_B = 7.3\% > 2.8\%$

通过上述比较，可知 A 方案和 B 方案都是可以接受的。但是，我们知道：在比较互斥方案哪个最优时需要求出追加投资收益率，然后选择方案，那么追加投资收益率应该怎样求呢？

6.4.2 互斥方案选择与追加投资收益率

由上面的计算可以看到：A、B 两个投资方案无论是名义的内部收益率，还是实质的内部收益率，无论是人工费上升的比率是多少，通常总是 A 方案大。

但是，由图6-2可知：当人工费上升的比率比8.66%大时方案B比方案A有利。

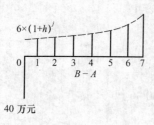

图6-3 差额的现金流量图

上一章曾经讲过，从若干个互斥方案中选择一个最优方案时，不能采用内部收益率加以判定，而必须采用追加投资收益率。由两个方案的现金流量（图6-1）可以求得两方案差额的现金流量（见图6-3）。该差额的现金流量意味着：如果采用B投资方案，则需要追加40万元的投资，追加投资的结果每年年末将产生$6\times(1+h)^j$（$j=1、2、\cdots、7$）的追加净收益。

如果用$\overline{r}_A$表示追加投资的实质内部收益率，则有：

$$6\times(P/A,\overline{r}_A,7)=40$$

由此可得$\overline{r}_A=1.23\%$。即：实质的资本利率为1.23%的时候，A、B两方案的优劣相等。如果基准收益率（名义的）是10%，则用（6-4）式，即可求出人工费上升的比率为h时，两个方案的优劣相等。即：

$$1+0.0123=\frac{1+0.1}{1+h},\ h=8.66\%$$

因此，人工费上升的比率比8.66%低时，A方案有利（相当于名义追加投资收益率小于10%）；比8.66%高时，B方案有利（相当于名义追加投资收益率大于10%）。

6.5 含有不同的价格上升要素时的投资方案比较

前面几节是以投资结果导致人工费节约这一种要素为例说明的。但是，各投资方案往往包含的价格上升要素可能是不同的，此时应如何比较方案呢？

6.5.1 含有不同价格上升要素时的投资方案比较

某工厂欲进行技术改造以节约成本，现有A、B两个方案：A方案初期投资额为350万元，按现在的价格水准，每年材料费的节约可达60万元；B方案初期投资额为450万元，每年可以节约人工费60万元（按现在的人工费水平）。两个方案的寿命期都是8年，材料费上升的比率每年平均为4%，人工费上升的比率估计每年为15%。根据经济预测资料，今后8年的一般物价水平上升率约为8%。该工厂的基准收益率为12%。

如果认为一般物价水平反映了资金的价值，则实质的资本利率k可由下式求得：

$$k=\frac{1+0.12}{1+0.08}-1=3.7\%$$

若用该值计算 A、B 两个方案的净现值 PW_A 和 PW_B，则有：
$$PW_A = 60 \times (P/A, 3.7\%, 8) - 350$$
$$PW_B = 60 \times (P/A, 3.7\%, 8) - 450$$
因 $(P/A, 3.7\%, 8) = 6.8169$，故上式的值为：
$$PW_A = 59 \text{ 万元}$$
$$PW_B = -41 \text{ 万元}$$
即：A 方案的净收益高，B 方案将发生亏损。

但是，这种想法是错误的，材料费和人工费的上升率有很大的差别，却将两方案等同看待，显然是不合理的。将两个投资方案的现金流量按名义价值折算成净现值，则有：
$$PW_A = 60 \times \left[\frac{1+0.04}{1+0.12} + \frac{(1+0.04)^2}{(1+0.12)^2} + \cdots + \frac{(1+0.04)^8}{(1+0.12)^8} \right] - 350$$
$$PW_B = 60 \times \left[\frac{1+0.15}{1+0.12} + \frac{(1+0.15)^2}{(1+0.12)^2} + \cdots + \frac{(1+0.15)^8}{(1+0.12)^8} \right] - 450$$

为求出 PW_A，首先要求出实质利率 k_A：
$$k_A = \frac{1+0.12}{1+0.04} - 1 = 7.69\%$$
因而 A 方案的净现值为：
$$PW_A = 60 \times (P/A, 7.69\%, 8) - 350$$
$$= 60 \times 5.8149 - 350$$
$$= -1.1(\text{万元})$$
即 A 方案将发生亏损。

为了计算 B 方案的净现值，先求实质利率 k_B：
$$k_B = \frac{1+0.12}{1+0.15} - 1 = -2.6\%$$
B 方案的净现值为：
$$PW_B = 60 \times (P/A, -2.6\%, 8) - 450$$
$$= 60 \times 9.0233 - 450$$
$$= 91.4(\text{万元})$$

由此可见，实际上 B 方案可以获得更大的利润。解答上述问题时，一般应遵循下述步骤：

(1) 在材料费、人工费、经费、产品的销售价格等各要素的价格上升率有很大的差异，应分别将各要素按个别价格调整成实质价格（简称个别实质价格）；

(2) 将名义的资本利率 i 按各要素的个别价格分别调整成实质利率 k_f（简称个别实质利率）；

(3) 对价格上升率不同的各要素分别按个别的实质利率 k_f 将按实质价值的

现金流量折算成现值;

(4) 求出各要素的现值总和 (当有收益的要素与费用要素时, 求出其差值), 减去初期的投资额即得净现值。

根据上述步骤求得的两个方案的净现值分别为 $PW_A = -1.1$ 万元, $PW_B = 91.4$ 万元。

6.5.2 方案中含两个以上价格上升要素时的方案评价

同一方案中含有两个以上价格上升要素时的方案评价方法与上述相同, 用一个例子说明。

某工厂正在研究使生产工序自动化的两个方案何者为优的问题。A 方案是现在投资 20 万元, 此后人工费按现在的工资水准, 每年可以节约 6 万元的方案。估计人工费水准每年将以 12% 的比例上升, 因而人工费的节约额为: 第 1 年年末 $6 \times (1+0.12)$ 万元, 第 2 年年末 $6 \times (1+0.12)^2$ 万元, …; B 方案初期投资额为 30 万元, 人工费每年按现在的水准可节约 9 万元。此外, 由于进行了设备投资, 因而每年的维修费、养护费等各种经费将增加, 按现在的物价水准, 其增额为: A 方案为 1 万元, B 方案为 1.5 万元, 该值将以每年 3.7% 的比率增加。材料费、其他直接费等, 两方案都是相同的。两方案寿命期都为 6 年。

根据题意, 两个方案的现金流量如图 6-4 所示, 各方案的净现值可由下式求得:

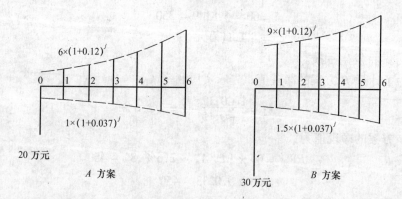

图 6-4 含有几个价格上升要素的投资方案现金流量图

净现值 = 人工费节约额的现值 – 增加的各种经费的现值 – 初期的投资额

该工厂的基准收益率为 12%, 因人工费的上升比率也为 12%, 因而其个别实质利率 $k_1 = 0\%$。各种经费上升的比率为 3.7%, 因而其个别的实质利率 k_2 为:

$$k_2 = \frac{1+0.12}{1+0.037} - 1 = 8\%$$

因而，A、B 两方案的净现值 PW_A 和 PW_B 为：

$$PW_A = 6 \times (P/A, 0\%, 6) - 1 \times (P/A, 8\%, 6) - 20$$
$$= 6 \times 6 - 1 \times 4.6229 - 20$$
$$= 11.38(万元)$$
$$PW_B = 9 \times (P/A, 0\%, 6) - 1.5 \times (P/A, 8\%, 6) - 30$$
$$= 9 \times 6 - 1.5 \times 4.6229 - 30$$
$$= 17.07(万元)$$

即：B 方案折算成的净现值较 A 方案有利 5.69 万元，B 方案有利。如果按两个方案差额的现金流量（图 6-5）计算，即可用差额的净现值法，若用 PW_{B-A} 表示两方案差额的净现值，则有：

$$PW_{B-A} = 3 \times (P/A, 0\%, 6) - 0.5 \times (P/A, 8\%, 6) - 10$$
$$= 3 \times 6 - 0.5 \times 4.6229 - 10$$
$$= 5.69(万元)$$

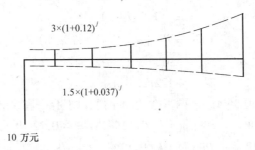

图 6-5 差额的现金流量图

6.6 个别价格变动与实质价格

一般物价水平上升率是标明各种物价、服务等的价格上升率的加权平均指数，是表示货币购买能力下降比率的指标，但是，使用该值进行投资方案优劣的评价就不行了。

当我们以净现值作为指标时，因名义价值与实质价值是相同的，即使有价格变动也是可以的。但是，如果有某种需要，想用实质价值比较净年值、净将来值时，就不能用个别价格的尺度，而应按一般物价水准将其修正为实质价值（以下简称一般实质价值），然后进行比较。如 6.5.1 中的 A、B 两方案，若用净年值法进行比较，则应用一般实质价值表示净年值 $\overline{AW_A}$ 和 $\overline{AW_B}$：

$$\overline{AW_A} = [60 \times (P/A, 7.69\%, 8) - 350] \times (A/P, 3.7\%, 8)$$
$$= PW_A \times (A/P, 3.7\%, 8)$$
$$= -1.1 \times 0.1467$$

$$= -0.16(万元)$$

$$\overline{AW_B} = [60 \times (P/A, -2.6\%, 8) - 45] \times (A/P, 3.7\%, 8)$$

$$= PW_B \times (A/P, 3.7\%, 8)$$

$$= 91.4 \times 0.1467$$

$$= 13.41(万元)$$

如果用个别实质利率（材料费为 7.69%，人工费为 -2.6%）求 A、B 两方案的净年值，则有：

A 方案：$PW_A \times (A/P, 7.69\%, 8) = -1.1 \times 0.1720 = -0.19(万元)$

B 方案：$PW_B \times (A/P, -2.6\%, 8) = 91.4 \times 0.1108 = 10.13(万元)$

两者的差值将比实际情况小，这种作法是错误的。

如果用一般的实质价值表示各个方案的净将来值 $\overline{FW_A}$ 和 $\overline{FW_B}$，则有：

$$\overline{FW_A} = PW_A \times (F/P, 3.7\%, 8)$$

$$= -1.1 \times 1.3373$$

$$= -1.5(万元)$$

$$\overline{FW_B} = PW_B \times (F/P, 3.7\%, 8)$$

$$= 91.4 \times 1.3373$$

$$= 122.2(万元)$$

如果以名义价值求 A、B 两方案的净年值，则 AW_A 和 AW_B 分别为：

$$AW_A = PW_A \times (A/P, 12\%, 8) = -0.22(万元)$$

$$AW_B = PW_B \times (A/P, 12\%, 8) = 18.40(万元)$$

名义的净将来值 FW_A 和 FW_B 为

$$FW_A = PW_A \times (F/P, 12\%, 8) = -2.7(万元)$$

$$FW_B = PW_B \times (F/P, 12\%, 8) = 226.3(万元)$$

当然，如果用名义价值求得 B 方案有利，则用一般的实质价值计算的结果也是 B 方案有利；反之亦然。

6.7 寿命期不同的互斥方案选择与实质价值

第六章曾讲过，对于投资的寿命期不同的互斥方案，在比较时，如果假定各周期都重复上一周期的现金流量，则采用净年值法即可简单地得到各方案哪个为优的结论。

但是，当价格变动时，按名义的价值假定其现金流量是周而复始的话，显然是不合理的。与此相反，很多情况将按现在价格水准预测的现金流量折算成实质价值之后假定其为周而复始却是可以的。下面用实例说明此时方案评价的过程。

某单位现有两个投资方案 A 和方案 B，方案间的关系是互斥的。各方案的初期投资额、每年年末的净收益、寿命期如表 6-1 所示。该单位的基准收益率为 10%。假如根据预测资料得知：相同的投资方案其投资额今后将以 3.8% 的比率上升，每年的净收益将以 7% 的比率上升，则哪个方案为优？

寿命期不同的 A、B 投资方案　　表 6-1

投资方案	初期投资额（万元）	年净收益（万元）	寿命期（年）
A	100	40	4
B	200	55	6

假如 A、B 两方案的投资费用和年净收益按个别的实质价值考虑，则可以看作是周而复始的。按个别实质价值求两方案的年值时，需求出净收益和投资费用的实质利率：净收益的实质利率为 $\frac{1+0.1}{1+0.07} - 1 \approx 2.8\%$，投资费用的实质利率为 $\frac{1+0.1}{1+0.038} - 1 \approx 6\%$，对于 A 方案：

$$净收益的年值 = 40 \text{ 万元}$$
$$设备费用的年值 = 100 \times (A/P, 6\%, 4) = 28.86(\text{万元})$$

对于 B 方案：

$$净收益的年值 = 55 \text{ 万元}$$
$$投资费用的年值 = 200 \times (A/P, 6\%, 8) = 40.67(\text{万元})$$

应该注意，如果立即用上述的计算结果求：

$$A \text{ 方案的净年值} = 40 - 28.86 = 11.14 \text{（万元）}$$
$$B \text{ 方案的净年值} = 55 - 40.67 = 14.33 \text{（万元）}$$

然后进行方案的优劣判断就是错误的了。因为如果净收益的上升率和投资费用的上升率都是相同的情况是可以的，但是该题并非如此。此时应该采用共同的评价标准，将其调整为名义价值或一般实质价值后进行比较。下面采用净现值法和净年值法进行方案比较。

(1) 净现值法：假定各方案现金流量周而复始至寿命期的最小公倍数（12年）为止，此时 A 方案重复 3 次，B 方案重复 2 次，然后计算 12 年间的净收益和投资费用的现值如下：

A 方案：

$$PW_A = 40 \times (P/A, 2.8\%, 12) - 100 - 100 \times (P/F, 6\%, 4) - 100 \times (P/F, 6\%, 8)$$
$$= 40.3 - 24.19$$
$$= 16.11(\text{万元})$$

B 方案：

$$PW_B = 55 \times (P/A, 2.8\%, 12) - 200 \times [1 + (P/F, 6\%, 8)]$$
$$= 55.41 - 34.10$$

= 21.31(万元)

即：折算成现值，B 方案较 A 方案多 5.20 万元，B 方案为优。

(2) 净年值法：此时可以使用名义价值和实质价值中的任何一个指标。假如一般物价水准的上升率，根据预测为 6%，则一般实质利率为 $\frac{1+0.1}{1+0.06} - 1 = 3.77\%$。当采用名义价值的净年值比较时：

A 方案：$AW_A = 16.11 \times (A/P, 10\%, 12) = 23.6$（万元）
B 方案：$AW_B = 21.31 \times (A/P, 10\%, 12) = 31.3$（万元）

如果采用一般的实质价值的净年值比较，则有：

A 方案：$\overline{AW_A} = 16.11 \times (A/P, 3.77\%, 12) = 16.9$（万元）
B 方案：$\overline{AW_B} = 21.31 \times (A/P, 3.77\%, 12) = 22.4$（万元）

结论也是 B 方案有利。上述三种方法所求净收益之间存在下述关系：

$$\frac{PW_A}{PW_B} = \frac{AW_A}{AW_B} = \frac{\overline{AW_A}}{\overline{AW_B}} \approx 1.32$$

因而，在实际应用时，采用其中任何一种方法都是可以的。

6.8 物价变动时方案评价的应用例题

【例 6-1】 某公司想对工厂的构筑物涂刷防腐涂料。如果使用 A 涂料，则涂料费用需 10 万元，但每隔 3 年需重新涂刷一次；如果使用 B 涂料，则涂料费用需 60 万元，但每隔 9 年需重新涂刷一次。涂刷时所需人工费，不论使用哪种涂料，都需花费 40 万元。根据市场预测资料，涂料的价格今后每年都将上升 5%；人工费估计今后每年将以 8% 的比率上升。若该公司的基准收益率为 12%，该公司应采用哪个方案有利？

【解】 A、B 两种涂料寿命期的最小公倍数为 9 年。使用 A 涂料时，其涂料费用第 3 年年末为：$10 \times (1+5\%)^3 = 11.6$（万元）；第 6 年年末为：$10 \times (1+5\%)^6 = 13.4$（万元）。人工费用第 3 年年末为：$40 \times (1+8\%)^3 = 50.4$（万元）；第 6 年年末为：$40 \times (1+8\%)^6 = 63.5$（万元）（见图 6-6）。

将两个方案 9 年间的总费用折算成现值为：

$$\begin{aligned} PW_A &= 10 + 40 + \frac{11.6 + 50.4}{(1+0.12)^3} + \frac{13.4 + 63.5}{(1+0.12)^6} \\ &= 50 + 44.1 + 39.0 \\ &= 133.1(万元) \end{aligned}$$

$$PW_B = 60 + 40 = 100(万元)$$

因而使用 B 涂料有利。

假如想研究 B 涂料的价格为多少以上时使用 A 涂料有利，则可以假设 B 涂

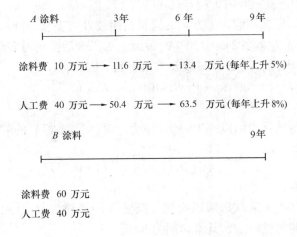

图 6-6 涂料与人工费上升的情况

料费的价格为 x 万元，由 $PW_A = PW_B$ 即可解出 x 的值：

$$x + 40 = 133.1$$
$$x = 93.1 \text{（万元）}$$

即：只有当 B 涂料价格大于 93.1 万元时才能使用 A 涂料。

假如 B 涂料的费用为 60 万元时，那么，A 涂料的费用为多少，使用 A 涂料才有利呢？令 y 为 A 涂料的现在的费用额，假设价格的上升率与上述相同 (5%)，则使用 A 涂料有利的条件是：

$$(y + 40) + \frac{y(1+0.05)^3 + 50.4}{(1+0.12)^3} + \frac{y(1+0.05)^6 + 63.5}{(1+0.12)^6} < 100$$

$$y(1 + 0.8420 + 0.6789) < 100 - 40 - 35.87 - 32.17$$

$$y < \frac{-8.04}{2.5029} = -3.2 \text{(万元)}$$

即：A 涂料即使是白送，也不如使用 B 涂料有利。

【例 6-2】 某公司现在正在研究二层办公楼的建筑设计问题。当公司今后扩大业务量时打算再将二层扩建成四层。现在有两个设计方案：A 方案是事先考虑今后增建的方案，其建设投资为 200 万元；B 方案是没有考虑今后扩建的方案，因而其建设投资只需 160 万元。

如果采用 A 方案，那么今后再增加二层时需要建筑费 150 万元；如果采用 B 方案，则今后再增加二层时，需对下面的柱和基础补强并改修，因而总计需投资 240 万元。不论是否扩建，建筑物的寿命皆为 50 年以上。

(1) 扩建的时间为几年以上时，A 方案较 B 方案有利？假设建筑维修费用不论哪个方案都是相同的，内部收益率为 10%。

(2) 上述扩建的费用是没有考虑物价变动情况下的数值，假如建筑费用今后将以每年 4.7% 的速度上升时，应如何考虑？

【解】　（1）根据题意，A 方案的建筑费用较 B 方案多 200－160＝40 万元；扩建时 B 方案较 A 方案多 240－150＝90 万元。如果今后扩建时多花的 90 万元折算的现值大于 40 万元，则 A 方案较 B 方案有利。因而有：

$$90 \times (P/F, 10\%, n) > 40$$

可得 $n \leqslant 8$ 年。

（2）考虑今后建筑费用以 4.7% 的比率增加时，根据（1）的解释，则有：

$$40 < 90 \times \frac{(1+0.047)^n}{(1+0.1)^n} = 90 \times \frac{1}{(1+0.05)^n}$$

解之得：$n \leqslant 16$ 年。

【例 6-3】　某施工队欲购施工机械，机械 A 的价格为 80 万元，其寿命为 5 年；具有相同功能的机械 B，其寿命期为 8 年。

（1）根据下述条件，确定 B 机械的价格为多少以下时，B 机械比 A 机械有利。资本的利率 $i = 10\%$，假设设备的更新是周而复始的。

(a) 机械的价格稳定时；

(b) 机械的价格以每年 5.5% 的比例上升时。

（2）假设 B 机械的价格不论物价是否变动都是 A 机械的 1.5 倍，那么机械价格上升比率为多少时，A、B 两方案的优劣相等？

【解】　（1）(a) 设 B 机械的价格为 x，则根据题意，有下述关系成立：

$$80 \times (A/P, 12\%, 5) > x \cdot (A/P, 12\%, 8)$$

$$x < 80 \times (A/P, 12\%, 5) \times (P/A, 12\%, 8) = 110.2 \text{（万元）}$$

(b) 此时实质利率：

$$k = \frac{1+0.12}{1+0.055} - 1 = 6\%$$

因而，根据 (a) 的道理有：

$$x < 80 \times (A/P, 6\%, 5) \times (P/A, 6\%, 8) = 117.9 \text{（万元）}$$

（2）假设机械价格上升的比率为 h，根据题意，应有下述关系式成立（其中 k 为实质利率）：

$$80 \times (A/P, k, 5) = 120 \times (A/P, k, 8)$$

其中，$1.5 \times 80 = 120$，可解出 $k = 4.7\%$。根据个别价格上升比率与实质利率的关系式可知：

$$h = \frac{1+i}{1+k} - 1 = \frac{1+0.12}{1+0.047} - 1 = 7\%$$

即：当机械的价格上升率为 7% 时，A、B 两机械优劣相同。

【例 6-4】　某工厂为了扩大生产规模，正在研究采用 X 和 Y 哪个方案有利的问题。根据价格上升的比率和预测数据可知：

(a) X 设备的投资总额为 1700 万元，Y 的投资总额为 2200 万元；

(b) 投资后，每年的毛收益（销售收益减去材料等变动费用后的差值）按现在的价格水准，X 方案每年增加 1200 万元，Y 方案每年增加 1600 万元。该值估计今后平均每年以 6% 的比率增加；

(c) 人工费的增加额，按现在的工资水准估计，采用 X 方案时为 400 万元；采用 Y 方案时为 600 万元。根据有关资料，人工费今后将以 12% 的比率逐年增加；

(d) 每年设备的维修费、保养费、固定资产税和其他各种经费，按现在的物价水准，采用 X 方案时为 170 万元；采用 Y 方案时为 220 万元。该数值今后将以每年 3.7% 的速度增加。其他费用 X 方案和 Y 方案都是相同的。

该工厂的基准收益率为 12%，X 方案和 Y 方案按规定寿命期为 8 年，但实际服务年限预计为 6 年。回答下述问题：

(1) 假设每年的收益和费用都是每年年末的数值，采用净现值法及净年值法确定哪个方案有利，有利的程度是多少？

(2) 若使 X 方案有利，则应使生产服务的年限为多少（取整数）？

【解】 (1) 只要求出两方案的净现值加以比较即可：净收益的现值 = 毛收益的现值 - 人工费的现值 - 各种经费的现值 - 初期的投资额。因而有下式成立：

$$PW_X = \left[\frac{1200 \times (1+0.06)}{1+0.12} + \frac{1200 \times (1+0.06)^2}{(1+0.12)^2} + \cdots + \frac{1200 \times (1+0.06)^6}{(1+0.12)^6}\right]$$

$$- \left[\frac{400 \times (1+0.12)}{1+0.12} + \frac{400 \times (1+0.12)^2}{(1+0.12)^2} + \cdots + \frac{400 \times (1+0.12)^6}{(1+0.12)^6}\right]$$

$$- \left[\frac{170 \times (1+0.037)}{1+0.12} + \frac{170 \times (1+0.037)^2}{(1+0.12)^2} + \cdots + \frac{170 \times (1+0.037)^6}{(1+0.12)^6}\right] - 1700$$

$$= 1200 \times \left[\frac{1+0.06}{1+0.12} + \frac{(1+0.06)^2}{(1+0.12)^2} + \cdots + \frac{(1+0.06)^6}{(1+0.12)^6}\right] - 400 \times 6 -$$

$$170 \times \left[\frac{1+0.037}{1+0.12} + \frac{(1+0.06)^2}{(1+0.12)^2} + \cdots + \frac{(1+0.037)^6}{(1+0.12)^6}\right] - 1700$$

$$= 1200 \times (P/A, 5.66\%, 6) - 400 \times 6 - 170 \times (P/A, 8\%, 6) - 1700$$

$$= 1078.5 (万元)$$

同理可知：

$$PW_Y = 1600 \times (P/A, 5.66\%, 6) - 600 \times 6 - 200 \times (P/A, 8\%, 6) - 2200$$

$$= 1135.4 (万元)$$

故折算成本现值 Y 方案较 X 方案有利 1135.4 - 1078.5 = 56.9 万元。

采用净年值法的计算请读者自己去做。

(2) 寿命期为 n 时，X 方案和 Y 方案的净现值为：

$$PW_X(n) = 1200 \times (P/A, 5.66\%, n) - 400n - 170 \times (P/A, 8\%, n) - 1700$$

$$PW_Y(n) = 1600 \times (P/A, 5.66\%, n) - 600n - 220 \times (P/A, 8\%, n) - 2200$$

给定 n 值，求出 $PW_X(n)$ 和 $PW_Y(n)$ 值，并列表（见表 6-2）。由表列值可以看出：当 $n \leq 4$ 年时，X 方案有利。

X、Y 方案的现值   表 6-2

n	PW_X	PW_Y	n	PW_X	PW_Y
1	-1121.7	-1489.5	5	723.2	724.2
2	-592.5	-844.8	6	1078.5	1135.4
3	-110.2	-263.1	7	1395.5	1495.4
4	327.7	259.0	8	1676.1	1806.5

【例 6-5】 某企业下属的甲工厂以前使用的 18t 锅炉过小，因此想更换大型锅炉。但是，因为同企业的乙工厂正好需要 18t 的锅炉，因此想研究是将甲工厂的锅炉移到乙工厂，还是将甲厂现在正在使用的锅炉在甲地卖掉，乙工厂购入新锅炉为好的问题。

甲工厂锅炉的账面价格（设备的购置价格减去业已折旧的数额后的未折旧额）是 40 万元，如果将其在甲地卖掉，则销售价格（减去处理时所花费用后的净金额）为 28 万元。与此相同的锅炉在乙工厂所在地购置，则需花费 100 万元。另外，因甲厂的锅炉是水管式的，因此水管的切断、更换、迁移、再组装等需花费 20 万元，与此同时，锅炉的寿命将延长，估计今后尚可使用 20 年。新锅炉的寿命大致也是 20 年，但是，改造后的锅炉与新锅炉相比，效率低劣，每年大约多花费 4 万元的作业费用。假如由于物价的变动，锅炉的购入价格和处理价格将以每年 2.8% 的速度增加；每年的作业费用将以 4.8% 的比率增加。若该企业的基准收益率（名义的）为 10%，试回答下述问题：

（1）是迁移锅炉好，还是将旧锅炉卖掉买新锅炉好？

（2）假如旧锅炉迁移后只能使用 8 年（此后可假设为每 20 年周而复始地更新），那么，买新锅炉与迁移何者有利？

【解】 解答该问题时应注意：作为企业，业已购入的设备不论是废弃、更新、还是移至其他工厂，在进行经济性评价时，将现有设备的账面价值混杂在分析之中的作法是错误的（见第三章）。

（1）令 A 方案为迁移锅炉的方案，B 方案为新购锅炉的方案，PW_A、PW_B 分别表示 A、B 两方案费用的现值，则有：

$$PW_A = 20 + \frac{4(1+0.048)}{1+0.1} + \frac{4(1+0.048)^2}{(1+0.1)^2} + \cdots + \frac{4(1+0.048)^{20}}{(1+0.1)^{20}}$$

$$= 20 + 4 \times \left[\frac{1+0.048}{1+0.1} + \frac{(1+0.048)^2}{(1+0.1)^2} + \cdots + \frac{(1+0.048)^{20}}{(1+0.1)^{20}}\right]$$

$$= 20 + 4 \times \left[\frac{1}{1+0.05} + \frac{1}{(1+0.05)^2} + \cdots + \frac{1}{(1+0.05)^{20}}\right]$$

$$= 20 + 4 \times (P/A, 5\%, 20)$$
$$= 20 + 4 \times 12.46221$$
$$= 69.85 (万元)$$
$$PW_B = 100 - 28 = 72(万元)$$

因而,迁移锅炉的方案较新购锅炉的方案有利,按现值计算有利 72 – 69.85 = 2.15(万元)。

(2)迁移锅炉和新购锅炉方案的现金流量图见图 6-7。根据该图可以求出现金流量的现值。

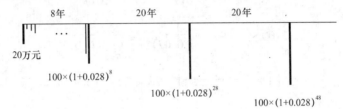

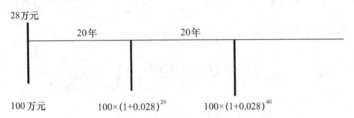

图 6-7 迁移和新购锅炉现金流量图

令 PW_A 表示迁移锅炉的现值,PW_B 表示新购锅炉的现值,则有:

$$PW_A = 20 + \frac{4(1+0.048)}{1+0.1} + \frac{4(1+0.048)^2}{(1+0.1)^2} + \cdots + \frac{4(1+0.048)^8}{(1+0.1)^8}$$
$$+ \frac{100(1+0.028)^8}{(1+0.1)^8} + \frac{100(1+0.028)^{28}}{(1+0.1)^{28}} + \frac{100(1+0.028)^{48}}{(1+0.1)^{48}} + \cdots$$

这里,因为:$\frac{1+0.048}{1+0.1} = \frac{1}{1+0.05}$,$\frac{1+0.028}{1+0.1} = \frac{1}{1+0.07}$

因而上述 PW_A 值为:

$$PW_A = 20 + 4(P/A, 5\%, 8) + 100 \times \frac{1}{(1+0.07)^8}$$
$$\times \left[1 + \frac{1}{(1+0.07)^{20}} + \frac{1}{(1+0.07)^{40}} + \cdots\right]$$

$$PW_B = 100 + \frac{100(1+0.028)^{20}}{(1+0.1)^{20}} + \frac{100(1+0.028)^{40}}{(1+0.1)^{40}} + \cdots - 28$$

$$= 100 \times \left[1 + \frac{1}{(1+0.07)^{20}} + \frac{1}{(1+0.07)^{40}} + \cdots \right] - 28$$

求出两个方案现值的差值：

$$PW_B - PW_A = 100 \times \left[1 + \frac{1}{(1+0.07)^{20}} + \frac{1}{(1+0.07)^{40}} + \cdots \right]$$

$$- 28 - 20 - 4 \times (P/A, 5\%, 8) - 100 \times \frac{1}{(1+0.07)^8}$$

$$\times \left[1 + \frac{1}{(1+0.07)^{20}} + \frac{1}{(1+0.07)^{40}} + \cdots \right]$$

$$= 100 \times \left[1 + \frac{1}{(1+0.07)^{20}} + \frac{1}{(1+0.07)^{40}} + \cdots \right]$$

$$\left[1 - \frac{1}{(1+0.07)^8} \right] - 28 - 20 - 4 \times (P/A, 5\%, 8)$$

$$= 100 \times \frac{(1+0.07)^{20}}{(1+0.07)^{20} - 1} \times \frac{(1+0.07)^8 - 1}{(1+0.07)^8} \times \frac{0.07}{0.07}$$

$$- 48 - 4 \times (P/A, 5\%, 8)$$

$$= 100 \times \frac{0.07(1+0.07)^{20}}{(1+0.07)^{20} - 1} \times \frac{(1+0.07)^8 - 1}{0.07(1+0.07)^8}$$

$$- 48 - 4 \times (P/A, 5\%, 8)$$

$$= 100 \times (A/P, 7\%, 20)(P/A, 7\%, 8) - 48 - 4 \times (P/A, 5\%, 8)$$

$$= 100 \times 0.09439 \times 5.97130 - 48 - 4 \times 6.46321$$

$$= -17.49(万元)$$

由此可知，B 方案有利，折算成现值有利 17.49 万元。

习　题

1. 某工艺过程实现自动化以后，每年可以节约材料费 15 万元（假设发生于每年年末），假设其他各种费用和收益不变，寿命期为 7 年。资本的利率 $i = 10\%$（名义利率，以下无特殊说明时都指名义利率）。

(1) 不考虑材料费上升时该自动化投资为多少以下时合适？

(2) 上问中，假设按现时点的物价水准每年可以节约 15 万元，但今后将以 7% 的比率上升时，该自动化的投资为多少以下时合适？当材料费上升的比率每年为 10% 和 15% 的时候又应是多少？

2. 欲用 100 万元购买某专利，专利的有效时间为 8 年，所需的资金可以年利率 10% 从银行贷款，8 年内均等地偿还本利和。

(1) 为了使购买该项专利不造成损失，每年年末的净收益应为多少以上？

(2) 由于货币贬值，致使一般物价水准以每年 6% 的比率上升时，则每年年末净收益应为多少？若上升比率为 10% 时又应为多少？

3. 某大型设备估计今后尚可使用 5 年，为了能在 5 年后进行更新，需要 120 万元（按现在的价格），假设资本的利率为 10%。

(1) 设备的价格如果不发生变化，今后 5 年每年年初存款多少钱，才能获得本利和为 120 万元（假设存款利率也是 10%）？

(2) 若今后 5 年设备的价格以每年 5% 的比例上升时，为积蓄更新资金，则每年年初应存款多少钱？

(3) 每年存款的数额假设也按 5% 的比率增加，则为了获得实质价值为 120 万元的资金应如何存款才行？

4. 某研究所预计引进价格为 200 万元的测定仪器一台，但是，由于工作人员的失误，结果预定了两台。最近发现 2 年后还需要一台这种测定仪。如果现在要解除一台的契约，则要花费手续费。当资本的利率为 10% 时，回答下述问题：

(1) 假如今后这种测定仪价格稳定，2 年后用 200 万元仍可买到，那么解除契约的手续费为多少时，解除一台契约合适？

(2) 性能相同的测定仪若以每年 10% 的比率上升时，上述情况又是如何？

(3) 假如由于技术进步该种仪器将以每年 5% 的比率降低，情况又将如何？

5. 某人甲刚刚办完退休手续，除了生活所需的费用外尚有 2 万元余款，他想将此款存入银行，银行的存款利率是 8%，并想每年年末从银行取出 2000 元作为生活费用。

(1) 当物价水准稳定的时候，每年提取 2000 元的计划可以持续多少年？

(2) 如果由于通货膨胀，一般物价水平将以每年 8% 的比率上升（即货币的购买能力下降），因此，为了维持与现在生活水准完全相同，则各年年末所取金额就应是：$2000 \times (1+0.08)$、$2000 \times (1+0.08)^2 \cdots$。那么甲的存款额可以维持多少年？当一般物价水平上升率为 4% 时，又能维持多少年？

6. 某仪表厂正在研究购置工作母机的问题。购置 A 机械，则购置价格为 80 万元，寿命期是 5 年；与此机械性能相同的 B 机械，寿命期却是 8 年。

(1) 在下述条件下 B 机械的购置价格不足多少时较 A 机械有利？设资本的利率为 12%，并假定是周期性更新。

(a) 机械价格稳定的时候；

(b) 机械的价格每年以 5.5% 的比率上升时。

(2) 不管物价如何变动，B 机械的购置价格都是 A 机械的 1.5 倍，则机械的价格上升比率为多少时两个方案的优劣相同？

7. 某城市环保部门准备在临江的污水排水口处建立污水处理装置。采用该装置，现时点的投资额为 200 万元，此后每隔 4 年就需要 50 万元的维修清理费用。装置的寿命可认为是永远。资本的利率是 12%。

(1) 当物价不发生变化时，整个期间支出的费用额的现值是多少？相当于每年年末的平均值是多少？

(2) 维修清理费用假如每年都以 6% 的比率上升，则全部支出的现值和年值是多少？

8. 某机械购置价格为 200 万元，每年的作业费用（假设发生在年末）第 1 年为 70 万元，此后由于机械的老化，作业费每年将增加 12 万元。寿命结束时处理价格为零。因为长期需要这种机械，因而寿命期结束时就要购置同种设备，所以投资额和作业费用按实质价值计算即可以认为是长期的周而复始的更新类型。

(1) 当资本的利率为 10%（实质的利率）时，经济的寿命是多少年？
(2) 使用期比最佳使用年数短 1 年或 2 年时其损失是多少？
(3) 使用年数比最佳使用年数长 1 年或 2 年时损失多少？

7 设备更新的技术经济分析

设备是企业生产的重要物质条件，也是发展国民经济的物质技术基础。一个国家设备整体的规模与水平，标志着这个国家的生产能力与物质技术力量。企业劳动生产率和成本的高低、质量的好坏，与设备的技术水平密切相关。一个社会生产水平的先进或落后，主要是看它用什么样的劳动手段进行生产。

加速国民经济发展，不能仅靠多上基建项目、多铺新摊子，重要的是靠挖掘现有企业的能力。我们应该用极大的精力把现有企业管好，克服企业长期陷于高耗费、低质量的落后状态。为此，必须大力加强现有企业的设备更新和技术改造，走内涵扩大再生产的道路。要做好设备更新工作并讲求经济效益，必须研究设备在生产过程中的运动规律。

前述各章所涉及的投资问题，都是以设备的寿命（使用期间）业已确定为前提予以论述的。但是，设备究竟应该使用多少年，或者多少年进行更新最经济是需要计算的。有时设备虽然需要更新，但是由于资金或其他诸种条件的限制，不得不推迟更新。

本章将讲述各种条件下设备的经济寿命的求法，推迟或提前更新所造成的损益评价等内容。有些方法和思路也可以用于其他投资方案的评价和选择中。

7.1 设备的磨损

设备在使用（或闲置）过程中会逐渐发生磨损。磨损有两种形式——有形磨损（又称物理磨损）和无形磨损（又称精神磨损、经济磨损）。

7.1.1 设备的有形磨损及其经济后果

1. 设备的有形磨损

机械设备在使用过程（或闲置过程）中，都会发生实体的磨损，这种磨损称为有形磨损或物理磨损。有形磨损又分为第Ⅰ种有形磨损和第Ⅱ种有形磨损。

运转中的机械设备在外力的作用下，零部件都会发生摩擦、振动和疲劳等现象，致使机械设备的实体产生磨损。这种磨损称为第Ⅰ种有形磨损。它通常表现为：

(1) 零部件原始尺寸的改变，甚至形状也发生改变；
(2) 公差配合性质的改变以及精度的降低；
(3) 零件的损坏。

这种有形磨损，一般可分三个阶段。如图 7-1 所示：第一阶段（图中的 I）是新的或大修理后的机械设备磨损发生较多的"初期磨损"阶段；第二阶段（图中的 II）是磨损发生较少的"正常磨损"阶段；第三阶段（图中的 III）是磨损量增长较快的"剧烈磨损"阶段。初期磨损是由于安装不好，人员培训不当或没有恰当地安装设备的结果。"正常磨损"是机械处在正常工作状态下发生的，它与机械开动的时间长短、负荷强度的大小及机械设备自身坚固的程度有关。"剧烈磨损"是发生在正常工作条件被破坏或因使用时间过长造成的结果。

第 II 种有形磨损，是设备在闲置时，由于自然力的作用及管理保养不善而导致原有精度、工作能力下降。如机械生锈、金属腐蚀、橡胶或塑料老化等。

2. 有形磨损的技术经济后果

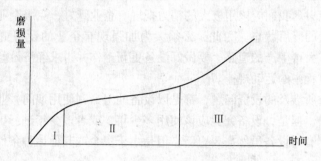

图 7-1　磨损程度与使用时间关系

有形磨损的技术后果是机械设备的使用价值降低，这种磨损严重到一定程度，甚至可以使机械设备完全丧失使用价值。

有形磨损的经济后果是机械设备原始价值的部分降低，甚至完全贬值。要消除有形磨损，使之局部恢复或完全恢复机械设备的使用价值，必须支出相应的费用，即修理或更新费用。

7.1.2　设备的无形磨损及其经济后果

机械设备在使用或闲置过程中，除遭受有形磨损之外，还遭受无形磨损，亦称经济磨损。所谓无形磨损，是由于科学技术进步而不断出现的性能更加完善、生产效率更高的设备使原有设备的价值降低；或者是生产同样结构设备的价值不断降低而使原有设备贬值。显然，在这些情况下，原有设备的价值已不取决于其最初的生产耗费，而是取决于再生产时的耗费，而且这种耗费也是不断下降的。

无形磨损分为两种形式：

（1）由于相同结构设备再生产价值的降低而产生的原有设备价值的贬值，称为第 I 种无形磨损；

（2）由于不断出现性能更完善、效率更高的设备而使原有设备显得陈旧和落后，因而产生的经济磨损，称为第 II 种无形磨损。

在第Ⅰ种无形磨损的情况下，设备的技术结构和经济性能并未改变，但由于技术进步的影响，生产工艺不断改进，成本不断降低，劳动生产率不断提高，使生产设备的社会必要劳动耗费相应降低，从而使原有设备贬值。这种无形磨损虽然使生产领域中的现有设备部分贬值，但是设备本身的技术特性和功能不受影响。设备的使用价值并未降低。因此，不产生提前更换现有设备的问题。

在第Ⅱ种无形磨损的情况下，由于出现较以前结构更先进、技术性能更完善、具有更高生产率和经济性的设备，不仅原设备的价值会相对贬值，而且，如果继续使用旧设备还会相应地降低生产的经济效果（即原设备在生产中耗用的原材料、燃料、动力和工资等比新设备多）。这种经济效果的降低，实际上反映了原设备使用价值的局部或全部丧失，这就产生了是否用新设备代替现有陈旧设备的问题。但是，这种更换的经济合理性不取决于出现相同技术用途的新设备这一事实，而决定于现有设备贬值的程度及在生产中继续使用旧设备的经济效果下降的幅度。

有形磨损和无形磨损二者之间的共同点是都引起机械设备的原始价值的贬值。不同的是，经受有形磨损的机械设备，尤其是有形磨损严重的机械设备，在进行维修之前，通常不能工作，如勉强工作，则效率低下、事故频发；而经受无形磨损的机械设备，即使无形磨损很严重，其固定资产的物质形态可能并没有发生磨损，仍然可以使用，需要研究的是继续使用在经济上是否合理的问题。

值得说明的是，一个机械设备可能同时存在有形磨损和无形磨损两种情况，即：由于技术进步，加速了原有机械设备的无形磨损；在使用中由于加大了使用强度，加速了机械设备物理磨损。此时又称为综合磨损。

7.1.3 设备磨损的经济后果及其补偿

通过以上分析可以看出，两种磨损都同时引起设备原始价值的降低，但两者不同之处是有形磨损的设备，特别是有形磨损严重的设备，在进行大修之前，常常不能生产产品，但是任何无形磨损的设备都不影响它的继续使用。

倘若能使设备的有形磨损期与无形磨损期彼此接近，这将具有很大的意义。假如设备遭到完全有形磨损，而它的无形磨损期还没有到来，这时就无需设计新设备，只需对遭到有形磨损的设备进行大修或更换一台相似的设备就可以了。假如无形磨损期短于有形磨损期，这时企业面临的抉择是：继续使用原有的设备呢？还是用先进的新设备更换尚未折旧完的旧设备呢？很明显，最好的方案是有形磨损期与无形磨损期彼此接近。这是一种理想的"无维修设计"（也就是说，当设备需要进行大修理时，恰好到了更换的时刻）。但是大多数的设备，在一般情况下，无形磨损期短于有形磨损期。通常通过修理可以使有形磨损期达到20年至30年甚至更长，但无形磨损期却比较短。在这种情况下，就存在如何对待已经无形磨损但物理上还可使用的设备的问题。此外还应看到，第Ⅱ种无形磨损虽使设备贬值，但它是社会生产力发展的反映，这种磨损愈大，表示社会技术进步愈快。因此应该充分重视对设备磨损规律性的研究，加速技术进步的步伐。

设备磨损形式不同，补偿磨损的方式也不同。补偿又分为局部补偿和完全补偿。设备有形磨损的局部补偿是修理，设备无形磨损的局部补偿是现代化改装。有形磨损和无形磨损的完全补偿则是更新。设备各种磨损形式及其补偿方式间的相互关系见图 7-2。

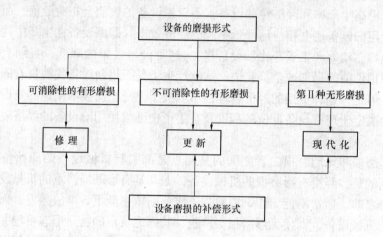

图 7-2 设备磨损形式及其补偿形式的相互关系

7.2 设备的经济寿命

7.2.1 设备经济寿命的概念

通常各种机械设备在使用时，往往随着使用年数的增加其运行和维修费用不断增加，同时性能也逐渐劣化。因而导致生产过程中材料用量不断增加、产品质量下降、成本上升等后果。但是，每年制造的新设备通常较原有设备效率高、性能好、运行和维修费用低。因而就出现了是继续使用低效率、性能差、运行和维修费用高的现有设备，还是将现有设备处理掉，购置效率高、性能好、运行和维修费用低的新型设备为好的问题，即设备更新问题。欲将现有设备更新成新型设备，就必须综合考虑更新所需的投资额和现有设备的磨损（有形和无形磨损）状况，制定最合适的更新计划。

在研究是否将现有设备更新成新设备时，重要的是研究如何作才能在有限的时间内使总的净收益最大，或者在收益给定时使总费用最小。通常由某设备的运行所能获得的净收益值往往要经历开始大，然后逐年减少；更新后重新增大，然后随着时间的推移再次渐减的过程（参见图 7-3）。图中的 $n, 2n, \cdots\cdots$ 表示更新的点。

如果仅仅考虑使设备所产生的总的净收益为最大,那么显然只要该设备自身所产生的净收益为正,就继续使用最为有利。但是,因为设备的使用期间是受限制的,为了使有限的期间内净收益值为最大,那就应该使净收益的年平均值增加,由于设备故障渐增、不合格品率增加,因而销售收益在减少,造成投资后每年的为最大的间隔时进行更新才是最有利的。

此时,如果更新的投资额(购置价格)极小的话,那么在设备的性能尚未降低时进行更新,就会使净年值为最大。但是,设备的投资额往往都是较大的。因而就存在着一个时间间隔——不太长也不太短的期间进行更新的时点,这个时点就是最佳经济寿命。

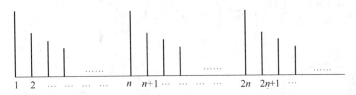

图 7-3 净收益周期性变化的现金流量

7.2.2 周期性的设备更新与经济寿命的计算

首先研究发挥同一功能的半永久性反复使用(称之为周期性更新)的简单情况下的设备更新问题。

在现实中存在着很多将来用以更新的设备购置价格和净收益与现有设备大致相同的情况。由于物价上升,越是未来的设备,其投资额及净收益值就越大。但是,此时如果按实质价值计算将来的投资额、各种收入和支出,资本的利率也按实质价值计算的话,则将这种更新过程看作是周期性的更新,在很多情况下不会有太大的出入。

假设某个设备的购置价格为 C_0,此后,随着设备使用年数的增加,维修、保养等费用也在增加,由于设备故障渐增、不合格品率增加,因而销售收益在减少,造成投资后每年的净收益渐减。设第 1, 2, $\cdots$, j, $\cdots$ 年末的渐减的净收益分别为 $R_1, R_2, \cdots, R_j, \cdots$,该设备使用 n 年后的处理价格 L_n 将随着使用年数的增加而减少。设资本的利率为 i,该设备在使用的 n 年内净年值的计算公式如下:

$$A(n) = \left[\sum_{j=1}^{n} \frac{R_j}{(1+i)^j} + \frac{L_n}{(1+i)^n} - C_0 \right] \times (A/P, i, n) \quad (7\text{-}1)$$

由于前面业已假定是周期性的更新问题,因而在周而复始地使用的整个期间内的净年值与第一个周期的净年值是完全相等的,所以只要找到使上式(7-1)值为最大的 n 值,就等于找到了最佳经济寿命,即更新间隔的年数。

根据前面的讲述,净收益是随着使用年数的增加而减少的,而初期投资额的

年平均值 $C_0 \times (A/P, i, n)$ 也随着年数的增加而减少。如果将上述关系绘成趋势图,将如图 7-4 所示。当有处理价值时,可以将初期投资额的年值减去处理价值的年值之差看作是图中所示的"投资额的年值",当然其趋势不变。由图可见,存在着一个使净收益的年值为最大的年数 n^*,该值即为经济寿命。

另外,如果所生产的产品的收益给定,或者有向公共事业投资的项目方案时,因其收益业已确定,此时可以用每年年末的作业费用 E_1、E_2、……代替每期期末的净收益值。这时即可以用下式求出使总费用的年值 $A^C(n)$ 为最小的年数 n(图 7-5),该值即为经济寿命。

$$A^C(n) = \left[C_0 + \sum_{j=1}^{n} \frac{E_j}{(1+i)^n} - \frac{L_n}{(1+i)^n} \right] \times (A/P, i, n) \tag{7-2}$$

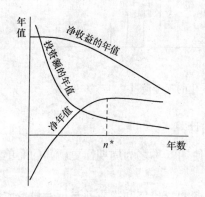

图 7-4　平均与使用年数的关系　　图 7-5　平均费用与使用年数的关系

实际计算时,可根据问题给定的具体条件按着 $n = 1, 2, 3, \cdots$ 的顺序依次求出使 (7-1) 式的 $A(n)$ 值为最大的年数或使 (7-2) 式的 $A^C(n)$ 值为最小的年数即可。下面用具体的例子说明在各种不同情况下经济寿命的计算特点和计算的过程。

1. 使总费用的年值为最小的使用年数

【例 7-1】　某污水处理设备投资额为 3000 万元,估计该设备在运行过程中的作业费用为:第 1 年 500 万元,第 2 年为 600 万元,……,即逐年以 100 万元的速度递增;设备的处理价值:第 1 年年末为 2100 万元,第 2 年年末为 1470 万元,……,即处理价值每年为前一年的 70% 该设备预计将周期性的更新,资本的利率 $i = 12\%$。那么每隔多少年更新一次有利?此时年平均费用为多少?

【解】　该设备的使用目的业已确定,因此,经过多少年进行更新并不取决于收益。该问题是已知 C_0、E_j 和 L_n 类型的问题,因此,只要应用 (7-2) 式求出使年平均费用为最小的年数即可。为了计算方便,可采用列表的形式求解(见表 7-1)。

经济寿命计算表（$i=12\%$） 表 7-1

①	②	③	④	⑤	⑥	⑦	⑧	⑨
年数 n	作业费用 E_j (万元)	②× $(P/F,i,n)$ (万元)	③的累计值 (万元)	④× $(A/P,i,n)$ (万元)	$3000×$ $(A/P,i,n)$ (万元)	处理价值 L_n (万元)	⑦× $(A/F,i,n)$ (万元)	⑤+⑥ -⑧ (万元)
1	500	446.5	446.5	500	3360	2100	2100	1760
2	600	478.3	924.8	547.2	1775.1	1470	693.4	1629
3	700	498.3	1423.1	592.6	1249.2	1029	305.0	1537
4	800	508.4	1931.5	635.8	987.6	720	150.7	1473
5	900	510.7	2442.2	677.5	832.2	504	79.3	1430
6	1000	506.6	2948.8	717.1	729.6	353	43.5	1403
7	1100	497.6	3446.4	755.1	657.3	247	24.5	1388
8	1200	484.7	3931.1	791.3	603.9	173	14.1	1381.1
9*	1300	468.8	4399.9	825.9	563.1	121	8.2	1380.8
10	1400	450.8	4850.7	858.6	531.0	85	4.8	1384.8
11	1500	431.3	5282.0	889.5	505.2	60	2.9	1391.8

表中各栏的含义是：

②栏中是题目给定的作业费用 E_j 值。当作业费用的绝对值难以确定时，可以假定第 1 年度末为 0，此后将与第 1 年度末相比，将费用的增加额记入该栏中，其经济寿命的计算结果不变（见本节 3 的解释）；

③栏是诸年作业费用值与现值因数 $(P/F,i,n)$ 的乘积，即将该年作业费用折算成的现值；

④栏是③栏数值的累计值。例如第 2 年④栏的值为：
$$446.5 + 478.3 = 924.8 （万元）$$

该值相当于（7-2）式中的 $\sum_{j=1}^{n} \frac{E_j}{(1+i)^j}$ 等量值；

⑤栏是④栏的数值与资本回收因数 $(A/P,i,n)$ 的乘积，相当于（7-2）式中的 $\left[\sum_{j=1}^{n} \frac{E_j}{(1+i)^j}\right] \times (A/P,i,n)$ 值。

⑥栏是资本回收因数 $(A/P,i,n)$ 与初期投资额的乘积，表明在使用的 n 年间投资的年平均值；

⑦栏是根据题意确定的与年数相对应的处理价值 L_n 值；

⑧栏是⑦栏的处理价值与偿债基金因数 $(A/F,i,n)$ 的乘积，即处理价值的年平均值，相当于（7-2）式中的 $\frac{L_n}{(1+i)^n} \times (A/P,i,n)$ 值；

⑨栏是⑤栏的作业费用年值与⑥栏的投资的年值之和与⑧栏的处理价值年值之差，即总费用的年值 $A^C(n)$ 值。由该栏数值可以得到年度费用最小的年数，

即最佳经济寿命为9年（表中有 * 号者）。

在实际应用时，如果根据经验即可大致估计出经济寿命的范围，则只需计算在此范围内各年的总费用的年值，然后加以比较也是可以的。例如估计该题设备的经济寿命可能在 7~10 年间，则只需计算4个年份的总费用年值，找出最小值所在的年数即可。这样做可以减少有些栏目数值计算的工作量。

在很多情况下设备的处理价值很小，可以忽略，此时即可以省略表 7-1 中的⑦栏和⑧栏；在第⑨栏中，只需计算⑤栏与⑥栏的数值之和即可。

2. 新设备与现有设备的比较

经济寿命的概念经常提醒人们是否应该将现有设备更新的问题。此时所谓"不更新"，准确地说是"现时点不更新"。因此就意味着是否将现有设备更新成新设备的互斥方案有如下数种：

方案0：现时点更换成新设备，此后每隔，n 年更新一次；

方案1：现有设备再使用1年，1年后更新成新设备，此后每隔 n 年更新一次；

方案2：现有设备再使用2年，2年后更新成新设备，此后每隔 n 年更新一次；

方案 m：现有设备再使用 m 年，m 年后更新成新设备，此后每隔 n 年更新一次。

此时现有设备的经济寿命可用（7-2）式计算，现举一例予以说明。

【例7-2】 假设现在想研究是否将正在使用的设备更新成上述例 7-1 的新设备的问题。现有设备的作业费用为：第1年末是 1500 万元，此后逐年增加 100 万元。该设备现在的处理价值为 400 万元，以后将以逐年为前一年的 80% 的比率降低。将现有设备更新成新设备是否有利？

【解】 可由（7-2）式求得现有设备再使用1年时总费用的年值如下：

$$A^C(1) = \left(400 + \frac{1500}{1+0.12} - \frac{400 \times 0.8}{1+0.12}\right) \times (A/P, 12\%, 1)$$

$$= \left(400 + \frac{1500}{1+0.12} - \frac{320}{1+0.12}\right) \times (1+0.12)$$

$$= 400 \times (1+0.12) + 1500 - 320$$

$$= 1628(万元) \tag{7-3}$$

继续使用2年时总费用的年值为：

$$A^C(2) = \left[400 + \frac{1500}{1+0.12} + \frac{1600}{(1+0.12)^2} - \frac{320 \times 0.8}{(1+0.12)^2}\right] \times (A/P, 12\%, 2)$$

$$= 1663(万元)$$

此后，因为随着使用年数的增加总费用的年值将逐年增加，因而现有设备的最佳寿命期为1年，其年平均费用为 1628 万元。因该值较例 7-1 所求的新设备最小的年度费用 1380.8 万元大，所以将现有设备更新成新设备是有利的。

值得说明的是：(7-3) 式中为什么将现有设备的处理价值 400 万元作为初期投资额 C^0 计算的问题。根据第三章有关设备更新与账面价格的论述，现有设备和新设备的实际现金流量如图 7-6 所示。令 E_{Aj}、L_{An}、L_{Bn} 分别表示 A 方案和 B 方案的年作业费用和第 n 年末的处理价值；$A_A^C(n)$ 和 $A_B^C(n)$ 分别表示 A、B 两方案的总费用的年值。则由 (7-2) 式可得：

$$A_A^C(n) = \left[\sum \frac{E_{Aj}}{(1+i)^j} - \frac{L_{An}}{(1+i)^n} \right] \times (A/P, i, n) \tag{7-4}$$

$$A_B^C(n) = \left[\sum_{j=1}^n \frac{E_{Bj}}{(1+i)^j} - \frac{L_{Bn}}{(1+i)^n} + (3000 - 400) \right] \times (A/P, i, n)$$

$$= \left[\sum_{j=1}^n \frac{E_{Bj}}{(1+i)^j} - \frac{L_{Bn}}{(1+i)^n} \right] \times (A/P, i, n) + 2600 \times (A/P, i, n) \tag{7-5}$$

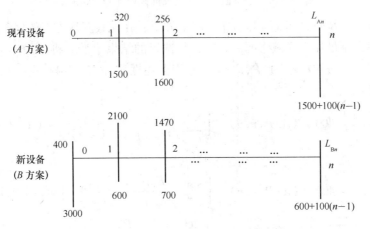

图 7-6　现有设备与新设备的现金流量图

如将现有设备的处理价值作为该方案的初期投资额处理，则继续使用现有设备和新设备的现金流量图将如图 7-7 所示。应用上述的符号，并设该现金流量情况下的两方案的总费用的年值分别为 $A_A^{\prime C}(n)$、$A_B^{\prime C}(n)$，则有：

$$A_A^{\prime C}(n) = \left[\sum_{j=1}^n \frac{E_{Aj}}{(1+i)^j} - \frac{L_{An}}{(1+i)^n} + 400 \right] \times (A/P, i, n)$$

$$= \left[\sum_{j=1}^n \frac{E_{Aj}}{(1+i)^j} - \frac{L_{An}}{(1+i)^n} \right] \times (A/P, i, n) + 400 \times (A/P, i, n) \tag{7-6}$$

$$A_B^{\prime C}(n) = \left[\sum_{j=1}^n \frac{E_{Bj}}{(1+i)^j} - \frac{L_{Bn}}{(1+i)^n} + 3000 \right] \times (A/P, i, n)$$

$$= \left[\sum_{j=1}^n \frac{E_{Bj}}{(1+i)^j} - \frac{L_{Bn}}{(1+i)^n} \right] \times (A/P, i, n) + 3000 \times (A/P, i, n) \tag{7-7}$$

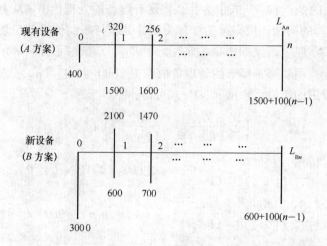

图 7-7 将处理价值作为初期投资额处理的现金流量图

由于 A、B 两方案是互斥方案，我们知道：在比较互斥方案的优劣时，各方案的净现金流量加上或减去同一金额，其选择的结果不变。将 (7-6) 式、(7-7) 式两边同时减去 $400 \times (A/P, i, n)$，利用上述性质并与 (7-4) 式、(7-5) 式比较，则有：

$$A'^{C}_{A}(n) - 400 \times (A/P, i, n) = \left[\sum_{j=1}^{n} \frac{E_{Aj}}{(1+i)^j} - \frac{L_{An}}{(1+i)^n} \right] \times (A/P, i, n)$$
$$= A^{C}_{A}(n)$$

$$A'^{C}_{B}(n) - 400 \times (A/P, i, n) = \left[\sum_{j=1}^{n} \frac{E_{Bj}}{(1+i)^j} - \frac{L_{Bn}}{(1+i)^n} \right] \times (A/P, i, n)$$
$$+ 2600 \times (A/P, i, n)$$
$$= A^{C}_{B}(n)$$

上述等式说明，无论采用 $A^{C}_{A}(n)$、$A^{C}_{B}(n)$ 进行方案选择，还是采用 $A'^{C}_{A}(n)$、$A'^{C}_{B}(n)$ 进行方案选择，其结果都是相同的，即无论应用图 7-7 还是应用图 7-6 现金流量图进行 A、B 方案选择，其结论都是相同的。为了便于应用已经计算过的例 7-1 的结果进行方案比较，因而我们采用了将现有设备的处理价格作为初期投资额的方法。但是，值得注意的是：上述方案的比较是建立在两方案具有相同的 n 值的基础上的，对于 n 值不同的方案是不能应用这种方法的。

3. 利用作业劣化的概念计算经济寿命

求设备的经济寿命问题，显然是研究设备使用期为 1，2，…，n 年的互斥方案的问题。我们曾讲述过，对于互斥方案的选择，如果将各方案的现金流量同时加上或减去相同的量值，其方案的选择结果是相同的。利用这个性质，可以简化经济寿命的计算。

根据 7.2.2 节中的概念，如果求具有如图 7-8（a）所示现金流量图的某台设备的经济寿命，则可利用（7-1）式计算。但是，利用互斥方案的上述性质，显然若将该现金流量图中的每年净收益值都减去 R_1 [图 7-8（b）的现金流量] 后再求经济寿命，其值不变。令 $G_j = R_j - R_1$，则图 7-8（a）所示的现金流量图可转化为图 7-8（c）所示的形式。这样，我们就将利用净年值为最大求经济寿命的问题转化为利用总费用的年值为最小，从而求出经济寿命的问题。G_j 值表明由于设备劣化而使净收益值减少的量值称为作业劣化值。根据 7.2.2 的概念，并设此时总费用的年值为 $B^C(n)$，则计算公式如下：

$$B^C(n) = \left[C_0 + \sum \frac{G_j}{(1+i)^j} - \frac{L_n}{(1+i)^n} \right] \times (A/P, i, n) \tag{7-8}$$

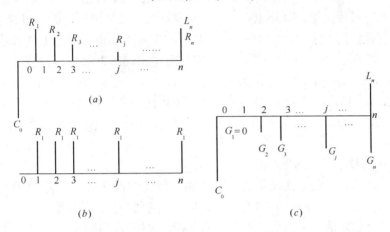

图 7-8 由最大化向最小化转换的现金流量图

与作业劣化值相对应，称 $B^C(n)$ 值为作业劣化年值。

同样，应用作业劣化的概念可以简化利用（7-2）式求解经济寿命的计算（见图 7-9）。用 G_j 表示作业劣化值，则有 $G_j = E_j - E_1$ [E_1 的现金流量如图 7-9（b）

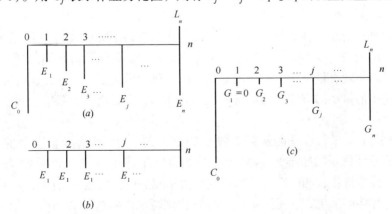

图 7-9 应用作业劣化简化经济寿命的计算

所示]。用与上述相同的方法可以将现金流量图 7-9（a）转换为图 7-9（c）。看得出来，该现金流量图与图 7-8（c）的情况相同，因而其计算公式与（7-8）式完全相同。

显然，应用（7-8）式进行计算时，只要求出 $B^C(n)$ 最小值所对应的年数，则 $A^C(n)$ 值一定最大或 $A^C(n)$ 值一定最小，其结果肯定是一致的。

在解决具体问题时，预测设备使用过程中所能产生的收益、作业费用等的绝对数值是多少往往是很困难的。但是，在很多情况下，寻求逐年净收益的减少额（或者作业费用的增加额）的变化趋势却是比较容易的。这时若将问题转化为劣性年值最小化的问题求解经济寿命就非常方便了。例如对于例 7-1 的新设备，想知道它的作业费用的绝对值往往非常困难。但是，如果能知道该设备每年维修、保养、运行等费用将以每年 100 万元的速度增加下去的时候，就可以将表 7-1 中②栏中作业费用 500、600、700……等改写成作业劣化值，即将上述各值分别减去 500 写成 0、100、200……等。此后按与前述相同的方法进行计算即可。由上述分析可知，⑤栏中作业劣化值将比表 7-1 所列各值小 500 万元，即分别为 0、47.2、92.6、135.8……⑨栏中的劣化年值也将比表 7-1 中的各值小 500 万元，即分别为 1260、1129、1039、973……。可见其经济寿命的计算结论与例 7-1 完全相同。

4. 考虑技术进步的更新问题

在此之前，我们是在设备的购置价格、每年的净收益、作业费用等不断变化，但更新之后，下一个周期重复上一个周期的现金流量的基础上计算经济寿命的。但是，很多情况下由于技术进步的存在，这种假定就不能成立了。那么，在技术进步的情况下应如何计算设备的经济寿命呢？

考虑技术进步的情况下的设备经济寿命的计算方法之一就是：在假定设备的购置价格是个确定的数值的基础上，把技术进步的影响反映在作业劣化值上，且假定这种作业劣化值直到将来都大致保持同一数值，然后计算经济寿命。

技术进步的结果往往使具有相同功能的设备价格下降。这就等于说：用同样价格购置的设备与现在正在使用的设备相比，所能获得的收益增加。利用这种想法，就可以将现有设备价值下降的部分反映在作业劣化值上。这样，就可以通过作业劣化年值最小的方法进行经济寿命的计算了。下面用一个简单的例子说明其计算的方法。

【例 7-3】 某台设备的购置价格为 3000 万元，由该设备所能获得的净收益按实质价值计算，初始年为 1400 万元，此后每年将比前一年渐减 80 万元。另外，由于技术进步，相同购置价格（实质价格）的设备所能获得的净收益，初始年度每年都将增加 120 万元（每年减少的比例与现在的新设备相同）。由于处理价值急速减少，因而可以忽略。按实质价值计算的资本利率为 8%。求该设备在技术进步条件下的经济寿命。

【解】 由于每年出现的新设备使初始年度的净收益每年都将增加 120 万元，而现有设备的净收益值每年都将比前一年减少 80 万元，因而现有设备的作业劣化值为 200 万元。利用本节 3 中的作业劣化年值的计算方法即可求出现有设备的经济寿命。为了计算方便，采用列表法，见表 7-2。由表 7-2 的第⑦栏可以看到，使用年数为 6 年时作业劣化年值为最小值，即该设备的经济寿命为 6 年。该题与例 7-1 的情况是相似的，但后者的经济寿命为 9 年。本例题表明，技术进步越快经济寿命就越短。

考虑技术进步时的经济寿命（$i=8\%$）　　　　表 7-2

①	②	③	④	⑤	⑥	⑦
年数	作业劣化值（万元）	②×$(P/F, i, n)$（万元）	③的累计值（万元）	④×$(A/P, i, n)$（万元）	3000×$(A/P, i, n)$（万元）	⑤+⑥（万元）
1	0	0	0	0	3240.0	3240
2	200	171.5	171.5	96.0	1682.3	1778
3	400	317.5	489.0	189.7	1164.1	1354
4	600	441.0	930.0	280.8	905.8	1187
5	800	544.5	1474.5	369.3	751.4	1121
6	1000	630.2	2104.7	455.3	649.0	1104
7	1200	700.2	2804.9	538.7	576.2	1115

7.3　更新方案的评价与选择

7.3.1　提前（或推迟）更新的净收益（或损失）

在现实经济生活中，经常会发生下述情况：虽然存在有利的投资方案，但是，由于无法筹措所需的资金或者由于其他原因而不得不将这种投资机会推迟 1 年或 1 年以上；有时由于种种原因还不得不从几个有利的投资方案中确定哪些方案推迟进行。对于设备的更新方案也是如此。因而就需要研究在上述情况下的净收益（或损失）的数值。那么，如何评价提前（或推迟）用新设备更换现有设备所产生的收益（或损失）值呢？

提前（或推迟）更新时的净收益（或损失）值的计算可按下述定理进行。

定理 1　若新设备的投资额为 C_0，此后由此而产生的每年净收益分别为 R_1，R_2，…，R_n，假设上述过程周期性出现；现有设备的投资额（如改造、大修理等）为 $\overline{C_0}$，净收益每年分别为 $\overline{R_1}$，$\overline{R_2}$，…，$\overline{R_n}$。则提前（或推迟）k 年更新时的净收益（或损失）值为新设备 k 年间的净年值的现值与现有设备的净现值的差。现证明如下：

证明： 现时点立刻更新时的现金流量如图 7-10（a）所示；推迟 k 年更新时的现金流量如图 7-10（b）所示。若令两方案整个期间的净现值分别为 PW_A 和

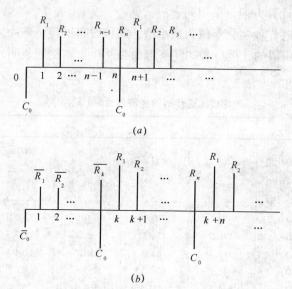

图 7-10　有推迟更新方案的现金流量图
（a）立刻更新的方案（A 方案）；（b）推迟 k 年更新的方案（B 方案）

PW_B，资本利率为 i，则有：

$$PW_A = \left[\frac{R_1}{1+i} + \cdots + \frac{R_n}{(1+i)^n} - C_0\right] + \left[\frac{R_1}{1+i} + \cdots + \frac{R_n}{(1+i)^n} - C_0\right]$$

$$\times \frac{1}{(1+i)^n} + \left[\frac{R_1}{1+i} + \cdots + \frac{R_n}{(1+i)^n} - C_0\right] \times \frac{1}{(1+i)^{2n}} + \cdots$$

$$= \left[\frac{R_1}{1+i} + \cdots + \frac{R_n}{(1+i)^n} - C_0\right]\left[1 + \frac{1}{(1+i)^n} + \frac{1}{(1+i)^{2n}} + \cdots\right]$$

$$= \left[\frac{R_1}{1+i} + \cdots + \frac{R_n}{(1+i)^n} - C_0\right] \times \frac{(1+i)^n}{(1+i)^n - 1}$$

$$PW_B = \left[\frac{\overline{R_1}}{1+i} + \cdots + \frac{\overline{R_k}}{(1+i)^k} - C_0\right] + \left[\frac{R_1}{1+i} + \cdots + \frac{R_n}{(1+i)^n} - C_0\right]$$

$$\times \frac{(1+i)^n}{(1+i)^n - 1} \times \frac{1}{(1+i)^k - 1}$$

因而两方案净现值的差值为：

$$PW_A - PW_B = \left[\frac{R_1}{1+i} + \cdots + \frac{R_n}{(1+i)^n} - C_0\right] \times \frac{(1+i)^n}{(1+i)^n - 1} \times \left[1 - \frac{1}{(1+i)^k}\right]$$

$$- \left[\frac{\overline{R_1}}{1+i} + \cdots + \frac{\overline{R_k}}{(1+i)^n} - \overline{C_0}\right]$$

$$= \left[\frac{R_1}{1+i} + \cdots + \frac{R_n}{(1+i)^n} - C_0\right] \times \frac{(1+i)^n}{(1+i)^n - 1} \times \frac{(1+i)^k - 1}{(1+i)^k} \times \frac{i}{i}$$

$$- \left[\frac{\overline{R_1}}{1+i} + \cdots + \frac{\overline{R_k}}{(1+i)^n} - \overline{C_0}\right]$$

$$= \left[\frac{R_1}{1+i} + \cdots + \frac{R_n}{(1+i)^n} - C_0\right] \times (A/P, i, n) \times (P/A, i, k)$$

$$- \left[\frac{\overline{R_1}}{1+i} + \cdots + \frac{\overline{R_k}}{(1+i)^k} - \overline{C_0}\right]$$

$$= A \text{ 方案 } k \text{ 年部分的现值} - B \text{ 方案 } k \text{ 年部分的现值} \tag{7-9}$$

另外,将上式两边同时乘以年数为 k 的资本回收因数,则可以得到下式:

$$(PW_A - PW_B) \times (A/P, i, k)$$

$$= \left[\frac{R_1}{1+i} + \cdots + \frac{R_n}{(1+i)^n} - C_0\right] \times (A/P, i, n)$$

$$- \left[\frac{\overline{R_1}}{1+i} + \cdots + \frac{\overline{R_k}}{(1+i)^k} - \overline{C_0}\right] \times (A/P, i, n) \tag{7-10}$$

该式表明:

两方案 k 年的年值之差 = A 方案 k 年内的年值 - B 方案 k 年内的年值。

假如推迟一年更新,则 $k = 1$,利用(7-9)式则可得到两个的现值之差为:

$$PW_A - PW_B = \left[\frac{R_1}{1+i} + \cdots + \frac{R_n}{(1+i)^n} - C_0\right] \times (A/P, i, n) \times \frac{1}{1+i}$$

$$- \left(\frac{\overline{R_1}}{1+i} - \overline{C_0}\right)$$

若用 (7-10) 式,则有:

$$(PW_A - PW_B) \times (1+i) = \left[\frac{R_1}{1+i} + \cdots + \frac{R_n}{(1+i)^n} - C_0\right]$$

$$\times (A/P, i, n) - \left[\overline{R_1} - \overline{C_0}(1+i)\right]$$

7.3.2 更新方案的追加投资收益率

当需要更新的设备有几个,或者将更新方案与其他投资方案混杂在一起进行方案的选择和投资分配时,往往要求出更新方案的效率以便确定优先选择的顺序。应该注意的是:更新的决策是进行立即更新还是推迟 k 年(通常为 1 年)更新的互斥方案选择问题,因此效率的尺度必须是追加投资收益率。

首先讲述追加投资收益率的一般计算方式。假设研究的期间为 T，采用 A 方案时的净现流量为 a_0, a_1, $\cdots$, a_T；采用 B 方案时的净流量为 b_0, b_1, $\cdots$, b_T。则追加投收益率是满足下式的 r 值：

$$a_0 - b_0 + \frac{a_1 - b_1}{1+r} + \frac{a_2 - b_2}{(1+r)^2} + \cdots + \frac{a_T - b_T}{(1+r)^T} = 0$$

$$\therefore \quad a_0 + \frac{a_1}{1+r} + \frac{a_2}{(1+r)_2} + \cdots + \frac{a_T}{(1+r)^T}$$

$$= b_0 + \frac{b_1}{1+r} + \frac{b_2}{(1+r)^2} + \cdots + \frac{b_T}{(1+r)^T} \tag{7-11}$$

上式表明：所谓追加投资收益率，就是使 A 方案和 B 方案的净现值相等的利率。如果将 (7-11) 式两边同时乘以资本回收因数（A/P, r, T），则表达的含义说明，追加投资收益率又可以定义为：使 A 方案和 B 方案净年值相等的利率。

应用上述定义，即可以求出推迟更新情况下的追加投资收益率。

定理 2 若新设备的现金流量是周期性反复，则立即更换新设备与推迟 k 年更新的追加投资收益率，是新设备的净年值与现有设备的净年值相等时的 r 值。下面证明该定理。

证明： 利用图 7-10 所示的立即更新（A 方案）与推迟 k 年更新（B 方案）的现金流量图和相应的符号，则追加投资收益率是满足下式的 r 值。

$$\left[\frac{R_1}{1+r} + \cdots + \frac{R_n}{(1+r)^n} - C_0\right] \times \left[1 + \frac{1}{(1+r)^n} + \frac{1}{(1+r)^{2n}} + \cdots\right]$$

$$= \left[\frac{\overline{R_1}}{1+r} + \cdots + \frac{\overline{R_k}}{(1+r)^k} - \overline{C_0}\right] + \left[\frac{R_1}{1+r} + \cdots + \frac{R_n}{(1+r)^n} - C_0\right]$$

$$\times \left[1 + \frac{1}{(1+r)^n} + \frac{1}{(1+r)^{2n}} + \cdots\right] \times \frac{1}{(1+r)^k}$$

将上式整理如下：

$$\left[\frac{R_1}{1+r} + \cdots + \frac{R_n}{(1+r)^n} - C_0\right] \times \frac{(1+r)^n}{(1+r)^n - 1}$$

$$= \left[\frac{\overline{R_1}}{1+r} + \cdots + \frac{\overline{R_k}}{(1+r)^k} - \overline{C_0}\right] + \left[\frac{R_1}{1+r} + \cdots + \frac{R_n}{(1+r)^n} - C_0\right]$$

$$\times \frac{(1+r)^n}{(1+r)^n - 1} \times \frac{1}{(1+r)^k} \left[\frac{R_1}{1+r} + \cdots + \frac{R_n}{(1+r)^n} - C_0\right]$$

$$\times \frac{(1+r)^n}{(1+r)^n - 1} \times \left[1 - \frac{1}{(1+r)^k}\right]$$

$$= \left[\frac{\overline{R_1}}{1+r} + \cdots + \frac{\overline{R_k}}{(1+r)^k} - \overline{C_0}\right] + \left[\frac{R_1}{1+r} + \cdots + \frac{R_n}{(1+R)^n} - C_0\right]$$

$$\times (A/P, r, n) \times (P/A, r, k)$$
$$= \frac{\overline{R_1}}{1+r} + \cdots + \frac{\overline{R_k}}{(1+r)^k} - \overline{C_0} \tag{7-12}$$

将上式两边同时乘以年数为 k 的资本回收因数 $(A/P, r, k)$ 则有：

$$\left[\frac{R_1}{1+r} + \cdots + \frac{R_n}{(1+r)^n} - C_0\right] \times (A/P, r, n)$$
$$= \left[\frac{\overline{R_1}}{1+r} + \cdots + \frac{\overline{R_k}}{(1+r)^k}\right] \times (A/P, r, k) \tag{7-13}$$

上式表明：新设备的年值 = 现有设备的年值。即定理得证。

实际应用时，往往需要比较将现有设备推迟 1 年更新是否可以的问题，此时只需令 $k=1$，并利用 (7-13) 式即可。因而追加投资收益率是满足下式的 r 值：

$$\left[\frac{R_1}{1+r} + \cdots + \frac{R_n}{(1+r)^n} - C_0\right] \times (A/P, r, n) = \overline{R_1} - \overline{C_0}(1+r) \tag{7-14}$$

7.3.3 更新方案评价与选择的例题

1. 定理的应用

下面用一个实例说明上面曾讲过的定理的应用。

【例 7-4】 某企业下属的甲工厂使用的自动化生产设备过小，因此想更换成大型设备。但同企业的乙工厂恰好需要这种生产设备，因此想研究是将甲厂的设备移到乙工厂，还是将甲厂的设备在甲地区卖掉，乙工厂购入新的生产设备为好的问题。

甲工厂设备的账面价值（设备购置价格减业已折旧数额后的未折旧额）为 200 万元，将其在甲地卖掉，则净得金额为 140 万元。此外，与此相同的设备重新在乙地购置，则购置价格为 500 万元。由于将甲厂的设备移到乙厂需拆卸、搬运、再组装，因此需花费 100 万元，与此同时设备的寿命为 8 年。但与新设备相比效率低，所以每年作业费用将多花费 20 万元。新设备的寿命估计为 20 年。

该设备是移至乙厂好，还是乙厂新购为好？

【解】 在处理是将现有设备废弃、更新成新设备，还是迁移到其他工厂去的经济效果评价问题时，往往由于对现有设备的账面价值处理错误导致做出不正确的决策。

本书第三章曾经讲过，方案比较时重要的是注意费用和收益的变化，对过去投资未回收的金额（设备的账面价值）应不予考虑。

在求税后利润的时候，为了计算税金，需要考虑账面价值和折旧费用。但是，当我们研究何者有利的问题时，进行税前计算就可以了。

因而，在迁移设备时的现金流量是：迁移设备的费用为 100 万元，此后每年多花费 20 万元作业费用。

购入新设备时需支出的费用为500万元减去处理价值140万元,即360万元。因而作为投资额:

迁移设备时:100万元

购入新设备时:360万元

两个投资方案初期投资的差额为:

$$360 \text{万元} - 100 \text{万元} = 260 \text{万元}$$

其现金流量如图7-11所示。

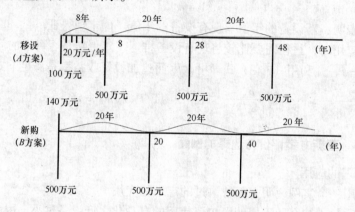

图7-11 无共同终点的现金流量

该例题的特点是:无论年数多么长,两个方案都无共同的终点。此时可以应用周期性设备更新的概念,使用年值法求解。

本题是现金流量在任何时候都无共同终点的问题,理论上应计算至无穷年为止的 A、B 两个方案的净现值 PW_A 和 PW_B,因而有:

$$PW_A = 100 + 20 \times (P/A, 10\%, 8) + 500 \times (A/P, 10\%, 20) \times \frac{1}{0.1} \times (P/F, 10\%, 8)$$
$$= 480.8(\text{万元})$$

$$PW_B = 500 \times (A/P, 10\%, 20) \times \frac{1}{0.1} - 140 = 447.5(\text{万元})$$

两者之差为:

$$PW_\Delta = PW_A - PW_B = 480.8 - 447.5 = 33.3(\text{万元})$$

实际上不计算至无穷年为止的现值,仅仅计算至某个适当年份为止的某区间的现值,然后加以比较也是可以的。这个适当的年数应是8年或者20年,即下一次投资之前的瞬间。

如果以8年作为计算的区间,则 A 方案和 B 方案的现值为:

$$PW_A = 100 + 20 \times (P/A, 10\%, 8) = 206.7(\text{万元})$$

$$PW_B = 500 \times (A/P, 10\%, 20) \times (P/A, 10\%, 8) - 140 = 173.4(\text{万元})$$

因而两方案现值的差额为:
$$PW_\Delta = 206.7 - 173.4 = 33.3(万元)$$

如果以 20 年为计算区间，则有:
$$PW_A = 100 + 20 \times (P/A, 10\%, 8) + 500 \times (A/P, 10\%, 8) \times (P/A, 10\%, 12)$$
$$\times (P/F, 10\%, 8)$$
$$= 393.3(万元)$$
$$PW_B = 500 - 140 = 360(万元)$$

两者的差为:
$$PW_\Delta = 393.3 - 360 = 33.3(万元)$$

由此可见，不论取 8 年还是 20 年作为计算期，其结论与计算至无穷年的结果相同。

另外，用追加投资收益率判定上述两个方案优劣时也可以应用上述的方法。例如，当以 8 年为准时，追加投资收益率 r_Δ 即是使两个方案的现值相等的利率，即:
$$100 + 20 \times (P/A, r_\Delta, 8) = 500 \times (A/P, r_\Delta, 8) - 140$$

上式两边同时乘以 $(A/P, r_\Delta, 8)$ 并加以整理，则解之可得:
$$r_\Delta = 12.3\%$$

2. 新投资对现有设备有影响时的评价

增加产品的产量、开拓新的产品时，往往要增加现有设备的使用强度，其结果将使现有设备的寿命比预定年限短。此时如果认为应该考虑由于耐用年数缩短而产生的每期折旧数额的增量值，那就错了。正确的作法是研究下一次更新提前而造成的损失。下面用具体的例子说明评价的过程。

【例 7-5】 为了使 X 产品商品化，除了利用现在正在使用的 A 设备之外，还需要投资购置 B 设备。B 设备的购置价格为 3000 万元，可以使用 10 年。A 设备当初是以 2000 万元购置的，如果不生产 X 产品，则剩余寿命为 4 年，此后预计每隔 8 年更新一次；但是，如果生产 X 产品，则现有的 A 设备的寿命尚有 2 年，此后每隔 6 年将更新一次。两种设备按实质价值皆可看作是周期性更新，由于开发 X 产品，则每年的净收益按实质价值计算平均每年较现在增加 620 万元。实质的资本利率 $k = 7\%$。试求该投资计划的净收益是多少。

【解】 使 X 产品商品化时，除了投资购置 B 设备外，还将影响现有的 A 设备。因而，这两种情况合在一起相当于商品化时的投资状况。上述投资状况与不使 X 产品商品化，即按预定使用年限继续使用 A 设备的情况相比，就可以判断执行哪个方案为好。上述各种情况的投资状况见图 7-12。

采用投资额的年值进行比较。图 7-12 所示三种情况下的投资额的年值分

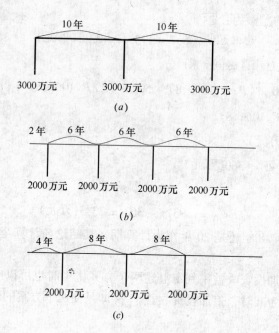

图 7-12 新投资影响现有设备时的投资状况
(a) 向新设备 B 的投资;
(b) 向现有设备 A 的投资 (X 产品商品化时);
(c) 向现有设备 A 的投资 (X 产品不商品化时)

别为:

$$A_{a_1}^c = 3000 \times (A/P, 7\%, 10) = 427.1(万元)$$

$$A_{a_2}^c = 2000 \times (A/P, 7\%, 6) \times \frac{1}{0.07} \times (P/F, 7\%, 2) \times 0.07$$
$$= 2000 \times (A/P, 7\%, 6) \times (P/F, 7\%, 2)$$
$$= 366.5(万元)$$

$$A_b^c = 2000 \times (A/P, 7\%, 8) \times \frac{1}{0.07} \times (P/F, 7\%, 4) \times 0.07$$
$$= 2000 \times (A/P, 7\%, 8) \times (P/F, 7\%, 4)$$
$$= 255.5(万元)$$

因而, X 产品商品化与不商品化时投资年值之差为:

$$A_b^c = A_{a_1}^c + A_{a_2}^c - A_b^c = 427.1 + 366.5 - 255.5 = 538.1(万元)$$

年净收益值是 620 万元, 因而净年值 AW 为:

$$AW = 620 - 538.1 = 81.9(万元)$$

设备 A 寿命缩短造成的损失值是:

$$A_{a_2}^c - A_b^c = 366.5 - 255.5 = 111(万元)$$

习 题

1. 某工业公司正在研究初期投资额为 200 万元的新产品生产设备的经济寿命问题。每年净收益的绝对值难以计算，但估计净收益与初年度相比每年将增加 10 万元。该设备打算长期间周期性更新使用，设备的物理使用年限为 10 年，资本的利率 $i=12\%$。

(1) 若设备的处理价值总是零，该设备的经济寿命为多少年？

(2) 若设备的处理价值第 1 年末为 120 万元，第 2 年末为 72 万元，……，即是前一年的 60%时，其经济寿命为多少年？

2. 在上题的 (1) 中，若设备的使用年数与最佳年数相比缩短 1 年、2 年时，公司的净收益减少多少？另外，若延长 1 年、2 年时，又将如何？同样情况若发生在上题的问题 (2) 中，其结果又将如何？

3. 上述公司，若习题 1 中的设备投资后，估计每年的净收益以 10 万元的速度渐减，此外，由于设备的技术进步，假如将来出现的新设备与现在的设备相比，每年的净收益都将增大 20 万元，处理价额，初年度末为投资额的一半，以后分别为前一年度的 50%，回答下述问题：

(1) 以劣性化年值为指标，求该设备的经济寿命。

(2) 此时，实际的使用年数与最佳年数相比缩短 1 年或 2 年以及延长 1 年或 2 年时的损失值为多少？

4. 假如习题 1 的预测值都是按实质价值计算的，因实际上设备的价格、处理价值及净收益平均每年以 4.7%的速度上升，所以资本利率的实质值为 7% ($1.12 \div 1.047 \approx 7\%$)，按该值计算习题 3 中的 (1)，并研究利率值的变化对经济寿命的影响。

5. 某工厂每年生产某产品 40t，但近来需求增加，因此准备研究是否将现有设备更换成可以生产 120t 的大型设备的问题。每吨产品折旧前的净收益为 4 万元，而且价格稳定（该净收益估计与一般物价水平的上升率相同）。

如果按现有设备 A 的规模持续下去，则现时点就需花费 100 万元修理费，此后可以使用 3 年，而且 3 年后按实质价值需花费 400 万元予以更新，更新后按实质价值可以看作是周期性重复使用。另外，若将其更换成大型设备 B，则初期投资额需要 1000 万元，每隔 8 年重复更新一次，按实质价值可以看作是周期性更新。实质的资本利率为 8%。

(1) 更新成大型设备 B 的方案是否有利？

(2) 由于现在资金不足，准备 3 年后将现有设备更新成大型设备 B 时，该方案与立即更新的方案相比，哪个方案有利？有利多少？

8 不确定性分析与风险分析

8.1 不确定性分析与风险分析概述

8.1.1 不确定性分析的概念

项目经济评价所采用的数据大部分来自预测和估算，具有一定程度的不确定性。如项目经济评价所涉及的投资、利率、建设年限、经济寿命、产量、价格、经营成本、收益等数据，预测和估算的结果可能与未来实际情况有较大的出入，甚至有时不可能预测出各种变量的变化情况，因而产生了项目经济评价的不确定性问题。

不确定性的直接后果是使方案经济效果的实际值与评价值相偏离，从而按评价值做出的经济决策带有风险。为了分析不确定因素对经济评价指标的影响，估计项目可能承担的风险，应根据拟建项目的具体情况，进行不确定性分析和经济风险分析，提出项目风险的预警、预报和相应的对策，为投资决策服务。

这里所说的不确定性分析包含了不确定性分析与风险分析两项内容，严格来讲，两者是有差异的。其区别就在于不确定性分析是不知道未来可能发生的结果，或不知道各种结果发生的可能性，由此产生的问题称为不确定性问题；风险分析是知道未来可能发生的各种结果的概率，由此产生的问题称为风险问题。人们习惯于将以上两种分析方法统称为不确定性分析。

8.1.2 不确定性产生的原因

在现实社会里，一个拟建项目的所有未来结果都是未知的。因为影响项目经济效果的各种因素（比如市场需求和各种价格）的未来变化带有不确定性；而且由于测算项目现金流量时，各种数据（比如投资额、产量）缺乏足够的信息或测算方法上的误差，使得项目经济效果评价指标值带有不确定性。因此可以说，不确定性是所有项目固有的内在特性。只是对不同的项目，这种不确定性的程度有大有小。一般情况下，产生不确定性或风险的主要原因如下：

1. 项目基础数据的偏差

项目经济评价都是基于确定的数据为基础而进行的，如项目总投资、建设期、年销售数量、产品价格、年经营成本、年利率、设备残值等基础数据，由于项目经济评价的着眼点是"未来"，而"未来"始终存在不确定性因素，因此，对项目基础数据的预测与估计肯定存在偏差,而这将关系到项目经济评价的结果。

2. 通货膨胀

由于有通货膨胀的存在,会产生物价的浮动,从而会影响项目评价中所用的价格,进而导致诸如建设投资、年销售收入、年经营成本、基准收益率等数据与实际发生偏差。

3. 技术进步

技术进步会引起新老产品和工艺的替代,这样,根据原有技术条件和生产水平所佔计出的年销售收入等指标就会与实际值发生偏差。

4. 市场供求结构的变化

这种变化会影响到产品的市场供求状况,进而对某些指标值产生影响。

5. 其他外部影响因素

如政府政策的变化,新的法律、法规的颁布,国际政治经济形势的变化等,均会对项目的经济效果产生一定的甚至是难以预料的影响。

当然,还有其他一些影响因素。在项目经济评价中,如果要全面分析这些因素的变化对项目经济效果的影响是十分困难的,因此在实际工作中,往往需要着重分析和把握那些对项目影响大的关键因素,以期取得较好的效果。

8.1.3 不确定性分析的作用

不确定性分析是项目经济评价中的一个重要内容,进行不确定性评价具有如下作用:

1. 进行不确定性分析在一定程度上可以避免投资决策的失误。因为项目经济评价都是以项目未来的基础数据进行评价的,由于不确定性因素的存在,这些基础数据的预测值与实际值之间往往存在着差异,甚至很大的差距,仅凭一些基础数据所做的确定性分析为依据来取舍项目,就可能会导致投资决策的失误。如某项目的基准折现率 i_c 为 8%,根据项目基础数据求出项目的内部收益率为 10%,由于内部收益率大于标准折现率,根据方案评价准则自然会认为项目是可行的。但如果凭此就做出投资决策则是欠周到的,因为还没有考虑到不确定性问题。如果在项目实施的过程中存在通货膨胀,并且通货膨胀率高于 2%,则项目的风险就很大,甚至会变成不可行的。

2. 进行不确定性分析可以掌握不确定性因素对项目经济评价的影响程度。通过预测不确定性因素在什么范围内变化,分析这些因素变化对项目经济效果的影响程度,可以找出影响项目经济评价效果的不确定性因素,分析项目抗风险的程度。

3. 进行不确定性分析可以为提出防范项目风险的措施提供依据。针对通过不确定性分析所找出的不确定性因素,可以提出相应的防范措施以减少不确定性因素对项目经济效果的影响程度,提高项目的风险防范能力,进而提高项目投资决策的科学性和可靠性。

8.1.4 不确定性分析与风险分析的方法

常用的不确定分析方法有盈亏平衡分析、敏感性分析。常用的风险分析方法有概率分析、蒙特卡洛模拟分析、层次分析法、专家打分法等。一般来讲,盈亏平衡分析只适用于项目的财务评价,而敏感性分析和概率分析则可同时用于财务评价和国民经济评价。

8.2 盈亏平衡分析

8.2.1 盈亏平衡分析的概念

盈亏平衡分析是指在一定市场、生产能力及经营管理条件下(即假设在此条件下生产量等于销售量),通过计算项目达产年的盈亏平衡点,分析项目成本与收入的平衡关系,判断项目对产出品数量变化的适应能力和抗风险能力。

根据成本总额对产量的依存关系,全部成本可以分成固定成本和变动成本两部分。固定成本主要包括(计件工资除外)、折旧费、无形资产及其他资产摊销费、修理费和其他费用等。为简化计算,财务费用一般也将其作为固定成本。盈亏平衡点通过正常年份的产量或者销售量、可变成本、固定成本、产品价格和销售税金及附加等数据计算。在一定期间把成本分解成固定成本和变动成本两部分后,再同时考虑收入和利润,建立关于成本、产销量和利润三者关系的数学模型,这个数学模型的表达形式为:

$$利润 = 销售收入 - 总成本 - 税金 \qquad (8-1)$$

盈亏平衡分析分为线性盈亏平衡分析和非线性盈亏平衡分析,项目评价中仅进行线性盈亏平衡分析。

8.2.2 线性盈亏平衡分析

1. 线性盈亏平衡分析的前提条件

(1) 产量等于销售量,即当年生产的产品(服务,下同)当年销售出去;
(2) 产量变化,单位可变成本不变,从而总成本费用成为产量的线性函数;
(3) 产量变化,销售单价不变,从而销售收入成为销售量的线性函数;
(4) 按单一产品计算,当生产多种产品,应换算为单一产品计算,不同产品的生产负荷率的变化应保持一致。

2. 线性盈亏平衡分析的基本公式

假设产量等于销售量,并且项目的销售收入与总成本费用均是产量的线性函

数,则式中:

销售收入 = 单位售价 × 销量

总成本费用 = 变动成本 + 固定成本 = 单位变动成本 × 产量 + 固定成本

销售税金 = (单位产品销售税金 + 单位产品增值税) × 销售量

将销售收入、总成本费用和销售税金的公式带入利润的公式,则利润的数学公式如下:

$$B = PQ - C_V Q - C_F - T \times Q \tag{8-2}$$

式中　B——表示利润;

P——表示单位产品售价;

Q——表示产销量;

T——表示单位产品销售税金及附加(当投入产出都按不含税价格时,T不包括增值税);

C_V——表示单位产品变动成本;

C_F——表示固定总成本。

式(8-2)明确表达了量本利之间的数量关系,是基本的损益方程式。它含有相互联系的6个变量,给定其中5个,便可求出另一个变量的值。将式(8-2)的关系反映在直角坐标系中,即成为基本的量本利图,如图8-1所示。

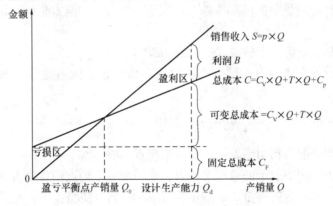

图8-1　线性盈亏平衡分析图

图8-1中的横坐标为产销量,在这里假定产出量等于销售量。纵坐标为金额(总成本和销售收入)。假定在一定时期内,产品价格不变时,销售收入S随产销数量的增加而增加,呈线性函数关系,在图形上就是以零为起点的斜线。产品总成本C是固定总成本和变动总成本之和,当单位产品的变动成本和销售税金不变时,总成本也呈线性变化。

从图8-1可知,销售收入线与总成本线的交点是盈亏平衡点(Break-Even Point,简称BEP),也叫保本点。表明企业在此产销量下总收入与总成本相等,既没有利润,也不发生亏损。在此基础上,增加产销量,销售收入超过总成本,收入线与成本线之间的距离为利润值，形成盈利区；反之，形成亏损区。

所谓盈亏平衡分析，就是将项目投产后的产销量作为不确定因素，通过计算企业或项目的盈亏平衡点的产销量，据此分析判断不确定性因素对方案经济效果的影响程度，说明方案实施的风险大小及投资项目承担风险的能力，为投资决策提供科学依据。根据生产成本及销售收入与产销量之间是否呈线性关系，盈亏平衡分析又可进一步分为线性盈亏平衡分析和非线性盈亏平衡分析。

3. 线性盈亏平衡点的表达形式

（1）以产销量（工程量）表示盈亏平衡点的盈亏平衡分析方法

从图 8-1 可见，当企业在小于 Q_0 的产销量下组织生产，则项目亏损；在大于 Q_0 的产销量下组织生产，则项目盈利。显然产销量 Q_0 是盈亏平衡点（BEP）的一个重要表达形式。令式（8-2）中利润 $B=0$，即可导出以产销量表示的盈亏平衡点 BEP（Q），其计算式如下：

$$BEP(Q) = \frac{C_F}{P - C_V - T} \tag{8-3}$$

对建设项目运用盈亏平衡点分析时应注意：盈亏平衡点要按项目投产后的正常年份计算，而不能按计算期内的平均值计算。

从图 8-1 中可以看到，盈亏平衡点越低，达到此点的盈亏平衡产销量就越少，项目投产后的盈利的可能性越大，适应市场变化的能力越强，抗风险能力也越强。

（2）用销售单价表示的盈亏平衡点 BEP（P）

如果按设计生产能力进行生产和销售，BEP 还可以由盈亏平衡点价格 BEP（P）来表达，即：

$$BEP(P) = \frac{C_F}{Q} + C_V + T \tag{8-4}$$

（3）用生产能力利用率表示的盈亏平衡点 BEP（%）

生产能力利用率表示的盈亏平衡点，是指盈亏平衡点销售量占企业正常销售量的比重。所谓正常销售量，是指正常市场和正常开工情况下，企业的销售数量也可以用销售金额来表示。

$$BEP(\%) = \frac{BEP(Q)}{Q} = \frac{C_F}{(P - C_V - T) \times Q} \tag{8-5}$$

（4）用销售额表示的盈亏平衡点销售额 BEP（S）

单一产品企业在现代经济中只占少数，大部分企业产销多种产品。多品种企业可以使用销售额来表示盈亏临界点。

$$BEP(S) = \frac{P \times C_F}{P - C_V - T} \tag{8-6}$$

【例 8-1】 项目设计生产能力为年产 50 万件产品，根据资料分析，估计单位产品价格为 100 元,单位产品可变成本为 80 元,固定成本为 300 万元,试用产量、生产能力利用率、销售额、单位产品价格分别表示项目的盈亏平衡点。已知该产品销售税金及附加的合并税率为 5%。试计算该项目的产量、价格、生产能力利用率、销售额的盈亏平衡点。

【解】 由公式 (8-3)、(8-4)、(8-5)、(8-6) 计算可得:

$$BEP(Q) = \frac{C_F}{P - C_V - T} = \frac{300}{100 - 80 - 100 \times 5\%} = 20(万件)$$

$$EBP(P) = \frac{C_F}{Q} + C_V + T = \frac{300}{50} + 80 + BEP(P) \times 5\%$$

$$BEP(P) = \frac{86}{1 - 5\%} = 90.53(元)$$

$$BEP(\%) = \frac{C_F}{(P - C_V - T) \times Q} = \frac{300}{(100 - 80 - 100 \times 5\%) \times 50} \times 100\% = 40\%$$

$$BEP(S) = \frac{P \times C_F}{P - C_V - T} = \frac{100 \times 300}{100 - 80 - 100 \times 5\%} = 2000(万元)$$

盈亏平衡点反映了项目对市场变化的适应能力和抗风险能力。从图 8-1 中可以看出,盈亏平衡点越低,达到此点的盈亏平衡产量和收益或成本也就越少,项目投产后的盈利的可能性越大,适应市场变化的能力越强,抗风险能力也越强。根据经验,若 BEP(%) < 70%,则项目相当安全,或者说可以承受较大的风险。

线性盈亏平衡分析方法简单明了,但这种方法在应用中有一定的局限性,主要表现在实际的生产经营过程中,收益和支出与产品产量之间的关系往往是呈现出一种非线性的关系,这时就需要用到非线性盈亏平衡分析方法。

8.2.3 非线性盈亏平衡分析

在垄断竞争下,随着项目产销量的增加,市场上产品的单位价格就要下降,因而销售收入与产销量之间是非线性关系;同时,企业增加产量时原材料价格可能上涨,同时要多支付一些加班费、奖金以及设备维修费,使产品的单位可变成本增加,从而总成本与产销量之间也成非线性关系;这种情况下盈亏平衡点可能出现一个以上,如图 8-2 所示。

【例 8-2】 某企业投产以后,正常年份的年固定成本为 66000 元,单位变动成本为 28 元,单位销售价为 55 元。由于原材料整批购买,每多生产一件产品,单位变动成本可降低

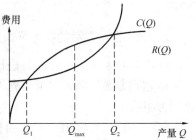

图 8-2 非线性盈亏平衡分析

0.001元；销量每增加一件产品，售价下降0.0035元。试求盈亏平衡点及最大利润时的销售量。

问题：(1) 求盈亏平衡点的产量 Q_1 和 Q_2。
(2) 求最大利润时的产量 Q_{max}。

【解】 (1) 单位产品的售价为：$(55 - 0.0035Q)$；
单位产品的变动成本为：$(28 - 0.001Q)$；

$$C(Q) = 66000 + (28 - 0.001Q) \times Q$$
$$= 66000 + 28Q - 0.001Q^2$$
$$R(Q) = 55Q - 0.0035Q^2$$

根据盈亏平衡原理：

$$C(Q) = R(Q)$$

即
$$66000 + 28Q - 0.001Q^2 = 55Q - 0.0035Q^2$$
$$0.0025Q^2 - 27Q + 66000 = 0$$

解得：
$Q_1 = 3470$ 件
$Q_2 = 7060$ 件

(2) 由 $B = R - C$，可得：

$$B = -0.0025Q^2 + 27Q - 66000$$

令 $B(Q) = 0$ 得：

$$-0.005Q + 27 = 0$$

$$Q_{max} = \frac{27}{0.005} = 5400(件)$$

如果一个企业生产多种产品，可换算成单一产品，或选择其中一种不确定性最大的产品进行分析。运用盈亏平衡分析，在方案选择时应优先选择平衡点较低者，盈亏平衡点越低意味着项目的抗风险能力越强，越能承受意外的风吹草动。

8.2.4 互斥方案的盈亏平衡分析

在需要对若干个互斥方案进行比选的情况下，如果有某一个共有的不确定因素影响这些方案的取舍，可以先求出两两方案的盈亏平衡点，再根据盈亏平衡点进行方案取舍。

【例8-3】 某房地产开发商拟投资开发建设住宅项目，建筑面积为5000m²到10000m²，现有 A、B、C 三种建设方案，各方案的技术经济数据见表8-1。现假设资本利率为5%，试确定各建设方案经济合理的建筑面积范围。

8.2 盈亏平衡分析

各方案的费用数据　　　　　　　表 8-1

方　案	造价（元/m²）	运营费（万元）	寿命（年）
方案 A	1200	35	50
方案 B	1450	25	50
方案 C	1750	15	50

【解】　假设建筑面积为 x，则各方案的年度总成本为：

$$AC(x)_A = 1200 \times (A/P, 5, 50) + 350000$$

$$AC(x)_B = 1450 \times (A/P, 5, 50) + 250000$$

$$AC(x)_C = 1750 \times (A/P, 5, 50) + 150000$$

令：$AC(x)_A = AC(x)_B$，求得 $x_{AB} = 7299 \text{m}^2$

$AC(x)_B = AC(x)_C$，求得 $x_{BC} = 6083 \text{m}^2$

$AC(x)_A = AC(x)_C$，求得 $x_{AC} = 6636 \text{m}^2$

以横轴表示建筑面积，纵轴表示年度总成本，绘出盈亏平衡图，如图 8-3 所示。从图中可以看出，当建筑面积小于 6083m² 时，方案 C 为优，当建筑面积为 6083m²～7299m² 时，方案 B 为优；当建筑面积为大于 7299m² 时，方案 A 为优。

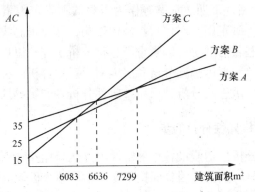

图 8-3　各方案盈亏平衡分析图

盈亏平衡分析虽然能够度量项目风险的大小，但并不能揭示产生项目风险的根源。虽然我们知道降低盈亏平衡点就可以降低项目的风险，提高项目的安全性，也知道降低盈亏平衡点可采取降低固定成本的方法，但是如何降低固定成本，应该采取哪些可行的方法或通过哪些有效的途径来达到这个目的，盈亏平衡分析并没有给出答案，还需采用其他一些方法来帮助达到这个目的。因此，在应用盈亏平衡分析时，应注意使用的场合及欲达到的目的，以便能够正确的运用这种方法。

8.3 敏感性分析

8.3.1 敏感性分析的概念

敏感性分析系指通过分析不确定性因素发生增减变化时，对财务或经济评价指标的影响，并计算敏感度系数和临界点，找出敏感因素。

敏感性分析是建设项目评价中应用十分广泛的一种技术，用以考察项目涉及的各种不确定因素对项目基本方案经济评价指标的影响，找出敏感因素，估计项目效益对它们的敏感程度，粗略预测项目可能承担的风险，为进一步的风险分析打下基础。

敏感性分析的目的和作用包括：①研究影响因素所引起的经济效果指标变动的范围；②找出影响拟建项目经济效果的最敏感因素；③通过多方案敏感性大小的对比，选取敏感性小的方案，即风险小的方案；④通过对可能出现的最有利与最不利的经济效果范围的分析，用寻找替代方案或对原方案采取某些控制措施的办法，来确定最现实的方案。

一个项目在其建设与生产经营的过程中，由于项目内外部环境的变化，许多因素都会发生变化。一般将建设投资、产品价格、产品成本、产品产量（生产负荷）、主要原材料价格、工期、汇率等作为考察的不确定因素。敏感性分析不仅可以使决策者了解不确定因素对评价指标的影响，从而提高决策的准确性，还可以启发评价者对那些较为敏感的因素重新进行分析研究，以提高预测的可靠性。

敏感性分析有单因素敏感性分析和多因素敏感性分析两种。通常只要求进行单因素敏感性分析。敏感性分析结果用敏感性分析表和敏感性分析图表示。

8.3.2 单因素敏感性分析的步骤

单因素敏感性分析是指假设备不确定性因素之间相互独立，每次只改变一个因素的数值来进行分析，其他因素保持不变，估算单个因素的变化对项目效益的影响。单因素敏感性分析是敏感性分析的基本方法。

单因素敏感性分析一般按以下步骤进行：

1. 确定敏感性分析指标

建设项目经济评价有一套完整的财务评价指标，敏感性分析可以选定其中一个或几个主要指标进行分析，最基本的分析指标是内部收益率。根据项目的实际情况也可以选择净现值或投资回收期评价指标，必要时可同时针对两个或两个以上指标进行敏感性分析。

如果主要分析方案状态和参数变化对方案投资回收快慢的影响，则可选用投资回收期作为分析指标；如果主要分析产品价格波动对方案超额净收益的影响，则可选用财务净现值作为分析指标；如果主要分析投资大小对方案资金回收能力的影响，则可选用财务内部收益率指标等。

如果在机会研究阶段，主要是对项目的设想和鉴别，确定投资方向和投资机会。此时，各种经济数据不完整，可信程度低，深度要求不高，可选用静态的评价指标，常采用的指标是投资收益率和投资回收期。如果在初步可行性研究和可行性研究阶段，则需选用动态的评价指标，常用财务净现值、财务内部收益率，也可以辅之以投资回收期。

2. 选择需要分析的不确定性因素

根据项目特点，结合经验判断选择对项目经济效益影响较大且重要的不确定因素进行分析。经验表明，主要对产出物价格、建设投资、主要投入物价格或可变成本、生产负荷、建设工期及汇率等不确定因素进行敏感性分析。

3. 分析每个不确定性因素的波动程度及其对分析指标可能带来的增减变化情况

首先，对所选定的不确定性因素，应根据实际情况设定这些因素的变动幅度，其他因素固定不变。敏感性分析一般是选择不确定因素的变化的百分率为±5%、±10%、±20%等；对于不便于使用百分数表示的因素，例如建设工期，可采用延长一段时间表示，如延长1年；其次，计算不确定性因素每次变动对经济评价指标的影响。对每一因素的每一次变动，均重复以上计算，然后，把因素变动及相应指标变动结果用表（如表8-2所示）或图（如图8-5所示）的形式表示出来，以便于测定敏感因素。

单因素变化对财务净现值（NPV）大小的影响（单位：万元） 表8-2

项 目 \ 变化幅度	-20%	-10%	0	10%	20%	平均+1%	平均-1%
投资额	361.21	241.21	121.21	1.21	-118.79	-9.90%	9.90%
产品价格	-308.91	-93.85	121.21	336.28	551.34	17.75%	-17.75%
经营成本	293.26	207.24	121.21	35.19	-50.83	-7.10%	7.10%

4. 确定敏感性因素

敏感性分析的目的在于寻求敏感因素。由于各因素的变化都会引起经济指标一定的变化，但其影响程度却各不相同。有些因素可能仅发生较小幅度的变化就能引起经济评价指标发生大的变动，而另一些因素即使发生了较大幅度的变化，对经济评价指标的影响也不是太大。前一类因素称为敏感性因素，后一类因素称为非敏感性因素。敏感性分析的目的在于寻求敏感因素，可以通过计算敏感度系数和临界点来判断。

(1) 敏感度系数

敏感度系数是指表示项目评价指标对不确定因素的敏感程度。计算公式为：

$$S_{AF} = \frac{\Delta A/A}{\Delta F/F} \tag{8-7}$$

式中 S_{AF}——评价指标 A 对于不确定因素 F 的敏感度系数；

$\Delta F/F$——不确定因素 F 的变化率（%）；

$\Delta A/A$——不确定因素 F 发生 ΔF 变化率时，评价指标 A 的相应变化率（%）。

$S_{AF}>0$，表示评价指标与不确定因素同方向变化；$S_{AF}<0$，表示评价指标与不确定因素反方向变化。S_{AF} 的绝对值越大，表明评价指标 A 对于不确定因素 F 越敏感；反之，则越不敏感。

【例 8-4】 某项目基本方案的财务净现值 $NPV=121.21$ 万元，现假设影响财务净现值大小的 3 个主要因素投资额、产品价格和经营成本变动幅度分别为 $\pm10\%$，每个因素单独变动后的财务净现值列在表 8-2 中。试计算财务净现值对投资额、产品价格和经营成本的敏感度系数。

【解】 财务净现值对投资额的敏感度系数计算如下：

$$S_{AF} = \frac{\Delta A/A}{\Delta F/F} = \frac{\frac{241.21-121.21}{121.21} \times 100\%}{-10\%-0} = -9.9$$

或 $S_{AF} = \dfrac{\frac{1.21-121.21}{121.21} \times 100\%}{10\%-0} = -9.9$

同理，财务净现值对产品价格的敏感度系数计算结果为 17.75。财务净现值对经营成本的敏感度系数计算结果为 -7.10。根据计算所得财务净现值对投资额、产品价格和经营成本的敏感度系数，可知财务净现值对产品价格的变动最敏感。

(2) 临界点

临界点是指项目允许不确定因素向不利方向变化的极限值。超过极限，项目的效益指标将不可行。例如，当产品价格下降至某一值时，财务内部收益率将刚好等于基准收益率，此点称为产品价格下降的临界点。临界点可用临界点百分比或者临界值分别表示某一变量的变化达到一定的百分比或者一定数值时，项目的效益指标将从可行转变为不可行。临界点可用专用软件的财务函数计算，也可由敏感性分析图直接求得近似值。

5. 方案选择

如果进行敏感性分析的目的是对不同的投资项目或某一项目的不同方案进行选择，一般应选择敏感程度小、承受风险能力强、可靠性大的项目或方案。

【例 8-5】 某投资方案设计年生产能力为 10 万台，计划项目投产时总投资为 1200 万元，其中建设投资为 1150 万元，流动资金为 50 万元；预计产品价格为 39 元/台；销售税金及附加为销售收入的 10%；年经营成本为 140 万元；方案寿命期为10年；到期时预计固定资产余值为30万元，基准折现率为10%，试进行投资额、单位产品价格、经营成本等影响因素对该投资方案做敏感性分析。

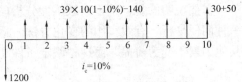

图 8-4 现金流量图

【解】 所绘制的现金流量图如图 8-4 所示。

选择净现值为敏感性分析的对象。根据净现值的计算公式，可计算出项目在初始条件下的净现值。

$$FNPV_0 = -1200 + [39 \times 10 \times (1 - 10\%) - 140] \times (P/A, 10\%, 10) + 80 \times (1 + 10\%)^{-10} = 121.21 \text{ 万元}$$

由于 $FNPV_0 > 0$，该项目是可行的。

以下对项目进行敏感性分析。

取定三个因素：投资额、产品价格和经营成本，然后令其逐一在初始值的基础上按 ±10%、±20% 的变化幅度变动，分别计算相对应的财务净现值的变化情况，得出结果如表 8-2 及图 8-5 所示。

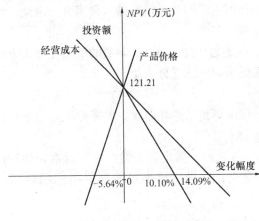

图 8-5 单因素敏感性分析图

由表 8-2 和图 8-5 可以看出，在各个变量因素变化率相同的情况下，产品价格的变动对净现值的影响程度最大。当其他因素均不发生变化时，产品价格每下降1%，净现值下降 17.75%，并且还可以看出，当产品价格下降幅度超过 5.64% 时，财务净现值将由正变负，也即项目由可行变为不可行。对财务净现值影响较大的因素是投资额，当其他因素均不发生变化时，投资额每增加 1%，财务净现值将下降 9.90%，当投资额增加的幅度超过 10.10% 时，财务净现值由正变负，项目变为不可行。对财务净现值影响最小的因素是经营成本，在其他因素均不发生变化的情况下，经营成本每上升1%，财务净现值下降 7.10%，当经营成本上升幅度超过 14.09% 时，财务净现值由正变负，项目变为不可行。

由此可见，按财务净现值对各个因素的敏感程度来排序，依次是：产品价格、投资额、经营成本，最敏感的因素是产品价格。因此，从方案决策的角度来讲，应该对产品价格进行进一步更准确的测算，因为从项目风险的角度来讲，如果未来产品价格发生变化的可能性较大，则意味着这一投资项目的风险性亦较大。

需要说明的是，单因素敏感性分析虽然对于项目分析中不确定因素的处理是一种简便易行、有效实用的变化方法，适用于分析最敏感的因素。但它是以假定其他因素不变为前提，而这种假定条件在实际经济活动中是很难实现的。

8.3.3 多因素敏感性分析

多因素敏感性分析是对两个或两个以上互相独立的不确定因素同时变化时，分析这些变化的因素对经济评价指标的影响程度和敏感程度。

单因素敏感性分析的方法简单，但其不足在于忽略了各因素之间相互作用的可能性。实际上，一个因素的变动往往也伴随着其他因素的变动。例如固定资产投资的变化可能导致设备残值的变化；产品价格的变化可能引起需求量的变化，从而引起市场销售量的变化，等等。多因素敏感性分析考虑了这种相关性，因而能反映几个因素同时变动对项目评价指标产生的综合影响，弥补了单因素分析的局限性，更全面地揭示了事物的本质。因此，在对一些有特殊要求的项目进行敏感性分析时，除进行单因素敏感性分析外，还应进行多因素敏感性分析。多因素敏感性分析由于要考虑可能发生的各种因素不同变动情况的多种组合，因此，计算起来要比单因素敏感性分析复杂得多。

多因素敏感性分析方法有两种：一是把一次改变一个参数的敏感性分析方法应用到多参数的敏感性分析；二是采用乐观—悲观分析法。

1. 敏感面分析法

一次改变一个参数的敏感性分析可以得到敏感性曲线。如果分析2个参数同时变化的敏感性，则可以得到敏感面。

【例 8-6】 某项目有关数据如表 8-3 所示。假定最关键的可变因素为初始投资与年收入，并考虑它们同时发生变化，试进行该项目净年值指标的敏感性分析。

某项目有关数据表（单位：万元） 表 8-3

项目	初始投资	寿命（年）	残值	年收入	年支出	折现率
估计值	10000	5	2000	5000	2200	8%

【解】 令 x、y 分别代表初始投资及年收入变化的百分数，则可得项目必须满足下式才能成为可行：

$$NAV = -10000(1+x)(A/P, 8\%, 5) + 5000(1+y)$$
$$-2200 + 2000(A/F, 8\%, 5)$$
$$= 636.32 - 2504.60x + 500y$$

如果 $NAV \geq 0$ 或 $636.32 - 2504.60x + 500y \geq 0$，则该投资方案可以盈利 8% 以上。将以上不等式绘制成图形，就得到如图 8-6 所示的两个区域。这是一个直线方程，在临界线上 $NAV = 0$，在临界线左上方的区域 $NAV > 0$，在临界线右下方的区域 $NAV < 0$，其中所希望的区域 $NAV \geqslant 0$ 占优势。如果预计造成 ±20% 的估计误差，则 NAV 对投资增加比较敏感。例如投资增加 10%，年收入减少 10%，则 $NAV < 0$，此时便达不到 8% 的基准收益率。

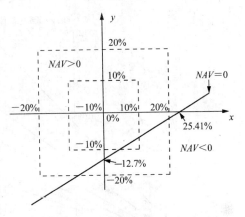

图 8-6　2 个参数的敏感性分析图

【例 8-7】　假设上例中寿命也是一个重要的敏感性参数，试进行初始投资、年收入和寿命 3 个参数同时变化的敏感性分析。

【解】　要推导出一个 3 维的敏感性分析数学表达式是困难的。但可以先根据每一可能的方案寿命画出来的一组盈亏线来考察 NAV，然后根据结果考察改变这 3 个参数的估计误差的敏感性。

设以 t（寿命）为自变量，则有：

$$NAV(t) = -10000(1+x)(A/P,8\%,t) + 5000(1+y) \\ -2200 + 2000(A/F,8\%,t) \geqslant 0$$

$NAV(2) = -1846.62 - 5607.70x + 5000y \geqslant 0$；
$y \geqslant 0.369 + 1.121x$；
$NAV(3) = -464.24 - 3880.30x + 5000y \geqslant 0$
$y \geqslant 0.093 + 0.776x$；
$NAV(4) = -224.64 - 3019.20x + 5000y \geqslant 0$；
$y \geqslant -0.045 + 0.604x$；
$NAV(5) = -636.32 - 2504.60x + 5000y \geqslant 0$；
$y \geqslant -0.127 + 0.500x$；
$NAV(6) = -909.44 - 2163.20x + 5000y \geqslant 0$；
$y \geqslant -0.182 + 0.433x$；
$NAV(7) = -1121.15 - 1920.70x + 5000y \geqslant 0$；
$y \geqslant 0.224 + 0.384x$。

根据以上方程可画出如图 8-7 所示的一组盈亏线。在寿命盈亏线上的区域 $NAV > 0$，在盈亏线以下的区域 $NAV < 0$。

由图 8-7 看出，在初始投资（x）和年收入（y）偏离最可能值 ±20% 的变化范围内，当 $t = 5$、6、7 时，均显示良好的投资盈利效果。但当 $t = 4$ 时，所需投资和年收入的允许变动范围非常小。例如，当 $t = 4$ 时，如果投资增加 20%，为了使 $NAV > 0$，年收入至少必须增加 7.5%。

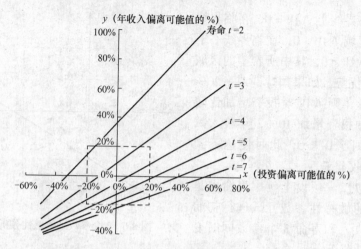

图 8-7　3 个参数的敏感性分析图

2. 乐观—悲观分析法

多因素敏感性分析要考虑可能发生的多种因素不同变动幅度的多种组合，计算起来要比单因素敏感性分析复杂得多。当分析的不确定因素不超过 3 个，且指标计算比较简单时，可以采用乐观—悲观分析法。

乐观—悲观分析法的基本思路是：对技术方案的各种参数分别给出三个预测值（估计值），即悲观的预测值 P，最可能的预测值 M，乐观的预测值 O。根据这三种预测值即可对技术方案进行敏感性分析并做出评价。

【例 8-8】　某企业准备购置新设备，投资、寿命等数据如表 8-4 所示，假设 $i_c = 8\%$，试就使用寿命、年支出和年销售收入三项因素按最有利、很可能和很不利三种情况，进行净现值敏感性分析。

新设备的相关数据（单位：万元）　　　　　表 8-4

因素变化	总投资	使用寿命	年销售收入	年支出
最有利（O）	15	18	11	2
很可能（M）	15	10	7	4.3
最不利（P）	15	8	5	5.7

【解】　计算过程如表 8-5 所示。在表 8-4 中最大的 NPV 是 69.35 万元，即寿命、销售收入、年支出均处于最有利状态时，

$$NPV = (11 - 2)(P/A, 8\%, 18) - 15 = 9 \times 9.372 - 15 = 69.35(万元)$$

在表 8-4 中，最小的 NPV 是 -21.56 万元，即寿命在 O 状态，销售收入和年支出在 P 状态时，

$$NPV = (5 - 5.7) \times (P/A, 8\%, 18) - 15 = -0.7 \times 9.372 - 15 = -21.56(万元)$$

乐观—悲观敏感性分析（单位：万元）　　　　表 8-5

净现值	年支出								
	O			M			P		
年销售收入	寿　　命								
	O	M	P	O	M	P	O	M	P
O	69.35	45.39	36.72	47.79	29.89	23.50	34.67	20.56	15.46
M	31.86	18.55	13.74	10.3	3.12	0.52	-2.82	-6.28	-7.53
P	13.12	5.13	2.24	8.44	-10.30	-10.98	-21.56	-19.70	-19.00

3. 敏感性分析的优缺点

综上所述，敏感性分析在一定程度上就各种不确定因素的变动对方案经济效果的影响作了定量描述。这有助于决策者了解方案的风险情况，有助于确定在决策过程中及各方案实施过程中需要重点研究与控制的因素。

但是，敏感性分析没有考虑各种不确定因素在未来发生变化的概率，这可能会影响分析结论的准确性。实际上，各种不确定因素在未来发生某一幅度变动的概率一般是有所不同的。可能有这样的情况，通过敏感性分析找出的某一敏感因素未来发生不利变动的概率很小，因而实际上所带来的风险并不大，以至于可以忽略不计；而另一不太敏感的因素未来发生不利变动的概率却很大，实际上所带来的风险比那个敏感因素更大。这种问题是敏感性分析所无法解决的，必须借助于风险概率分析方法。

8.4　风　险　分　析

8.4.1　项目风险分析的概念

项目风险分析是指风险管理主体通过风险识别、风险评价去认识项目的风险，并以此为基础，合理地使用风险回避、风险控制、风险分散、风险转移等管理方法、技术和手段对项目的风险进行有效的控制。项目风险分析是在市场预测、技术方案、工程方案、融资方案和社会评价论证中已进行的初步风险分析的基础上，进一步综合分析识别拟建项目在建设和运营中潜在的主要风险因素，揭示风险来源，判别风险程度，提出规避风险对策，降低风险损失。

在可行性研究阶段，项目风险分析是研究分析产品（或服务）的销售量、销售价格、产品成本、投资、建设工期等风险变量可能出现的各种状态及概率分布，计算项目评价指标内部收益率、净现值等的概率分布，以确定项目偏离预期指标的程度和发生偏离的概率，判断项目的风险程度，从而为项目决策提供依据。

8.4.2 影响项目效益的风险因素

影响项目实现预期经济目标的风险因素来源于法律法规及政策、市场供需、资源开发与利用、技术的可靠性、工程方案、融资方案、组织管理、环境与社会、外部配套条件等一个方面或几个方面。

影响项目效益的风险因素可归纳为下列内容：

(1) 项目收益风险：产出品的数量（服务量）与预测（财务与经济）价格；

(2) 建设风险：建筑安装工程量、设备选型与数量、土地征用和拆迁安置费、人工、材料价格、机械使用费及取费标准等；

(3) 融资风险：资金来源、供应量与供应时间等；

(4) 建设工期风险：工期延长；

(5) 运营成本费用风险：投入的各种原料、材料、燃料、动力的需求量与预测价格、劳动力工资、各种管理费取费标准等；

(6) 政策风险：税率、利率、汇率及通货膨胀率等。

8.4.3 项目风险分析的程序

项目风险分析程序是指对项目风险进行管理的一个系统的、循环的工作流程，包括风险识别、风险估计、风险评价、风险应对四个方面内容。

1. 风险识别

风险识别应采用系统论的观点对项目全面考察综合分析，找出潜在的各种风险因素，并对各种风险进行比较、分类，确定各因素间的相关性与独立性，判断其发生的可能性及对项目的影响程度，按其重要性进行排队，或赋予权重。

2. 风险估计

风险估计应采用主观概率和客观概率的统计方法，确定风险因素的概率分布，运用数理统计分析方法，计算项目评价指标相应的概率分布或累计概率、期望值、标准差。

3. 风险评价

风险评价应根据风险识别和风险估计的结果，依据项目风险判别标准，找出影响项目成败的关键风险因素。项目风险大小的评价标准应根据风险因素发生的可能性及其造成的损失来确定，一般采用评价指标的概率分布或累计概率、期望值、标准差作为判别标准，也可采用综合风险等级作为判别标准。

具体操作应符合下列要求：

(1) 以评价指标作判别标准。

①财务（经济）内部收益率大于等于基准收益率的累计概率值越大，风险越小；标准差越小，风险越小；

②财务（经济）净现值大于等于零的累计概率值越大，风险越小；标准差越

小，风险越小。

（2）以综合风险等级作判别标准。

根据风险因素发生的可能性及其造成损失的程度，建立综合风险等级的矩阵，将综合风险分为K级、M级、T级、R级、I级，见表8-6。

综合风险等级分类表　　　　　　　　　　　　　　　表8-6

综合风险等级		风险影响的程度			
		严重	较大	适度	轻微
风险的可能性	高	K	M	R	R
	较高	M	M	R	R
	适度	T	T	R	I
	低	T	T	R	I

4. 风险应对

风险应对根据风险评价的结果，研究规避、控制与防范风险的措施，为项目全过程风险管理提供依据。

（1）风险应对的原则。

风险应对措施应具有针对性、可行性、经济性，并贯穿于项目评价的全过程。

（2）决策阶段风险应对的主要措施。

①提出多个备选方案，通过多方案的技术、经济比选，选择最优方案；

②对有关重大工程技术难题潜在风险因素提出必要研究与试验课题，准确地把握有关问题，消除模糊认识；

③对影响投资、质量、工期和效益等有关数据，如价格、汇率和利率等风险因素，在编制投资估算、制定建设计划与经济效益分析时，应留有充分的余地，谨慎决策，并在项目执行过程中实施有效监控。

（3）建设或生产经营期风险应对的主要措施。

建设或生产经营期的风险可建议采取回避、控制、分担、转移和自担措施。

①风险回避。风险回避是彻底规避风险的一种做法，即断绝风险的来源。它对投资项目可行性研究而言，意味着可能彻底改变方案甚至否定项目建设。例如，风险分析显示产品市场存在严重风险，若采取回避风险的对策，应做出缓建或者放弃项目的建议。需要指出，回避风险对策，在某种程度上意味着丧失项目可能获利的机会，因此只有当风险因素可能造成的损失相当严重或者采取措施防范风险的代价过于昂贵，得不偿失的情况下，才应采用风险回避对策。

②风险控制。风险控制是对可控制的风险，提出降低风险发生可能性和减少风险损失程度的措施，并从技术和经济相结合的角度论证拟采取控制风险措施的可行性与合理性。风险控制是一种主动、积极的风险对策。风险控制可分为预防

损失和减少损失两方面工作。预防损失措施的主要作用在于降低或消除（通常只能做到减少）损失发生的概率，而减少损失措施的作用在于降低损失的严重性或遏制损失的进一步发展，使损失最小化。一般来说，损失控制方案都应当是预防损失措施和减少损失措施的有机结合。在采用风险控制这一风险对策时，所制定的风险控制措施应当形成一个周密的、完整的损失控制计划系统。该计划系统一般应由预防计划、灾难计划和应急计划三部分组成。

③风险分担。风险分担是针对风险较大，投资人无法独立承担，或者为了控制项目的风险源，而采取与其他企业合资或合作等方式，共同承担风险、共享收益的方法。

④风险转移。风险转移，是指通过契约，将让渡人的风险转移给受让人承担的行为。通过风险转移过程有时可大大降低经济主体的风险程度，因为风险转移可使更多的人共同承担风险，或者受让人预测和控制损失的能力比风险让渡人大得多。风险转移可分为保险转移和非保险转移两种。

⑤风险自留。风险自留是将可能的风险损失留给拟建项目自己承担。这种方式适用于已知有风险存在，但可获高利回报且甘愿冒险的项目，或者风险损失较小，可以自行承担风险损失的项目。风险自留包括无计划自留、有计划自我保险。

(4) 结合综合风险因素等级的分析结果，应提出下列应对方案。

①K级：风险很强，出现这类风险就要放弃项目；

②M级：风险强，修正拟议中的方案，通过改变设计或采取补偿措施等；

③T级：风险较强，设定某些指标的临界值，指标一旦达到临界值，就要变更设计或对负面影响采取补偿措施；

④R级：风险适度（较小），适当采取措施后不影响项目；

⑤I级：风险弱，可忽略。

8.4.4 项目风险分析的方法

常用的风险分析方法包括概率树、决策树、蒙特卡洛模拟、专家调查法、层次分析法及CIM模型等分析方法，应根据项目具体情况，选用一种方法或几种方法组合使用。

根据项目特点及评价要求，风险分析可区别下列情况进行：

1. 财务风险和经济风险分析可直接在敏感性分析的基础上，采用概率树分析和蒙特卡罗模拟分析法，确定各变量（如收益、投资、工期、产量等）的变化区间及概率分布，计算项目内部收益率、净现值等评价指标的概率分布、期望值及标准差，并根据计算结果进行风险评估。

2. 建设项目需要进行专题风险分析时，风险分析应按风险识别、风险估计、风险评价、风险应对步骤进行。

3. 在定量分析有困难时，可对风险采用定性的分析。

8.4.5 项目风险的概率分析

概率分析是运用概率方法和数理统计方法，对风险因素的概率分布和风险因素对评价指标的影响进行定量分析。

概率分析，首先预测风险因素发生的概率，将风险因素作为自变量，预测其取值范围和概率分布；再将选定的评价指标作为因变量，测算评价指标的相应取值范围和概率分布，计算评价指标的期望值，以及项目成功的概率。

1. 概率分析的步骤

概率分析一般按下列步骤进行：

①选定一个或几个评价指标，通常是将财务内部收益率、财务净现值等作为评价指标。

②选定需要进行概率分析的风险因素，通常有产品价格、销售量、主要原材料价格、投资额，以及外汇汇率等。针对项目的不同情况，通过敏感性分析，选择最为敏感的因素进行概率分析。

③预测风险因素变化的取值范围及概率分布。一般分为两种情况：一是单因素概率分析，即设定一个自变量因素变化，其他因素均不变化，进行概率分析；二是多因素概率分析，即设定多个自变量因素同时变化，进行概率分析。

④根据测定的风险因素值和概率分布，计算评价指标的相应取值和概率分布。

⑤计算评价指标的期望值和项目可接受的概率。

⑥分析计算结果，判断其可接受性，研究减轻和控制风险因素的措施。

风险因素概率分布的测定是概率分析的关键，也是进行概率分析的基础。例如，将产品售价作为概率分析的风险因素，需要测定产品售价的可能区间和在可能区间内各价位发生变化的概率。风险因素概率分布的测定方法，应根据评价需要，以及资料的可得性和费用条件来选择，或者通过专家调查法确定，或者用历史统计资料和数理统计分析方法进行测定。

概率分析的方法有很多，这些方法大多是以项目经济评价指标（主要是 NPV）的期望值的计算过程和计算结果为基础的。这里介绍概率树分析法和决策树法。

2. 概率树分析

概率树分析是在构造概率树的基础上，计算项目净现值的期望值及净现值大于或等于零时的累计概率，以判断项目承担风险的能力。

(1) 概率树的构造

理论上，概率树分析适用于所有状态有限的离散变量，根据每个输入变量状态的组合计算项目评价指标。

若输入变量有 A,B,C,…,N,每个输入变量有 A_1,A_2,…,A_{m_1};B_1,B_2,…,B_{m_2};…;N_1,N_2,…,N_{m_n} 个各种状态发生的概率为 $P(A_i)$,$P(B_i)$,$P(C_i)$,…,$P(N_i)$。

$$\sum_{i=1}^{n_1} P\{A_i\} = P\{A_1\} + P\{A_2\} + \cdots + P\{A_{n_1}\} = 1 \qquad (8\text{-}8)$$

$$\sum_{i=1}^{n_2} P\{B_i\} = 1 \qquad (8\text{-}9)$$

$$\vdots$$

$$\sum_{i=1}^{n_N} P\{N_i\} = 1 \qquad (8\text{-}10)$$

状态组合共有 $m_1 m_2 m_3 \cdots m_n$ 个,相应的各种状态组合的联合概率为 $P\{A_i\} P\{B_i\} \cdots P\{N_i\}$。将所有风险变量的各种状态组合起来,分别计算在每种组合状态下的评价指标及相应的概率,得到评价指标的概率分布。然后统计出评价指标低于或高于基准值的累计概率,并绘制以评价指标为横轴,累计概率为纵轴的累计概率曲线。计算评价指标的期望值、方差、标准差和离散系数。

(2) 计算净现值的期望值、方差标准差和离散系数

期望值是用来描述随机变量的一个主要参数。期望值是在大量重复事件中随机变量取值的平均值,换句话说,是随机变量所有可能取值的加权平均值,权重为各种可能取值出现的概率。项目净现值的期望值、方差、标准差和离散系数计算公式如下:

$$E(NPV) = \sum_{i=1}^{n_n} NPV_i \times P_i \qquad (8\text{-}11)$$

$$D(NPV) = \Sigma [NPV_i - E(NPV)]^2 P_i \qquad (8\text{-}12)$$

$$\sigma(NPV) = \sqrt{D(NPV)} \qquad (8\text{-}13)$$

$$C_V = \frac{\sigma}{E(NPV)} \qquad (8\text{-}14)$$

(3) 净现值大于或等于零的概率计算

概率分析应求出净现值大于或等于零的概率,从该概率值的大小可以估计项目承受风险的程度,概率值越接近1,说明项目程度的风险越小,反之,项目承担的风险越大。

【例8-9】 已知某投资方案各种因素可能出现的数值及其对应的概率如表8-7所示。假设投资发生在期初,年净现金流量均发生在各年的年末。已知标准折现率为10%,试求其净现值的期望值。

8.4 风险分析

投资方案变量因素值及其概率　　　　　　　　　　　　　　表 8-7

投资额（万元）		年净收益（万元）		寿命期（年）	
数值	概率	数值	概率	数值	概率
120	30%	20	25%	10	100%
150	50%	28	40%		
175	20%	33	35%		

【解】　根据各因素的取值范围，共有 9 种不同的组合状态，如图 8-8 所示。

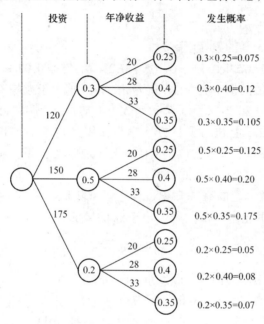

图 8-8　概率树

根据净现值的计算公式，可求出各种状态的净现值及其对应的概率如表 8-8 所示。

方案所有组合状态的概率及净现值　　　　　　　　　　　　表 8-8

投资额（万元）	120			150			175		
年净收益（万元）	20	28	33	20	28	33	20	28	33
组合概率	0.075	0.12	0.105	0.125	0.2	0.175	0.05	0.08	0.07
净现值（万元）	2.89	52.05	82.77	-27.11	22.05	52.77	-52.11	-2.95	27.77

根据净现值的期望值计算公式，可求出：

$E(NPV) = 2.89 \times 0.075 + 52.05 \times 0.12 + 82.77 \times 0.105 - 27.11 \times 0.125$
$\qquad + 22.05 \times 0.2 + 52.77 \times 0.175 - 52.11 \times 0.05 - 2.95 \times 0.08 + 27.77$

$$\times 0.07 = 24.51(万元)$$

$$\begin{aligned}
D(NPV) &= \Sigma[NPV_i - E(NPV)]^2 P_i \\
&= (2.89 - 24.51)^2 \times 0.075 + (52.05 - 24.51)^2 \times 0.12 + (82.77 - 24.51)^2 \\
&\quad \times 0.105 + (-27.11 - 24.51)^2 \times 0.125 + (22.05 - 24.51)^2 \times 0.2 \\
&\quad + (52.77 - 24.51)^2 \times 0.175 + (-52.11 - 24.51)^2 \times 0.05 \\
&\quad + (-2.95 - 24.51)^2 \times 0.08 + (27.77 - 24.51)^2 \times 0.07 = 1311.18
\end{aligned}$$

$$\sigma(NPV) = \sqrt{D(NPV)} = 36.21(万元)$$

离散系数 $C_V = \dfrac{\sigma}{E(NPV)} = \dfrac{36.21}{24.51} = 1.4774$

净现值大于等于零的累计概率为：

$$P(NPV \geqslant 0) = 0.075 + 0.12 + 0.105 + 0.2 + 0.175 + 0.07 = 0.745 = 74.5\%$$

该项目的净现值的期望值为 24.51 万元，净现值大于或等于零的累计概率为 74.5%，但标准差为 36.21 万元，离散系数为 1.4774，说明项目有较大风险。

【例 8-10】 假设上题的项目方案净现值服从均值 24.51 万元、标准差为 36.21 万元的正态分布。试求：(1) 项目方案净现值大于等于 0 的概率；(2) 项目方案净现值大于等于 20 万元的概率。

【解】 根据概率论的有关知识，若连续型随机变量 X 服从参数为 μ（均值）、σ（标准差）的正态分布，则 X 小于 x_0 的概率为：

$$P(X < x_0) = \Phi\left(\frac{x_0 - \mu}{\sigma}\right) \tag{8-15}$$

Φ 值可由本书附录的标准正态分布表中查出。

(1) 项目净现值大于等于 0 的概率为：

$$P(NPV \geqslant 0) = 1 - P(NPV < 0) = 1 - \Phi\left(\frac{0 - 24.51}{36.21}\right) = 1 - 1 + \Phi(0.68)$$
$$= 75.17\%$$

(2) 项目方案净现值大于等于 20 万元的概率为：

$$P(NPV \geqslant 20) = 1 - P(NPV < 20) = 1 - \Phi\left(\frac{20 - 24.51}{36.21}\right) = 1 - 1 + \Phi(0.125)$$
$$= 55.17\%$$

3. 决策树法

决策树是指将各种可能的方案按阶段绘成图形，每一方案的有关收益或代价和其发生的概率都标注在相应的位置上，然后运用概率方法求出各方案损益的数学期望值，进行比较从而得出决策结论。因其整个图形象一棵枝干分明、果繁叶茂的大树，故得名为决策树。决策树法属于风险型决策方法，特别适用于多阶段风险决策分析。

决策树一般由决策点、机会点、方案枝、概率枝等组成。决策树的绘制方法如下:首先确定决策点,决策点一般用"□"表示;然后从决策点引出若干条直线,代表各个备选方案,这些直线称为方案枝;方案枝后面连接一个"○",称为机会点;从机会点画出的各条直线,称为概率枝,代表将来的不同状态,概率枝后面的数值代表不同方案在不同状态下可获得的收益值。为了便于计算,对决策树中的"□"(决策点)和"○"(机会点)均进行编号。编号的顺序是从左到右,从上到下。画出决策树后,就可以很容易地计算出各个方案的期望值并进行比选。

(1) 单级决策问题

当决策问题只涉及一个决策内容时,称为单级决策问题。对于单级决策问题,用决策树来进行分析会十分简单易行。

【例 8-11】 某项目有两个备选方案 A 和 B,两个方案的寿命期均为 10 年,生产的产品也完全相同,但投资额及年净收益均不相同。方案 A 的投资额为 500 万元,其年净收益在产品销路好时为 150 万元,销路差时为 -50 万元;方案 B 的投资额为 300 万元,其年净收益在产品销路好时为 100 万元,销路差时为 10 万元。根据市场预测,在项目寿命期内,产品销路好的可能性为 70%,销路差的可能性为 30%。已知标准折现率 $i_c = 10\%$,试运用决策树对备选方案进行比选。

【解】 首先,画出决策树。此题属于单级决策问题,只有一个决策点,两个备选方案,每个方案又面临着两种状态。由此,可画出其决策树,如图 8-9 所示。

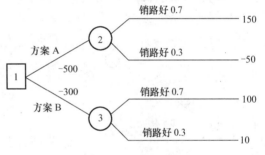

图 8-9 单级决策树

然后,计算各个机会点的期望值:

机会点 ② 的期望值 $= 150 \times (P/A, 10\%, 10) \times 0.7 - 50 \times (P/A, 10\%, 10) \times 0.3 = 533$(万元)

机会点 ③ 的期望值 $= 100 \times (P/A, 10\%, 10) \times 0.7 + 10 \times (P/A, 10\%, 10) \times 0.3 = 448.50$(万元)

最后计算各个备选方案净现值的期望值:

方案 A 的净现值的期望值 $= 533 - 500 = 33$(万元)

方案 B 的净现值的期望值 $= 448.50 - 300 = 148.50$(万元)

因此,应该优先选择方案 B。

(2) 多级决策问题

当决策问题比较复杂,包含两个和两个以上决策内容时,称为多级决策。对于多级决策问题,同样可用决策树进行分析。

【例 8-12】 某企业生产的某种产品在市场上供不应求,因此该企业决定投资扩建新厂。据研究分析,该产品 10 年后将升级换代,目前的主要竞争对手也可能扩大生产规模,故提出以下三个扩建方案:

A_1:大规模扩建新厂,需投资 3 亿元。据估计,该产品销路好时,每年的净现金流量为 9000 万元;销路差时,每年的净现金流量为 3000 万元。

A_2:小规模扩建新厂,需投资 1.4 亿元。据估计,该产品销路好时,每年的净现金流量为 4000 万元;销路差时,每年的净现金流量为 3000 万元。

A_3:先小规模扩建新厂,3 年后,若该产品销路好再决定是否再次扩建。若再次扩建,需投资 2 亿元,其生产能力与方案 1 相同。

据预测,在今后 10 年内,该产品销路好的概率为 0.7,销路差的概率为 0.30,基准折现率 $i_c = 10\%$,不考虑建设期所持续的时间。

问题:(1) 画出决策树。
(2) 试分析该企业决定采用哪个方案扩建。

【解】 问题(1):

根据所给资料画出二级决策树,见图 8-10。

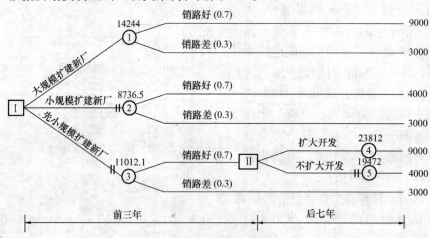

图 8-10 二级决策树

问题(2):

计算图 8-10 中各机会点的期望值(将计算结果标在各机会点上方):

机会点①:$(9000 \times 0.7 + 3000 \times 0.3) \times (P/A, 10\%, 10) - 30000$
$= 7200 \times 6.145 - 30000 = 14244(万元)$

机会点②:$(4000 \times 0.7 + 3000 \times 0.3) \times (P/A, 10\%, 10) - 14000$
$= 3700 \times 6.145 - 14000 = 8736.5(万元)$

机会点④:$9000 \times (P/A, 10\%, 7) - 20000 = 9000 \times 4.868 - 20000 = 23812(万元)$

机会点⑤：$4000 \times (P/A, 10\%, 7) = 4000 \times 4.868 = 19472(万元)$

对于决策点Ⅱ，机会点④的期望值大于机会点⑤的期望值，因此应采用3年后销路好时再次扩建的方案。

机会点③期望值的计算比较复杂，包括以下两种状态下的两个方案：

(1) 销路好状态下的前3年小规模扩建，后7年再次扩建；

(2) 销路差状态下小规模扩建持续10年。

故机会点③的期望值为：

$4000 \times 0.7 \times (P/A, 10\%, 3) + 23812 \times 0.7 \times (P/F, 10\%, 3) + 3000 \times 0.3 \times (P/A, 10\%, 10) - 14000$

$= 4000 \times 0.7 \times 2.487 + 23812 \times 0.7 \times 0.751 + 3000 \times 0.3 \times 6.145 - 14000$

$= 11012.1(万元)$

对于决策点Ⅰ的决策，需比较机会点①、②、③的期望值，由于机会点①的期望值最大，故应采用大规模扩建新厂方案。

4. 蒙特卡洛模拟法

蒙特卡洛模拟法是指用随机抽样的方法抽取一组满足输入变量的概率分布特征的数值，输入这组变量计算项目评价指标，通过多次抽样计算可获得评价指标的概率分布及累计概率分布、期望值、方差、标准差，计算项目可行或不可行的概率，从而估计项目投资所承担的风险。

蒙特卡洛模拟的步骤为：(1) 通过敏感性分析，确定风险变量；(2) 构造风险变量的概率分布模型；(3) 为各输入风险变量抽取随机数；(4) 将抽得的随机数转化为各输入变量的抽样值；(5) 将抽样值组成一组项目评价基础数据；(6) 根据基础数据计算出评价指标值；(7) 整理模拟结果所得评价指标的期望值、方差、标准差和它的概率分布及累积概率，绘制累计概率图，计算项目可行或不可行的概率。蒙特卡洛模拟步骤如图8-11所示。

从理论上讲，蒙特卡洛法模拟次数越多越好，但是实际上模拟次数过多不仅计算整理费时，且输入变量分布也不十分精确，模拟次数过多也无必要；但模拟次数过少，随机数的分布不均匀，会影响模拟

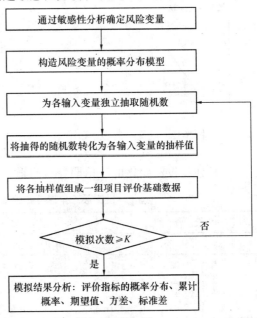

图8-11 蒙特卡洛模拟法程序图

结果的可靠性。一般模拟次数应在 200~500 次之间为宜。

【例 8-13】 某项目建设投资为 10000 万元，流动资金 1000 万元，项目两年建成，第三年投产，当年达产，不含增值税年销售收入为 5000 万元，经营成本 2000 万元，附加税及营业外支出年 50 万元，项目计算期 12 年，项目要求达到的财务内部收益率为 15%，求内部收益率低于 15% 的概率。

【解】 由于蒙特卡洛模拟的计算量非常大，必须借助计算机来进行。本案例通过手工计算，模拟 20 次，主要是演示模拟过程。

(1) 确定风险变量

通过敏感性分析，得知建设投资、产品销售收入、经营成本为主要风险变量。流动资金需要量与经营成本线性相关，不作为独立的输入变量。

(2) 构造概率分布模型

假设建设投资变化概率服从三角形分布，随机变量三角形分布的概率密度函数为：

$$f(x) = \begin{cases} \dfrac{2(x-a)}{(b-a)(c-a)}, & (a \leqslant x \leqslant c) \\ \dfrac{2(b-x)}{(b-a)(b-c)}, & (c < x \leqslant b) \\ 0 & \text{(其他)} \end{cases}$$

式中：a 为悲观值，c 为最大可能值，b 为乐观值。

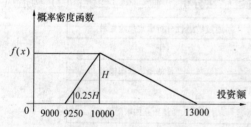

图 8-12 投资三角形分布图

本例假设建设投资的悲观值为 13000 万元、最大可能值为 10000 万元、乐观值为 9000 万元，如图 8-12 所示。

假设年销售收入服从期望值为 5000 万元、标准差为 300 万元的正态分布。年经营成本服从期望值为 2000 万元、标准差为 100 万元的正态分布。

计算建设投资变化的三角形分布的累计概率，如表 8-9。

投资额三角形分布的累计概率分布表　　　　表 8-9

投资额	<预定投资额的面积	累计概率
三角形面积 = 400H × 0.5 = 2000H		
9000	0	0
9250	250 × 0.25H × 0.5	0.0156
9500	500 × 0.5H × 0.5	0.0625
9750	750 × 0.75H × 0.5	0.1406
10000	1000 × H × 0.5	0.25

续表

投资额	<预定投资额的面积	累计概率
10300	$1000 \times 0.5H + 300 \times (H + 0.9H)/2$	0.3925
10600	$500H + 600 \times (H + 0.8H)/2$	0.52
10900	$500H + 900 \times (H + 0.7H)/2$	0.6325
11200	$500H + 1200 \times (H + 0.6H)/2$	0.73
11500	$500H + 1500 \times (H + 0.5H)/2$	0.8125
11800	$500H + 1800 \times (H + 0.4H)/2$	0.88
12100	$500H + 2100 \times (H + 0.3H)/2$	0.9325
12400	$500H + 2400 \times (H + 0.2H)/2$	0.97
12700	$500H + 2700 \times (H + 0.1H)/2$	0.9925
13000	$500H + 3000 \times H/2$	1.000

如投资额不大于9250万元的累计概率计算如下：

根据图8-12可得：

$$H = f_{\max}(10000) = \frac{2(10000-9000)}{(13000-9000) \times (10000-9000)} = 0.0005$$

则投资额不大于9250万元的累计概率 $= 250 \times 0.25H \times 0.5 = 0.0156$

(3) 对投资、销售收入、经营成本分别抽取随机数

随机数可以由计算机产生，或从随机数表中任意确定起始数后，顺序抽取。本例从随机数表中抽取随机数。假定模拟次数定为 $k=20$，从随机数表中任意不同地方抽取三个20个一组的随机数，见表8-10。

输入变量随机抽样取值　　　　　　　　　　表8-10

模拟顺序	投资		销售收入		经营成本	
	随机数	投资取值	随机数	收入取值	随机数	成本取值
1	48867	10526	06242	4540	66903	2043
2	32267	10153	84601	5306	31484	1952
3	27345	10049	51345	5010	61290	2029
4	55753	10700	09115	4600	72534	2057
5	93124	12093	65079	5116	39507	1973
6	98658	12621	88493	5360	66162	2042
7	68216	11053	04903	4503	63090	2033
8	17901	9838	26015	4910	48192	1995
9	88124	11807	65799	5122	42039	1980
10	83464	11598	04090	4478	36293	1965
11	91310	11989	27684	4822	56420	2016

续表

模拟顺序	投资		销售收入		经营成本	
	随机数	投资取值	随机数	收入取值	随机数	成本取值
12	32739	10162	39791	4922	92710	2145
13	07751	9548	79836	5251	47929	1995
14	55228	10686	63448	5103	43793	1982
15	89013	11858	43011	4947	09746	1870
16	51828	10596	09063	4599	18988	1912
17	59783	10808	21433	4762	09549	1869
18	80267	11464	04407	4489	56646	2017
19	82919	11574	38960	4916	17226	1905
20	77019	11346	19619	4744	68855	2049

(4) 将抽得的随机数转化为各随机变量的抽样值

这里仅以第1组模拟随机变量产生作说明。

① 服从三角形分布的随机变量产生方法

建设投资服从三角形分布，根据随机数值在累计概率表8-9中查取相应的建设投资。如建设投资变量的第1个随机数为48867，查找累计概率0.48867所对应的投资额。从表8-9可知，投资额为10300万元对应的累计概率为0.3925，投资额为10600万元对应的累计概率为0.52，则累计概率为0.48867对应的投资额应该在10300万元与10600万元之间。通过线性插入法，第1个投资抽样值为：

$$10300 + 300 \times (48867 - 39250)/(52000 - 39250) = 10526(万元)$$

② 服从正态分布的随机变量产生方法

利用随机数作为累计概率的随机值，从标准正态分布表（见附Ⅵ）中查找累计概率与随机数相等的数值。例如销售收入第1个随机数为0.06242，查标准正态分布表得销售收入的随机正态偏差在 -1.53 与 -1.54 之间，经线性插入法得 -1.5348。第1个销售收入抽样值通过下式求得：

$$抽样值 = 均值 + 随机正态偏差 \times 均方差$$
$$= 5000 - 1.5348 \times 300 \approx 4540(万元)$$

同样，经营成本第一个随机数66903相应的随机变量正态偏差为0.4328，第1个经营成本抽样值为：

$$2000 + 100 \times 0.4328 = 2043(万元)$$

(5) 将各抽样值组成一组项目评价的基础数据

将建设投资、销售收入、经营成本的各20个抽样值组成20组项目评价基础数据。

(6) 根据基础数据计算财务评价值

根据 20 组项目评价基础数据，计算出 20 个项目评价指标值，即项目财务内部收益率。

(7) 计算累计概率

模拟结果达到预定次数后，整理模拟结果按内部收益率从小到大排列并计算累计概率，见表 8-11。

蒙特卡洛模拟法累计概率计算表　　表 8-11

模拟顺序	模拟结果		概率*	累计概率
	内部收益率（%）	净现值（15%）		
18	13.90	-487.46	5%	5%
10	14.05	-423.37	5%	10%
7	14.60	-173.12	5%	15%
11	15.78	364.58	5%	20%
1	15.83	346.23	5%	25%
4	15.89	377.41	5%	30%
20	15.99	443.56	5%	35%
16	17.48	1048.10	5%	40%
19	18.25	1502.52	5%	45%
15	18.26	1537.80	5%	50%
5	18.36	1572.00	5%	55%
9	18.56	1797.47	5%	60%
6	18.78	1793.74	5%	65%
17	18.84	1673.41	5%	70%
12	19.00	1667.60	5%	75%
14	21.00	2632.16	5%	80%
8	21.09	2491.37	5%	85%
3	21.14	2564.63	5%	90%
2	34.11	3919.66	5%	95%
13	24.81	4022.47	5%	100%
期望值	19.37	1433.54		
方差	20.38			
离散系数	23.43			

* 每次模拟结果的概率 = 1/模拟次数

从累计概率表可知，内部收益率低于 15% 的概率为 15%，高于 15% 的概率为 85%。

思考题与习题

1. 项目不确定性分析的概念与产生的原因。
2. 盈亏平衡分析的概念。
3. 线性盈亏平衡分析的前提条件是什么?
4. 敏感性分析的概念、目的是什么?
5. 单因素敏感性分析的步骤是什么? 判断敏感性因素的指标有哪些?
6. 项目风险分析的概念与程序是什么? 项目风险防范对策是什么?
7. 某企业生产某种产品,设计年产量为 6000 件,每件产品的出厂价格估算为 50 元,企业每年固定性开支为 66000 元,每件产品成本为 28 元,求企业的最大可能盈利、企业不盈不亏时最低产量、企业年利润为 5 万元时的产量。
8. 某投资项目主要经济参数的估计值为:初始投资为 15000 万元,寿命为 10 年,残值为 0,年收入为 3500 万元,年支出为 1000 万元,投资收益为 15%。问题:

(1) 当年收入变化时(假设为 ±10%、±20%),试对内部收益率的影响进行敏感性分析;

(2) 试分析初始投资、年收入与寿命三个参数同时变化时(假设为 ±10%、±20%)对净现值的敏感性。

9. 某方案需投资 25000 万元,预期寿命为 5 年,残值为 0,每年净现金流量为随机变量,其可能发生的三种状态的概率及变量值如下:(1) 5000 万元 ($P=30\%$);(2) 10000 万元 ($P=50\%$);(3) 12000 万元 ($P=20\%$)。若利率为 12%,试计算项目净现值的期望值与标准差。

10. 某投资项目方案净现值的期望值 $E(NPV)=1300$ 万元,净现值方差 $D(NPV)=3.24\times10^6$,试计算:(1) 净现值大于 0 的概率;(2) 净现值小于 1500 万元的概率。

9 费用效益分析

9.1 概 述

费用效益分析是指通过权衡效益与费用来评价项目可行性的一种分析方法。费用效益分析分为财务效益与费用分析和经济费用效益分析两种。财务效益与费用分析是在国家现行财税制度和价格体系的条件下,计算项目范围内的效益和费用,分析项目的盈利能力、清偿能力,以考察项目在财务上的可行性;经济费用效益分析是从资源合理配置的角度,分析项目投资的经济效率和对社会福利所做出的贡献,评价项目的经济合理性。对于财务效益与费用分析不能全面、真实地反映其经济价值,需要进行经济费用效益分析的项目,应将经济费用效益分析的结论作为项目决策的主要依据之一。

经济费用效益分析有以下特点:从社会角度考虑了项目的效益和费用;效益和费用采用统一的度量单位,因而有可能给出一个项目净效益(效益减费用)的绝对值,既可以给出对一个项目的评价结论,也可以跨部门、跨行业进行项目评选;分析中所用的数据基本上以客观的效果为依据,而不以分析者的主观愿望和观点为依据;考虑了不同时间上发生的效益和费用的不同效果,有一套系统的分析步骤。

经济费用效益分析首先在发达资本主义国家的公共项目评价中使用。自20世纪50年代开始,费用效益分析有了较快的发展,并逐渐在资本主义各国公共项目评价中推广。但是,由于在发达的资本主义国家中采用市场经济并受制度的约束,且私有项目占有很大比重,因而其应用是有限的。20世纪60年代以后,由于资本主义国家的学者致力于发展中国家的项目评价和经济发展的研究,丰富和发展了经济费用效益分析的理论和方法。由于发展中国家的通货膨胀、外汇短缺、劳动力过剩和采取保护性措施的结果,使得这些国家的价格失真,价格不能反映社会的经济费用和效益。由于经济费用效益分析的方法可以在某种程度上消除价格失真的影响,因而为越来越多的国家,尤其是发展中国家自觉地推广应用。我国由于长期不重视价值规律的作用,没有及时进行必要的价格调整和充分重视市场机制的调节作用,使价格不能反映价值等问题,直接影响了建设项目评价的真实性、客观性和可比性。但对这类项目,如采用费用效益分析的原则进行评价就可以消除这种价格高低的影响,因而费用效益分析在社会主义国家同样有着广阔的应用前景。

9.2 财务费用效益分析

9.2.1 财务评价的效益与费用估算

财务评价也称财务分析。财务评价应在项目财务效益与费用估算的基础上进行。

1. 财务效益与费用估算概述

财务效益与费用的估算应遵循"有无对比"的原则,正确识别和估算"有项目"和"无项目"状态的财务效益与费用。财务效益与费用的估算应反映行业特点,符合依据明确、价格合理、方法适宜和表格清晰的要求。

财务效益的估算应与项目性质和项目目标相联系。项目的财务效益是指项目实施后所获得的营业收入。对于适用增值税的经营性项目,除营业收入外,其可得的增值税返还也应作为补贴收入计入财务效益;对于非经营性项目,财务效益应包括可能获得的各种补贴收入。

项目所支出的费用主要包括投资、成本费用和税金等。

运营期财务效益与费用估算时所采用的价格,应符合以下要求:

(1) 效益与费用估算所采用的价格体系应一致。

(2) 采用预测价格,有要求时可考虑价格变动的因素。

(3) 对使用增值税的项目,运营期内投入和产出的估算表格可采用不含增值税价格;若采用含增值税价格,应予以说明,并调整相应表格。

2. 财务效益与费用的计算

(1) 营业收入 项目经济评价中的营业收入包括销售产品或提供服务所获得的收入,其估算的基础数据,包括产品或服务的数量和价格。

营业收入估算应分析、确认产品或服务的市场预测分析数据,特别要注重目标市场有效需求的分析:说明项目建设规模、产品或服务方案;分析产品或服务的价格,采用的价格基点、价格体系、价格预测方法;论证采用价格的合理性。

各期运营符合(产品或服务的数量)应根据技术的成熟度、市场的开发程度、产品的寿命期、需求的增减变化等因素,结合行业和项目特点,通过制定运营计划,合理确定。

对于先征后返的增值税、按销量或工作量等依据国家规定的补贴定额计算并按期给予的定额补贴,以及属于财政扶持而给予的其他形式的补贴等,应根据相关规定合理估算,计入补贴收入。

(2) 建设投资 建设投资见本书 2.3.1 建设工程项目总投资的构成部分。建设项目评价中的总投资包括建设投资、建设期利息和流动资金的和。

(3) 经营成本 经营成本是项目经济评价中所使用的特定概念,作为项目运营期的主要现金流出，其构成和估算可采用下式表达：

经营成本＝外购原材料、燃料和动力费＋工资及福利费＋修理费＋其他费用

式中，其他费用是指从制造费用、管理费用和营业费用中扣除了折旧费、摊销费、修理费、工资及福利费后的剩余费用。

(4) 流动资金　流动资金是指运营期内长期占用并周转使用的营运资金，不包括运营中需要的临时性营运资金。流动资金的估算基础是经营成本和商业信用等，其计算应符合下列要求：

①按行业或前期研究阶段的不同，流动资金的估算可选用扩大指标估算法或分项详细估算法。扩大指标估算法是参照同类企业流动资金占营业收入或经营成本的比例、或者单位产量占用营运资金的数额估算流动资金，在项目建议书阶段一般可采用扩大指标估算法，某些行业在可行性研究阶段也可采用此方法；分项详细估算法是利用流动资产与流动负债估算项目占用的流动资金，一般先对流动资产和流动负债主要构成要素进行分项估算，进而估算流动资金，一般项目的流动资金宜采用分项详细估算法。

②投产第一年所需的流动资金应在项目投产前安排，为了简化计算，项目评价中流动资金可以从第一年开始安排。

(5) 总成本费用　总成本费用是指在运营期内生产产品或提供服务所发生的全部费用，等于经营成本与折旧费、摊销费和财务费用的和。

总成本费用估算宜符合下列要求：

①总成本费用可按下列方法估算

ⅰ．生产成本加期间费用估算法

$$总成本费用 = 生产成本 + 期间费用 \tag{9-1}$$

式中　生产成本＝直接材料费＋直接燃料和动力费＋直接工资＋其他直接支出＋制造费用期间费用＝管理费用＋营业费用＋财务费用

ⅱ．生产要素估算法

$$总成本费用 = 外购原材料、燃料和动力费 + 工资及福利费 + 折旧费 +$$
$$摊销费 + 修理费 + 财务费用(利息支出) + 其他费用 \tag{9-2}$$

式中，其他费用同经营成本中的其他费用。

②成本费用估算应遵循国家现行的企业财务会计制度规定的成本和费用核算方法，同时应遵循有关税收制度中准予所得税前列支科目的规定。

③各行业成本费用的构成各不相同，制造业也可直接采用上述公式估算，其他行业的成本费用估算应根据行业规定或结合行业特点另行处理。

(6) 税费　项目评价涉及的税费主要包括关税、增值税、营业税、消费税、所得税、资源税、城市维护建设税和教育费附加等，有些行业还包括土地增值税。税种和税率的选择，应根据相关税法和项目的具体情况确定。如有减免税优惠，应说明依据及减免方式并按规定估算。

对于非经营性项目，无论有无营业收入，均需要参照上述要求估算费用。

9.2.2 财务评价有关规定

根据不同决策的需要，财务评价可分为融资前分析和融资后分析。财务评价一般宜先进行融资前分析，融资前分析是指在考虑融资方案前就可以开始进行的财务分析，即不考虑债务融资条件下进行的财务评价。在融资前评价结论满足要求的情况下，初步设定融资方案，再进行融资后评价，融资后评价是指以设定的方案为基础进行的财务评价。在项目的初级研究阶段，也可以只进行融资前评价。

为与财务评价一般先进行融资前分析的做法相协调，在财务效益与费用估算中，通常可首先估算营业收入或建设投资，接着是经营成本和流动资金。在需要继续进行融资后评价时，可在初步融资方案的基础上再进行建设期利息估算，最后完成总成本费用的估算。

1. 融资前评价

融资前评价应以动态评价（折现现金流量）为主，静态评价（非折现现金流量）为辅。融资前动态评价应以营业收入、建设投资、经营成本和流动资金的估算为基础，考察整个计算期内现金流入和现金流出，编制项目投资现金流量表，利用资金时间价值的原理进行折现，计算项目投资内部收益率和净现值等指标。融资前评价计算的相关指标，应作为初步投资决策与融资方案研究的依据和基础。根据评价的角度的不同，融资前评价可选择所得税前指标和（或）所得税后指标。融资前评价也可以计算静态投资回收期（P_t）指标，用以收回项目投资所需要的时间。

2. 融资后评价

融资后评价应以融资前评价和初步的融资方案为基础，考察项目在拟定融资条件下的盈利能力、偿债能力和财务生存能力，判断项目方案在融资条件下的可行性。融资后评价用于比选融资方案，帮助投资者做出融资决策。融资后的盈利能力分析应包括动态分析和静态分析两种。

（1）动态分析

动态分析包括下列两个层次：

①项目资本金现金流量分析，应在拟定的融资方案下，从项目资本金出资者整体的角度，确定其现金流入及现金流出，计算项目资本金财务内部收益率指标，考察项目资本金可获得的收益水平。

②投资各方现金流量分析，应从投资各方实际收入和支出的角度，确定其现金流入和现金流出，分别编制投资各方现金流量表，计算投资各方的财务内部收益率指标，考察投资各方可能获得的收益水平。

（2）静态分析

静态分析是指不采取折现方式处理数据，依据利润与利润分配表计算项目资本金净利润率（ROE）和总投资收益率（ROI）指标。

9.2.3 财务评价的指标

对于经营性项目，财务分析应通过编制财务分析报表，计算财务指标，分析项目的盈利能力、偿债能力和财务生存能力，判断项目可接受性，明确项目对财务主体及投资者的贡献，为项目决策、融资决策以及银行审贷提供依据。对于非经营性项目，财务评价主要分析项目的财务生存能力。

1. 盈利能力分析

盈利能力分析的主要指标包括项目投资财务内部收益率和财务净现值、项目资本金财务内部收益率、投资回收期、总投资收益率、项目资本金净利润率等，可根据项目的特点及财务评价的目的、要求等选用。

(1) 财务内部收益率（FIRR）是指能使项目计算期内净现值累计等于零时的折现率，即 FIRR 作为折现率使下式成立：

$$\sum_{t=1}^{n}(CI-CO)_t(1+FIRR)^{-t}=0 \qquad (9\text{-}3)$$

式中　　CI——现金流入量；

　　　　CO——现金流出量；

$(CI-CO)_t$——第 t 期的净现金流量；

　　　　n——项目的计算期。

项目投资财务内部收益率、项目资本金财务内部收益率和投资各方的财务内部收益率都依据上式计算，但所用的现金流入和现金流出不同。

当财务内部收益率大于或等于所设定的判别基准 i_c（通常称为基准收益率）时，项目方案在财务上可考虑接受。项目投资财务内部收益率、项目资本金财务内部收益率和投资各方财务内部收益率可有不同的判别基准。

(2) 财务净现值（FNPV）

财务净现值是指按设定折现率（一般采用基准收益率 i_c）计算的项目计算期内各年净现金流量折现到建设期期初的现值之和，其表达式为：

$$FNPV=\sum_{t=1}^{n}(CI-CO)_t(1+i_c)^{-t} \qquad (9\text{-}4)$$

式中　i_c——设定的折现率（同基准收益率）。

一般情况下，财务盈利能力分析只计算项目投资财务净现值，可根据需要选择所得税前净现值或所得税后净现值。

按照设定的折现率计算的财务净现值大于或等于零时，项目方案在财务上可考虑接受。

(3) 项目的投资回收期（P_t）

投资回收期是指以项目的净收益回收项目投资所需要的时间，是考虑项目在财务上的投资回收能力的主要指标。回收期一般以年为单位,并从项目建设起始年算起。若从项目投产起始年算起,应予以特别注明。其表达式为:

$$\sum_{t=1}^{P_t} (CI - CO)_t = 0 \tag{9-5}$$

项目投资回收期可根据项目投资现金流量表计算,项目投资现金流量表中累计净现金流量由负值变为零的时点,即为项目的投资回收期。其计算公式为:

投资回收期(P_t) = (累计净现金流量开始出现正值的年份数 − 1) + 上年累计净现金流量的绝对值/当年净现金流量值 (9-6)

即

$$P_t = T - 1 + \frac{|\sum (CI - CO)_i|}{(CI - CO)_T} \tag{9-7}$$

式中 T——各年累计净现金流量首次为正值或零的年数。

在财务评价时,求出的投资回收期(P_t)与行业的基准投资回收期(P_c)比较,若 $P_t \leq P_c$ 时,表明该项目的投资能在规定的时间内回收。通常投资回收期越短,表明项目投资回收越快,抗风险的能力越好。

(4) 总投资收益率(ROI)

总投资收益率表示的是总投资的盈利水平,是指项目达到设计能力后正常年份的年息税前或运营期内年平均息税前利润(EBIT)与项目总投资(TI)的比率。其计算公式为:

$$ROI = \frac{EBIT}{TI} \times 100\% \tag{9-8}$$

式中 EBIT——项目正常年份的年息税前或运营期内平均年息税前利润;
TI——项目总投资。

总投资收益率高于同行业的收益率参考值,表明用总投资收益率表示的盈利能力满足要求。

(5) 项目资本金净利润率(ROE)表示的是项目资本金的盈利水平,是指项目达到设计能力后正常年份的年净利润或运营期内年平均净利润(NP)与项目资本金(EC)的比率。其计算公式为:

$$ROE = \frac{NP}{EC} \times 100\% \tag{9-9}$$

式中 NP——项目正常年份的年净利润或运营期内年平均净利润;
EC——项目资本金。

项目资本金净利润率高于同行业的净利润率参考值,表明用项目资本金净利润率表示的盈利能力满足要求。

2. 偿债能力分析

偿债能力分析应通过计算利息备付率(ICR)、偿债备付率(DSCR)和资产负债率(LOAR)等指标与应付利息(PI)的比值,该值表示可用于还本付息的资金偿还借款本息的保障程度。

(1) 利息备付率（ICR）

利息备付率是指在借款偿还期内的息税前利润（EBIT）与应付利息（PI）的比值，该值从付息资金来源的角度反映项目偿付债务利息的保障程度。其计算公式为：

$$ICR = \frac{EBIT}{PI} \qquad (9\text{-}10)$$

式中　EBIT——息税前利润；
　　　PI——计入总成本费用的应付利息。

利息备付率应分年计算，利息备付率高，表明利息偿付的保障程度高。

利息备付率应大于1，并结合债权人的要求确定。

(2) 偿债备付率

偿债备付率是指借款偿还期内，用于计算还本付息的资金（$EBITAD - T_{AX}$）与应还本付息金额（PD）的比值，该值表示可用于还本付息的资金偿还列款本息的保障程度。其计算公式为：

$$DSCR = \frac{EBITAD - T_{AX}}{FD} \qquad (9\text{-}11)$$

式中　EBITAD——息税前利润加折旧和摊销；
　　　T_{AX}——企业所得税；
　　　PD——还本付息金额，包括还本金额和计入总成本费用的全部利息。融资租赁费用视同借款偿还，运营期内的短期借款本息也应纳入计算。如果项目在运行期内有维持运营的投资，可用于还本付息的资金应扣除维持运营的投资。

偿债备付率应分年计算，偿债备付率高，表明可用于还本付息的资金保障程度高。

偿债备付率应大于1，并结合债权人的要求确定。

(3) 资产负债率（LOAR）

资产负债率是指各期末负债总额（TL）同资产总额（TA）的比率。其计算公式为：

$$LOAR = \frac{TL}{TA} \times 100\% \qquad (9\text{-}12)$$

式中　TL——期末负债总额；
　　　TA——期末资产总额。

适度的资产负债率，表明企业经营安全、稳健，具有较强的筹资能力，也表明企业和债权人的风险较小。对该指标的分析，应结合国家宏观经济状况、行业发展趋势、企业所处竞争环境等具体条件判定。项目财务分析中，在长期债务还清后，可不再计算资产负债率。

3. 财务生存能力评价

财务生存能力评价应在财务分析辅助表和利润与利润分配表基础上编制财务计划现金流量表，通过考察项目计算期内的投资、融资和经营活动所产生的各项现金流入和流出，计算净现金流量和累计盈余资金，分析项目是否有足够的净现金流量维持正常运营，以实现财务可持续性。

财务可持续性应首先体现在有足够大的经营活动净现金流量，其次各年累计盈余资金不应出现负值。若出现负值，应进行短期借款，同时分析该短期借款的年份长短和数额大小，进一步判断项目的财务生存能力。短期借款应体现在财务计划现金流量表中，其利息应计入财务费用。为维持项目正常运营，还应分析短期借款的可靠性。

4. 非经营项目的财务评价

对于非经营性项目，财务评价可按下列要求进行：

（1）对于没有营业收入的项目，不进行盈利能力分析，主要考察项目财务生存能力。该类项目通常需要政府补贴才能维持运营，应合理估算运营期各年所需的政府补贴数额，并分析政府补贴的可能性与支付能力。对有债务资金的项目，还应结合借款偿还要求进行财务生存能力分析。

（2）对有营业收入的项目，财务分析应根据收入抵补支出的程度，区别对待。收入补偿费用的顺序应为：补偿人工、材料等生产经营消耗费、缴纳流转税、偿还借款利息、计提折旧和偿还借款本金。有营业收入的非经营性项目可分为以下两类：

①营业收入在补偿生产经营耗费、缴纳流转税、偿还借款利息、计提折旧和偿还借款本金后尚有盈余，表明项目在财务上有盈余能力和生存能力，其财务评价方法与一般项目相同。

②对一定时期内收入不足以补偿全部成本费用，但通过在运行期内逐步提高价格（收费）水平，可以实现其设定的补偿生产经营耗费、缴纳流转税、偿还借款利息、计提折旧和偿还借款本金的目标，并预期在中、长期产生盈余的项目，可只进行偿债能力分析和财务生存能力分析。由于项目运营前期需要政府在一定时期内给予补贴，以维持运营，因此应估算各年所需的政府补贴数额，并分析政府在一定时期内可能提供财政补贴的能力。

5. 财务分析报表

财务分析报表包括各类现金流量表、利润与利润分配表、财务计划现金流量表、资产负债表和借款还本付息估算表。

（1）现金流量表应正确反映计算期内的现金流入和流出，具体可分为以下三种类型：

①项目投资现金流量表,用于计算项目投资内部收益率及净现值等财务分析指标;

②项目资本金现金流量表,用于计算项目资本金财务收益率;

③投资各方现金流量表,用于计算投资各方内部收益率。

(2) 利润与利润分配表,反映项目计算期内各年营业收入、总成本费用、利润总额等情况,以及所得税后利润的分配,用于计算总投资收益率、项目资本金利润率等指标。

(3) 财务计划现金流量表,反映项目计算期各年的投资、融资及经营活动的现金流入和流出,用于计算累计盈余资金,分析项目的财务生存能力。

(4) 资产负债表,用于综合反映项目计算期内各年年末资产、负债和所有者权益的增减变化及对应关系,计算资产负债率。

(5) 借款还本付息计划表,反映项目计算期内各年借款本金偿还和利息支付情况,用于计算偿债备付率和利息备付率指标。

按以上内容完成财务评价后,还应对各项财务指标进行汇总,并列出不确定性分析的结果,做出项目财务评价的结论。

9.3 经济费用效益分析

9.3.1 经济费用效益分析的原因

国民经济评价是在合理配置社会资源的前提下,从国家经济整体利益的角度出发,计算项目对国民经济的贡献,分析项目的经济效率、效果和对社会的影响,评价项目在宏观经济上的合理性。

经济费用效益分析应从资源合理配置的角度,分析项目投资的经济效率和对社会福利所做出的贡献,分析项目的经济合理性。对于财务现金流量不能全面、真实地反映其经济价值,需要进行经济费用效益分析的项目,应将经济费用效益分析的结论作为项目决策的主要依据之一。

在加强和完善宏观调控,建立社会主义市场经济的过程中,应重视建设项目的经济费用效益分析的原因是:经济费用效益分析是项目评价方法体系的重要组成部分,市场分析、财务分析、环境影响分析、组织机构分析和社会评价都不能代替经济费用效益分析的功能和作用;经济费用效益分析是市场经济体制下政府对公共项目进行分析评价的重要方法,是市场经济国家政府部门干预投资活动的重要手段;在新的投资体制下,国家对项目的审批和核准重点放在项目的外部效果、公共性方面,经济费用效益分析强调从资源配置经济效率的角度分析项目的外部效果,通过经济费用效益分析及费用效果分析的方法判断建设项目的经济合理性,是政府审批或核准项目的重要依据。项目的间接效益和间接费用统称为外部效果。

上面所说的外部效果是指一个个体或厂商的行为对另一个体或厂商产生了影响，而该影响的行为主体又没有负担相应的责任或没有获得应有报酬的现象。即外部效果是指那种与本项目无直接关联所导致的效益与费用，它没有在项目内部的收益或支出的账面上反映出来，且不是项目本意要产生的那种效果。

外部效果包括技术性效果、货币性效果（转移效果）和无形效果，具体含义是：

(1) 技术性效果。是指外部效果确实使社会总生产和社会总消费发生变化的效果。如植树造林增加了水土保持的能力使粮食增产，水害减少就是积极的外部效果；工业的排污使鱼的产量下降就是消极的外部效果；技术培训和技术推广的效果是由于技术先进的项目的建设而培养和造就的大量管理和技术人员除为本项目服务之外，由于技术交流、人才流动对整个国民经济的发展所带来的效果；相邻工业部门的效果是指拟建项目投产后使原有的"上、下游"相邻部门和企业的生产能力得以发挥或达到经济规模而产生的额外效果。例如某电机厂生产能力过剩，设备、劳力闲置，由于国家采取倾斜政策，大力发展能源建设，增加火力发电厂的建设数量和规模，因而增加了对电机的需求量，而使原有电机厂的生产能力得到充分的利用，这就是所谓"上游"企业效益，应属于火力发电厂建设的外部效果。与此相反，如果先有发电厂，但由于电机供应不足、质量不能满足要求，使生产不能满负荷运转，则电机厂的建设保证了火力发电厂的生产需求，就是所谓"下游"企业的效益，应计入拟建电机厂的外部效果中；与相邻效果类似的还有乘数效果。如某建设项目的建成投产会使材料的需求量增加，因而导致材料生产厂家增加，就业人口增加，就业人口增加的结果导致社会消费能力增加，从而导致服务行业和其他行业的发展，如此等等。依此联锁反应会使社会闲置的资源得到利用并促进整个国民经济的发展，即为乘数效果。

(2) 货币性效果。是指拟建项目的建成投产所造成的社会产品或服务价格发生变化进而改变社会分配的效果，又称转移效果。因为产品降价将使原生产厂的效益减少，亦即减少的效益转移给用户或消费者，从整个国家经济的角度看，效益并未增加或减少。因而这种效果一般不应计作项目的间接效益。但是，如果该拟建项目的产出增加了出口量，导致原出口产品价格下降，减少了创汇的效益，则应计为该项目的费用。

在确定效益和费用范围的过程中，会遇到税金、国内借款利息和补贴的处理问题。这些在财务评价中作为现金收支的项目，从国民经济的角度看并未造成资源的耗费或增加，属于国民经济内部的转移支付，故不应计为项目的效益或费用。

产品税、增值税、所得税、调节税和关税等是政府调节分配和供求关系的手段，显然属于国民经济内部转移支付。土地税、城市维护建设税和资源税等是政府为补偿社会耗费而代为征收的费用,这些税种包含了许多政策因素,并不能完全代表社会为项目所付出的代价。因此,原则上把这些税金均视为项目与政府间的转移支付,不计为项目的费用。

补贴可视为与税金反向的转移支付,不计为项目的效益。

国内借款利息为项目与政府或项目与国内借款机构之间的转移支付,同样不计入项目的费用。由于国外借款利息的支付所造成的国内资源向国外的转移,应计入项目的费用。

(3) 无形效果。是指难以用货币计量的效果。例如国防、安全、犯罪率,以及噪声、空气污染、绿化等。这些东西不会在市场上出现,也不会有市场价格。但这些内容确实是社会效果的重要方面,项目评价时应予以考虑。对于这类无形效果通常采用的办法是利用限制性指标,如空气的二氧化碳含量、含硫量、噪声的分贝值等。然后予以估价并用文字加以说明。

对于具有显著的外部效果,能定量的要作定量分析,计入项目的效益和费用;不能定量的,应定性描述。

9.3.2 经济费用效益分析的目的

经济费用效益分析的目的有:

(1) 全面识别整个社会为项目付出的代价,以及项目投资的经济效率和对社会福利所做出的贡献,评价项目投资的经济合理性;

(2) 分析项目的经济费用效益流量与财务现金流量存在的差别,以及造成这些差别的原因,提出相关的政策调整建议;

(3) 对于市场化运作的基础设施等项目,通过经济费用效益分析来论证项目的经济价值,为制定财务方案提供依据;

(4) 分析各利益相关者为项目付出的代价及获得的收益,通过对受损者及收益者的经济费用效益分析,为社会评价提供依据。

9.3.3 进行经济费用效益分析的项目范围

从经济学的角度看,经济活动的目的是通过配置稀缺经济资源用于生产产品和提供服务,尽可能满足社会需要。当经济体系功能发挥正常,社会消费的价值达到最大时,就认为是取得了"经济效率",达到了帕累托最优。

在现实经济中,依靠两种基本机制实现上述目的。一是市场定价机制,通过这种机制,厂商对由于市场供求水平决定的价格做出反应,并根据此从事自利的经济活动;二是政府部门通过税收补贴、政府采购、货币转移支付,以及为企业运行制定法规等,进行资源配置的决策活动,从而影响社会资源的配置状况。

在完全竞争的完善的市场经济体系下,竞争市场机制能够对经济资源进行有效配置,产出品市场价格将以货币形态反映边际社会效益,而投入品的市场价格将反映边际社会机会成本。利润最大化自然会导致资源的有效配置,财务分析与经济费用效益分析的结论一致,不需单独进行费用效益分析。

在现实经济中,由于市场本身的原因及政府不恰当的干预,都有可能导致市场配置资源的失灵,市场价格难以反映建设项目的真实经济价值,客观上需要通过经济费用效益分析来反映建设项目的真实经济价值,判断投资的经济合理性,为投资决策提供依据。

需要进行经济费用效益分析的项目有:

(1) 自然垄断项目。对于电力、电信、交通运输等行业的项目,存在着规模效益递增的产业特征,企业一般不会按照帕累托最优规则进行运作,从而导致市场配置资源失效。

(2) 公共产品项目。即项目提供的产品或服务在同一时间内可以被共同消费,具有"消费的非排他性"(为花钱购买公共产品的人不能被排除再次产品或服务的消费之外)和"消费的非竞争性"(一个人消费一种公共产品并不以牺牲其他人的消费为代价)。由于市场价格机制只有通过将那些不愿意付费的消费者排除在该物品的消费之外才能得以有效运作,因此市场机制对公共产品项目的资源配置失灵。

(3) 具有明显外部效果的项目。如前所述外部效果是指一个个体或厂商的行为对另一个体或厂商产生了影响,而该影响的行为主体又没有负担相应的责任或没有获得应有报酬的现象。产生外部效果的行为主体由于不受预算约束,因此常常不考虑外部效果承受者的损益情况。这样,这类行为主体在其行为过程中常常会低效率地使用资源,造成消费者剩余与生产者剩余的损失及市场失灵。

(4) 对于国家控制的战略性资源开发及涉及国家经济安全的项目,往往具有公共性、外部效果等综合特征,不能完全依靠市场配置资源。

(5) 政府对经济活动的干预,如果干预了正常的经济效率,也是导致市场失灵的重要因素。

从投资管理的角度,现阶段需要进行经济费用效益分析的项目可以分为以下几类:

(1) 政府预算内投资(包括国债资金)的用于关系国家安全、国土开发和市场不能有效配置资源的公益性项目、保护和改造生态环境项目、重大战略性资源开发项目;

(2) 政府各类专项建设基金投资的用于交通运输、农林水利等基础设施、基础产业建设项目;

(3) 利用国际金融组织和外国政府贷款,需要政府主权信用担保的建设项目;

(4) 法律、法规规定的其他政府性资金投资的建设项目;

(5) 企业投资建设的涉及国家经济安全、影响环境资源、公共利益、可能出现垄断、涉及整体布局等公共性问题，需要政府核准的建设项目。

9.3.4 经济效益和费用的识别

在经济费用效益分析中，应尽可能全面地识别建设项目的经济效益和费用，并需要注意以下几点：

1. 对项目涉及的所有社会成员的有关费用和效益进行识别和计算，全面分析项目投资及运营活动耗用资源的真实价值，以及项目为社会成员福利的实际增加所做出的贡献。

(1) 分析体现在项目本身的直接费用和效益，以及项目引起的其他组织、机构或个人发生的各种外部费用和效益；

(2) 分析项目的近期影响，以及项目可能带来的中期、远期影响；

(3) 分析与项目主要目标直接联系的直接费用和效益，以及各种间接费用和效益；

(4) 分析具有物资载体的有形费用和效益，以及各种无形费用和效益。

2. 经济效益和费用的识别应遵循的原则有：

(1) 增量分析的原则。项目经济费用效益分析应建立在增量效益和增量费用识别和计算的基础上，不应考虑沉没成本和已实现的效益。

(2) 考虑关联效果原则。应考虑项目投资可能产生的其他关联效应。

(3) 以本国居民为分析对象的原则。对于跨越国界，对本国之外的其他社会成员产生影响的项目，应重点分析对本国公民新增的效益和费用。项目对本国以外的社会群体所产生的效果，应进行单独陈述。

(4) 剔出转移支付原则。转移支付代表购买力的转移行为，接受转移支付的一方所获得的效益与付出方所产生的费用等，转移支付本身没有导致新增资源的发生。在经济费用效益分析中，税负、补贴、借款和利息属于转移支付。一般在进行经济费用效益分析时，不得再计算转移支付的影响。

3. 一些税收和补贴可能会影响市场价格水平，导致包括税收和补贴的财务价格可能并不反映真实的经济成本和效益。在进行经济费用效益分析中，转移支付的处理应区别对待：

(1) 剔出企业所得税或补贴对财务价格的影响；

(2) 一些税收、补贴或罚款往往是为了校正项目"外部效果"的一种重要手段，这类转移支付不可剔出，可以用于计算外部效果；

(3) 项目投入与产出中流转税应遵循具体问题具体处理的原则。

4. 项目费用与效益识别的时间范围应足以包含所产生的全部重要费用和效益，而不应根据有关财务核算规定确定。

5. 应对项目外部效果的识别是否适当进行评估，防止漏算或重复计算，在经济费用效益分析中一般只考虑项目的投入或产出可能产生的第一级乘数波及效应。

9.4 经济费用效益分析中的影子价格

9.4.1 影子价格计算的原则

影子价格的测算在建设项目的经济费用效益分析中占有重要地位。考虑到我国仍然是发展中国家,整个经济体系还没有完成工业化过程,国际市场和国内市场的完全融合仍然需要一定时间等具体情况,将投入物和产出物区分为外贸货物和非外贸货物,并采用不同的思路确定其影子价格。

具有市场价格的货物或服务,其费用或效益的计算应遵循的原则有:

1. 若该货物或服务处于竞争环境中,市场价格能够反映支付意愿或机会成本,应采用市场价格作为计算项目投入物或产出物影子价格的依据。

2. 如果项目的投入物或产出物的规模很大,项目的实施将足以影响其市场价格,导致"有项目"和"无项目"两种情况下市场价格不一致,在项目评价实践中,取二者的平均值作为测算影子价格的依据。

3. 投入与产出的影子价格中流转税按下列原则处理:

(1) 对于产出物品,增加供给满足国内市场供应的,影子价格按支付意愿确定,含流转税;顶替原有市场供应的,影子价格按机会成本确定,不含流转税。

(2) 对于投入品,用新增供应满足项目的,影子价格按机会成本确定,不含流转税;挤占原有用户需求满足项目的,影子价格按支付意愿确定,含流转税。

(3) 在不能判别产出或投入是增加供给还是挤占(替代)原有供给的情况下,可简化处理为:产出的影子价格一般包含实际缴纳流转税,投入的影子价格一般不含实际缴纳流转税。

4. 对于可外贸货物,其投入物或产出物价格应基于口岸价格进行计算,以反映其价格取值具有国际竞争力。计算公式为:

出口产出的影子价格(出厂价) = 离岸价(FOB) × 影子汇率 − 出口费用   (9-13)

进口投入的影子价格(到厂价) = 到岸价(CIF) × 影子汇率 + 进口费用   (9-14)

式中:离岸价(FOB)是指出口货物运抵我国出口口岸交货的价格;到岸价(CIF)是指进口货物运抵我国进口口岸交货的价格,包括货物进口的货价、运抵我国口岸之前所发生的境外的运费和保险费;进口或出口费用是指货物进出口环节在国内所发生的所有相关费用,包括运输费用、储运、装卸、运输保险等各种费用支出及物流环节的各种损失、损耗等。

5. 如果可外贸货物以财务成本或价格为基础调整计算经济费用和效益,应注意以下两点:

(1) 如果不存在关税、增值税、消费税、补贴等转移支付因素,则项目的投入物或产出物价值直接采用口岸价格进行调整计算。

(2) 如果在货物的进出口环节存在转移支付因素,应区分不同情况处理。

当项目的产出效果不具有市场价格,或市场价格难以真实反映其经济价值时,对项目的产品或服务的影子价格要进行重新计算。

9.4.2 影子价格的计算

在这里主要介绍影子价格的概念,特殊投入物(主要是指劳动力和土地)的影子价格及影子汇率的计算。

1. 影子价格

影子价格是商品或生产要素的任何边际变化对国家的基本社会经济目标所做贡献的价值。影子价格并非现行的市场价格和计划价格,而是反映投入物与产出物真实经济价值,反映市场供求状况和资源的稀缺程度,使资源得到合理配置的价格,它是从全社会角度衡量商品或生产要素投入或产出的成本与效益。在进行项目的国民经济评价时,要以政府发展政策确定的社会目标为依据确定影子价格。

2. 影子工资

项目占用的人力资源,使项目实施所付出的代价。如果财务工资与人力资源的影子价格之间存在差异,应对财务工资进行调整计算,以反映其真实经济价值。

影子工资是指建设项目使用劳动力、耗费资源而使社会付出的代价,在建设项目国民经济评价中以影子工资计算劳动力费用。影子工资按下式计算:

$$影子工资 = 劳动力机会成本 + 新增资源消耗 \tag{9-15}$$

劳动力机会成本系指劳动力在本项目被使用,而不能在其他项目中使用而被放弃的劳动收益。

新增资源消耗系指劳动力在本项目新就业或由其他就业岗位转移来本项目而发生的社会资源消耗,这些资源并没有提高劳动力的生活水平。

几种影子工资换算系数的取值是:对于技术劳动力,采取影子工资等于财务工资,即影子工资换算系数为 1;对于非技术劳动力,推荐在一般情况下采取等于财务工资的 0.2~0.8 倍作为影子工资,即影子工资换算系数为 0.2~0.8;由于我国农村人口大量过剩,需要到城镇寻找工作,在开发建设中,应当鼓励新的建设项目多使用劳动力,因此项目的国民经济评价中,对劳动力的影子工资应当采取较低的数值,特别是对于非技术劳动力其机会成本等于零。

3. 土地的影子价格

土地是一种重要的经济资源,项目占用的土地无论是否需要支付财务成本,均应根据土地用途的机会成本原则或消费者支付意愿的原则计算其影子价格。

(1) 生产性用地,主要指农业、林业、牧业、渔业及其他生产性用地,按照这些生产用地未来可以提供的产出物的效益以及改变土地用途而发生的新增资源消耗进行计算。其表达式为：

$$土地的经济成本 = 土地的机会成本 + 新增资源消耗 \tag{9-16}$$

上式中的土地机会成本应按照社会对这些生产用地未来可以提供的消费产品的支付意愿价格进行分析计算，一般按照项目占用土地在"无项目"情况下的"最佳可行替代用途"的生产性产出的经济效益现值进行计算；新增资源消耗应按照在"有项目"情况下土地的征用造成原有土地上附属物财产的损失及其他资源耗费计算，土地平整等开发成本应计入工程建设成本中，在土地经济成本估算中不再重复计算。

(2) 对于非生产性用地，如住宅、休闲用地等，应按照支付意愿原则，根据市场交易价格测算其影子价格。

(3) 对土地机会成本的计算应按以下要求进行：

通过政府公开招标取得的国有土地出让使用权，以及通过市场交易取得的已出让国有土地使用权，应按市场交易价格计算其影子价格。

未通过正常市场交易取得的土地使用权，应分析价格优惠或扭曲情况，参照当地正常情况下的市场交易价格，调整或类比计算其影子价格。

当无法通过正常市场交易价格类比确定土地影子价格时，应采用收益现值法或土地开发成本加开发投资应得的收益计算。

由于土地开发规划许可的取得，会对土地市场价格产生影响，土地价值的估算应反映实际的或潜在的规划批准情况，应分析规划得到批准的可能性及其对地价的影响。如果土地用途受到限制，其影子价格就会被压低。应分析这些限制被解除的可能性，以及解除限制对土地价值的影响。

项目征用农村用地，应按土地征用费调整计算其影子价格。

在征地过程中收取的征地管理费、耕地占用税、耕地开垦费、土地管理费、土地开发费等各种税费，应视为转移支付，不列入土地经济费用的计算。

4. 影子汇率

影子汇率是指单位外汇的经济价值，区别于外汇的财务价格和市场价格。在项目国民经济评价中使用影子汇率，是为了正确计算外汇的真实经济价值，它反映外汇对于国家的真实价值，影子汇率代表着外汇的影子价格。如果存在明显的迹象表明本国货币对外币的比价存在扭曲现象，在将外币折算成本币时，应采用影子汇率，其计算公式为：

$$影子汇率 = 外汇牌价 \times 影子汇率换算系数 \tag{9-17}$$

影子汇率是项目的国民经济评价的重要参数，应该由国家统一测定发布，并且定期调整。影子汇率的发布有两种形式，一种是直接发布影子汇率，另一种则是将影子汇率与国家外汇牌价挂钩，发布影子汇率换算系数。

实践中大多数采用以外汇牌价乘以影子汇率换算系数得到影子汇率的方法。

影子汇率换算系数是影子汇率与国家外汇牌价的比值,可以直观地反映外汇影子价格相对于官方汇率的溢价比例,反映国家外汇牌价对于外汇经济价值的低估比率。

影子汇率换算系数在项目国民经济评价中用于计算外汇影子价格,影子汇率的取值对于项目决策有着重要的影响。

根据我国现阶段的外汇供求情况、进出口结构、换汇成本,影子汇率换算系数取为1.08。

9.4.3 经济费用效益分析指标

项目的国民经济评价,采用费用效益分析方法或者费用效果分析方法。在费用-效益分析方法中,主要采用动态计算方法,计算经济净现值或者经济内部收益率指标。在使用经济内部收益率指标时,需要用一个事先确定的基准收益率作对比,以判定项目的经济效益是否达到了标准。通常将经济净现值计算中的折现率和经济内部收益率判据的基准收益率统一起来,规定为社会折现率。

社会折现率在项目的国民经济评价具有双重职能:作为项目费用-效益的不同时间价值之间的折算率;作为项目经济效益要求的最低经济收益率。

在项目的选优和方案比选中,社会折现率的取值高低会影响比选的结果。较高的取值,将会使远期收益在折算为现值时发生较高的折减,因此有利于社会效益产生在近期,而社会效益主要产生在远期的项目被淘汰。这可能会导致对评价结果的误导。

在实践中,国家根据宏观调控意图和现实经济状况,制定发布统一的社会折现率,以利于统一评价标准,避免参数选择的随意性。

根据我国建国以来经济发展统计数据,预测我国未来20年以内的社会资本收益率为9%~11%之间。

考虑到社会资本收益率与社会时间偏好之间的折中,推荐的社会折现率为8%。

项目经济费用效益分析采用社会折现率对未来经济效益和经济费用流量进行折现。项目的所有效益和费用(包括不能货币化的效果)一般均应在共同的时点基础上予以折现。

经济费用效益分析可在直接识别估算经济费用和经济效益的基础上,利用表格计算相关指标;也可在财务分析的基础上将财务现金流量转换为经济效益与费用流量,利用表格计算相关指标。

如果项目的经济费用和效益能够进行货币化,应在费用效益识别和计算的基础上,编制经济费用效益流量表,计算下列经济费用效益分析指标,分析项目投资的经济效率。

1. 经济净现值(*ENPV*)

经济净现值是指项目按照社会折现率将计算期内各年的经济效益流量折现到建设期初的现值之和。其计算公式为:

$$ENPV = \sum_{t=1}^{n}(B-C)_t(1+i_s)^{-t} \tag{9-18}$$

式中　　B——经济效益流量;

　　　　C——经济费用流量;

　　$(B-C)_t$——第 t 期的经济净效益流量;

　　　　i_s——社会折现率;

　　　　n——项目计算期。

经济费用效益分析中,如果经济净现值大于或者等于0,表明项目可以达到符合社会折现率的效率水平,认为该项目从经济资源配置的角度可以被接受。

2. 经济内部收益率（$EIRR$）

经济内部收益率是指项目在计算期内经济净效益流量的现值累计等于0时的折现率。其计算公式为:

$$\sum_{t=1}^{n}(B-C)_t(1+EIRR)^{-t} = 0 \tag{9-19}$$

如果经济内部收益率大于或等于社会折现率,表明项目资源配置的经济效率达到了可以被接受的水平。

3. 经济效益费用比（R_{BC}）

$$R_{BC} = \frac{\sum_{t=1}^{n}B_t(1+i_s)^{-t}}{\sum_{t=1}^{n}C_t(1+i_s)^{-t}} \tag{9-20}$$

式中　　B_t——第 t 期的经济效益;

　　　　C_t——第 t 期的经济费用。

如果经济效益费用比大于或等于1,表明项目资源配置的经济效率达到了可以被接受的水平。

在完成经济费用效益分析之后,应进一步分析对比经济费用效益与财务现金流量之间的差异,并根据需要对财务分析与经济费用效益分析结论之间的差异进行分析,找出受益或受损群体,分析项目对不同利益相关者在经济上的影响程度,并提出改进资源配置效率及财务生存能力的政策建议。

对于效益和费用可以货币化的项目应采用上述经济费用效益分析方法;对于效益难以货币化的项目,应采用费用效果分析方法;对于效益和费用均难以量化的项目,应进行定性经济费用效益分析。

9.5 费用效果分析

9.5.1 费用效果分析的概念

费用效果分析有广义和狭义之分，广义的费用效果分析泛指通过比较所达到的效果与所付出的耗费，用以分析判断所付出的代价是否值得，广义的费用效果分析并不刻意强调采用何种计量方式。狭义的费用效果分析专指耗费采用货币计量，效果采用非货币计量的分析方法。而效果和耗费均用货币计量的，称为费用效益分析。项目评价中一般采用狭义的概念。

根据社会和经济发展的客观需要直接进行费用效果分析的项目，通常是在充分论证项目必要性的前提下，重点在于制定项目目标的途径和方案。并根据以尽可能少的费用获得尽可能大的效果原则，通过对多方案的比选，提供优先选定方案或进行方案优先次序排队，以供决策。正常情况下，进入方案比选阶段，不再对项目的可行性提出质疑，不可能得出不可行的结论。费用效果分析只能比较不同方案的优劣，不能像费用效益分析那样保证所选方案的效果大于费用，因此，更加强调充分挖掘方案的重要性。

9.5.2 费用效益分析与费用效果分析的区别和应用范围

费用效益分析的优点是简洁、明了、结果透明，易于被人们接受。在市场经济中，货币是最为统一和被认可的参照物，在不同产出物（效果）的叠加计算中，各种产出物的价格往往是市场认可的公平权重。总收入、净现金流量等是效果的货币化表达。财务盈利能力、偿债能力分析必须采用费用效益分析方法。在项目经济分析中，当项目效果或其中主要部分易于货币化时也采用费用效益分析方法。

费用效果分析回避了效果定价的难题，直接用非货币化的效果指标与费用进行比较，方法相对简单，最适用于效果难于货币化的领域。在项目经济费用效益分析中，当涉及代际内公平（发达程度不同的地区、不同收入阶层等）和代际公平（当代人福利和未来人福利）等问题时，对效益的价值判断将十分复杂和困难。环境的价值、生态的价值、生命和健康的价值、自然和人类文化遗产等等，往往很难定价，而且不同的测算方法可能有数十倍的差距。勉强定价，往往引起争议，降低评价的可信度。此外，在可行性研究的不同技术经济环节，如场址选择、工艺比较、设备选型、总图设计、环境保护、安全措施等等，无论进行财务分析，还是进行经济费用效益分析，都很难直接与项目最终的货币效益直接挂钩测算。在这些情况下，都适宜采用费用效果分析。

费用效果分析既可以应用于财务现金流量，也可以用于经济费用效益流量。用于财务现金流量，主要是进行项目各个环节的方案比选和项目总体方案的初步筛选；用于经济费用效益流量，除了可以进行上述方案比选、筛选之外，对于项目主体效益难于货币化的，则取代费用效益分析，并作为经济分析的最终结论。

9.5.3 费用效果分析的计算

费用效果分析是指通过比较项目预期的效果与支付的费用，判断项目的费用有效性或经济合理性。效果难于或不能货币化，或货币化的效果不是项目目标的主体时，在经济评价中应采用费用效果分析法，其结论作为项目投资决策的依据之一。

费用效果分析中的费用是指为实现项目预定目标所付出的财务代价或经济代价，采用货币计量；效果是指项目的结果所起的作用、效应或效能，使项目目标要实现的目标，一个项目可选用一个或几个效果指标。

费用应包含从项目投资开始到项目终结的整个期间内所发生的全部费用。费用可按现值公式或按年值公式计算。

1. 费用现值（PC）

$$PC = \sum_{t=1}^{n}(CO)_t(P/F,i,t) \qquad (9\text{-}21)$$

式中　$(CO)_t$——第 t 期现金流出量；

　　　n——计算期；

　　　i——折现率；

　$(P/F,i,t)$——现值系数。

2. 费用年值（AC）

$$AC = \left[\sum_{t=1}^{n}(CO)_t(P/F,i,t)\right](A/P,i,n) \qquad (9\text{-}22)$$

式中　$(A/P,i,n)$——资金回收系数。

备选方案的计算期不一致时，应采用费用年值公式。

3. 效果费用比与费用效果比

费用效果分析可采用效果费用比为基本指标，按下式计算：

$$R_{E/C} = \frac{E}{C} \qquad (9\text{-}23)$$

式中　$R_{E/C}$——效果费用比；

　　　E——项目效果；

C——项目的计算期费用，用现值或年值表示。

有时为方便或习惯起见，也可采用费用效果比指标，按下式计算：

$$R_{C/E} = \frac{C}{E} \tag{9-24}$$

4. 费用效果分析的基本方法

费用效果分析可采用下列基本方法：

(1) 最小费用法，也称固定效果法，在效果相同的条件下，应选取费用最小的备选方案。

(2) 最大效果法，也称固定费用法，在费用相同的条件下，应选取效果最大的备选方案。

(3) 增量分析法，当效果与费用均不固定，且分别具有较大幅度的差别时，应比较两个备选方案之间的费用差额，分别获得增量效果所付出的增量费用是否值得，不可盲目选择效果费用比大的方案或费用效果比小的方案。

在这种情况下，需要首先确定效果与费用比值最低可以接受的基准指标 $(E/C)_0$，或最高可以接受的单位成本指标 $(C/E)_0$，当 $\Delta E/\Delta C \geq (E/C)_0$ 或 $\Delta C/\Delta E \leq (C/E)_0$ 时，选择费用高的方案，否则，选择费用低的方案。采用费用效果增量分析时应先确定基准指标，如果增加的效果能够抵补增加的费用，选择费用高的方案，否则，选择费用低的方案。基准指标的确定需要根据国家经济状况、行业特点、以往同类项目 E/C 比值水平综合确定。

如果项目有两个以上备选方案进行增量分析，宜按下列步骤选优：将方案由小到大排队；从费用最小的两个方案开始比较，通过增量分析选择优势方案；将优胜方案与紧邻的下一个方案进行增量分析，并选出新的优势方案；重复第三步，直至最后一个方案，最终被选定的优势方案为最优方案。

9.6 建设项目环境影响评价

环境及生态影响的外部效果是经济费用效益分析必须加以考虑的一种特殊形式外部效果，应尽可能对项目所带来的环境影响的效益和费用（损失）进行量化和货币化，将其列入经济现金流。

环境及生态影响的效益和费用，应根据项目的时间范围和空间范围、具体特点、评价的深度要求及资料占有情况，采用适当的评估方法与技术对环境影响的外部效果进行识别、量化和货币化。

9.6.1 国家对建设项目环境评价的有关规定

《中华人民共和国固体废物污染环境防治法》已于 2004 年 12 月 29 日公布，

自2005年4月1日起施行。该法规定：建设项目的环境影响评价文件确定需要配套建设的固体废物污染环境防治设施，必须与主体工程同时设计、同时施工、同时投入使用；固体废物污染环境防治设施必须经原审批环境影响评价文件的环境保护行政主管部门验收合格后，该建设项目方可投入生产或者使用。对固体废物污染环境防治设施的验收应当与对主体工程的验收同时进行。自2003年9月1日施行了《中华人民共和国环境影响评价法》，该法所称环境影响评价，是指对规划和建设项目实施后可能造成的环境影响进行分析、预测和评估，提出预防或者减轻不良环境影响的对策和措施，进行跟踪监测的方法与制度。该法规定国家根据建设项目对环境的影响程度，对建设项目的环境影响评价实行分类管理。建设项目的环境影响评价分类管理名录，由国务院环境保护行政主管部门制定并公布。

1. 必须进行环境评价的建设项目

建设单位应当按照下列规定组织编制环境影响报告书、环境影响报告表或者填报环境影响登记表（以下统称环境影响评价文件）：

(1) 可能造成重大环境影响的，应当编制环境影响报告书，对产生的环境影响进行全面评价；

(2) 可能造成轻度环境影响的，应当编制环境影响报告表，对产生的环境影响进行分析或者专项评价；

(3) 对环境影响很小、不需要进行环境影响评价的，应当填报环境影响登记表。

2. 建设项目环境影响报告书应当包括的内容

(1) 建设项目概况；

(2) 建设项目周围环境现状；

(3) 建设项目对环境可能造成影响的分析、预测和评估；

(4) 建设项目环境保护措施及其技术、经济论证；

(5) 建设项目对环境影响的经济损益分析；

(6) 对建设项目实施环境监测的建议；

(7) 环境影响评价的结论。

3. 建设项目环境影响评价的其他规定

(1) 涉及水土保持的建设项目，还必须有经水行政主管部门审查同意的水土保持方案。

(2) 建设项目的环境影响评价文件经批准后，建设项目的性质、规模、地点、采用的生产工艺或者防治污染、防止生态破坏的措施发生重大变动的，建设单位应当重新报批建设项目的环境影响评价文件。

(3) 建设项目的环境影响评价文件自批准之日起超过5年，方决定该项目开工建设的，其环境影响评价文件应当报原审批部门重新审核；原审批部门应当自收到建设项目环境影响评价文件之日起10日内,将审核意见书面通知建设单位。

(4) 建设项目的环境影响评价文件未经法律规定的审批部门审查或者审查后未予批准的,该项目审批部门不得批准其建设,建设单位不得开工建设。

(5) 建设项目建设过程中,建设单位应当同时实施环境影响报告书、环境影响报告表以及环境影响评价文件审批部门审批意见中提出的环境保护对策措施。

9.6.2 建设项目对环境的影响

1. 环境污染的概念

(1) 环境污染及其分类

环境污染是指有害物质或因子进入环境,并在环境中扩散、迁移、转化,是环境系统结构与功能发生变化,对人类及其他生物的生存和发展产生不良影响的现象。

环境污染按环境要素,可分为大气污染、水体污染、土壤污染;按污染物的性质,可分为物理污染(如声、光、热、辐射等)、化学污染(如无机物、有机物)、生物污染(如霉菌、细菌、病毒等);按污染物的形态,可分为废气污染、噪声污染、固体物污染、辐射污染等;按污染产生的原因,可分为工业污染、交通污染、农业污染、生活污染等;按污染的空间,可分为室内污染和室外污染;按污染物分布的范围,可分为全球性污染、区域性污染、局部性污染等。

(2) 环境污染源及其分类

环境污染源是指造成环境污染的发生源或环境污染的来源,即向环境排放产生有害物质或对环境有影响的场所和设备等。

按污染物发生的类型,可分为工业污染源、交通污染源、农业污染源和生活污染源等;按污染存在的形式,可分为固定污染源和移动污染源;按污染物排放的形式,可分点源、线源和面源;按污染排放的空间,可分为连续源、间断源和瞬时源。

(3) 大气污染及其分类

大气污染就是空气污染,是指人类向空气中排放各种物质,包括许多有害物质,使空气成份长期改变而不能恢复,以致对人体健康产生不良影响的现象。

根据污染物的形态,可分为颗粒污染物和气态污染物两大类。颗粒污染物又称总悬浮颗粒物,是指悬浮在空气中,空气动力学当量直径≤$100\mu m$的颗粒物。颗粒污染物主要有4种:尘粒(一般是指直径大于$75\mu m$的颗粒物);粉尘,又分为落尘(直径在$10\mu m$以上)和飘尘(又称可吸入颗粒物,直径在$10\mu m$以下);烟尘(一般直径小于$1\mu m$);雾尘(指悬浮于空气中的小液态粒子,直径小于$100\mu m$)。其中对人体危害最大的是飘尘。

(4) 噪声污染的特征、类型及其危害

噪声是指干扰人们休息、学习和工作的声音,即不需要的声音。此外振幅和频率杂乱、断续或统计上无规律的声震动,也称噪声。

噪声污染有三个特征:噪声污染是能量污染;噪声污染是感觉公害;噪声污染具有局限性。

按噪声产生的机理可分为机械噪声、空气动力噪声和电磁噪声三类;按噪声随时间变化的情况可分为稳态噪声和非稳态噪声两类。

噪声污染的危害主要表现在:①噪声污染对听力的损伤;②噪声污染对睡眠的干扰;③噪声污染对人体生理的影响;④噪声污染对人体心理的影响;⑤噪声污染对儿童的影响。

(5) 固体废弃物的分类

按固体废弃物的形状,可分为颗粒状废物、粉状废物、块状废物和泥状废物(污泥);按废弃物的化学性质,可分为有机废物和无机废物;按废物的危害状况,可分为有害废物和一般废物;按废物的危害状况,可分为城市垃圾、工业固体废物(主要是煤渣和粉煤灰、有色金属渣、铬渣、化工废渣)、农业废弃物和放射性固体废物。

在上述危害自然环境的主要因素中,对环境影响最大的是废水、废气和废渣,简称为"三废污染"。

2. 建设项目对环境的影响

建设项目,特别是工业项目,如钢铁工业、有色金属冶炼、化学石油工业,在项目建设和生产过程中排放的废气、废渣和废液是环境污染的主要来源,核工业排放的放射性物质、废气、废水等的三废污染对人类生命和环境的危害更大。建设项目的建设和生产对自然环境和生态平衡的影响主要来自三个方面:

(1) 建设项目投入的物料,如有毒或易爆的物料。

(2) 建设项目建成后的生产过程,如生产过程中的噪声污染及产生的污水、废渣和有毒气体直接对空气、土壤和水体等自然环境产生的污染等。

(3) 建设项目的产出物,如化肥和农药等对环境及生态产生的有害影响等。

9.6.3 建设项目环境评价

1. 建设项目可行性研究中的环境评价

在建设项目可行性研究报告中,应对建设项目进行环境评价,评价的主要内容应包括:建设项目所在地区的环境现状;主要污染源和主要污染物;资源开发可能引起的生态变化;采用的环境保护标准;控制污染和生态变化的初步方案;环境保护的投资估算;环境影响评价的结论或环境影响分析;存在的问题及建议。

在编制可行性研究报告时,应该按照具体项目的不同特点和不同建设条件,遵照上述内容要求,做必须的调查研究和分析论证,向环境保护部门提供研究结果和主要数据，以备考核。

在项目可行性研究过程中，应遵守《中华人民共和国固体废物污染环境防治法》、《中华人民共和国环境影响评价法》和国家环境保护委员会颁发的《建设项目环境保护管理办法》等文件及项目所在地区的有关法规，为建设项目提出经济有效的环保措施和治理环境的方案，还应遵守劳动部门颁发的《关于生产建设工程项目职工安全卫生监察暂行规定》以及消防部门有关方面的法规和规范，为建设项目的劳动安全研究必要的防护方案和措施。

环境污染治理措施主要包括：

(1) 废气治理可采用冷凝、吸附、燃烧和催化转化等方法。

(2) 废水采取二级处理法：一级处理是采用物理和化学方法，将废水中部分污染物去除，或转化为非污染物；二级处理是微生物处理，采用生化方法，把污水中的有害成分去除，即去除大部分有机物和固体悬浮物；三级处理是高级处理和深度处理，使用物理化学或生物化学等方法使水质达到排放标准。

(3) 废物治理可采用防渗漏池堆存、封闭固化、露天堆存、生物降解、焚烧方式等处理。

(4) 对于因项目所需资源的开发利用和污染物排放可能引起的生态变化，如土壤污染、土地沙漠化、水产资源减少、水源枯竭等，亦应采取必要的保护措施。

(5) 噪声的治理可采用吸声、隔声、减震等措施。

综合利用治理污染源，是环境保护的根本途径，必须从项目设计方案着手，可采取的预防措施有：

(1) 选择合理的燃料结构，改善燃烧方式；加强废渣和废水的综合利用，防止排放污染。

(2) 采用无害工艺，组织密闭生产，消烟除尘，防止有害气体对大气的污染。

(3) 对污水进行净化处理，循环使用，防止水源污染。

(4) 采取先进传动、挤压、锻造等工艺设备，减少噪声。

2. 环境保护评价要点

在进行环境保护评价时，首先应从拟建项目的实际情况出发，收集项目所在地的有关地形、水系、风速、风向、农业生产和城市规划等基础资料，根据项目涉及污染物的实际排放情况，分析项目对空气、水流、土壤和动植物等自然环境的影响，了解可能产生的环境污染程度。然后对为消除和减轻这些影响，使其达到国家环境质量标准要求对所采取的环境保护措施进行分析评估。其主要内容有：

(1) 各个场址所在地的大气、水源等环境是否经过测试和环境评估，其结果是否正确，有无证明文件。

(2) 拟建项目排放的"三废"含有哪些有害物质,有无综合利用、回收措施是否有效。

(3) 除"三废"以外是否还有噪声、振动、余热、强磁、高频、辐射等其他污染,有无防治措施,是否有效。

(4) 分析评估防止污染和其他公害的设施与治理工程项目,是否做到与主体工程同时设计、同时施工、同时投产,即分析工程项目是否符合"三同时"的要求。

(5) 分析评估通过各项环保的实施,项目各项有害物质的排放是否遵守国家规定的标准要求,"三废"治理后是否达到有关标准要求。以国家颁发的有关标准作为依据,检测经过治理的"三废"是否保证环境的应有质量。只有确定经治理后的污染不会危害环境,才可同意工程项目建设。因此,必须分析评估对建设项目采取的环境保护措施是否符合国家环境保护法律、法规标准和功能规划的要求。

(6) "三废"治理工程所需的资金来源是否落实和有无保证,并须分析评估在资金使用的时间安排上能否保证"三废"治理工程主体工程实行"三同时"的要求。

(7) "三废"治理措施在技术上是否科学合理和有效,对治理技术的可靠性进行分析,还可在必要时采取可替代的生产工艺解决污染问题。

(8) 分析评估"三废"治理的经济问题,就是分析治理"三废"所需的投资与不治理"三废"所造成的经济损失之间的比例关系,力争环境效益与社会效益协调一致。如果治理费用大于污染损失时,就应减少费用,达到符合治理标准为宜。治理标准既要符合排放污染不危害环境的要求,同时又要考虑治理投资的效益问题。这样既要防止不重视"三废"治理的投资现象,又要注意避免对"三废"治理要求过高,支付超过国力的投资情况发生。对于危害人体健康和对文物破坏等污染造成的非经济的社会损失,应予以充分考虑,治理时不能受治理费用的限制,对可能产生这类污染的工业建设项目必须有一定的限制并采取特殊的措施。对于不能定量分析的污染损失,要做出比较符合实际的定性分析与评价,以确定污染治理的必要性和需要治理的程度。

9.7 区域经济与宏观经济影响分析

9.7.1 区域经济与宏观经济影响分析的范围

区域经济影响分析是指从区域经济的角度出发,分析项目对所在区域乃至更大范围的经济发展的影响。

宏观经济影响分析是指从国民经济整体的角度出发,分析项目对国家宏观经济各方面的影响。

直接影响范围限于局部区域的项目应进行区域经济影响分析，直接影响国家经济全局的项目应进行宏观经济影响分析。

具备下列部分或全部特征的特大型建设项目进行区域经济或宏观经济影响分析：项目投资巨大、工期超长（跨五年计划或十年规划）；项目实施前后对所在区域或国家的经济结构、社会结构以及群体利益格局等有较大改变；项目导致技术进步和技术转变，引发关联产业或新产业群体的发展变化；项目对生态与环境影响大，范围广；项目对国家经济安全影响较大；项目对区域或国家财政收支影响较大；项目的投入或产出对进出口影响大；其他对区域经济或宏观经济有重大影响的项目。

9.7.2 区域经济与宏观经济影响分析的内容

区域经济与宏观经济影响分析应立足于项目的实施能够促进和保障经济有序高效运行和可持续发展，分析重点应是项目与区域发展战略和国家长远规划的关系。分析内容应包括直接贡献和间接贡献、有利影响和不利影响。具体包括：

1. 项目对区域经济或宏观的直接贡献通常表现在：促进经济增长，优化经济结构，提高居民收入，增加就业，减少贫困，扩大进出口，改善生态环境，增加地方或国家财政收入，保障国家经济安全等方面。

2. 项目对区域经济或宏观的间接贡献通常表现在：促进人口合理分布和流动，促进城市化，带动相关产业，克服经济瓶颈，促进经济社会均衡发展，提高居民生活质量，合理开发、有效利用资源，促进技术进步，提高产业国际竞争能力等方面。

3. 项目可能产生的不利影响包括：非有效占用土地资源、污染环境、损害生态平衡、危害历史文化遗产；出现供求关系与生产格局的失衡，引发通货膨胀；冲击地方传统经济；产生新的相对贫困阶层及隐性失业；对国家经济安全可能带来的不利影响等。

9.7.3 区域经济与宏观经济影响分析的原则与指标

区域经济与宏观经济影响分析应遵循系统性、综合性、定性与定量分析相结合的原则。

区域经济与宏观经济影响分析的指标体系由下列总量指标、结构指标、社会与环境指标和国力适应性指标构成：

1. 经济总量指标反映项目对国民经济总量的贡献，包括增加值、净产值、纯收入、财政收入等经济指标。

2. 经济结构指标反映项目对经济结构的影响，主要包括三次产业结构、就业结构影响力结构等指标。

3. 社会与环境指标主要包括就业效果指标、收益分配效果指标、资源合理利用指标和环境效果指标等。

4. 国力适应性指标表示国家的人力、物力和财力承担重大项目的能力，一般用项目使用的资源占全部资源总量的百分比或财政资金投入占财政收入或支出的百分比表示。

以上各项指标应与国家统计部门的统计口径一致。

区域经济与宏观经济影响分析通常应做专题研究。

9.8 建设项目财务评价与国民经济评价的区别

9.8.1 建设项目国民经济评价与财务评价的关系

由前述内容可知，国民经济评价是从国家整体角度考察项目的效益和费用，用影子价格、影子工资、影子汇率和社会折现率等指标，计算项目给国民经济带来的净效益，评价项目经济上的合理性。在进行国民经济评价时可以在财务评价的基础上进行，也可以直接进行。

在财务评价基础上进行国民经济评价时，首先剔除在财务评价中已计算为效益或费用的转移支付，增加财务评价中未反映的间接效益和间接费用，然后用影子价格、影子工资、影子汇率和土地影子费用等代替财务价格和费用，对销售收入（或收益）、固定资产投资、流动资金、经营成本等进行调整，并以此为基础计算项目的国民经济评价指标。

直接进行国民经济评价的项目，首先应识别和计算项目的直接效益、间接效益、直接费用和间接费用，然后以货物影子价格、影子工资、影子汇率和土地影子费用等计算项目固定资产投资、流动资金、经营费用、销售收入（或效益），并在此基础上计算项目的国民经济评价指标。

9.8.2 国民经济评价与财务评价的区别

通过以上内容的介绍可以看出：财务评价和国民经济评价是从两个不同角度对项目的投资效益进行分析和评价，它们是相辅相成、缺一不可的，多数项目应先进行财务评价，在此基础上对效益、费用、价格等进行调整后，进行国民经济评价。有些项目可先进行国民经济评价，然后再进行财务评价。这两种评价各有其任务和作用，一般应以国民经济评价的结论作为项目或方案取舍的主要依据。

财务评价与国民经济评价的主要区别是：

(1) 评价的角度不同。财务评价是从财务角度考察货币收支和盈利状况及借款偿还能力，以确定投资行为的财务可行性。国民经济评价是从国家整体的角度考察项目需要付出的代价和对国家的贡献即国民经济效益，确定投资行为的宏观可行性,因此又将国民经济评价称为"宏观评价"。

(2) 效益与费用的含义及划分范围不同。财务评价是根据项目的实际收支确定项目的效益和费用,税金、利息等均计为费用。国民经济评价着眼于项目对社会提供的有用产品和服务及项目所耗费的全社会的有用资源来考察项目的效益和费用,故税金、国内借款利息和补贴等不计为项目的效益和费用。财务评价只计算项目直接发生的效益与费用,国民经济评价对项目引起的间接效益与费用即外部效果也要进行计算和分析。

(3) 评价采用的价格不同。财务评价对投入物和产出物采用现行价格,国民经济评价采用根据机会成本和供求关系确定的影子价格。

(4) 主要参数不同。财务评价采用的是官方汇率,并以同行业而异的基准收益率作为折现率;国民经济评价采用国家统一测定的影子汇率和社会折现率。表9-1 列出了两种评价的主要区别。

由于上述区别,两种评价可能导致相反的结论。如煤炭等原料工业国内价格偏低,企业利润很少,企业财务评价的结果可能不易通过。如果用影子价格对这些国计民生不可缺少的物资生产项目进行国民经济评价,该项目对国民经济的贡献就可能很大,就能通过。对于一些国民经济评价认为可行,而财务评价认为不可行的有关国计民生的项目,应向国家和主管部门提出采取相应的经济优惠措施的建议,通过调整使项目在财务上也成为可行的。

由于两种评价的上述区别,因而其评价过程所需的报表和评价指标也不相同。表 9-2 列出了两种评价的上述内容的具体要求。该表所举的各项指标中,财务内部收益率、财务净现值、项目投资回收期、偿债能力和经济内部收益率、经济净现值为主要的指标。其他指标为辅助性指标,可根据具体情况决定取舍。

国民经济评价和财务评价的区别 表 9-1

		国民经济评价	财务评价
目 的		评价项目在宏观经济上的合理性	评价项目在财务上的可行性
出发点		国 家	经营项目的企业
价 格		计算价格(或影子价格)	市场价格
一般的通货膨胀间接费用和效益		考虑计入	考虑不计入
费用数据	税收和补贴	不考虑	考 虑
	沉没费用	不 计	计 入
	折 旧	不考虑	考 虑
	贷款和归还	不考虑	考 虑
结 果		经济净现值 经济内部收益率	净利润(或利润净现值) 或财务内部收益率

财务评价与国民经济评价的报表及指标　　　　　表 9-2

评价内容	基本报表	财务评价指标		国民经济评价指标	
		静态指标	动态指标	静态指标	动态指标
盈利能力分析	项目投资现金流量表	全部投资回收期	财务内部收益率 财务净现值投资回收期	—	—
	项目资本金现金流量表	—	资本金财务内部收益率	—	—
	投资各方现金流量表	—	投资各方财务内部收益率	—	经济内部收益率 经济净现值
	项目投资经济费用效益流量表	—	—	—	经济内部收益率 经济净现值
	经济费用效益分析投资费用估算调整表	—	—	—	投资费用估算
	经济费用效益分析经营费用估算调整表	—	—	—	经营费用估算
	项目直接效益估算调整表	—	—	—	直接效益估算
	项目间接费用估算表	—	—	—	间接费用估算
	项目间接效益估算表	—	—	—	间接效益估算
	利润与利润分配表	总投资收益率 资本金净利润率	—	—	—
清偿能力分析	财务计划现金流量表	累计盈余资金	—	—	—
	资产负债表	资产负债率	—	—	—
	借款还本付息计划表	偿债备付率 利息备付率	—	—	—
其他	—	价值指标或实物指标	—	价值指标或实物指标	—

9.8.3 建设项目经济评价应注意的几个问题

1. 项目计算期

计算期包括项目的建设期和生产期（有些项目是经营期或使用期），在确定计算期时应注意以下两点。

(1) 有些折旧年限很长甚至是"永久性"的工程项目，如水坝等，其计算期中的生产（使用）期可低于其折旧年限。此时在现金流量表及资金来源与运用表中最末一年"回收固定资产余值"栏内可填写该年的固定资产净值。

(2) 计算期不宜定得太长。除建设期应根据实际需要确定外，一般来说，生产期不宜超过 20 年，因为按折现法计算，将 20 年后的净收益额折算成现值，为数甚微，对评价结论不会产生关键性的影响。

对于某些水利、交通等服务年限很长的特殊项目，经营期的年限可适当延长。具体计算期，可由部门或行业根据本部门或行业项目的特点自行确定。

2. 计算期的年序

财务现金流量表（或国民经济效益费用流量表，下同）的年序为 1，2，…，n，建设起始年作为计算期的第一年，年序为 1。为了与复利因数表的年序相对应，在折现计算中，采用了年末习惯法。即年序 1 发生的现金流量（或效益费用流量，下同），按 $(1+i)^{-1}$ 折现；年序 2 发生的现金流量按 $(1+i)^{-2}$ 折现；以此类推。通常，在项目建设期以前发生的费用占总费用的比例不大，为简化计算，这部分费用可列入年序 1。这样计算的净现值或内部收益率，比列在建设期以前计算的结果略大一些，但一般不会影响评价的结论。有些项目，如老厂改、扩建项目，需要计算改、扩建后的效益，且原有固定资产净值占改、扩建后总投资的比例较大，需要单独列出时，可在建设期以前另加一栏"建设起点"，将建设期以前发生的现金流出填入该栏，计算净现值时不予折现。

思 考 题

1. 什么是费用效益分析？费用效益分析有什么优点？
2. 什么是财务费用效益评价？财务费用效益评价所使用的基本计算报表有哪些？其用途是什么？
3. 财务费用效益评价的指标有哪些？其计算公式的含义是什么？
4. 什么是国民经济评价？它与财务费用效益评价的主要区别是什么？
5. 什么是技术性效果、货币性效果和无形效果？
6. 在进行国民经济评价时为什么要进行价格调整？什么是影子价格？
7. 什么是外贸货物、非外贸货物？其影子价格如何计算？
8. 经济费用效益评价的主要参数有哪些？其具体含义是什么？
9. 经济费用效益评价的主要指标是什么？它们的含义是什么？
10. 国家对建设项目环境评价的有关规定是什么？必须进行环境评价的建设项目有哪些？
11. 在什么条件下要进行区域经济与宏观经济影响分析？其分析的主要内容有哪些？

10 方案综合评价

10.1 综合评价概述

10.1.1 综合评价的概念

评价是项目选择前的一项极为重要的认识活动。由于决策是现代管理的核心问题,而综合评价是决策的基础,正确的决策源于对各种被选方案的科学的综合评价。因为方案的实施涉及技术、经济、社会和生态环境等诸多领域,各个领域之间相互联系、相互制约。这就决定了评价工作具有整体性、综合性和多学科交叉等特点。方案的综合评价就是评价主体为了一定的目的,在数据资料的支持下,从技术、经济、社会和环境生态等多方面、多角度对某一方案进行系统的评定,从而得出对方案整体性认识的一种评价活动。综合评价从系统角度,着眼于方案的全局最优,不仅考虑系统内各子系统的联系,而且分析该系统同周围环境的交互影响。

方案的综合评价过程其实是认识方案的过程,它为人们从总体上认识方案提供了一条途径,其目的是希望能对若干方案按一定标准进行排序,从中挑选最优方案或者淘汰最劣方案。同时,通过方案的综合比较,可以找出方案之间的差距,便于及时采取措施对方案进行改进。

10.1.2 综合评价的要素

方案综合评价的要素一般包括以下几个方面。

(1) 评价目的。评价目的是综合评价行动的指针,评价的基本目的是满足管理者(评价听取人)的需要。

(2) 评价者。评价者可以是自然人,也可以是法人,也可以是某团体(如专家小组)。评价者的作用贯穿于整个评价活动中,如评价指标的选取,评价方法的确定,评价结果的解释等。评价者的主观作用是通过其行为表现出来的,而其行为直接关系到评价效果。综合评价工作是一个影响大、技术含量高的工作,对参与者要有相当的要求。一个合格的评价者需要思想敏锐、勤于思考、富于创造、勇于革新,能审时度势,要有较高的素质,具备分析、综合、判断、组织、应变能力。对于一个评价组织来说,其人员构成应具有合理的智力结构。

(3) 方案。方案是被评价的对象,方案的特点直接决定了评价的内容、方式以及方法。方案的个数应该大于1。

(4) 评价指标体系。指标是指根据研究的对象和目的，能够确定地反映研究对象某一方面情况的特征依据。每个评价指标都从不同侧面刻画对象所具有的某种特征。各个指标有机结合在一起即构成了评价的指标体系。指标体系的建立过程应该是定性和定量分析的相互结合。定性分析主要是从评价的目的和原则出发，考虑评价指标的全面性、针对性、独立性以及指标与评价方法的协调性等因素，主观确定指标和指标结构的过程；定量分析则是通过一系列检验，使得指标体系更加科学和合理的过程。指标之间的相对重要性是不同的。评价指标之间的相对重要性大小可用指标的权重系数来反映。权重系数合理与否，反映了指标的结构合理与否。设立指标体系时一般要考虑指标体系的系统性、科学性、可比性和实用性。

(5) 综合评价模型。综合评价就是通过一定的数学模型将指标体系的各个指标值"合成"为一个整体性的评价值。模型则是真实系统的代表，是对实际问题的抽象概括和严格的逻辑表达。模型反映了各个变量之间的相互关系，建立模型可以使问题的描述高度规范化，建立模型后，可以通过输入各种数据资料，分析各个因素和系统整体目标之间的因果关系，从而确立一套逻辑的分析方案的程序方法。

(6) 评价结果。追求评价的客观性、科学性是综合评价的题中之义。但评价的结果是在一定的条件下得出来的，因而其结果就具有相对性。综合评价涉及的因素众多，有些因素可以量化、有些因素难以量化，从严格意义上来说，事物之间是不可能完全可比的，综合评价既然要讲究全面性，就不能不舍去事物本身所具有的一些特殊性，而特殊性更是难以对比。综合评价可以通过评判揭示方案的优劣，从而为决策提供依据；同时综合评价还可以揭示方案存在的问题，从而为改进方案和进行相关决策提供参考。因此，辩证地看待评价结果有助于我们恰如其分地运用评价结果。

10.1.3 指标体系的设立

指标是评价的依据。首先，指标的选定要做到目的明确。即从评价内容来看，该指标要确实能反映有关的内容。其次，指标的多少要繁简得当。选择的指标要尽可能覆盖所要评价的内容，但是评价指标并非多多益善，所选择的指标要有代表性，能很好地反映研究对象某方面的特性。再次，指标应具有独立性。每个指标要内涵清晰、相对独立；同一层次的各指标间应尽可能互不重叠，相互之间不存在因果关系。最后，要切实可行地设立指标。切实可行是指指标的可操作性。设立的指标应该符合客观实际水平，有稳定的数据来源，资料收集简单易行。

10.1.4 综合评价的步骤

根据综合评价的概念及其基本要素，可以把综合评价的基本过程分为以下几个基本步骤进行。

第一步，确定参与综合评价的人员。确保综合评价人员的知识结构搭配合理。

第二步，明确对象系统。这一步的实质是熟悉评价对象，明确评价的目的，界定对象系统的边界范围，明确评价的准则、深度和精度。

第三步，确立评价指标体系。系统的评价指标常具有递阶的性质，必须按照人类认识和解决复杂问题的从粗到细、从全局到局部的分层递阶方法，明确评价的目标体系，选用合适的指标体系，明确指标间的隶属关系，确保指标的独立性，在此基础上，合理确定各个指标的权重，确保指标体系的结构合理。

第四步，建立评价的数学模型。

第五步，进行综合评价。

第六步，输出评价结果。

10.2 评分综合法

10.2.1 评分综合法的概况

评分综合法也称专家评分法，是出现较早且应用较广的一种评价方法。这种方法是用于评价指标无法用统一的量纲进行定量分析的场合，而用无量纲的分数进行综合评价。它是在定量和定性分析的基础上，以专家打分的方式做出定量评价，其结果具有数理统计特性。评分综合法的最大优点是，在缺乏足够统计数据和原始资料的情况下，可以做出定量评价。评分综合法的准确程度，主要取决于专家的阅历、经验和知识的广度和深度，要求专家具有较高的学术水平和丰富的实践经验。评分综合法具有简便直观、计算方法简单和定性定量相结合等特点。

其主要步骤是：

第一步，确定评价项目，即哪些指标采取此法进行评价。

第二步，制定出评价等级和标准。先制定出各项评价指标统一的评价等级或分值范围，然后制定出每项评价指标每个等级的标准，以便打分时掌握。这项标准，一般是定性与定量相结合，也可能是定量为主，也可以是定性为主，根据具体情况而定。

第三步，制定评分表。内容包括所有的评价指标及其等级区分和打分。

第四步，根据指标和等级评出分数值。由专家根据指标相关的资料，给评价对象打分，填入表格。打分的方法，一般是先对某项指标达到的成绩做出等级判断,然后进一步细化,在这个等级的分数范围内打上一个具体分。这是往往要对不同评价对象进行横向比较。

第五步,数据处理和评价。确定各个指标的权重。用加法评分法、连乘评分法或加权评分法求出各个方案的综合得分值,从而得到评价结果。将各评价对象的综合评分,按原先确定的评价目的,予以运用。

10.2.2 指标权重的确定

权重是一个相对的概念,某一指标的权重是指该指标在整体评价中的相对重要程度。权重表示在评价过程中,是被评价对象的不同侧面的重要程度的定量分配,对各评价因子在总体评价中的作用进行区别对待。事实上,没有重点的评价就不算是客观的评价,方案的性质和所处的层次不同,其重点也肯定是不能一样的。因此,各方案的综合评价就要根据方案的不同侧面对目标贡献的重要程度做出估计,即权重的确定。

权重体系是相对指标体系来确立的。首先必须有指标体系,然后才有相应的权重体系。权重是要从若干评价指标中分出轻重来,一组评价指标体系相对应的权重组成了权重体系。一组权重体系 $\{V_i \mid i = 1, 2, \cdots n\}$,必须满足下述两个条件:

① $0 < V_i \leq 1, i = 1, 2, 3, \cdots, n$;

② $\sum_{i=1}^{n} V_i = 1, n$ 为权重指标的个数;

如果一级指标下设二级指标,设二级指标体系为 $\{V_{ij} \mid i = 1, 2, \cdots, n, j = 1, 2, \cdots, m\}$,则其对应的权重体系 $\{V_{ij} \mid i = 1, 2, \cdots, n, j = 1, 2, \cdots, m\}$ 应满足下述三个条件:

① $0 < V_i \leq 1, i = 1, 2, 3, \cdots, n$;

② $\sum_{i=1}^{n} V_i = 1, n$ 为权重指标的个数;

③ $\sum_{i=1}^{n} \sum_{j=1}^{m} V_{ij} = 1$。

对于三级指标、四级指标可以依此类推。

权数的确定主要采用专家咨询的经验判断法。由专家投票表决后,用算术平均值对专家的分值进行统计处理。其计算公式为:

$$V_j' = \sum_{i=1}^{n} (V_{ij}')/n, (j = 1, 2, \cdots, m) \tag{10-1}$$

式中 n——专家的数量;

m——评价指标总数;

V_j'——第 j 个指标的权数平均值;

V_{ij}——第 i 个专家给第 j 个指标权数的打分值。

得到总分后需要进行归一化处理。其公式如下：

$$V_j = V'_j \Big/ \sum_{j=1}^{m} V'_j \qquad (10\text{-}2)$$

此结果即代表了专家们的集体意见。

10.2.3 数据处理方法的选择

（1）加法评价型。将评价各指标项目所得的分值加法求和，按总分来表示评价结果。此法用于指标间关系简单者。

公式为：
$$W = \sum_{i=1}^{n} W_i \qquad (10\text{-}3)$$

式中 W——评价对象总分值；
　　W_i——第 i 项指标得分值；
　　n——指标项数。

该法有两种方式：连加评分法和分级加法评价法，分别如表 10-1 和表 10-2 所示。

连 加 评 分 法　　　　　　　　　　表 10-1

评级项目	标准分数	评价分数			
		可行方案得分			
		Ⅰ	Ⅱ	Ⅲ	Ⅳ
A	40	40	35	30	40
B	30	25	30	30	30
C	20	15	15	10	15
D	10	5	10	5	10
总 分	100	85	90	75	95

分级加法评价法　　　　　　　　　　表 10-2

评价项目	评价等级	标准分数	评价分数			
			可行方案得分			
			Ⅰ	Ⅱ	Ⅲ	Ⅳ
A	1级	40	40		40	40
	2级	30		30		
	3级	20				
	4级	10				

续表

评价项目	评价等级	评价分数				
		标准分数	可行方案得分			
			I	II	III	IV
B	1级	30		30		30
B	2级	20	20		20	
B	3级	10				
C	1级	20	20	20		
C	2级	15				15
C	3级	10			10	
D	1级	10		10		10
D	2级	5	5		5	
总 分		100~15	85	90	75	95

(2) 连乘评价型

将各个项目的分值连乘，并按其乘积大小来表现方案的评价结果。这种方法灵敏度很高，被评价对象各指标间的关系特别密切，其中一项的分数连带影响到其他各项的总结果，即具有某项指标不合格，就对整体起否定作用的特点。

其评价的公式为：
$$W = \prod_{i=1}^{n} W_i \tag{10-4}$$

式中　W——评价方案的总分值；

W_i——i 项目得分值；

m——评价方案的组数；

n——i 组中含有的指标项数。

如表 10-3 所示。

(3) 和数相乘评价型。将评价对象的评价指标分成若干组，先计算出各组评分值之和，然后再将各组评分值连乘，所得即是总的评分。这是考虑到各因素之间的关系密切程度不同和相互影响方式不同来确定的。

用公式可以表示为：
$$W = \prod_{i=1}^{m} \sum_{j=1}^{n} W_{ij} \tag{10-5}$$

式中　W_{ij}——评价对象中第 i 组 j 指标值；

m——评价对象的组数；

n——i 组中含有的指标项数。

可见，和数相乘法是加法评价法和连乘评价法的综合。

连 乘 评 价 法　　　　　　　　　　　　表 10-3

评价项目	评价等级	标准分数	I	II	III	IV
A	1级	3	3		3	3
	2级	2		2		
	3级	1				
B	1级	3		3		3
	2级	2	2		2	
	3级	1				
C	1级	3	3	3		
	2级	2				2
	3级	1			1	
D	1级	3				3
	2级	2		2		
	3级	1	1		1	
连乘合计		最高81分，最低1分	18	36	6	54

(4) 加权评价型。将评价对象中的各项指标项目依照评价指标的重要程度，给与不同的权重，即对各因素的重要程度做区别对待。则其评价公式为：

$$A = \sum_{i=1}^{n} A_i W_i \tag{10-6}$$

式中　W——评价方案总得分；

　　　W_i——评价方案的 i 指标项得分；

　　　A_i——i 指标项的权重。

且满足 (1) $\sum_{i=1}^{n} A_i = 1$；(2) $0 < A_i \leqslant 1$ 两个条件。

(5) 功效系数法。这是化多目标为单目标的方法，由评价者对不同的评价指标分别给与不同的功效系数，则总功效系数 d 为：

$$d = \sqrt[n]{d_1 d_2 \cdots d_n} \tag{10-7}$$

$d_j = 1$ 表示第 j 个目标效果最好；

$d_j = 0$ 表示第 j 个目标效果最差；

$0 \leqslant d_j \leqslant 0.3$ 是不可接受的范围；

$0.3 < d_j \leqslant 0.4$ 是边缘范围；

$0.4 < d_j \leqslant 0.7$ 是次优范围；

$0.7 < d_j \leqslant 1.0$ 是最优范围。

10.3 层次分析法

10.3.1 层次分析法的概念

层次分析法（Analytical Hierarchy Process，简称 AHP 法）是 20 世纪 70 年代由著名运筹学专家美国匹兹堡大学教授 T·L·Saaty 首次提出，这种方法特别适用于分析解决一些结构比较复杂、难于量化的多目标（多准则）的决策问题。AHP 法概念简明，定性分析与定量分析相结合，可靠性比较高，误差小，可将规划者的思维系统化、数学化、模型化。由于方法简单，能综合专家经验，目前得到较多应用。其基本原理是根据具有递阶结构的目标、子目标（准则）、约束条件及部门等来评价方案，用两两比较的方法确定判断矩阵，然后把判断矩阵的最大特征根相应的特征向量的分量作为相应的系数，最后综合出各方案的权重。

层次分析法具有如下特点：

(1) 简单明了，易于理解。用层次分析法评价，输入的信息主要是评价者的选择和判断，评判过程充分反映评价者对问题的认识。此外，层次分析法步骤简单，评价过程清晰明了，容易掌握，这使得评价者和决策者难以沟通的情况得到改善。多数情况下，决策者可以直接利用层次分析法提供的综合评价结果进行决策，这大大提高了决策的有效性。

(2) 实用性和灵活性。层次分析法不仅能进行定量分析，也可进行定性分析。层次分析法充分利用人的经验和判断，采用相对标度对有形与无形、可定量与不可定量的因素进行统一测度，能把决策过程中定性与定量因素有机结合。

(3) 系统性。层次分析法把研究对象作为一个系统，按照分解、比较判断、综合的思维方式进行决策，成为继机理分析、统计分析之后发展起来的系统分析的重要工具。层次分析法是把方案看作一个系统，在研究系统各组成部分相互关系及系统所处环境的基础上进行综合评价；对于复杂问题，系统方式是一种有效的综合评价思维方式。

10.3.2 层次分析法的基本步骤

层次分析法的基本步骤归纳如下：

步骤 1：建立层次结构模型。分析系统中各因素间的关系，建立系统的递阶层次结构。该结构图包括目标层，准则层，方案层。一般分为三层，最上面为目标层，最下面为方案层，中间是准则层或指标层。

步骤 2：构造成对比较矩阵。对同一层次各元素关于上一层次中某一准则的重要性进行两两比较，构造两两比较的判断矩阵。

步骤 3：层次单排序及一致性检验。对每个成对比较矩阵计算最大特征值及其对应的特征向量,利用一致性指标、随机一致性指标和一致性比率做一致性检验。若检验通过,特征向量(归一化后)即为权向量;若不通过,需要重新构造成对比较矩阵。

步骤4:层次总排序及其一致性检验。确定某层所有因素对于总目标相对重要性的排序权值过程,称为层次总排序。利用总排序一致性比率计算最下层对最上层总排序的权向量。若通过,则可按照总排序权向量表示的结果进行决策,否则需要重新考虑模型或重新构造那些一致性比率 CR 较大的成对比较矩阵。

10.3.3 层次分析法案例

(1) 问题的提出

某地决定要实施某建设项目,经过初步调查确定了三个候选方案甲、乙和丙,现在面临的问题是如何在这三个方案中选择较为满意的方案?

其中初步规划方案时各个方案的需要考虑的资料如下:
①建设项目土地征用的难度及代价。
②对经济发展的影响。
③对科技、文教等发展的影响。
④对社会公平的影响。
⑤国民经济评价。
⑥财务评价。
⑦生态环境影响。
⑧对区域的影响。
⑨建设的自然条件。
⑩建设的技术条件。

对上述10个方面评判的标准进行归纳,可以归结为4个标准:
①方案的社会效益(包括①②③④)。
②方案的经济效益(包括⑤⑥)。
③方案的环境效益(包括⑦⑧)。
④方案的建设条件(包括⑨⑩)。

这样,即可以用上述4条标准来评价候选的三个方案。

(2) 建立层次结构模型。

我们将层次结构模型作图表示。如图10-1所示。该图包括顶层的目标层、中间的准则层(根据具体问题的复杂程度,每项准则还可以细分为若干子准则)和最下层的方案层。

从图10-1可知,一个满意的方案可以用社会效益、经济效益、环境效益和建设条件等4个标准来综合衡量。这就需要求出每个标准的权重,即把每个标准相对于总目标的重要程度予以量化。

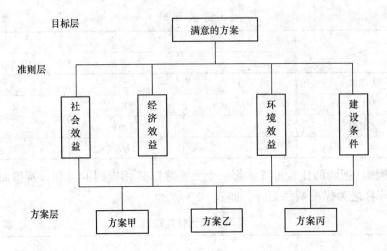

图 10-1 层次分析结构图

(3) 标度及两两比较矩阵。为求本层次要素相对于上一层次要素的权重，须将本层次的要素 A_i 和 $A_j(i,j=1,2,\cdots,n)$ 相对于上一层次要素 ($k=1,2,\cdots,m$) 按重要程度进行两两比较，得判断矩阵 $(a_{ij})_{n\times n}$。Saaty 给出了要素两两比较时，确定 a_{ij} 值的 9 级标度，见表 10-4。

9 级标度表　　　　　　　　　　　　　　　　表 10-4

a_{ij}	定 义	a_{ij}	定 义
1	A_i 和 A_j 同等重要	2	介于同等于略微重要之间
3	A_i 较 A_j 略微重要	4	介于略微重要与比较重要之间
5	A_i 较 A_j 比较重要	6	介于比较重要与非常重要之间
7	A_i 较 A_j 非常重要	8	介于非常重要与绝对重要之间
9	A_i 较 A_j 绝对重要	倒数	$a_{ji}=1/a_{ij}$

用单一标准"社会效益"来评价三个方案，从两两比较的方法得出两两比较矩阵，如表 10-5 所示。

a_{ji} 值 表　　　　　　　　　　　　　　　　表 10-5

	社 会 效 益		
	方案甲	方案乙	方案丙
方案甲	1	2	8
方案乙	1/2	1	6
方案丙	1/8	1/6	1

注意表中对角线的数字 $a_{ii}=1$，且有 $a_{ji}=1/a_{ij}$。

(4) 求各因素权重的过程。

步骤 1：求出两两矩阵每一列的总和。如表 10-6 所示。

a_{ji} 值求和表 表 10-6

	社会效益		
	方案甲	方案乙	方案丙
方案甲	1	2	8
方案乙	1/2	1	6
方案丙	1/8	1/6	1
合计	13/8	19/6	15

步骤 2：把两两比较矩阵的每一个元素除以其相应列的总和，所得商所组成新的矩阵称之为标准两两矩阵，如表 10-7 所示。

标准两两比较矩阵表 表 10-7

	社会效益		
	方案甲	方案乙	方案丙
方案甲	8/13	12/19	8/15
方案乙	4/13	6/19	6/15
方案丙	1/13	1/19	1/15

表 10-7 中，每列的和为 1。

步骤 3：计算标准两两比较矩阵的每一行的平均值，这些平均值就是各方案在社会效益方面的权重，如表 10-8 所示。这种求各因素权重的方法叫做规范平均法，使一种求权重的近似计算法，还有多种其他的方法如方根法、幂乘法等。

权重表 表 10-8

	社会效益			
	方案甲	方案乙	方案丙	行平均值
方案甲	0.615	0.631	0.533	0.593
方案乙	0.308	0.316	0.400	0.341
方案丙	0.077	0.053	0.067	0.066

从表 10-8 可以看出，方案甲、乙、丙在社会效益方面的得分（权重）分别为 0.593、0.341、0.066，其权重之和为 1。$\begin{bmatrix} 0.593 \\ 0.341 \\ 0.066 \end{bmatrix}$ 被称之为选择方案在社会效益方面的特征向量。

利用同样的方法，可以得到经济效益、环境效益和建设条件等方面的两两比较矩阵，如表 10-9 所示。

按照同样的步骤可以得到方案甲、乙、丙在经济效益、环境效益和建设条件等三个方面的权重。其特征向量如表 10-10 所示。

其他方面的两两比较矩阵　　　　　　　　　表 10-9

	经济效益				环境效益				建设条件		
	方案甲	方案乙	方案丙		方案甲	方案乙	方案丙		方案甲	方案乙	方案丙
方案甲	1	1/3	1/4	方案甲	1	1/4	1/6	方案甲	1	3	4
方案乙	3	1	1/2	方案乙	4	1	1/3	方案乙	1/3	1	7
方案丙	4	2	1	方案丙	6	3	1	方案丙	1/4	1/7	1

其他方面的特征向量表　　　　　　　　　表 10-10

	经济效益	环境效益	建设条件
方案甲	$\begin{bmatrix} 0.123 \\ 0.320 \\ 0.557 \end{bmatrix}$	$\begin{bmatrix} 0.087 \\ 0.274 \\ 0.639 \end{bmatrix}$	$\begin{bmatrix} 0.265 \\ 0.655 \\ 0.080 \end{bmatrix}$
方案乙			
方案丙			

用同样的方法可以求得每个标准对于满意的方案的相对重要程度，即每个标准的权重，即标准的特征向量。把四个标准两两比较，得到两两比较矩阵如表 10-11 所示。

标准的两两比较矩阵　　　　　　　　　表 10-11

	标　　准			
	社会效益	经济效益	环境效益	建设条件
社会效益	1	2	3	2
经济效益	1/2	1	4	1/2
环境效益	1/3	1/4	1	1/4
建设条件	1/4	2	4	1

通过两两比较矩阵，可以求出标准的特征向量如下所示。

$$\begin{bmatrix} 0.398 \\ 0.218 \\ 0.085 \\ 0.299 \end{bmatrix}$$

(5) 一致性检验

两两比较矩阵是通过两个因素两两比较得到的，而在很多这样的比较中，往往可能得到不一致的结论。比如当因素 i、j、k 的重要性接近时，比较时可能得出 i 比 j 重要，j 比 k 重要，而 k 又比 i 重要的结论，这种情况下在比较的因素较多时更容易发生。层次分析法是通过计算最大特征值 λ_{max} 来对矩阵进行一致性检验。

一致性检验一般由五个步骤组成。

步骤 1：由被检验的两两比较矩阵乘以其特征向量，所得的向量称之为赋权和向量。比如对于社会效益的特征向量 $\begin{bmatrix} 0.593 \\ 0.341 \\ 0.066 \end{bmatrix}$，其赋权和特征向量为：

$$\begin{bmatrix} 1 & 2 & 8 \\ 1/2 & 1 & 6 \\ 1/8 & 1/6 & 1 \end{bmatrix} \begin{bmatrix} 0.593 \\ 0.341 \\ 0.066 \end{bmatrix} = \begin{bmatrix} 1.803 \\ 1.034 \\ 0.197 \end{bmatrix}$$

步骤2：每个赋权和向量的分量分别除以对应的特征向量的分量，即第 i 个赋权和向量的分量除以第 i 个特征向量的分量。比如：

$$\frac{1.803}{0.593} = 3.040$$

$$\frac{1.034}{0.341} = 3.032$$

$$\frac{0.197}{0.066} = 2.985$$

步骤3：计算步骤2所得结果的平均值，记为 λ_{max}。

$$\lambda_{max} = \frac{3.040 + 3.032 + 2.985}{3} = 3.019$$

步骤4：计算一致性指标 CI（Consistency Index）。

$$CI = \frac{\lambda_{max} - n}{n - 1} \tag{10-8}$$

式中 n——比较因素的数量。

当判断矩阵完全一致时有 $\lambda_{max} = n$，而当判断矩阵在一致性上存在误差时有 $\lambda_{max} > n$，误差越大，$(\lambda_{max} - n)$ 的值就越大。

本例中方案的数目是3，即 n 为3。

$$CI = \frac{3.019 - 3}{3 - 1} = 0.010$$

步骤5：计算一致性指率 CR（Consistency Ratio）。

因判断矩阵的阶数 n 越大时，其一致性越差，为消除阶数对一致性检验的影响，引进修正系数（也可称自由度指标）RI（Random Index），并最终用一致性比例 CR 值作为判断矩阵是否具有一致性的检验标准。其中

$$CR = \frac{CI}{RI} \tag{10-9}$$

当计算得到 CR 值小于0.1时，认为判断矩阵具有一致性。RI 值随矩阵阶数 n 变化，见表10-12。

平均随机一致性指标—RI 值　　　　　表10-12

矩阵阶数 n	1	2	3	4	5	6	7	8	9
RI 值	0.00	0.00	0.58	0.90	1.12	1.24	1.32	1.41	1.45

根据以上数据可计算本例的 CR 值如下。

$$CR = \frac{0.01}{0.58} = 0.017$$

当 $CR \leqslant 0.1$ 时，即认为判断矩阵具有满意一致性，否则就需要调整判断矩阵，使之具有满意一致性。本例中的 $CR = 0.017 \leqslant 0.1$，所以"社会效益"的两两矩阵比较满足一致性要求，其相应的特征向量有效。

同理，可以通过计算"经济效益"、"环境效益"、"建设条件"以及"四个标准"的两两比较矩阵的一致性 CR 值，可知他们都小于等于 0.10，这些比较矩阵都满足一致性要求，即其相应求的特征向量都有效。

（6）利用权重或特征向量得出综合评价。

综合以上特征向量如表 10-13 所示。

特征向量综合表　　　　　　　　　　　　　　表 10-13

四个标准的特征向量		单一标准下三个方案的特征向量			
			社会效益	经济效益	环境效益	建设条件
社会效益	0.398					
经济效益	0.218	方案甲	0.593	0.123	0.087	0.265
环境效益	0.085	方案乙	0.341	0.320	0.274	0.655
建设条件	0.299	方案丙	0.066	0.557	0.639	0.080

方案甲的综合得分如下：

$$\begin{bmatrix} 0.593 & 0.123 & 0.087 & 0.265 \end{bmatrix} \begin{bmatrix} 0.398 \\ 0.218 \\ 0.085 \\ 0.299 \end{bmatrix} = 0.349$$

方案乙的综合得分如下：

$$\begin{bmatrix} 0.341 & 0.320 & 0.274 & 0.665 \end{bmatrix} \begin{bmatrix} 0.398 \\ 0.218 \\ 0.085 \\ 0.299 \end{bmatrix} = 0.425$$

方案丙的综合得分如下：

$$\begin{bmatrix} 0.066 & 0.557 & 0.639 & 0.080 \end{bmatrix} \begin{bmatrix} 0.398 \\ 0.218 \\ 0.085 \\ 0.299 \end{bmatrix} = 0.226$$

可见，方案乙综合评价最好，应该选择方案乙作为实施方案。

10.3.4 层次分析法的局限性

层析分析法的局限性主要表现在以下几个方面：

第一，只能从原有的方案中优选一个出来，没有办法得出更好的新方案。

第二，该法中的比较、判断以及结果的计算过程都是粗糙的，不适用于精度较高的问题。

第三，从建立层次结构模型到给出成对比较矩阵，人的主观因素对整个过程的影响很大，这就使得结果难以让所有的决策者接受。当然采取专家群体判断的办法是克服这个缺点的一种途径。

第四，层次分析法也存在一定的主观性，评价因素不能太多（一般不多于9个），判断矩阵难于满足一致性的要求。

10.4 模糊综合评价

10.4.1 模糊综合评价的概念

模糊综合评价法（Fuzzy Comprehensive Evaluation，FCE）是一种用于涉及模糊因素的对象系统的综合评价方法。其原理是由评价对象集、评价指标集和各评价对象的隶属函数，得到模糊综合评价矩阵，然后利用矩阵的模糊复合运算得到 FCE 的结果集。FCE 法较好地解决了方案综合评价中模糊性（如事物类属不清晰）问题，克服了传统数学方法中"惟一解"的弊端，根据不同可能性得出多层次问题答案。

综合评价问题可以看成一个系统，其输入为样本的 m 个指标的测量值，输出为某一评价类。一般可将其分成 3 个评价子系统，第 1 个子系统为单指标性能函数分析，按照指标值的大小及其与评价类的关系确定其性能函数并计算其值；第 2 个子系统为多指标综合性能函数分析，把各单指标性能函数综合成一个性能函数，进行分析；第 3 个子系统为评价分析，根据第 2 个子系统分析的结果给出评判准则，对样本的归属进行判断。

10.4.2 模糊综合评价的步骤

模糊综合评价的基本步骤如下：

步骤 1：构造评价指标体系。

模糊综合评价的指标体系得层次结构一般如图 10-2 所示。

设 $U = \{u_1, u_2, \cdots, u_m\}$ 为评价方案的 m 种因素（即评价指标）。$V = \{v_1, v_2, \cdots, v_n\}$ 为每一评价指标所处的 n 种状态（即评价等级）。m 为评价指标的个数，n 为评语的个数。V 中的评价往往不是绝对的肯定或者否定。

步骤 2：确定指标权重。

确定指标权重的方法很多，常用的有专家调查法、Delphi 法和层次分析法（AHP）等。各级指标的权重一般用百分数表示，且第一级指标各个指标的权重

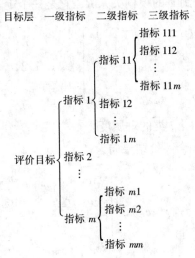

图 10-2 综合评价指标体系

为 $A = (a_1, a_2, \cdots, a_m)$,各个一级指标所包含的二级指标权重为:$A_i = (a_{i1}, a_{i2}, \cdots, a_{im})$。三级指标依次类推。

$A = (a_1, a_2, \cdots, a_m)$ 是 $\bigcup$ 上的模糊子集,且 $\sum_{i=1}^{m} a_i = 1$,且 $a_i > 0$。

步骤3:建立模糊综合评价因素集。

将因素 X 作为一种划分,即把 X 分为 n 个因素子集 $X_1, X_2, \cdots, X_n$,并且必须满足下述条件:

$$X = X_1 \bigcup X_2 \bigcup \cdots \bigcup X_n \cdots$$

$$\forall i \neq j, i, j = 1, 2, \cdots,均有 X_i \bigcap X_j = \varnothing$$

即对因素 X 的划分既要把因素集的各个评价指标划分完,而任意一个评价指标又应该只在一个子因素集 X_1 中。

再以 X_1 表示的第 i 个子因素指标集又有 k_i 个评价指标,即:

$$X_i = \{X_{i1}, X_{i2}, \cdots X_{im}\}, i = 1, 2, \cdots, m$$

步骤4:进行单因素评价,构建模糊关系矩阵 R。

对于单因素 $u_i(i = 1, 2, \cdots, m)$ 做单因素评价,从因素 u_i 入手,对该因素的评价等级 $v_j(j = 1, 2, \cdots, n)$ 的隶属度为 r_{ij},即得到第 i 个因素 u_i 的单因素评价集为:

$$r_i = (r_{i1}, r_{i2}, \cdots r_{in})$$

对于 m 个因素的评价集就构造出一个总的评价矩阵 R。即每一个被评价对

象确定了从确定了从 U 到 V 的模糊关系 R, 它是一个矩阵:

$$R = (r_{ij})_{m*n} = \begin{bmatrix} r_{12} & r_{12} & \cdots & r_{1n} \\ r_{21} & r_{22} & \cdots & r_{2n} \\ \vdots & \vdots & \vdots & \vdots \\ r_{m1} & r_{m2} & \cdots & r_{mn} \end{bmatrix}, (i = 1,2,\cdots,m; j = 1,2,\cdots,n)$$

r_{ij} 表示第 i 个因素对第 j 类的隶属度。

步骤5：计算模糊综合评价结果向量 B。

$$B = A \times R = (a_1, a_2, \cdots, a_m) \times \begin{bmatrix} r_{11} & r_{12} & \cdots & r_{1n} \\ r_{21} & r_{22} & \cdots & r_{2n} \\ \vdots & \vdots & \vdots & \vdots \\ r_{m1} & r_{m2} & \cdots & r_{mn} \end{bmatrix} = (b_1, b_2, \cdots, b_n)$$

式中

$$b_j = \sum_{i=1}^{m}(a_i \times r_{ij}), j = 1,2,\cdots,n$$

上述已知 R 和 A 求 B 的过程，称为模糊变换。

步骤6：归一化处理。根据模糊综合评价的结果向量 B 即可对方案做出评价。但是，如果 $\Sigma b_j \neq 1$，则应将它归一化处理。B 是对每个评价方案的等级程度表述，它不能直接用于方案的排序评优，通常采用最大隶属度法则处理得到综合评价的结果。

10.4.3 模糊综合评价实例

现有甲、乙、丙三个科学研究方案，有关情况如表 10-14 所示。用模糊综合评价法对方案进行评价优选。

科学研究方案列表　　　　　　　　　　　表 10-14

方案	技术水平	成功的可能性	经济效益
甲	接近国际先进	70%	>100 万元
乙	国内先进	100%	>200 万元
丙	一般	100%	>20 万元

步骤1：从上述资料可知，模糊综合评价的因素集 $U = \{u_1, u_2, u_3\} = \{$技术水平,成功概率,经济效益$\}$。为简化运算，取评价集 $V = \{$大,中,小$\}$ 或 $V = \{$高,中,低$\}$。

步骤2：设经过专家确定的指标权重集 $A = \{0.2, 0.3, 0.5\}$。

步骤3：专家对各个方案评价的结果如表 10-15 所示。

专家评价结果表 表 10-15

方案	技术水平			成功概率			经济效益		
	高	中	低	大	中	小	高	中	低
甲	0.7	0.2	0.1	0.1	0.2	0.7	0.3	0.6	0.1
乙	0.3	0.6	0.1	1	0	0	0.7	0.3	0
丙	0.1	0.4	0.5	1	0	0	0.1	0.3	0.6

注：表中的数字是指赞成此种评价的专家人数与专家总人数的比值。比如，方案甲的技术水平，70%的专家认为水平高，20%的专家认为中等，10%的认为水平低。

步骤 4：建立评价矩阵。

对甲方案：
$$R_{甲} = \begin{bmatrix} 0.7 & 0.2 & 0.1 \\ 0.1 & 0.2 & 0.7 \\ 0.3 & 0.6 & 0.1 \end{bmatrix}$$

对乙方案：
$$R_{乙} = \begin{bmatrix} 0.3 & 0.6 & 0.1 \\ 1 & 0 & 0 \\ 0.7 & 0.3 & 0 \end{bmatrix}$$

对丙方案：
$$R_{丙} = \begin{bmatrix} 0.1 & 0.4 & 0.5 \\ 1 & 0 & 0 \\ 0.1 & 0.3 & 0.6 \end{bmatrix}$$

步骤 5：进行综合评价。

对各个评价方案，模糊综合评价结果 $B = A \cdot R$。

$$B_{甲} = A \cdot R_{甲} = \begin{bmatrix} 0.2 & 0.3 & 0.5 \end{bmatrix} \begin{bmatrix} 0.7 & 0.2 & 0.1 \\ 0.1 & 0.2 & 0.7 \\ 0.3 & 0.6 & 0.1 \end{bmatrix} = \begin{bmatrix} 0.32 & 0.4 & 0.28 \end{bmatrix}$$

$$B_{乙} = A \cdot R_{乙} = \begin{bmatrix} 0.2 & 0.3 & 0.5 \end{bmatrix} \begin{bmatrix} 0.3 & 0.6 & 0.1 \\ 1 & 0 & 0 \\ 0.7 & 0.3 & 0 \end{bmatrix} = \begin{bmatrix} 0.71 & 0.27 & 0.02 \end{bmatrix}$$

$$B_{丙} = A \cdot R_{丙} = \begin{bmatrix} 0.2 & 0.3 & 0.5 \end{bmatrix} \begin{bmatrix} 0.1 & 0.4 & 0.5 \\ 1 & 0 & 0 \\ 0.1 & 0.3 & 0.6 \end{bmatrix} = \begin{bmatrix} 0.37 & 0.23 & 0.4 \end{bmatrix}$$

$B_{甲} = \begin{bmatrix} 0.32 & 0.4 & 0.28 \end{bmatrix}$ 表示对于甲方案，有 32% 的专家认为好，有 40% 的专家认为中等，28% 的专家认为差。

$B_{乙} = \begin{bmatrix} 0.71 & 0.27 & 0.02 \end{bmatrix}$ 表示对于乙方案，有 71% 的专家认为好，有 27% 的专家认为中等，2% 的专家认为差。

$B_{丙} = \begin{bmatrix} 0.37 & 0.23 & 0.4 \end{bmatrix}$ 表示对于丙方案，有 37% 的专家认为好，有 23% 的专家认为中等，40% 的专家认为差。

按照最大隶属度法则，乙方案综合评价最优。

10.4.4 模糊综合评价的不足

在对 B 进行处理的时候，按照最大隶属度法则，没有充分利用 B 所带来的全部信息。为了更进一步的利用全部信息，尚需要作进一步研究。

模糊综合变换有多种算法，每种算法的适用性尚需研究。

思 考 题

1. 如何设定方案综合评价时的指标体系以及各个指标的权重。
2. 如何评价 AHP 法中各种权重向量算法的适用性。
3. 如何利用模糊综合评价矩阵 B 的全部信息，如何评价模糊综合变换各种算法的适用性。
4. 各种评价方法如何综合运用。

11 建设项目可行性研究

11.1 概　　述

11.1.1 可行性研究的目的

可行性研究是我国于 20 世纪 70 年代末从国外引进的成果，它是工程建设项目投资决策前运用多种科学成果进行技术经济论证的综合性学科。

具体地讲，就是在工程项目投资决策前，对与项目有关的社会、经济和技术等各方面的情况进行深入细致的调查研究；对各种可能拟定的建设方案和技术方案进行认真的技术经济分析、比较和论证；对项目建成后的经济效益进行科学的预测和评价。在此基础上，综合研究建设项目的技术先进性和适用性、经济合理性以及建设的可能性和可行性。由此确定该项目是否应该投资和如何投资等结论性的意见，为决策部门最终决策提供科学的、可靠的依据并作为开展下一步工作的基础。

联合国工业发展组织在 1978 年编制了《工业可行性研究编制手册》，对可行性研究的内容、作用、计算方法等作了较为详细的论述。我国在 20 世纪 50 年代就已开始研究建设前期工作，称为"技术经济论证"，但是自 1958 年以来，在"左"的路线影响下，"只算政治账，不算经济账"，在生产建设中不搞技术经济分析，不讲经济效果，使我国的经济建设受到严重的破坏。近年来我国已开始重视经济效益问题，目前已将可行性研究列入基本建设程序。1981 年 3 月国务院颁发的《关于加强基建体制管理，控制基本建设规模的若干规定》中指出："所有新建、扩建大中型项目以及所有利用外资进行基本建设的项目都必须有了可行性研究才能列入计划"。1983 年 2 月，原国家计委颁发了《关于颁发建设项目进行可行性研究的试行管理办法的通知》，对在我国进行可行性研究的原则、编制程序、编制内容、审查办法等作了详细规定，使我国的可行性研究工作有了较明确的规定。1987 年 9 月原国家计委颁发了《建设项目的经济评价方法和参数》和《关于建设项目经济评价工作的暂行规定》，要求各投资主体、各种投资来源、各种投资方式兴办的大中型基建项目，限额以下技术改造项目，均按此《方法与参数》和相应的评价参数进行经济评价。如果评价的内容和质量达不到规定要求，负责评估和各级审批、设计、施工、投资各部门均不得受理；1993 年原国家计委和建设部颁发了修改后的《关于建设项目经济评价工作的若干规定》、《建设项目经济评价方法》、《建设项目经济评价参数》、《中外合资经营项目经济评价方法》,用于指导我国进一步做好该项工作;2006年7月3日下发了《国家发展改革委员会、建设部关于印发建设项目经济评价方法与参数的通知》(发改投资[2006]1325号),同时发布了《关于建设项目经济评价工作的若干规定》、《建设项目经济评价方法》、《建设项目经济评价参数》,1993年发布的上述文件停止使用。

目前,我国有很多行业都制定了本行业的可行性研究编制细则,为提高经济效益、正确地做出投资决策起了有力的促进作用。

11.1.2 可行性研究的任务

可行性研究是进行工程建设的首要环节,是决定投资项目命运的关键。可行性研究一般应回答以下七个方面的问题:

(1) 该项目在技术上是否可行?
(2) 该项目经济上是否有生命力?
(3) 该项目财务上是否盈利?盈利多少?
(4) 建设该项目需要多少投资?
(5) 这些投资通过哪些渠道筹集?
(6) 建设的工期多长?
(7) 建设和维持该项目的生存发展需要多少人力、物力资源(包括建设时期和投产后的需要)?

上述七个问题概括起来有三个范畴:工艺技术;市场需求;财务经济状况。其中,市场需求是前提,工艺技术是手段,财务经济状况是核心。

11.1.3 建设项目的分类

建设项目可以从不同的角度进行分类。

1. 按项目的目标,分为经营性项目和非经营性项目。经营性项目通过投资以实现所有者权益的市场最大化为目标,以投资牟利为行为取向。绝大多数生产或流通领域的投资项目都属于这类项目。非经营性项目不以追求盈利为目标,其中包括本身就没有经营活动、没有收益的项目,如城市道路、路灯、公共绿化、航道疏浚、水利灌溉渠道、植树造林等项目,这类项目一般由政府安排,营运资金也由政府支出。另外有的项目的产出直接为公众提供基本生活服务,本身又生产经营活动,有营业收入,但产品价格不由市场机制形成。在后一类项目中,有些不能回收全部投资成本,需要政府补贴才能维持运营;有些能够回收全部投资成本且略有节余。对于这类建设项目,国家有相应的配套政策。

2. 按项目的产品(或服务)属性,分为公共项目和非公共项目。公共项目是指为满足社会公众需要,生产或提供公共物品(包括服务)的项目,如上述第一类非经营性项目。公共物品的特征是具有非排他性或排他无效率，有很大一类物品无法或不应该收费。一般认为，由政府生产或提供公共物品可以增进社会福利，是政府一项合适的职能。

非公共项目是指除公共项目以外的其他项目。相对于"政府部门提供公共物品"的是"私人部门提供的商品"，其重要特征是：供应商能够向那些想消费这种商品的人收费并因此得到利润。

3. 按项目的投资管理形式，分为政府投资项目和企业投资项目。政府投资项目是指适用政府性资金的建设项目以及有关的投资活动。政府性资金包括：财政预算投资资金（含国债资金）；利用国际金融组织和外国政府贷款的主权外债资金；纳入预算管理的专项建设资金；法律、法规规定的其他政府性资金。政府按照资金来源、项目性质和宏观调控需要，分别采用直接投资、资本金注入、投资补贴、转贷、贴息等方式进行投资。

不使用政府性资金的建设项目统称为企业投资项目。

4. 按项目与企业原有资产关系，分为新建项目和改建项目。改建项目和新建项目的主要区别是：改建项目是在原有企业基础上进行建设的，不同程度上利用了原有企业的资源，以增量带动存量，以较小的新增投入取得较大的新增效益。建设期内项目建设与原有企业的生产同步进行。

5. 按项目的融资主体，分为新设法人项目和既有法人项目。新设法人项目有新组建的项目法人为项目进行融资，其特点是：项目投资由新设法人筹集的资本金和债务资金构成；由新设项目法人承担融资责任和风险；从项目投产后的财务效益情况考察偿债能力。

既有法人项目要依托现有法人为项目进行融资，其特点是：拟建项目不组建新的项目法人，由既有法人组织融资活动并承担融资责任和风险；拟建项目一般是在既有法人资产和信用的基础上进行的，并形成增量资产；从既有法人的财务整体状况考察融资后的偿债能力。

除上述几种分类外，项目还可以从其他角度进行分类。这些分类对建设项目可行性研究都有重要影响。实际工作中可以根据需要从不同的角度另行分类。

11.2 可行性研究的阶段

生产性工程建设项目，从筹备建设到建成投产，直至报废，其发展过程大体可以分为三个时期，即建设准备时期（规划时期，亦称投资前期）、建设时期（亦称投资时期或实施阶段）、生产时期。

联合国工业发展组织编写的《工业可行性研究手册》把工程建设项目发展周期划分成如图 11-1 所示，图 11-2 展示了我国基建程序与国外工程项目进展周期的对应情况。

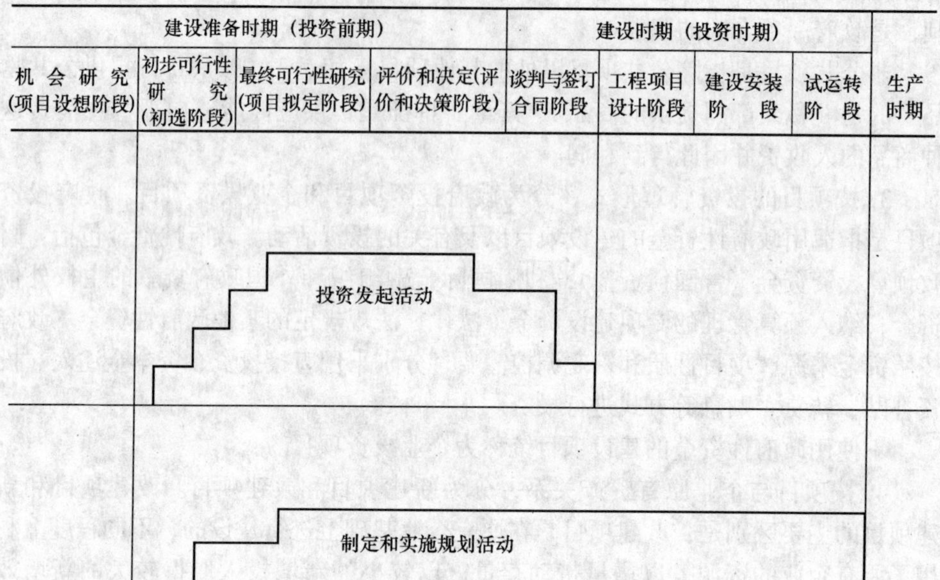

建设准备时期（投资前期）				建设时期（投资时期）				生产时期
机会研究 (项目设想阶段)	初步可行性研究 (初选阶段)	最终可行性研究 (项目拟定阶段)	评价和决定(评价和决策阶段)	谈判与签订合同阶段	工程项目设计阶段	建设安装阶段	试运转阶段	

投资发起活动

制定和实施规划活动

资本投资支出

图 11-1　工程建设项目发展周期

现分阶段介绍如下：

1. 机会研究

该阶段的主要任务是为工程建设项目投资方提出建议，即在一定的地区和部门内，以自然资源和市场的调查预测为基础，寻找最有利的投资机会。

在此阶段中，必须研究以下内容：

(1) 自然资源条件；

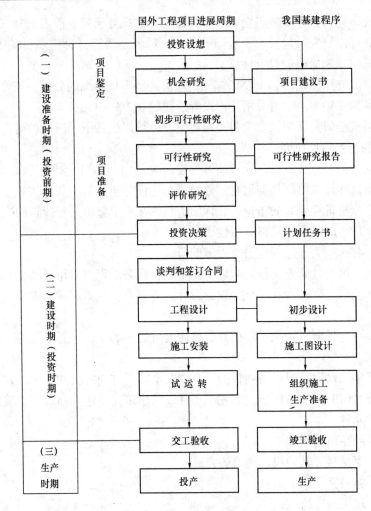

图 11-2 工程建设项目发展流程图

(2) 项目在国民经济发展中与现有的地区工业布局的关系；

(3) 项目的产品在国内外市场的需求量和发展前景；

(4) 项目的建设在发展水平、劳力、资本、自然资源和经济条件方面与我国大致相似的国家和地区中的成功或失败的经验；

(5) 项目的产品替代进口产品的可能性；

(6) 项目建设与国内外其他工业部门的相互影响关系；

(7) 项目建设的范围和内容，规模和发展前景；

(8) 项目生产的产品种类和综合利用的途径；

(9) 投资机会的资金条件；

(10) 政府对该类项目发展的有关政策法令；

(11) 项目的经济和财务因素的初步研究。

机会研究又分为一般机会研究和特定项目的机会研究。前者又分三种：地区研究；分部门研究；以资源为基础的研究。后者是要选择确定项目的投资机遇，将项目意向变为概略的投资建议。

机会研究比较粗略，主要依靠笼统地估计而不是详细的分析。该阶段投资估算的精度为 ±30%，所需费用约占投资总额的 0.2%~1.0%。

如果机会研究证明投资项目是可行的，就可以进行下一阶段的研究。

2. 初步可行性研究

亦称"预可行性研究"或"前可行性研究"。它是在机会研究的基础上，进一步对项目建设的可能性与潜在的效益进行论证分析。其主要解决：

(1) 分析机会研究的结论，在详细资料的基础上做出是否投资的决定；
(2) 是否应该进行最终可行性研究；
(3) 有哪些关键性问题需要做辅助研究。

在初步可行性研究阶段需对以下内容进行粗略的审查：市场和生产能力、材料供应状况、建厂地区和厂址、项目设计、管理费、人力、项目进度、项目财务分析等。

初步可行性研究阶段投资估算的精确度可达 ±20%，所需费用约占总投资额的 0.25%~1.5%。

所谓辅助研究是对投资项目的一个或几个重要方面进行的单独研究，是进行初步可行性研究和可行性研究的先决条件，或用以支持这两项研究。辅助研究一般有以下几种：

(1) 产品市场研究；
(2) 原材料和其他投入物的研究；
(3) 实验室和中间试验；
(4) 建厂地区研究；
(5) 规模的经济性研究；
(6) 设备选择的研究。

与初步可行性研究或可行性研究同时进行的辅助研究，可以确保可行性研究的结果更加稳妥可靠。

3. 最终可行性研究

即通常所说的可行性研究，亦称详细可行性研究。它是建设项目投资决策的基础，是在分析项目在技术上、财务上、经济上的可行性后作出投资与否的关键步骤。

这一阶段对建设投资估算的精确度在 ±10%，小型项目的所需费用约占总投资的 1.0%~3.0%，大型复杂工程的所需费用约占 0.2%~1.0%。

最终可行性研究应满足以下几项要求：
(1) 作为投资决策和编制设计任务书的依据；

(2) 作为向银行和其他金融机构申请贷款的依据;
(3) 作为建设部门申请建设执照和同有关部门签订合同的依据;
(4) 作为项目下阶段设计的依据;
(5) 作为采用新技术、新设备计划的依据;
(6) 作为补充资料和政府有关部门审查的依据。

可行性研究应由建设单位或委托咨询机构完成,并经国家财政部门或银行提出审查意见。

4. 项目的评估和决策

按照国家发改委规定,对于大中型和限额以上项目及重要的小型项目,必须经有权审批单位委托有资格的工程咨询单位进行评估论证。未经评估的建设项目,任何单位不准审批,更不准组织建设。

项目评估是由投资决策部门组织或授权于建设银行、投资银行、工程咨询公司或有关专家,代表国家对上报的建设项目可行性研究报告进行全面的审核和再评价阶段,其主要任务是对拟建项目的可行性研究报告提出评价意见,其内容包括:

(1) 全面审核可行性研究报告中反映的各项情况是否确实;
(2) 分析可行性报告中各项指标的计算是否正确,包括各种参数、基础数据、定额费率的选择;
(3) 从企业、国家和社会等方面综合分析和判断工程项目的经济效益和社会效果;
(4) 分析和判断可行性研究的可靠性、真实性和客观性,对项目做出最终投资决策,最后写出项目评估报告。

项目评估和决策工作程序如图 11-3 所示。项目评估的目的是使所选择的项目能合理地利用国家有限的资源和各种基础设施,兴建那些对国家和社会贡献大的项目,使有限的资源得到最有效的分配和利用。

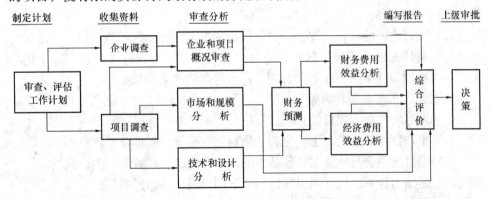

图 11-3　项目评估工作程序图

11.3 可行性研究的内容、步骤和依据

11.3.1 可行性研究的内容

建设项目种类繁多,要求和条件各不相同,各有重点,但通常应包括下述内容:

1. 总论

(1) 项目的背景和历史:介绍项目的设想,列出项目的主要参数,概述经济、工业、财政、社会和其他有关政策,说明该项目的地位,说明对国民经济的影响,说明该项目的发展历史、已进行的调查和研究;

(2) 有哪些问题和建议。

2. 市场需求情况和拟建的规模

(1) 国内外市场的需求情况;

(2) 国内外市场现有的生产能力;

(3) 产品和副产品的销售预测,产品销售价格预测,替代进口和出口的前景;

(4) 确定合理的生产能力和生产计划。

3. 资源、原材料、燃料及公用设施

(1) 确定各种投入物资的性能和特点;

(2) 所需原料、燃料、辅助材料等的种类、数量、来源和供应情况;

(3) 所需公用设施的外部协作条件,供应的方式、条件、数量和协议签订情况。

4. 场址方案和建厂条件

(1) 场址的位置、气象、水文、地貌、地质等条件,交通运输和水、电、气等供应状况和规划;

(2) 建厂地区的地理位置,产、供、销的具体情况和选厂理由;

(3) 项目占地面积:厂区布置方案、建设条件、搬迁及安置状况、土地费用、场地整理和开拓的工作量和费用、厂址选择的方案和依据。

5. 技术、工艺和设计方案

(1) 项目的构成、建筑的标准;

(2) 生产技术的选定、工艺流程、物料能源平衡、料堆及贮藏要求;

(3) 项目的图表与布置图,包括总的功能布置图、材料流程图、流量图、生产线图、运输布置图、内部通讯联络图、公用设施消耗布置图等;

(4) 设备选型,设备位置和总平面图、设备性能、来源、必需的辅助设施、公用设施和新增与原有设备的平衡配套;

(5) 土建工程布置方案选择、施工设备和施工力量、质量要求、现场的整备。

6. 环境保护及防震、防洪等措施
(1) 拟建项目的"三废"种类、成分和数量,对环境影响的范围和程度;
(2) 治理方案的选择及回收利用情况;
(3) 环境影响评价;
(4) 防震、防洪等防灾措施。

7. 企业组织、劳动定员和人员培训
(1) 生产管理的体制,机构设置;
(2) 劳动定员的配备;
(3) 人员培训规划和费用估算。

8. 建设进度计划
(1) 勘察设计周期与进度要求;
(2) 设备定货、到货的时间要求;
(3) 工程施工进度;
(4) 调试与投产时间;
(5) 项目实施方案和进度选择方案。

9. 投资估算与资金筹措
(1) 生产成本估算;
(2) 总投资费用、基建费用和流动资金估算;
(3) 资金的来源、数量、利率、偿还形式。

10. 财务和经济效益评价
(1) 企业的经济评价;
(2) 国民经济评价和社会评价;
(3) 不确定性分析。

11. 综合评价
(1) 对定量与定性指标综合分析;
(2) 存在的问题与建议。

设计任务书主要是综述可行性研究报告的内容。

在可行性研究报告中,应将有关的调查研究资料及文件、协议、合同、附表、附图等作为附件备查。

11.3.2 可行性研究的步骤

可行性研究按以下五个步骤进行:

1. 筹划准备

在项目建议书被批准之后,建设单位(主管部门或企业)即可委托工程咨询公司对拟建项目进行可行性研究，双方签订合同协议，明确规定可行性研究的工作范围、目标意图、进度安排、费用支付办法及协作方式等内容；承担单位接受委托时，应获得项目建议书和有关项目背景及文件，搞清委托者的目的和要求，明确研究内容，制定工作计划，并收集有关的基础资料、基本参数、指标、规范、标准等基本依据。

2. 调查研究

主要从市场调查和资源调查两方面进行。市场调查应查明和预测产品的需求量、价格和竞争能力，以便确定产品方案和经济规模；资源调查包括原材料、能源、工艺技术、厂址、建材、劳动力、运输条件、外围基础设施、环境保护、组织管理和人员培训等自然、社会、经济的调查，为选定建设地点、生产工艺、技术方案、设备选型、组织机构和定员等提供确切的技术经济分析资料。

3. 方案选择和优化

根据项目建议书的要求，结合市场和资源调查，在收集到的资料和数据的基础上，建立几种可供选择的技术方案和建设方案，进行反复的方案论证和比较，会同委托部门明确方案选择的重大原则问题和优选标准，从若干个方案中选择合理方案，研究论证项目在技术上的可行性，进一步确定产品方案、生产的经济规模、工艺流程、设备选型、车间组成、组织机构、人员配置等方案。

4. 财务分析与经济评价

对经上述分析后所确定的最佳方案进行详细的财务预测、财务分析、经济效益和国民经济评价。由项目的投资、成本和销售收益进行盈利性分析、费用效益分析和不确定性分析，研究论证项目在经济上的合理性和盈利性，进一步提出资金筹措建议和项目实施总进度计划。

5. 编制可行性研究报告

经过上述分析与评价，即可编制详尽的可行性研究报告，推荐一个以上的可行方案和实施计划，提出结论性意见和措施建议，供决策部门作为决策的依据。

上述工作程序参见图11-4。

11.3.3 可行性研究的依据

在我国，建设项目的可行性研究的依据主要有：

(1) 国家和地区经济建设的方针、政策和长远规划；

(2) 批准的项目建议书或同等效力的文件；

(3) 国家批准的资源报告、工业基地规划、国土开发整治规划、交通网络规划、河流流域规划等；

(4) 自然、地理、气象、地质、水文、经济、社会等基础资料；

(5) 有关工程技术方面的标准、规范、指标、要求等资料；

(6) 国家统一规定的经济参数和指标。

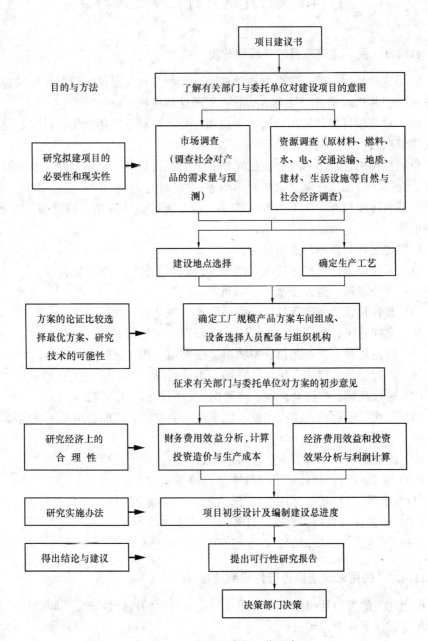

图 11-4 可行性研究的工作程序

11.4 民用建筑可行性研究的特点

11.4.1 民用建筑项目的范围和分类

民用建筑是居住建筑和公共建筑的总称。居住建筑是供生活起居用的建筑物的统称；公共建筑是进行社会活动的非生产性建筑物。

民用建筑项目按其使用可否带来盈利，分为盈利性民用建筑项目和非盈利性民用建筑项目。

盈利性民用建筑项目有：旅游宾馆、大中型百货商店、影剧院、大餐馆、冷藏库、仓库、商品化住宅建筑和游乐场等工程项目。

非盈利性项目有：大专院校、中小学校、医院、体育馆、体育场、文化馆、博物馆等。

民用建筑按其使用功能可分为：

(1) 居住建筑，指专供居住用的房屋，如职工住宅、单身宿舍等。
(2) 办公建筑，指办公楼、写字间等。
(3) 教育建筑，指高等学校、中小学校、托儿所、幼儿园等。
(4) 文娱建筑，指剧场、电影院、俱乐部、文化馆等。
(5) 博览建筑，指纪念馆、博物馆、图书馆、档案馆、展览馆等。
(6) 体育建筑，指体育馆、体育场、游泳馆等。
(7) 医疗建筑，指综合医院、专科医院、门诊部、疗养院等。
(8) 交通邮电建筑，指火车站、汽车站、航空港、轮船客运站、邮电楼、广播电台、电视台等。
(9) 商业建筑，指百货商店、菜市场、饭店、书店、冷库等。
(10) 旅馆建筑，指旅馆、招待所、宾馆等。
(11) 金融保险建筑，指银行、保险公司、金融中心等。
(12) 科研建筑，指实验室、计算站、气象台站等。
(13) 其他建筑，指锅炉房、变电室、空调机房等。

11.4.2 民用建筑项目可行性研究的特点

民用建筑的可行性研究有很多地方与工业项目的可行性研究不同。民用建筑项目评价有以下几个主要特点：

(1) 除以盈利为目的的民用建筑外，项目评价的目的主要不是为了自身的盈利，虽然有些项目有时也能收取一定的服务费用，但主要目的应是通过向社会提供一定的服务，以满足人民的物质文化生活的需要。因此，其效果不能简单地用货币表示的经济指标来衡量，如学校、体育馆、展览馆、医院、影剧院等项目，应主要评价其社会效果和宏观经济效果。

(2) 民用建筑项目的经济效果，除了自身产生的直接效果（如增加产出和提供劳动就业、降低成本、提高工作效率等）之外，还涉及到项目外部的对社会产生的间接效果（或外部效果）问题。因此，自然要涉及到间接效果如何估算的问题，如对国民经济发展的影响，教育效应、社会安定、环境效益及其他社会效益等问题的评价。这些效果具有长期性、潜在性和不确定性的特点。

(3) 民用建筑项目的"产出"不是工业项目生产的可作为商品流通、交换、销售等的产品，而是为社会提供非物质财富和非生产性的劳务，因而往往没有适当的市场价格予以衡量。如公共娱乐设施的效果、旅客旅行的安全、舒适以及人们闲暇时间增加等，一般可按其有用效果米衡量，项目消耗的资源可以采用近似社会成本的影子价格或支付意愿；亦可引用与其相当的社会经济价值：一种办法可以把取得同样服务的最小费用作为其经济收入，另一种办法可按使用者愿意为劳务支付的金额，作为该项目服务行业的预期收入，例如旅游宾馆和文化娱乐行业方面的经济价值。

(4) 某些民用建筑项目的效果，大部分是不宜用货币衡量的无形效果，很难规定一个统一的度量标准。因而只能用产品和劳务本身的效用（服务质量）来表示，而无法确定其经济效益指标量值的大小。此时，对这类非盈利项目主要采用"费用效果分析"和"成本效用分析"等方法来评价较为适宜。

(5) 民用建筑项目的投资资金来源除了向国家、地方主管部门申请和银行贷款以及企业自筹资金外，还有可能是征集的各种税收和规定上交的基金占用费（如交通能源重点建设基金、教育附加费、预算备用金、发行公债以及募捐等方式筹集的资金）。这些资金有的是有偿的，也有不少是无偿或低偿的，这些项目建成后，作为公共福利待遇无偿或低偿（如房租、水电、医疗包干、教育、文娱、体育活动）提供给居民和企事业单位使用，这些项目的投资回收期较长或难以回收。

11.5 改扩建项目的可行性研究

11.5.1 改扩建项目及其特点

1. 改扩建项目

改扩建项目是指既有企业利用原有资产与资源，投资形成新的生产（服务）设施，扩大或完善原有生产（服务）系统的活动，包括改建、扩建、迁建和停产复建等，目的在于增加产品供给，开发新型产品，调整产品结构，提高技术水平，降低资源消耗，节约运行费用，提高产品质量，改善劳动条件，治理生产环境等。

2. 改扩建项目的特点

(1) 项目是既有企业的有机组成部分，同时项目的活动与企业的活动在一定程度上是有区别的；

(2) 项目的融资主体是既有企业，项目的还款主体是既有企业；

(3) 项目一般要利用既有企业的部分或全部资产与资源，且不发生资产与资源的产权转移；

(4) 建设期内既有企业生产（运营）与项目建设一般同时进行。

11.5.2 改扩建项目的分析数据及范围界定

1. 改扩建项目的分析数据

在进行改扩建项目的可行性研究，特别是经济评价时需要使用的主要数据有：

(1) "有项目"（With Project）是指既有企业进行投资活动后，在项目的经济寿命期内，在项目范围内可能发生的效益与费用流量。"有项目"的流量是时间序列的数据。

(2) "无项目"（Without Project）是指既有企业利用拟建项目范围内的部分或全部原有生产设施（资产），在项目计算期内可能发生的效益与费用流量。"无项目"的流量是时间序列的数据。

(3) "增量"（Increment）是指"有项目"的流量减"无项目"的流量，是时间序列的数据。"有项目"的投资减"无项目"的投资是增量投资；"有项目"的效益减"无项目"的效益是增量效益；"有项目"的费用减"无项目"的费用是增量费用。

(4) "现状"数据是项目实施前的资产与资源、效益与费用数据，也可称为基本值（Baseline），是一个时点数。"现状"数据对于比较"项目前"（Before Project）的流量与"现状"及"项目后"（After Project）的效果有重要作用。现状数据也是预测"有项目"和"无项目"的基础。现状数据一般可用实施前一年的数据，当概念数据不具有代表性时，可选用有代表性年份的数据或近几年数据的平均值，其中，特别对生产能力的估计，应慎重取值。

(5) "新增"（Additional）数据是项目实施过程各时点"有项目"的流量与"现状"数据之差，也是时间序列的数据。新增建设投资包括建设投资和流动资金，还包括原有资产的改良支出、拆除、运输和重新安装费用。新增投资是改扩建项目筹措资金的依据。

"无项目"时的效益由"老产品"产生，费用是为"老产品"投入；"有项目"时的效益一般由"新产品"与"老产品"共同产生，费用包含为"新产品"和"老产品"的投入之和。"老产品"的效益与费用在"有项目"与"无项目"时可能有较大差异。

2. 改扩建项目的范围界定

改扩建项目的范围界定是改扩建项目可行性研究中经济评价的重要环节，界定得是否合适与项目的经济效益和评价的繁简程度有直接关系。

（1）对于"整体改扩建项目"，项目范围包括整个既有企业，除要使用既有企业的部分原有资产、场地、设备，还要另外新投入一部分资金进行扩建或技术改造。企业的投资主体、融资主体、还债主体、经营主体是统一的，项目的范围就是企业的范围。"整体改扩建项目"不仅要识别和估算与项目直接有关系的费用和效益，而且要识别和估算既有企业其余部分的费用和效益。

（2）对于"局部改扩建"项目，项目范围只包括既有企业的一部分，只使用既有企业的一部分原有资产、资源、场地、设备，加上新投入的资金，形成改扩建项目；企业的投资主体、融资主体与还债主体仍然是一致的，但可能与经营主体分离。整个企业只有一部分包含在项目"范围内"，还有相当一部分在"企业内"但属于项目"范围外"。

11.5.3 技术改造的含义

社会经济的发展和增长，基本依靠两条途径：一条是外延扩大再生产，即把追加的投资用来建设新的企业，单纯依靠增加生产要素的数量，如依靠增加设备、资金、人力和生产场所扩大生产规模。另一条是内涵扩大再生产，就是把追加投资用于扩充正在执行职能的原有资金，依靠生产技术的进步，生产要素的质量改善，从而提高劳动和生产资料的效率来实现生产规模的扩大。对现有企业进行技术改造，就是内涵扩大再生产的主要形式。

什么是技术改造呢？技术改造主要是指在坚持科学技术进步的前提下，把科学技术成果应用于企业生产的各个环节，用先进的技术改造落后的技术，用先进的工艺和装备代替落后的工艺和装备，实现以内涵为主的扩大再生产，达到增加品种，提高质量，节约能源，降低原材料消耗，全面提高社会综合经济效益的目的。

对现有企业进行技术改造，是当前我国经济建设中的一个重要方面，从国外情况看，把扩大再生产的重点由新建转向技术改造和设备更新，是世界各国经济发展的普遍趋势。

对一个具体项目而言，将老厂进行技术改造比新建厂有很多优点：

（1）可以充分利用现有厂房、公用设施、外部运输等的潜力，从而节约基建投资；

（2）可以少占用日益珍贵的土地资源；

（3）可以不增加、少增加甚至减少熟练劳动力；

（4）可以缩短建设时间并利用成熟的生产经验使企业提前达产；

（5）可以调动企业自筹资金的积极性，从而扩大建设资金的来源。

当然，对老厂进行技术改造也存在一些缺点，如施工比较复杂，可能或长或短地影响生产以及难于全盘自动化等等。但无论如何还是优点多。特别是在国家资金短缺，现有企业的主要设备大都已经老化或工艺落后，但潜力又很大的情况下，对现有企业进行技术改造比新建有更多的优越性。

11.5.4 技术改造项目的类型

技术改造从方式和内容上可以分为以下几种类型：
(1) 调整和加强生产流程中的薄弱环节

由于各工序生产效率发展的不平衡，很多企业大都存在薄弱环节，调整各工序之间的关系，加强薄弱环节，扩大产量，提高质量，投资效果往往很好。

(2) 增加尺寸相同的装置

这种投资的优点是不影响生产，但必须是在厂区内有发展余地，如原装置不陈旧，则以该方式扩大产量较为适宜。

(3) 扩大装置的尺寸

通常，装置的尺寸越大，经济效果越好，因而生产设备都向大型化发展。但是，拆旧换新必然影响生产，如原有装置较陈旧，采用这种方式扩大生产是可行的。

(4) 采用新工艺

新的工艺不断出现，它可以扩大产量、降低成本、提高质量、改善环境，但所采用的新工艺必须结合国情。

(5) 增加新的工序

通常，增加新工序大都是为了提高产品的内在质量或改善外观与装潢，以适应市场，特别是国际市场的需要。

(6) 更换陈旧设备，实行设备更新

是指由于设备陈旧，需要将原型号的设备更新成新型号的设备以扩大产量，提高质量，降低成本和改善劳动条件。

(7) 设备现代化改装

是指应用现代化的技术成就和先进经验，根据生产的需要，改变现有设备的结构，或给旧设备增加部件、新装置，以改善原有设备技术性能和使用功能，使其局部或全部达到目前生产的新设备水平。

无论何种类型的技术改造，其改造项目是否可行都应通过经济评价确定。

11.5.5 改扩建项目的经济评价

1. 改扩建项目对企业经济效益的影响

改扩建项目是实现既有企业总体战略目标的手段，其目的是通过实施项目提高既有企业总体经济效益。企业总体经济效益可表现在多个方面。对于有直接财务收益的改扩建项目,项目的增量收入或减少亏损一定会增加既有企业的经济效益;对于环境治理与环境保护的项目,既有企业不能得到直接的财务收益,但是可以减少排污费,进而节约了生产成本,减少社会为治理污染发生的费用,从而节约了经济费用,最终提高了既有企业的财务与经济效率。改扩建项目对既有企业的生产活动可能还有乘数效应,或对既有企业上下游产业链条有带动作用。

分析项目对既有企业经济效益的影响,在财务上主要看营业收入和利润总额的影响,这两个指标比较直观,计算也比较简单。由于有分配的影响,税后利润一般不作为考核指标。对于整体改扩建项目,有条件时也可作财务或净现金流分析。

2. 改扩建项目经济评价与投资决策

改扩建项目的投资决策要考虑项目与既有企业两个方面的因素。首先要考虑项目级的因素有:能否在预定时间内回收投资;有无盈利能力;如果有盈利,盈利水平是否能达到预期的水平;项目能否有能力偿还与项目有关的债务;如果项目自身还款资金不足,需要既有企业支持多少资金;什么时候支持;项目财务持续能力如何;项目的经济合理性是否有保障;资源配置是否合理。

如果说,考虑项目层次的因素是改扩建项目投资决策的"必要条件",那么项目给既有企业带来的实惠就是改扩建项目投资的"充分条件",即先做项目分析,然后求出"有项目"与"现状"之差,求出"新增"数值。"新增"数值就是项目给企业带来的"实惠"。有些项目,如环境治理或保护项目,本身可能无效益,也不可能靠项目自身的能力偿还借款,但是,污染减少节省了成本,能使企业整体效益提高,为既有企业实现战略目标创造了有利条件。所以,既有企业绩效指标的改善程度也是改扩建项目投资决策的重要因素。

3. 改扩建项目经济评价的简化

改扩建项目经济评价一般要用到"有项目"、"无项目"、"现状"、"新增"、"增量"数据,增大了数据预测的工作量;在企业规模比较大时,有些必要的企业数据比较难于获得,即使得到了可靠性也比较差;还款主体与经营主体异位,一般要进行项目层次与企业层次的分析。因此,改扩建项目经济评价比较复杂,在项目评价的实践中,往往简化成新建项目进行评价。

(1) 项目与既有企业的生产经营活动相对独立。在这种情况下,项目的边界比较清楚,可以进行独立核算,项目的费用与效益比较好识别,现金流入与流出比较好测度,符合新建项目评价的基本条件,可以简化处理。

(2) 以增加产量为主要目的的项目,增量产出占企业产出比例较小。在这种情况下,既有企业产出规模大,项目增量产出不会对既有企业现金流量产生较大影响,项目实际上也相对独立,可以简化成新建项目处理。

(3) 利用既有企业的固定资产量与新增量相比,所占比例较小。被使用的既有企业的固定资产量小,意味着"有项目"情况下现金流入与流出基本不受既有企业的影响。新增投资是项目建设期内主要的现金流出，项目其他现金流入和流出也是总现金流的主要组成部分，所以可以简化处理，使用新建项目的评价过程。

(4) 效益和费用的增量流量较容易确定。"有无对比"是项目评价的根本原则，对比的结果是求出增量现金流量，增量现金流量可直接用于项目（含新建项目）的盈利能力分析。新建项目实际是改扩建项目的特例，即"无项目"的净现金流量为零，也不利用既有企业的任何资产，增量现金流量可以视作"无项目"的流量为零时"有项目"的现金流量。

(5) 对于可以进行简化处理的项目，一定要阐述简化处理的理由，不能直接用新建项目的做法进行估算和分析。

4. 改扩建项目经济评价应注意的问题

(1) 计算期的可比性。根据"费用与效益口径一致"的原则，既有企业改扩建项目经济评价的计算期一般取"有项目"情况下的计算期。如果"无项目"的计算期短于"有项目"的计算期，可以通过追加投资（局部更新或全部更新）来维持"无项目"的计算期，延长其寿命期至"有项目"的结束期，并于计算期末回收资产余值；若在经济或技术上延长寿命不可行，则适时终止"无项目"的计算期，其后各期现金流量计为零。

(2) 原有资产的利用问题。既有企业改扩建项目范围内的原有资产可分为："可利用的"和"不可利用的"两个部分。"有项目"是原有资产无论利用与否，均与新增投资一起计入投资费用。"可利用"的资产要按其净值提取折旧与修理费。"不可利用"的资产如果变卖，其价值按变卖时间和变卖价值计作现金流入（新增投资资金来源），不能冲减新增投资。如果"不可利用"的资产不变现或报废，就仍然是资产的一部分，但是计算项目的折旧时不予考虑。

(3) 停产减产损失。改扩建项目的改建活动与生产活动总是同时进行，但一般总会造成部分生产停止或减产。这一部分停产减产损失的直接结果是减少"老产品"的营业收入，同时也会减少相应的生产费用。这些流量的变化均应在销售收入表和生产成本表中有所体现，最终反映在现金流量表中，因此不必单独计算。

(4) 沉没成本的处理。沉没成本是既有企业过去投资决策发生的，非现在决策能改变（或不受现在决策影响），已经计入过去投资费用回收计划的费用。如前期工程为后期工程预留的场地与设备，均为前期工程的沉没成本，不计入后期投资决策费用。沉没成本是"有项目"和"无项目"都存在的成本，对于实现项目的效益不会增加额外的费用。对于项目是否实施的决策来说，沉没成本不应当包括在项目增量费用中。改扩建项目的经济效果不取决于项目开始前已经支出多少费用，而仅仅取决于在改扩建过程中投入的费用。改扩建项目的效益也只能是超出原有效益之上的部分。对沉没成本的这种处理办法可能导致项目的内部收益率很高，但这恰恰反映了当前决策的性质。如果为了弄清原来投资决策是否合理，可以计算整个项目（有项目状态）（包括已经建成和计划实施的项目）的收益率，这时应把沉没成本计算在内。

（5）机会成本。如果项目利用的现有资产，有明确的其他用途（出售、出租或有明确的使用效益），那么将资产用于该用途能为企业带来的收益被看作项目使用资产的机会成本，也是无项目时的收入，按照有无对比识别效益和费用的原则，应该将其作为无项目时的现金收入。

11.6 市政公用设施和房地产开发项目的特点

1. 市政公用设施项目的特点

市政公用设施项目包括给水、排水、道路桥梁、燃气、供热、快速轨道交通、垃圾处理等单个或综合项目。市政公用设施项目一般具有如下特点：

（1）市政公用设施项目具有服务的公共性、自然垄断性、网络系统性、外部效果显著以及沉淀资本大、价格受管制等特点。市政公用设施项目与城市规划相结合。

（2）市政公用设施项目应按收费与否选择经济评价内容。收费项目一般只进行经济费用效益分析，但应安排债务偿还计划及运营费用来源，进行费用平衡分析或费用效果分析。效果难以量化时进行定性分析。

（3）市政公用设施项目经济评价一般应包括处理厂（设施）与网（管、路）的综合分析，必要时厂与网也可分别进行经济评价。

（4）市政公用设施项目的经济效益表现为促进城镇社会经济发展、合理利用自然资源、减少环境污染损失以及提高人民群众生活水平和生活质量。

（5）市政公用设施项目的财务收入表现为提供营业收入和补贴收入。

（6）市政公用设施项目的费用包括土地费用、设备购置费用、安装工程费、生产（运营）费用及其他费用。

（7）市政公用设施项目的价格应根据政府政策、消费者支付意愿和承受能力，遵循补偿成本、保本微利、节约资源、公平负担原则测算。具备条件时，可分别针对不同用户测算不同价格。

2. 房地产开发项目的特点

房地产开发项目一般由生地、毛地、熟地、在建工程和建成后的物业（含土地）等单个项目或综合项目组成。房地产开发项目一般具有如下特点：

（1）房地产开发项目具有产品不可移动性、保值增值性、区域性、政策影响性、相互影响性、建设与经营同步性等特点，多数房地产项目还具有计算期短的特点。

（2）房地产开发项目一般只进行财务分析，涉及区域开发的项目还应进行综合分析。

（3）房地产开发项目的资金来源于商品房合法预售所得款。

（4）房地产开发项目分为出售型、出租型和混合型。项目的收益和成本分摊方式依据类型而不同。自营部分的投资可转换成项目的固定资产，出售、出租部分的投资转换成开发成本。开发企业大量的资产以流动资产的形式存在。

（5）房地产开发项目不按租售合同而按房地产开发项目可能得到的财务收入估算现金流入，并依此估算经营成本。

（6）房地产开发项目的效益一般为售房收入、租房收入、土地（生地或熟地）出让收入、配套设施出售（租）收入以及自营收入。

（7）房地产开发项目总成本费用主要包括开发建设期间发生的开发产品成本和经营期间发生的运营费用、修理费用等。

（8）房地产开发项目除缴纳流转税和所得税外，尚需缴纳土地增值税、城镇土地使用税、耕地占用税、房产税等。

思 考 题

1. 什么是可行性研究？其作用是什么？共分几个阶段？各阶段工作的主要内容是什么？其投资估算精度有何要求？
2. 可行性研究的工作步骤是什么？各步骤解决的主要问题是什么？
3. 民用建筑可行性研究的主要特点是什么？
4. 什么是企业改造？企业改造可行性研究的主要指标有哪些？

12 价 值 工 程

12.1 概 述

12.1.1 价值工程的产生和发展

价值工程（Value Engineering，简称 VE），又称价值分析（VA），是第二次世界大战以后发展起来的一种现代化的科学管理技术，一种新的技术经济分析方法。它们都是通过产品的功能分析以达到节约资源和降低成本为目的的有效方法，在建筑工程领域内也被广泛采用。

价值工程起源于 20 世纪 40 年代的美国。当时叫作价值分析（VA），后来在世界上一些工业先进国家中都称为价值工程（VE）。如今 VA 和 VE 是一回事，但严格地说它们是有区别的。从产品投产到制造，进行价值活动分析，即事后分析，称价值分析。从科研、设计、生产、准备、试制新产品的生产过程之前，进行价值活动分析，即事前分析，称价值工程（VE）。

1947 年美国发生了 GE 事件。美国通用电气公司设计工程师迈尔斯（L.D.Miles）主持采购部门的工作，当时敷设仓库用的石棉板缺乏，专家会议认为可以使用代用品，从而引起了对产品功能的研究。于是迈尔斯考虑，这种材料的功能是什么？能否用代用材料？能否在现有人力、物力资源条件下或通过其他途径来获得同样的功能。这样，他从研究代用材料开始逐步总结出在保证同样功能的前提下，降低成本的一套较完整的科学方法，即今天的价值工程方法。

由于推行价值分析经济效果显著，引起美国各部门的注意，1955 年空军在物资器材供应和制造技术方面采用价值分析。1956 年扩大到民间的造船业。据统计，从 1964～1972 年间，美国国防部由于推行价值分析所节约的金额在 10 亿美元以上。

近年来，世界各工业国也迅速地推广价值工程方法。1955 年日本引进了价值工程，1960 年大量推行。开始时，以重型电机、汽车等行业为中心推行，到 20 世纪 70 年代，价值工程的应用已扩展到钢铁、设备制造等产业部门。1968 年价值工程引进日本建设业，并在造船、车辆和机械等行业中应用。

近年来，我国已重视价值工程的推广应用。自 1979 年开始引进以来，有些企业开始实践并取得显著的经济效果。目前价值工程方法在我国工程建设中已处于应用阶段，并取得丰富的成果。

价值工程更适宜于量大或功能多的产品上,如大量性住宅。近年来世界各先进国家住宅功能项目的开发和成本信息现代体系的建立,都有利于价值工程方法在建设业中的应用。

价值工程开始于材料的采购和代用品的研究,继而扩展到产品的研究和设计、零部件的生产和改进、工具、装备的改进等方面,后来又发展到改进工作方法、作业程序、管理体系等领域。总之,凡是有功能要求和需要付出代价的地方都可以用这种方法进行分析。

在产品方面应用价值分析的重点是在开发和设计阶段,但新产品的设计并不是经常进行的,因此大量的工作是对现有产品进行分析和改进。

12.1.2 价值工程的定义

1. 价值的概念

价值工程中价值的概念不同于政治经济学中有关价值的概念。在这里价值是作为"评价事物(产品或作业)的有益程度的尺度"提出来的。价值高,说明有益程度高;价值低,则说明益处不大。例如,有两种功能完全相同的产品,但价格不同,从价值工程的观点看,价格低的物品价值就高,价格高的物品价值就低。

价值工程中的"价值"可用下式表示:

$$价值 = \frac{功能}{成本}, 即 \ V = \frac{F}{C} \tag{12-1}$$

式中　V——产品或服务的价值;
　　　F——产品或服务的功能;
　　　C——产品或服务的成本。

根据以上公式,提高价值可有(表12-1)所列几种途径。

提高价值途径表　　　　　　　　表12-1

序列	特征	结果	F	C	V
1	功能不变、成本降低	提高价值	→	↓	↑
2	功能提高、成本不变	提高价值	↑	→	↑
3	功能提高、成本降低	大大地提高价值	↑	↓	↑↑
4	功能大大提高、成本略有提高	适当地提高价值	↑↑	↑	↑
5	功能略有降低、成本大大减少	适当地提高价值	↓	↓↓	↑

前四种情况是常采用的,第五种情况是指性能不同档次的产品,例如为了使产品适应广大购买能力较低的对象,可以生产一些廉价档次的产品往往也能取得很好的经济效果。

2. 价值工程的实质

它是以功能为中心所进行的分析和研究,如建筑产品,它须具有必不可少的功能（称为基本功能），而且必须花费一定的成本。为了实现基本功能，还要有二次功能，这就是用户（或顾客）要求的功能和设计构想而产生的功能，它又须用一定的成本。进而把不需要的、过剩的和重复的功能，从所考虑的功能中去掉，从而改变设计构想，掌握降低成本的余地。

通过功能分析，明确产品必须的功能，从而去掉多余的、过剩的和重复的功能。然后再把产品划分成构件逐个进行分析，从而提出方案，据此进行功能评价。

在一般的价值工程活动中，首先应按下列顺序解决七个方面问题：

(1) 产品（或服务）是什么？ ⎫
(2) 产品（或服务）是做什么的？ ⎭ 功能定义
(3) 它的成本是多少？ ⎫
(4) 它的价值怎么样？ ⎭ 功能评价
(5) 是否有代用产品（或服务）？ ⎫
(6) 它的成本是多少？ ⎬ 替代方案的编制
(7) 它能否满足要求？ ⎭

3. 价值工程的定义

价值工程是提高产品（或服务）价值的科学方法。价值工程中的"工程"的含义是指为实现提高价值的目标所进行的一系列分析研究活动。因此，价值工程可定义为：以最低的寿命周期费用，可靠地实现产品（或服务）的必要的功能，对产品的功能、成本所进行的有组织的分析研究活动。这个定义主要强调价值工程的三个主要特点：着眼于寿命周期费用最低；着重于功能分析；强调有组织的活动。

(1) 最低的全寿命周期费用

全寿命周期可以有两种解释，其一是指一个产品从设计、制造、使用，一直到报废以前为止的寿命的整个时期，又称自然寿命周期；其二是指由于技术进步，原有的产品由于效率低、性能落后、经济效果低而不宜继续使用，需转让或报废的时期，又称为产品的经济寿命期，即"从用户对某种产品或服务提出需求开始，到用户满足需要为止的整个时期"。价值工程中的全寿命周期就是指产品的经济寿命周期。全寿命周期费用包括生产费用（含设计费用）与使用期间所花费用的总和，如图 12-1 所示。

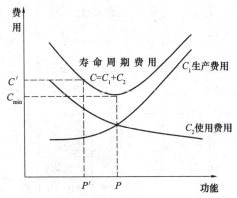

图 12-1 全寿命周期费用

图中 C_1 为生产费用，C_2 为使用费用，C 为寿命周期费用，它是 C_1 与 C_2

之和。在寿命周期费用曲线上有一最低点 $C_{\min}$，这是追求的目标。如果产品目前的寿命周期费用在 C' 处，其对应的功能水平为 P'，那么就有可能把功能水平从 P' 提高到 P 的同时，寿命周期费用 C' 将降至 $C_{\min}$，此处功能即达到最适宜水平。

以上可以看出，价值工程的着眼点是致力于降低产品整个寿命周期费用，即不仅要考虑降低生产费用，而且要尽量降低使用费用。如建造一幢住宅，首先是造价的节约，为建设者节约资金，同时也应使用户的使用费用降低。

(2) 功能分析

功能分析是价值工程的核心。功能分析的目的是用最小的寿命周期费用实现产品的必要功能，去掉产品的不必要功能，提高产品的价值。我们进行建筑产品的生产，不仅是为了建造一个空间，而且应使用户充分利用建筑产品的一切功能。因此价值工程分析，首先不是分析产品的结构，而是在分析功能的基础上再分析结构。

通过功能分析，可发现哪些功能是必要的、不足的或过剩的。在改进方案中，去掉不必要的功能，减少过剩的功能，补充不足的功能，使产品功能结构更加合理。

(3) 有组织的活动

"有组织的活动"是价值工程活动的重要特点之一。开展价值工程活动不是某一个人能胜任得了的，必须有组织地进行。参加的人员应有合理的"智力结构"，在每个部门都可建立这样的组织。

12.1.3 价值工程的工作程序

价值工程整个过程大致可划分为三个阶段：分析、综合和评价。

为了解决问题，通常把上述一般阶段分为 3 个基本步骤和 11 个具体步骤（表 12-2）。

价值工程的实施程序　　　　表 12-2

决策的一般程序	价值工程实施程序		价值工程提问
	基本程序	详细程序	
分　析	功能定义	收集情报	这是什么？
		功能定义	它是做什么用的？
		功能整理	
	功能评价	功能成本分析	它的成本是多少？
		功能评价选择对象范围	它的价值是多少？
综　合	制定改进方案	制　造	有无其他的方法实现同样的功能？
评　价		初步评价	新方案的成本是多少？
		具体化、调查详细评价提案	新方案能满足要求吗？

价值工程的提问是作为严格执行价值工程步骤的指针。这些提问要求按顺序一一回答。

以下从选择对象和收集资料、功能定义和功能评价、以及改进方案的制定与评价三个方面加以阐述。

12.2 VE对象选择和情报资料收集

12.2.1 VE对象选择的原则

开展价值工程活动首先要确定其对象是什么。一个企业所生产产品的品种、规格可能较多，而每种产品又由许多零部件组成，例如建筑产品，一个建筑工程可划分成若干个分部工程，每个分部工程又可划分成若干个分项工程，分项工程又划分为若干个工序。这就要求注重轻重缓急，根据一定的原则和方法来选择价值工程对象。如果VE对象确定得当，其工作可事半功倍，确定不当，可能劳而无功。

总之，VE对象选择的原则一定要根据国家建设和企业生产经营发展的需要，要考虑到提高产品价值的可能性、存在的问题与薄弱环节等。VE对象选择一般应从以下几个方面考虑。

(1) 设计方面。考虑结构复杂、体大量重、材料昂贵、性能较差的产品或构配件。

(2) 施工生产方面。考虑产量较大、工艺复杂、原材料消耗高、成品率低的产品或构配件。

(3) 销售方面。考虑用户意见多、竞争能力差、未投入市场的新产品、需扩大销路的老产品等。

(4) 成本方面。考虑成本高于同类产品或高于功能相近的产品等。

12.2.2 VE对象选择的方法

1. A、B、C分析法

A、B、C分析法又称不均匀分布定律法，它是按局部成本在总成本中所占的比重从高到低进行对象选择的方法。例如通过成本分析可以发现：占零件数10%左右的零件，其成本占整个产品的总成本的60%～70%，这类零件可划为A类；占零件数20%左右的零件其成本占总成本的20%，这类零件可划为B类；占零件数70%左右的零件其成本仅占成本的10%～20%，这类零件可划为C类。A类即优先分析，其次为B类

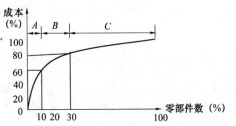

图12-2 对象选择的A、B、C法

和 C 类（图 12-2）。

2. 强制确定法

在选择价值工程对象时，有些产品或构配件，其功能重要程度相差较大，不宜以成本的高低来选择 VE 对象，此时可应用价值系数进行选择。强制确定法就是根据所求出的功能评价系数和成本系数计算价值系数，根据价值系数的高低选择 VE 对象的一种方法，具体做法如下：

（1）功能评价系数

将产品或产品的构配件排列起来，一对一地进行功能重要性比较，重要的得 1 分，不重要的得 0 分，然后对每一种产品或构配件累计得分，全部的累计得分之和为总分，每一产品或构配件的累计得分与总分之比称为该产品或构配件的功能评价系数（见表 12-3），即：

$$功能评价系数 = 产品或构配件得分累计 / 总分 \quad (12\text{-}2)$$

一对一强制评分及功能评价系数 表 12-3

	一对一比较结果							得分累计	功能评价系数
A	1	1	0	1	1	1	1	6	0.214
B	0		1	0	1	1	1	1	5	0.179
C	0	0		0	1	1	1	0	3	0.107
D	1	1	1		1	1	1	1	7	0.250
E	0	0	0	0		0	1	0	1	0.036
F	0	0	0	0	1		1	0	2	0.071
G	0	0	0	0	0	0		0	0	0.000
H	0	0	1	0	1	1	1		4	0.143
总　计									28	1.000

（2）成本系数

每一产品或构配件的成本与全部产品或构配件的总成本之比称为成本系数（见表 12-4）。

即：$$成本系数 = 产品或构配件成本 / 全部产品或构配件成本之和 \quad (12\text{-}3)$$

（3）价值系数

根据 $价值 = \dfrac{功能}{成本}$ 的原理，功能评价系数与成本系数之比为价值系数（见表 12-4）。

即：$$价值系数 = 功能评价系数 / 成本系数 \quad (12\text{-}4)$$

（4）VE 对象选择

若价值系数 $V_i < 1$，即功能评价系数小于成本系数，说明功能不太重要，而成本较高，应作为 VE 对象。

$V_i > 1$，即功能评价系数大于成本系数，说明功能较重要，而成本偏低，因可能存在过剩功能，故是否作为 VE 对象，提高成本，应视情况而定。

成本系数、功能评价系数与价值系数　　　　表 12-4

构配件	成　本（元）	成本系数	功能评价系数	价值系数
A	1818	0.252	0.214	0.849
B	3000	0.416	0.179	0.430
C	285	0.040	0.107	2.675
D	284	0.039	0.250	6.410
E	612	0.085	0.036	0.424
F	407	0.056	0.071	1.268
G	82	0.011	0.000	0.000
H	720	0.100	0.143	1.430
总　计	7208	1.000	1.000	—

3. 最合适区域法

这种方法是由日本田中教授提出来的，是一种通过求算价值系数选择 VE 对象的方法。求算价值系数的方法可用强制确定法，而在最终选取 VE 对象时提出了一个选用价值系数的最合适区域，该区域由围绕 $V=1$ 的两条曲线组成。凡价值系数落在该区域之内的点都认为是比较满意的；价值系数落在区域之外的点作为 VE 对象。

价值系数相同、成本系数、功能评价系数不同的情况　　　　表 12-5

构配件	现实成本（元）	成本系数	功能评价系数	价值系数
A	100	0.10	0.090	0.90
B	10	0.01	0.009	0.90
C	100	0.10	0.200	2.00
D	10	0.01	0.020	2.00
⋮	⋮	⋮	⋮	⋮
合　计	1000	1.00	1.000	—

最合适区域的基本思路是：价值系数相同的对象，由于各自的成本系数和功能评价系数不同，因而对产品的实际价值产生影响的差异较大，在选择 VE 对象时不应将价值系数相同的对象等同看待，应区别成本系数和功能评价系数绝对值的大小，分别加以控制。例如表 12-5，A 与 B 及 C 与 D 的价值系数相同，但对产品价值改善的实际影响差异较大。例如 A，价值系数提高 0.1，成本可降低 10 元；而 B 价值系数提高 0.1，成本仅能降低 1 元。可见产品的成本和功能的影响差异是明显的。在用价值系数选择对象时，还应区别成本系数与功能评价系数的大小分别加以控制，不允许其价值系数偏离 1 过大。

如图 12-3 所示，用纵坐标表示功能评价系数，横坐标表示成本系数，则价值系数 $V=1$ 的点均在与座标轴成 45°的直线上。由两条曲线所围成的斜线区域即为"最合适区域"。凡落在区域内的点（如 C）被认为是合理的，可以不作为

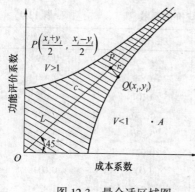

图 12-3 最合适区域图

分析重点;凡落在区域外越远的点(如 A 点),则应重点加以分析。

最合适区域图的确定如下:设 Q 为曲线上任意一点,其坐标为 (x_i, y_i),$QP \perp OP$,则 P 点的坐标可表示为 $\left(\dfrac{x_i+y_i}{2}, \dfrac{x_i+y_i}{2}\right)$,因此

$$l = \sqrt{2}\left(\dfrac{x_i+y_i}{2}\right) = \dfrac{1}{\sqrt{2}}\mid x_i+y_i \mid$$

$$r = \sqrt{2}\left(x_i - \dfrac{x_i+y_i}{2}\right) = \dfrac{1}{\sqrt{2}}\mid x_i-y_i \mid$$

设 $l \cdot r = b$,则

$$l \cdot r = \dfrac{1}{2}\mid x_i^2 - y_i^2 \mid = b$$

$$\therefore y_i = \sqrt{x_i^2 \pm 2b}$$

而此式即为"最合适区域"边缘曲线方程式,其中 b 为设定的常数。b 值越大,区域则越宽。此图 $b = 50$。区域越宽,价值工程的对象就可选得少一些;反之,则曲线接近标准线($V = 1$),选定的 VE 对象就多一些。在应用时可以通过检验,代入不同的 b 值,直到获得满意结果为止。

12.2.3 情报资料的收集

在价值工程中,情报是指对现实 VE 目标有益的知识、情况和资料。VE 的目标是提高价值,为达到或实现这一目标所做出的决策,都离不开必要的情报。一般说来,必要的或有益的情报越多,价值提高的可能性就越大,但错误的情报会导致错误的决策。因此,VE 成果的大小一般取决于情报收集的质量、数量和时间。

1. 情报收集的原则

(1) 目的性

收集情报要事先明确所收集的情报是用来实现 VE 特定目标的,不要盲目地碰到什么就收集什么,要避免无的放矢。

(2) 可靠性

情报是行动和决策必不可少的依据,若情报不可靠、不准确,将严重影响 VE 的预期效果,还可能最终导致 VE 的失效。

(3) 计划性

在收集情报之前应预先编制计划,加强该工作的计划性,使这项工作具有明确的目的和确定的范围,以便提高工作效率。

(4) 时间性

在收集情报时要收集近期的、较新的情况,此外,情报应适时,决策之后提供情报是毫无用处的。

2. 收集情报的内容

(1) 用户要求方面的情报

用户使用产品的目的、使用环境、使用条件;

用户所要求的功能和性能;

用户对产品外观要求,如造型、体积、色彩等等;

用户对产品价格、交货期、构配件供应、技术服务等方面的要求。

(2) 销售方面的情报

产品产销数量的演变及目前产销情况、市场需求量及市场占有率的预测。

产品竞争的情况,目前有哪些竞争厂家和产品,其产量、质量、价格、销售服务、成本、利润等情况;同类企业和同类产品的发展计划、拟增投资额、规模大小、重新布点、扩建改建或合并调整情况等。

(3) 成本方面的情报

包括产品及构配件的定额成本、工时定额、材料消耗定额、各种费用定额、企业历年来各种有关成本费用数据、国内外其他厂家与 VE 对象有关的成本费用资料。

(4) 科学技术方面情报

与产品有关的学术研究或科研成果、新结构、新工艺、新材料、新技术以及标准化方面的资料;

该产品研制设计的历史及演变、本企业产品及国内外同类产品有关的技术资料。

(5) 生产及供应方面情报

产品生产方面的情报,如生产批量、生产能力、施工方法、工艺装备、生产节拍、检验方法、废次品率、厂内运输方式等;

原材料及外协或外购件种类、质量、数量、价格、材料利用率等情报;

供应与协作部门的布局、生产经营情况、技术水平、价格、成本、利润等;

厂外运输方式及运输经营情况。

(6) 政策、法令、条例、规定方面的情报

情报的收集不是一项简单的工作,应收集何种情报很难完全列举出来,但只要遵照情报收集原则,发挥主动性和灵活性,就一定会做好这项工作。

12.3 功能分析、整理和评价

12.3.1 功能分析

价值工程的核心是进行功能分析。产品的功能就是指产品的用途,例如一幢建筑物或其中一个分部分项工程,用户需要的是它的功能,也就是能在其中生活、工作、活动,满足需要的空间。建筑业生产产品实质上是为用户提供必要功能的手段。通过功能分析可以搞清产品各功能之间的关系,去掉不合理的功能,调整功能间的比重,使产品的功能结构更加合理。

1. 功能定义

进行功能分析时首先要给功能下定义。功能定义就是用简单明确的语言对产品或各构配件的功能下个确切的定义,是对 VE 对象的用途、作用或功能所做的明确的表达。通过功能定义能够限定功能的内容,明确功能的本质,并与其他功能概念相互区别。

通过功能定义,可以使设计者准确掌握用户的功能要求,抓住问题的本质,扩大思考范围,打开设计思路,加深对产品功能的理解,为创造高价值的方案打下基础。此外,实现功能的最低费用是与功能的水平相联系的,而功能水平的确定有赖于功能定义,通过功能定义尽量对功能做出定量的表述,就可以具体确定出功能的水平,为功能评价打下基础。

总之,功能定义的主要目的是:明确功能,便于进行功能评价,便于构思方案。

为建筑产品功能下定义,必须对建筑产品或构配件的作用有深刻的认识和理解,只有这样才能对建筑产品或构配件的功能描述得确切和简明扼要。在为产品或构配件下定义时,通常用一个动词加一个名词表述,如传递荷载、分隔空间、保温、采光等等。

2. 功能分类

用户所要求产品的功能是多种多样的。功能的性质不同,其重要程度就不同,一般可作如下分类:

(1) 按重要程度可分为基本功能与辅助功能

基本功能就是用户对产品所要求的功能,是为了达到其使用目的所必不可少的功能,是产品存在的条件,若失去了基本功能,则产品或构配件就丧失了存在的价值。例如,住宅的基本功能就是居住,柱子的基本功能是承受上部荷载,内墙的基本功能是分隔空间等。基本功能可从三方面加以确定:它的功能是必不可少的,它的功能是主要的,如果它的功能改变,则产品的结构或构配件与施工工艺就会随之改变。

辅助功能是设计人员为实现基本功能而在用户直接要求的功能之上附加上去

的功能，又称为二次功能，是为了更好地帮助基本功能的实现而存在的功能。一般在特定的技术条件下，对特定的设计方案而言，特定的辅助功能是必不可少的，但在不影响基本功能的前提下是可以改变的。例如内墙的基本功能是分隔空间，而隔声就是一个辅助功能。辅助功能也可从三方面来加以判断：它对基本功能的实现起辅助作用；与基本功能相比处于从属地位；是实现基本功能的手段。

在辅助功能中往往包含着不必要功能，应通过改进设计予以消除。

(2) 按用户的需要分必要功能与不必要功能

从用户的角度出发，可把功能划分为必要功能与不必要功能。对用户而言，基本功能无疑都是必要的，由于用户所要求的是产品的功能而不是产品的实体，因此只有基本功能具有较大的价值。不必要功能往往存在于辅助功能之中。辅助功能是为实现用户要求的基本功能所附加的，因而有的属于必要功能，有的属于不必要功能。

(3) 按满足要求的性质分使用功能与美观功能

对产品而言，使用功能是指产品的实际用途或使用价值。美观功能是指产品的外观、形状、色彩、艺术性等等。使用功能与美观功能是通过基本功能或辅助功能实现的，区分使用功能与美观功能往往可以发现不必要功能。

12.3.2 功能整理

功能整理就是将功能按目的——手段的逻辑关系把 VE 对象的各个组成部分的功能根据其流程关系相互连接起来，整理成功能系统图。目的是为了确认真正要求的功能，发现不必要的功能，确认功能定义的正确性，认识功能领域。

进行功能整理，目前常采用的是"功能分析系统技术"，其工作步骤如下：

(1) 明确基本功能、辅助功能和最基本功能；

(2) 明确各功能之间的相互关系。

产品中各功能之间都是相互配合、相互联系，都在为实现产品的整体功能而发挥各自的作用。因此，要明确各功能之间是并列关系还是上下位置关系。

例如，住宅的最基本功能是居住，为实现该项功能，住宅必须具有遮风避雨、御寒防暑、采光、通风、隔声、防潮等功能，这些功能之间是并列关系，都是实现居住功能的手段。因而居住是上位功能，上述所列的并列功能是居住的下位功能，即上位功能是目的，下位功能是手段。

但上下位关系是相对的，如为达到居住的目的必须通风，则居住是目的，是上位功能，通风是手段，是下位功能；为达到通风的目的，必须组织自然通风，则通风又是目的，是上位功能，组织自然通风是手段，是下位功能；为达到自然通风的目的，必须提供进出风口，则组织自然通风又是目的，是上位功能，提供进出风口是手段，是下位功能等等（见图 12-4）。

(3) 绘制功能系统图。

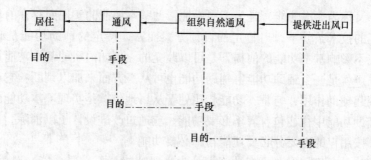

图 12-4　上、下位功能关系图

根据上述原理,将各功能按并列关系,上、下位关系以一定的顺序排列起来,即形成功能系统图。

功能系统图一般如图 12-5 所示。图中 F_0 是产品的最基本功能,即最上位功能;F_1、F_2、$\cdots F_i$ 是并列关系的功能,是实现 F_0 的手段,也是 F_0 的下位功能;F_{11},$\cdots$,F_{21},$\cdots$,F_{i1},$\cdots$等分别是 F_1,F_2,$\cdots$,F_i 的手段和下位功能。

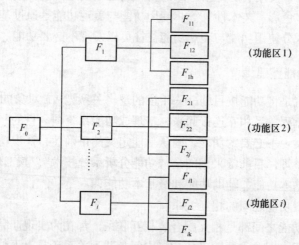

图 12-5　功能系统图

通过绘制功能系统图,可以清楚地看出每个功能在全部功能中的作用和地位,使各功能之间的相互关系系统化。价值工程的原理之一是"目的是主要的,手段是可以广泛选择的"。根据这一原理并结合功能系统图就可以从上位功能出发,抛开原有结构,广泛设想实现这一功能的各种途径,并且便于发现不必要功能,提高价值。

12.3.3　功能评价

1. 功能评价的概念

根据 VE 的工作程序,功能分析之后就要进行功能评价。功能评价就是确定出功能的现实成本、目标成本、目标成本与现实成本的比值、现实成本与目标成本的差值这四个数据。

根据价值系数和差值来选择作为价值工程对象的功能领域,其工作程序如下:

(1) 计算功能的现实成本;
(2) 求出功能的目标成本(功能评价值);
(3) 计算功能价值和改善期望值,选择价值低的功能作为改善对象。

在功能评价时所使用的公式仍为:

$$V = \frac{F}{C}$$

式中 V——功能价值;
       F——目标成本(功能评价值);
       C——功能现实成本。

可知式中 V、F、C 的具体含义与 VE 对象选择中价值公式的含义有所区别。

2. 功能现实成本

根据功能评价的程序,首先要求算功能的现实成本。以前所涉及的成本都是以产品或构配件为对象进行计算的。而功能成本则不然,它是按产品或构配件的功能来计算的。在建筑产品中一个构配件往往具有多种功能,而一种功能也往往通过几种构配件来实现。因此,求算功能的现实成本,实际上就是把构配件的成本转移分配到功能成本上去。

功能现实成本的计算可按表 12-6 进行,例如计算 $F_1 \sim F_6$ 六种功能的现实成本,由五种构配件来实现,其步骤如下:首先把与功能相对应的零部件名称及其现实成本填入表中;然后再把功能或功能领域 $F_1 \sim F_6$ 填入表中。把各构配件的现实成本逐一分摊到有关的功能上去,例如 C 构件具备 F_1、F_3、F_6 三种功能,则将 C 构件的 250 元成本根据实际情况及所起的作用的重要程度分配到这三种功能上去。

功能现实成本的计算   表 12-6

构配件			功能(或功能领域)					
序号	名称	成本(元)	F_1	F_2	F_3	F_4	F_5	F_6
1	A	300	100		100		100	
2	B	200		50		150		
3	C	250	50		50			150
4	D	150		100		50		
5	E	100			40		60	
合计		C 1000	C_1 150	C_2 150	C_3 190	C_4 200	C_5 160	C_6 150

最后把每项功能所分摊的成本加以汇总，便得出功能 $F_1 \sim F_6$ 的现实成本 $C_1 \sim C_6$。

3．功能评价值（目标成本）

所谓功能评价实际上就是评定功能的价值，即把功能的现实成本与实现这种功能的最低可能费用进行比较，根据二者的比值来判定功能价值的高低。功能评价值就是实现这种功能的最低费用，它是衡量功能价值的标准，如果它小于功能现实成本，则功能价值低；如果它等于功能现实成本，则功能价值高。功能评价值不像功能现实成本那么容易确定，求算方法也不相同，下面着重介绍功能系数评价法。

功能系数评价法是一种按功能系数分配产品目标成本，确定功能评价值的方法，它先确定产品目标成本，然后按功能系数分配产品的目标成本，从而求出功能领域或相应构配件的目标成本。功能系数评价法有如下两类，现分别加以介绍。

(1) 按功能重要程度进行评价

这种方法就是根据功能的重要程度确定出功能重要性系数，再根据该系数分配产品的目标成本，求出各项功能的目标成本。在实际工作中，它又分为老产品改进设计和新产品设计两种情况。

①老产品改进设计

老产品在改进设计之前功能现实成本就已存在，因此可以利用功能系数和现实成本来确定功能评价值，具体可按表12-7进行。

目标成本的计算　　　　　　　　　表12-7

功能领域	现实成本(元) ①	功能系数 ②	重新分配成本(元) ③ = ② × 500	功能评价值(元) (目标成本)④	成本降低目标(元) ⑤
F_1	100	0.23	115	100	—
F_2	60	0.18	90	60	—
F_3	130	0.20	100	100	30
F_4	60	0.14	70	60	—
F_5	50	0.15	75	50	—
F_6	100	0.10	50	50	50
合　计	500	1.00	500	420	80

a. 首先根据功能系统图决定所评价功能的级别，例如所要评价的功能领域为 $F_1 \sim F_6$（见图12-6）。

b. 将功能领域 $F_1 \sim F_6$ 的现实成本及功能系数分别填入表中的①、②两栏。产品的现实成本为500元，将之按功能重要性系数重新分配给各功能领域，其结果见表第③栏。

c. 将各功能领域新分配的成本与现实成本进行比较，其结果可能出现如下三种情况：

(a) 各功能领域重新分配到的成本等于现实成本,则该成本就作为功能评价值。

(b) 新分配到的成本小于功能现实成本,例如 F_3、F_6,则应以新分配到的成本作为功能评价值。

(c) 新分配到的成本大于功能现实成本,例如 F_1、F_4、F_5,此时要根据实际情况做出判断。首先要分析功能系数确定得是否合理,若不合理,则应先调整功能系数,然后确定功能评价值;其次,应注意现实成本的投入是否过少,是否保证必要功能的实现,如果确实是用较少的成本实现了必要的功能,则应以现实成本作为功能评价值,否则,功能评价值就应超出功能现实成本。

d. 将第④栏各功能领域的评价值汇总得 420 元,即可将之作为产品的目标成本,而各功能领域的成本降低目标也随之计算出来,见表中的第⑤栏。

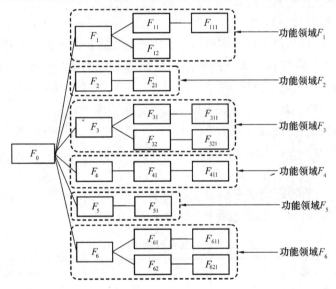

图 12-6 功能领域图

②新产品设计

在这种情况下,产品的目标成本基本上已被大致地确定。但由于新产品设计不像老产品改进设计那样可利用原始成本资料,因此,只能将新产品目标成本按功能重要性系数进行分配,求出各功能或功能领域的功能评价值作为功能目标成本。现设产品的目标成本为 500 元,其功能评价值的具体求法见表 12-8。

新产品设计的目标成本确定　　　　　　　　　　表 12-8

功能领域　①	功能系数　②	功能评价值(元)③ = ② × 500
F_1	0.23	115
F_2	0.18	90

续表

功能领域 ①	功能系数 ②	功能评价值（元）③ = ② × 500
F_3	0.20	100
F_4	0.14	70
F_5	0.15	75
F_6	0.10	50
合 计	1.00	500

(2) 按实现功能的困难程度进行评价

该种方法与按功能重要程度进行评价的方法基本相同，所不同的是功能系数的确定不是依据功能的重要性，而是以实现功能的困难程度为基础。评价的具体步骤也与上述方法相同，见表 12-9。

① 求功能系数

首先将功能或功能领域按实现功能的困难程度或按成本的大小排队（成本大者排在前面）。然后按自上而下的顺序，将相邻功能的实现困难程度进行对比，其结果填入表中第②栏。对比时可能出现等于、稍大于后几项功能之和等情况，例如 $F_5 = F_6$、$F_3 = F_4 + \Delta F$ 等，此时 ΔF 具体定多大由评判者给出。

暂定最后一项功能的功能系数为 1，自下而上按第②栏的逻辑关系求出暂定功能系数填入第③栏，例如 $F_3 = F_4 + \Delta F = 2.2 + 0.2 = 2.4$ 等等。再求出暂定系数之和 16。

最后将各功能暂定功能系数分别除以暂定系数之和 16，得出功能系数，填入表中第④栏，例如 F_1 的功能系数为 $4.8 \div 16 = 0.30$。

按实现功能的困难程度进行的评价　　　　表 12-9

功能或功能领域 ①	实现功能困难度对比 ②	暂定功能系数 ③	功能系数 ④ = ③/16	按功能系数分配目标成本（元）⑤ = ④ × 1000
F_1	$F_1 = F_2 + \Delta F$	4.8	0.30	300
F_2	$F_2 = F_3 + F_4$	4.6	0.29	290
F_3	$F_3 = F_4 + \Delta F$	2.4	0.15	150
F_4	$F_4 = F_5 + F_6 + \Delta F$	2.2	0.14	140
F_5	$F_5 = F_6$	1.0	0.06	60
F_6	—	1.0	0.06	60
合 计	—	16.0	1.00	1000

② 求目标成本

已知产品的目标成本为 1100 元，为了更加有效地控制成本，可留出一小部分在产品设计时灵活使用，现将 100 元预留出来为机动费用，将 1000 元作为产品的目标成本进行分配。

例如 F_1 的功能系数为 0.30，则其目标成本为 $1000 \times 0.30 = 300$(元)，其他见表中第⑤栏。

4. 功能价值与功能改善对象的选择

求出功能现实成本和功能评价值后，根据价值公式 $V = F/C$ 便可求出功能价值，根据功能价值的高低选择功能改善对象及其先后优选顺序。功能价值 V 可能出现如下三种情况：

(1) $V = 1$，功能价值高，不作为功能改善对象；

(2) $V < 1$，功能价值低，作为功能改善对象；

(3) $V > 1$，情况复杂，视情况而定。

在优先选择功能改善对象时，应注意不仅要以 V 这个相对数为依据，而且还应参考功能现实成本 C 和功能评价值 F 的绝对数（见表 12-10）。

功能改善对象的选择　　　　　　表 12-10

功能或功能领域	功能现实成本(元) C	功能评价值(元) F	功能价值 $V = F/C$	成本降低目标(元) $C - F$	功能改善优先顺序
F_1	100	100	1.00	—	—
F_2	60	60	1.00	—	—
F_3	130	100	0.77	30	2
F_4	60	60	1.00	—	—
F_5	50	50	1.00	—	—
F_6	100	50	0.55	50	1
合　　计	500	420	—	80	—

12.4　改进方案的制定与评价

在确定了目标成本后，其能否得到实现，还要取决于能否制定出具体可行的最优方案。因此，制定改进和优化方案是十分重要的。一般说来，现行方案总有改进的余地，任何事物不能十全十美，所以说改进是无止境的。

1. 方案创造的方法

(1) 头脑风暴法

这是国外在方案创造阶段使用较多的一种方法。它的原意是指神经病人的胡思乱想，转意为自由奔放，打破常规，创造性思考问题，并以开小组会的方式进行。参加会议人数不宜过多，以 5~6 人为宜。会议应遵守以下规则：不墨守陈规；不迷信权威；不互相指责；不互相批判；不怕行不通，力求彻底改进；要求在改善或结合别人意见的基础上提出设想。

(2) 哥顿法

此方法为 1964 年美国人哥顿所创。这种方法的指导思想是把所要研究解决的问题适当抽象，以利于开拓思路。提方案也是采用会议方式进行。具体目的先不说明，以免束缚大家的思想。例如：要研究"屋面排水"的方案，开始只是出"如何把水排掉？"这个问题，让大家提方案。

(3) 专家审查法（传阅会签法）

先由主管设计工程师提出书面设想（包括设想内容、技术经济效果、必要的图纸资料），按一定的传递路线，由有关部门的专家传阅、审查和签署意见，最后由总工程师、总会计师综合各方面意见，决定取舍。

这种方法的好处是：初步方案由熟悉业务的人员提出，工作效率高；在传阅审查过程中，因为已有初步方案，便于具体提出修改或提反对意见，参与审查人员不是原设计者，不存在先入为主的问题，可以不受约束地从各个角度提出意见。缺点是：方案只有一个，不能进行比较；审查花费的时间较多；缺乏思想交流和面对面商讨。

2. 方案的具体化

在设计方案提出之后，要先进行初步分析，去掉一些明显的希望不大的方案，留下少数可行方案再进一步考虑，把方案实物化、具体化，有些问题是在具体化的过程中才能发现的。具体化的过程可由图12-7表示。

3. 方案组合法

在方案具体化的基础上，从不同角度抽出各方案中的比较理想的部分进行重新组合，往往可以得到新的理想方案。"最低成本组合法"，就是把各方案实现某一功能的成本最低部分抽出来加以组合，可能更有希望实现降低成本的意图（表12-11）。

表中A、B、C、D、E为已有方案，F_1、F_2、F_3、F_4为产品应具备的功能。对各个方案按照实现某一功能所花成本的高低排出次序，成本最低者为①。例如对实现功能F_1来说，成本最低者为B方案。对F_2来说则为A方案。同样对F_3、F_4为C、E。这样，可把方案B中F_1部分和A中的F_2、C中的F_3、E中F_4抽出，重新加以组合，则可能形成一个降低成本的更好方案。

制定改进方案的方案组合法　　　　　　　表12-11

功能	方案				
	A	B	C	D	E
F_1	2	①	3	5	4
F_2	①	2	5	4	3
F_3	4	2	①	3	5
F_4	5	4	3	2	①

这一方法对其他性能指标同样适用。

4. 方案的评价和选择

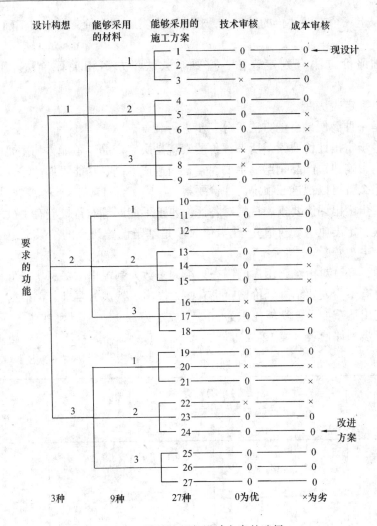

图 12-7　设计构想与设计方案的选择

方案的评价选择主要考虑能否满足各方案提出的要求。方案评价包括三个内容，见图 12-8 所示。

技术评价是围绕"功能"所进行的评价，主要是评定方案能否满足要求，以及方案本身在技术上有无实现的可能；经济评价是围绕经济效果所进行的评价，主要是评定以成本为代表的经济可行性，即有无降低成本的可能，能否实现预定的目标成本；社会评价是针对方案给社会带来的影响所进行的评价，把它单独列出，目的在于引起人们的重视。

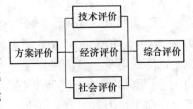

图 12-8　方案评价

在以上三个方面评价的基础上，还应对方案综合评价，并得出正确而必要的结论。

详细评价方法有判定表法、重要系数法、方案相关评价法。下面分别介绍。

(1) 判定表法

这是一种简便易行的方法，分三步进行。

第一步定出评价要素　所谓评价要素就是决定产品竞争能力的主要因素。例如，目前影响建筑产品销路的主要因素是制造成本高、功能可靠性差、外观也不太好，那么就可以把这三项定为评价要素。

第二步定出评价要素比重　对各评价要素不能同等对待，应有主次之分。要定出位次、定出比重（权值）。比重值大小是基于调查研究的结果来定的，不能靠生产者主观臆断。

例如，经过对市场、用户的调查，绝大多数人都提出了提高功能可靠性的要求，但也有不少人要求降低价格，也有些人提出了外观的要求。再根据竞争能力的需要定出比重如下：功能比重为 30%、成本为 60%、外观为 10%。

第三步列评价表（表 12-12）。

判 定 表 法　　　　　　　表 12-12

评价要素	比　重	对要素的满足程度（%）		评 价 值	
		A	B	A	B
功　能	0.3	80	60	24	18
成　本	0.6	60	50	36	30
外　观	0.1	10	80	1	8
Σ	1	150	190	61	56

表中 A、B 为两个备选方案。A 能较好地满足功能要求，能满足降低成本的要求，适当照顾了外观。因此，方案 A 对三个评价要素的满足程度分别定为 80%、60%、10%。而 B 方案则较好地满足了外观要求，基本满足了功能要求，成本也降低不少。其满足程度分别定为 60%、50%、80%。如果不考虑评价要素的比重，则 B 的综合满足程度（190）超过了 A（150），似应当选，但如果考虑了市场和用户因素，则评价值应当用比重同 A 或 B 满足程度的乘积的和表示。显然可以看出 A 优于 B。

(2) 重要系数法（表 12-13）

这种方法是用一套由相互比较而确定的系数，进行方案的评价和选择。

表 12-13 重 要 系 数 法

评价要素①	暂定重要系数②	修正重要系数③	重要系数 W ④
A	2.0	4.50	0.33
B	0.5	2.25	0.16
C	3.0	4.50	0.33
D	1.5	1.50	0.11
E	—	1.00	0.07
合　计		13.75	1

首先确定评价要素的重要系数。先把评价要素列入表的第①栏，然后将上下相邻的要素，由下到上两两对比作出系数评定，叫暂定重要系数，记入②栏。具体的比较方法是：比较 A 和 B。如 B 为 1.0，则 A 为 2.0。比较 B 和 C，如 C 为 1.0，则 B 为 0.5。依次比下去，E 为 1.0 时，则 D 为 1.5，此栏结束。

然后，统一以最下面的 E 为比较的基础，对②栏的数字加以修正，叫修正重要系数，记入③栏。即 E 为 1.0 时，D 为 $1.0 \times 1.5 = 1.5$；当 $D = 1.5$ 时，则 C 为 $3.0 \times 1.5 = 4.5$ 等等。

最后再用③栏的总值（13.75）分别去除各评价要素的单项值，就可能得到各要素的最后的重要系数（W），记入④栏。

功能重要性系数法所确定的功能评价值能够同产品的目标成本保持一致，使整体目标的实现有可靠的基础。但存在的问题是用户所要求的功能实现程度很难确切把握，功能重要性系数的评定也不易作得十分准确，使所确定的功能评价值发生这样或那样的偏差，从而使目标实现的可靠性缺乏充分的保证。

(3) 方案相关评价法

在几种不同的方案中，有时方案之间是互相影响的。方案之间很少有相互独立的。

利用前面提到的强制决定法或田中法，先求出综合评价值，填入①及③、④、⑤对应的位置，再求评价对象间的相互影响系数（干涉系数）。β_{ij} 表示 j 方案对 i 方案的影响系数。

然后对原有的评价值（V）进行修正，用 V' 来表示修正后的评价值：

$$V' = \frac{1}{2}\left[V + \frac{\sum_{i=1}^{n}\beta_{ij}V_i}{\sum_{i=1}^{n}\sum_{j=1}^{n}\beta_{ij}V_i} \times 100 \right] \tag{12-5}$$

β 值可正、可负，分别表示好的影响和不好的影响。

【例 12-1】 有两个评价对象，已知评价值 V 为 25、40、35，其影响系数为：$\beta_{12} = 2$，$\beta_{13} = -2$，$\beta_{21} = 0$，$\beta_{23} = 4$，$\beta_{31} = 0$，$\beta_{32} = 8$

在考虑影响之后进行方案的优选。

【解】 见表 12-14，这是一个修正的评价表，由表可以看出：考虑了相互影响后，最优方案应是 C 方案（51），而不是没考虑影响时的 B 方案（40）。

修正的评价值　　　　　　表 12-14

V	评价对象	25 A	40 B	35 C	$\Sigma\beta_{ij}V_i$	$\dfrac{(6)\times 100}{470}$	(1)+(7)	$\dfrac{(8)}{2}$
(1)	(2)	(3)	(4)	(5)	(6)	(7)	(8)	(9)
25	A		2/80	−2/−70	10	2.1	27.1	14
40	B	0/0		4/140	140	29.8	69.8	35
35	C	0/0	8/320		320	68.1	103.1	51
合　计		—	—	—	—	470	100	200	100

(4) 方案的实施

在前面讲述了评价值的求法及评价值的修正，根据评价值可进行方案的优选，选出的方案要经过实验，来验证其是否最优。然后可进行推广与实施。

思 考 题

1. 什么叫价值工程？什么叫价值分析？二者有何区别？
2. 价值的含义是什么？提高价值工程对象的价值有哪些途径？
3. 什么叫全寿命周期？什么叫全寿命周期费用？
4. 价值工程的工作程序是什么？每个程序都解决什么问题？
5. 选择价值工程对象的方法有哪些？各有什么优缺点？
6. 为什么说价值工程的核心是功能分析？
7. 方案创造的方法有哪些？各有什么特点？

13 实物期权理论在项目投资决策中的应用

13.1 期权理论概述

13.1.1 期权概念及分类

1. 期权概念

期权(Options)是一种赋予持有者在某给定日期(欧式期权)或该日期之前的任何时间(美式期权)以固定价格购进(看涨期权)或售出(看跌期权)一种资产的权利。期权是一种特殊的合约协议，因为它赋予购买者的是做某事的权利而不是义务。购买者仅在执行期权有利时才会利用它，否则期权将被弃之不用。

关于期权有以下主要术语：

(1)执行期权。通过期权合约购进或售出标的资产的行为称为执行期权。

(2)期权费。为了取得这种权利，期权合约的买方必须向卖方支付一定数额的费用，即期权费。

(3)执行价格。持有人据以购进或出售标的资产的期权合约的固定价格。

(4)到期日。期权到期的那一天。在那一天之后，期权失效。

2. 期权的基本分类

(1)看涨期权和看跌期权

看涨期权是指赋予持有者(期权买方)在一个特定时期以某一固定价格购进相关资产的权利。

例如，某公司股票的一种代表性看涨期权赋予投资者在2005年7月15日或该日之前以100元的执行价格购进100股股票。假设股价在到期日是每股130元，期权的购买者有权以100元的执行价格购买。换言之，他有权行使看涨期权，即有权以100元去买价值130元的东西。在到期日，该权利的价值等于30元(130元-100元)。如果在期权到期之日股价更高的话，则看涨期权更有价值。例如，如果该公司的股价在期权到期日是每股150元，那么看涨期权的价值50元(150元-100元)。如果股价高于执行价格，则称看涨期权处于实值状态，期权价值＝股价-执行价格。当然，普通股股价也可能低于执行价格，此时则称看涨期权处于虚值状态，期权价值＝0，持有者将不会执行期权。例如，如果该公司股票价格在到期日是90元，理性投资者就不会行权。因为没有人会为90元的股票支付100元。由于期权的持有者没有义务行权,因此他可以放弃期权。图13-1描述了该公司看涨期权的到期日价值(假设执行价格=100元)。

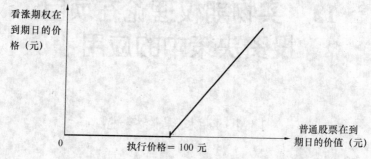

图13-1 看涨期权的到期日价值

看跌期权是指赋予持有者(期权买方)在一个特定时期以某一固定价格售出相关资产的权利。

例如,某公司看跌期权的执行价格是每股50元,并且到期日的每股股价是40元。看跌期权的持有者有权以50元的价格出售股票,即他能以40元的市场价格购买股票并随即可以以50元的执行价格售出,获得10元利润。因此,该看跌期权的价值一定是10元。如果股价更低的话,利润会更高。例如,如果股价只有30元,期权的价值是20元(50元-30元)。如果股价低于执行价格,则称看跌期权处于实值状态,期权价值=执行价格-股价。当然,普通股股价也可能高于执行价格,此时则称看跌期权处于虚值状态,期权价值=0,持有者将不会执行期权。例如,如果该公司股票价格在到期日是60元,理性投资者就不会行权。因为没有人会把价值60元的股票以50元售出。因此,看跌期权的持有者会放弃期权,即任由期权过期。图13-2描述了该公司看跌期权的到期日价值(假设执行价格=50元)。

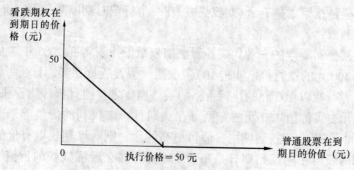

图13-2 看跌期权的到期日价值

期权作为金融衍生工具的最大魅力,在于可以使期权买方将风险锁定在一定范围之内。因此,期权是一种有助于规避风险的理想工具。对于期权买方,可以实现有限的损失和无限的收益,最大的损失为付出的期权费;而对于期权的卖方则恰好相反,损失无限而收益有限,最大的收益为获得的期权费。如图13-3所示。

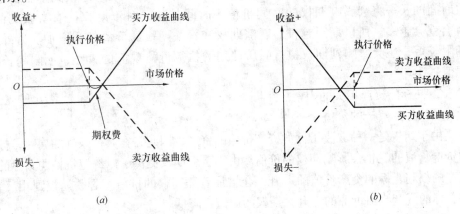

图 13-3 期权的损益图
(a) 看涨期权的损益图;(b) 看跌期权的损益图

(2) 美式期权和欧式期权

美式期权是指赋予持有者(期权买方)可以在期权的有效期内任何时间行使权利或者放弃权利。欧式期权是指赋予持有者(期权买方)只可以在期权合约到期日才能行使权利。由于美式期权赋予期权买方更大的选择空间,因此被较多的交易所采用。

(3) 金融期权和实物期权

根据标的资产的性质,期权可分为金融期权和实物期权。金融期权是指以金融资产为标的资产的期权,如外汇期权、利率期权、股票期权、股票价格指数期权等。实物期权是指以实物资产为标的资产的期权,如石油期权、矿产资源期权、新产品研发开发期权、房地产项目投资期权等。

13.1.2 影响期权价值的因素

影响期权价值的因素涉及三个方面:第一,与期权合约相关的因素;第二,涉及标的资产相关的因素;第三,与金融市场相关的因素。

1. 与期权合约相关的因素

(1) 期权的执行价格

执行价格是决定期权是否被执行的一个关键点。执行价格在期权有效期内是固定的。对于看涨期权,投资人获得了以固定价格购买标的资产的权利,期权的价值会随着执行价格的上升而降低;而对于看跌期权,因为投资人是以固定价格出售标的资产,期权的价值将随着执行价格的上升而上升。

(2) 距离期权到期日的时间

期权是一种和时间密切相关的资产，有效期内，期权是有价值的，但在到期日之后，期权毫无价值。假设其他所有因素相同，距离期权到期日的这段时间的长短将会影响期权的时间价值。时间越长，对于期权持有者获利的机会就会越多。所以期限越长，看涨期权和看跌期权的价值都会增加。另外，期限长短，还会影响到期权执行时所使用的执行价格现值的大小，期限越长，现值越小。

2. 与标的资产相关的因素

(1) 标的资产的价值

由于期权是一种取决于标的资产价值的资产，因此，在其他条件相同时，标的资产价值的变化会影响期权的价值。由于看涨期权提供了以约定价格购买标的资产的权利，标的资产价值的上升，会增加看涨期权的价值。看跌期权则相反，随着标的资产当前价值的上升，期权的价值将降低。

(2) 标的资产价值的变动性

因为期权购买者的损失最多不会超过其购买期权所支付的期权费，却能从标的资产价格的剧烈变动中获得显著收益，所以标的资产价值的变动性越大，期权的价值越大。这一点，对看涨期权和看跌期权都适用。标的资产的波动影响该资产期权的价格，归根结底，正是由于期权购买者权利和义务、收益和损失的不对称造成的。

(3) 标的资产支付的红利

由于在期权的有效期内，多数期权的执行价格并不作调整，因此当标的资产支付红利时，标的资产的价格可能会下降，造成看涨期权价值下跌，看跌期权价值上升，即标的资产看涨期权的价值是预期红利支付额的递减函数，因为它使持有标的资产比持有期权更有吸引力；而标的资产看跌期权的价值是预期红利支付额的递增函数。

3. 与金融市场的相关因素

主要是指期权有效期内的无风险利率。看涨期权的价格也是利率水平的函数。看涨期权的购买者仅在他们执行期权时才支付执行价格。延迟支付能力在利率高时有较大价值，而在利率低时则价值较小，因此，看涨期权的价值与利率正相关。利率水平则反向影响看跌期权的价值。随着利率水平上升，执行价格的现值减少，则在未来某时以固定执行价格售出股票的价值较低。

影响期权价值的因素表　　　　　　　　　　　表 13-1

因　　素		看涨期权价格	看跌期权价格
与期权合约相关的因素	期权的执行价格上升	上　升	下　跌
	距离期权到期日的时间增加	上　升	上　升

续表

因素		看涨期权价格	看跌期权价格
与标的资产相关的因素	标的资产的价值上涨	下 跌	上 升
	标的资产价值的变动性增大	下 跌	上 升
	标的资产支付的红利增加	上 升	下 跌
与金融市场的相关因素	无风险利率上升	下 跌	上 升

4. 期权定价模型

根据标的资产价值变化形式的连续与否，期权定价模型基本分为两大类：一类是连续时间模型。在连续时间模型中，Black-Scholes 模型是最为有名、应用最为广泛的期权定价模型。另一类是离散时间模型，如二项式、三项式期权定价。

(1) 二项式期权定价模型

在著名的 Black-Scholes 期权定价公式出现之后，Cox，Ross 和 Rubinstein 在论文"期权定价：一种简单的方法"中，提出了一种简单的对离散时间的期权定价方法，被称为 Cox-Ross-Rubinstein 二项式期权定价模型。

二项式期权定价模型遵循通过构造一个风险资产和无风险资产的组合来复制期权价值的原理，它也是风险中性的定价方法。用二项式模型描绘的标的资产和期权价值变化的途径，如图 13-4 所示。

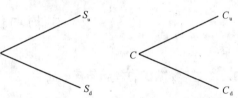

图 13-4 标的资产和期权价格变化的单期二项式图

假设标的资产当前价值为 S，到期时的价值或者以比率 u 上涨，或者以比率 d 下跌，而期权的执行价格为 X，期权的价格为 C，则期权到期时，其价格或者为 $C_u = \max\{0, (uS - X)\}$，或者 $C_d = \max\{0, (dS - X)\}$。随后，用该标的资产和期权构造一个无风险证券组合，该无风险证券组合的收益率必然为无风险收益率 r，因此，该证券组合的最终价值为按无风险收益率 r 计算的复利价值，从而可以推导出期权的价值(C)公式：

$$C = \left(\frac{e^{rT} - d}{u - d}\right) \times \left(\frac{C_u}{e^{rT}}\right) + \left(\frac{u - e^{rT}}{u - d}\right) \times \left(\frac{C_d}{e^{rT}}\right)$$
$$= e^{-rT}\left[\frac{e^{rT} - d}{u - d}C_u + \left(1 - \frac{e^{rT} - d}{u - d}\right)C_d\right] \quad (13\text{-}1)$$

在不严格的情况下，可以不使用连续复利，则期权的价值 (C) 公式为：

$$C = \left(\frac{1 + r + d}{u - d}\right)\frac{C_u}{1 + r} + \left(\frac{u - 1 - r}{u - d}\right)\frac{D_d}{1 + r} \quad (13\text{-}2)$$

二项式最大的优点就是简单、直观、适用范围广。当标的资产呈现出明显的离散形式时，选择离散时间的二项式模型会更精确些。

(2) Black-Scholes 期权定价模型

当股票价格服从连续运动的条件下，按照 Black-Scholes 模型，期权的价值（C）计算如下：

$$C = SN(d_1) - Xe^{-rt}N(d_2) \tag{13-3}$$

式中

$$d_1 = \left[\ln\left(\frac{S}{X}\right) + \left(r + \frac{1}{2}\sigma^2\right)t\right] / \sqrt{\sigma^2 t} \tag{13-4}$$

$$d_2 = d_1 - \sqrt{\sigma^2 t} \tag{13-5}$$

上述公式中包含 6 个参数：(1) S——现行股价；(2) X——看涨期权的执行价格；(3) r——年连续无风险收益率，连续复利；(4) σ^2——股票的连续收益之方差（每年）；(5) t——至到期日的时间（年）；(6) $N(d)$——标准正态分布随机变量将小于或等于 d 的概率。

Black-Scholes 期权定价模型是二项式定价模型的一个特例，其直接的应用范围小于二项式定价模型，但它极大地减少了定价所需要的信息量。当标的资产价值呈现出近似连续形式变化时，则宜选择连续时间的 Black-Scholes 模型确定期权的价值。

13.2 实物期权理论

13.2.1 实物期权的概念与核心思想

1. 实物期权的概念

自从著名的 Black-Scholes 期权定价公式解决了金融期权的定价问题以来，金融期权市场和期权定价理论获得了长足的发展。针对传统投资决策的净现值法则的缺陷，1977 年，MIT 斯隆管理学院的 Stewart Myers 教授最早认识到期权定价理论可以用来指导投资者对实物投资项目的决策，正式提出了实物期权（Real Options）的概念。

实物期权是指在不确定性条件下，与金融期权类似的实物资产投资的选择权；或者说，实物期权是金融期权定义的实物资产（非金融资产）的选择权。从本质上讲，实物期权是以期权概念定义的企业对投资的选择权，即企业在面对一个未来项目时，有权利而非义务去决定是否投资。相对于金融期权，实物期权的标的物不再是股票、外汇、期货等金融资产，而是投资项目等实物资产，实物期权的执行价格就是投资项目的成本，实物期权标的资产的市场价格对应于投资项目未来所能产生的现金流，到期时间为距最后决策点的时间。同金融期权一样，实物资产的市场价格（项目的净现值）是随着市场变化而波动的。当市场价格（项目的净现值）大于执行价格（投资成本）时，企业便执行该期权，即选择投资；当市场价格（项目的净现值）小于执行价格（投资成本）时，企业便放弃、迟延或收缩投资。因此，实物期权不仅是一种与金融期权类似的处理投资灵活性的技术方法，更是一种思维方法。当不能为一种实物期权精确定价时，实物期权仍然是一种改善战略思维的有价值的工具。

一般地，就投资者选择投资项目来讲，投资者所具有的实物期权来自三个方面：首先是项目本身的特性；其次是投资者所具有的可变柔性经营策略；最后是投资者所创造的合约。实物期权理论在项目投资评估、矿产资源开发、科技研究与开发等方面为人们提供了新的思路和指导。它在某种程度上带来了投资决策方法的革命。目前，实物期权理论在投资领域中的应用研究是最热门的前沿课题之一。

2. 实物期权的核心思想

实物期权的核心思想不仅与期权的基本特征相承，而且与实物投资决策的特征有关。

（1）投资决策的重要特征

经济学将投资定义为对未来回报的预期而承受瞬时成本的行为。大多数投资决策有三个重要特征：

①投资的全部或部分不能撤销或不可逆性。首先，投资一旦发生，沉没资本不可避免，特别是对那些与企业或行业特定相关的项目而言。同时，由于买卖双方的信息不对称，至少部分不与企业或行业相关的投资项目也是不可回收的；此外，投资不可回收也可能源于政府管制、制度安排或者公司文化的不同。

②投资的未来回报是不确定的。一般地，不确定性有两个方面："好"的一面和"不好"的一面。不确定性主要产生于信息的不完全性。我们在做投资决策之前，无法获得全部亟需的决策信息。因此，在做投资决策时，对投资回报的任何估计总是不精确的。投资的这种不确定性与实物期权有着密切的相关性。一般讲，投资的不确定性越大，实物期权的价值就越大。

③投资时机是可选择的或可延迟的。多数投资选择（或投资机会）并不是那种"*now or never*"的机遇，即"要么现在投资，要么永远不投资"。这是说投资者在投资时机上有一定的回旋余地。投资者可以推迟行动以获得有关未来的更多信息，当然，永远不可能是完全确定的。如果未来信息是关于不确定性的"好的"一面，那么就继续投资；如果未来信息是关于不确定性的"不好"的一面，那就停止投资。通常，投资者选择的自由度越高，投资选择的价值就越大。

大多数投资决策的这三个特征之间的相互作用决定了投资者的最优决策。这种相互作用正是实物期权的核心。

（2）与看涨期权类似

实物期权与看涨期权类似，即以预先设定的执行价格购买一种价值波动的资产的权利而不是义务。若该资产价值上涨，来自投资的净回报也上涨；若该资产价值下降，企业不必投资，而仅仅损失其在获得该投资机会上的开支。因此，实物期权（或投资机会）和金融期权一样，具备一个必不可少的特征：投资回报与风险分配的不对称性——可能赢得的回报数额大于风险可能带来的损伤数额。

为了更好地理解实物期权的概念，表 13-2 对实物期权与金融期权进行了比较。

实物期权与金融期权的比较　　　　　　　　　　表 13-2

项　目	金　融　期　权	实　物　期　权
标的资产	股票、外汇、期货等	项目投资、矿产资源开发、科技研究与开发等
执行价格	约定的价格	投资成本或支出
市场价格	股票、外汇、期货等的价格	项目的总现值
期限	到期日	直到投资机会消失
波动性	股价、外汇、期货等不确定性	项目价值的不确定性
贴现率	无风险利率	无风险利率（预期回报率）
不确定性因素的来源	主要源于市场风险	较为复杂，有市场风险，也有非市场风险
公开市场交易	集中市场交易	无

13.2.2　实物期权的基本类型

一个投资项目可以看成是由一个或多个期权所组成的集合，它们分别出现在项目整个有效期内的不同阶段，企业可以根据具体的商业需要，立即投资、延迟、停止、扩张等。一种机会就意味着一种选择权，而项目发展的每一次机会、每一个过程都将带来一次新的选择，因而实物期权的种类也颇为繁多。在现实投资过程中，期权并不总是单一的，往往是多种形式并存的，并相互交叉的，即由多种单一期权组合形成多种不同的期权，即复合期权或综合期权。这里仅介绍一些最为常用的期权类型。

1. 推迟投资期权（*the Option to Defer*）

推迟投资期权是指项目的投资者有权推迟对项目的投资，以解决现在时刻投资项目所面临的不确定性因素。传统的投资分析最终得出的结果是刚性的"投资"或"不投资"两种选择。实际上，除了这两种选择外，还存在着另外一种可能，即对某些项目，企业具有推迟或等待的选择权。在等待的过程中，企业将陆续获得与项目有关的市场、价格、成本等方面的信息。当进一步的信息不利时，投资者可以放弃投资；当进一步的信息有利时，企业可以实施投资。

由于投资项目所具有的推迟期权能够控制投资项目的损失，因此，含有推迟投资期权项目的价值，要比按传统工具估计的价值大。使用实物期权方法评估投资项目的结果，会使得投资者投资于很多被传统投资决策方法放弃的不可回收投资项目。推迟投资期权在房地产开发业、资源开采业、农业等特别有价值，因为这些行业具有较高的不确定性和较长的投资周期，并且这种类型的投资具有不可回收性、投资大的特点。

2. 扩张投资期权 (the Option for Change Scale)

扩张投资期权是指项目的持有者在未来时间内，如果项目投资效果好，有权增加项目的投资规模。当有利状态出现、投资项目的产出和市场比预期的好时，早期的项目投资能够为未来的规模扩大提供机会，投资者可以不同程度地扩大投资规模/范围。这样就形成了一个扩张投资期权。实际上，扩张投资期权是一种看涨期权或者买权，执行价格则为追加投资，而隐含了扩张期权的项目投资价值则可被看成是传统投资决策方法计算的项目 NPV 加上一个扩张期权价值。由此可见，扩张期权能够提高项目价值。以石油开采为例，如果石油价格上涨，石油公司将追加资本，扩大企业规模，生产出更多的石油。

对企业来讲，扩张期权能够使企业利用未来的一些增长机会，因此，扩张期权具有战略性的重要意义。当企业购买一片土地、或者某项产品的专利，以便今后更好地利用或开发，这同时就赋予了一个具有战略意义的扩张期权。企业的这类投资项目，如果按照传统决策方法，很可能是要拒绝的项目，但是如果将扩张期权的价值考虑进去，项目价值就会截然不同。通常，扩张期权只有在未来市场发展有利时，才被执行。

3. 收缩投资期权 (the Option to Contract)

收缩投资期权是指在未来时间内，如果项目投资效果不好，则项目的持有者有权收缩项目的投资规模。例如，如果投资者在投资某一项目后，市场条件变坏(如产品价格下降或生产成本上升等)，则投资者可以通过收缩投资项目的规模，降低投资风险。

4. 放弃投资期权 (the Option to Abandon)

放弃投资期权是指如果项目的收益不足以弥补投入的成本或市场条件变坏，则投资者有权放弃对项目的继续投资。例如可将石油开发投资分成钻探、基础设施安装、开采、炼油等不同阶段。如果在钻探初期，发现储油量不如原来测算的大，可立即决定终止以后各阶段的投资以避免更大的损失。依此类推，在分步投资的每一个阶段，其价值都取决于前面各阶段的选择结果。可见，分阶段建设期权适用于风险大、不确定性高的高科技项目，如新药研制等，也适用于开发时间长、资本密集的行业，如发电厂、大型工程、以及风险资本融资项目。

5. 转换投资期权 (the Option to Switch)

转换投资期权是指在未来时间内，如果投资项目本身具有动态的可转换的功能，当新的状态和需要出现时，可以将原来的投资转换为适合新状态的项目，即项目的投资者有权在多种决策之间进行相机选择的权利。

转换投资期权包括两种：一是项目所需要投入要素的转换，如煤气价格低、电力价格高时，炼油厂所需要的能源就由电力转为煤气；二是项目产出品的转化，如润滑油的市场需求量大时，炼油厂可将生产汽油转化为生产润滑油。在生产要素的相对价格波动很大的情况下，企业所拥有的转换期权可使其用价格低的原材料代替价格高的原材料，从而降低成本，相应提高项目价值。而对于产出转换期权，在一些特定行业，要求产品更新换代的速度极快，因为僵硬的生产线只能使企业停滞不前，转换期权的价值对他们来说更大，如汽车制造业、玩具生产业、家电生产业、高科技产业等。

6. 增长投资期权（the Option to Growth）

增长投资期权是指项目的投资者获得初始的投资成功后，在未来时间内能够获得一些新的投资机会。对企业来讲，增长投资期权能够提供将来的一些投资机会，具有十分重要的战略意义。一般来说，企业的许多先行投资项目中，都包含着增长期权。这些项目具有以下共同特点，即项目的价值并不取决于项目本身所产生的净现值的大小，而是表现为企业所提供的未来增长机会，如提供新一代的产品、充足的资源储备、进入市场的通道、企业核心竞争力的加强、战略地位的提高等。

许多早期的投资（例如对研发项目的投资，对未开发土地或有潜在石油储备土地的租赁等投资）可以看作是一系列相关投资项目的前提。早期投资项目的价值与其说来自于预期可以产生现金流的价值，不如说来自于它所能够提供的未来增长机会价值。增长投资期权存在于所有的基础设施投资项目、公司战略性的投资项目、跨国投资项目和战略性兼并的投资项目。

13.2.3 基于实物期权理论的项目决策分析方法

实物期权理论的诞生，使人们对以前无法准确估算的各种机会、灵活性能够定价，从而定量地对其进行评估决策。实物期权理论突破了传统决策分析方法的束缚，但它不是对传统方法的简单否定，而是在保留传统方法合理内核的基础上，对不确定性因素及其相应环境变化做出积极响应的一种思维方式的概括和总结。

Trigeorgis（1988年）回顾了学术界近年来实物期权应用于投资领域的研究成果之后，认为项目价值可以被视为用传统方法计算的净现值与包含期权的价值之和，提出了项目价值分析的扩展净现值公式，即：

$$项目价值 = 扩展的\ NPV = 静态\ NPV + 期权价值 \tag{13-6}$$

围绕公式（13-6），以 Trigeorgis 等为代表的学者提出了一种较为完整的项目决策方法的实物期权分析框架，见图 13-5。该分析框架具有以下特点：

首先，该框架强调扩展的净现值概念。在这样的框架下，一个项目的真实价值就是扩展的 NPV，项目的管理柔性和战略价值在这里都得到很好的体现；其次，该框架特别强调期权的溢价问题。尽管由于不确定性高、或者利率高、或者期间长，项目的静态净现值会很低、甚至为负，但同时项目价值的期权溢价也在提高，这样项目总价值就不一定会下降，也不一定为负，因而还是可以考虑进行项目投资；第三，该框架还强调竞争的相互作用对项目价值的影响。考虑到竞争因素，决策者并不总是一味延迟投资，在以下情况下，决策者还是倾向更早地行使权利：①实物期权为竞争对手所分享，竞争者的先期进入会大大损伤项目价值；②竞争的压力很大时；③当项目的不确定很小，以及利率很低时；④竞争缺损超过了因早行使权利而损失的推迟价值，或者是管理柔性价值较小，可以忽略不计时。

应用该实物期权分析框架要注意以下几点：

(1) 首先，要注意项目投资实物期权分析框架的核心部分应该是其价值分析概念框架。它所强调的是对项目投资价值构成的理解。一般来说，在确定的环境下，期权价值几乎可以忽略不计，项目的价值基本上是源于项目带来现金流量的净现值。在不确定的环境下，对于那些能直接带来现金流量的项目，做项目价值分析时必须同时考虑现金流量净现值和期权价值；对于那些不能直接带来现金流量的项目，其项目价值大部分来源于期权价值，这时的期权价值具有一定的战略意义。显而易见，随着不确定性的增加，期权价值占项目投资价值的比例也越来越大。

(2) 除了强调项目投资价值的构成外，还必须对期权的性质到底是延迟、放弃、还是增长期权等，作出正确、专业的判断，以便形成对项目投资价值更为全面的了解。为了对项目价值作出客观的评估，还必须选择合适的价值评估方法，这包括用 DCF 方法得出项目现金流量的折现值，以及对不同性质的期权采用的不同估价方法，进而将两者综合起来得出项目投资的全面价值。

(3) 此外，还应注意到金融市场和产品要素市场对期权定价的影响。就金融市场而言，金融市场为期权定价提供了有益的信息，这包括相似项目现在与未来的市场价值数据、股票价格的历史波动、以及与期权高度相关的证券资产及其证券投资组合；对于产品要素市场而言，因为可能获得各种标的资产的交易价格和历史波动率，便于企业比较分析项目的吸引力，同时还会为类似的项目提供数据参考，最终会为全方位展现项目投资价值奠定基础。

Trigeorgis 的这种基于实物期权框架的分析方法为所有项目投资提供了一个扩展的、统一的分析方法，即在价值最大化的前提下，将资本预算分析和战略规划结合起来，从而更有利于决策者做出更为科学、客观的决策。因此，项目投资的实物期权分析框架，要基于实物期权理念，以价值分析为核心，充分考虑期权的性质、评估方法的选用、市场因素的影响，从而最终形成对项目投资价值的全面了解。

13.2.4 实物期权理论与传统评价方法的比较分析

1. 传统项目决策分析方法内涵

传统项目决策分析方法有很多，例如年投资回报率法、投资回收期法、内部收益率法、净现值法，以及作为辅助方法的敏感性分析等。其中，最完善的做法

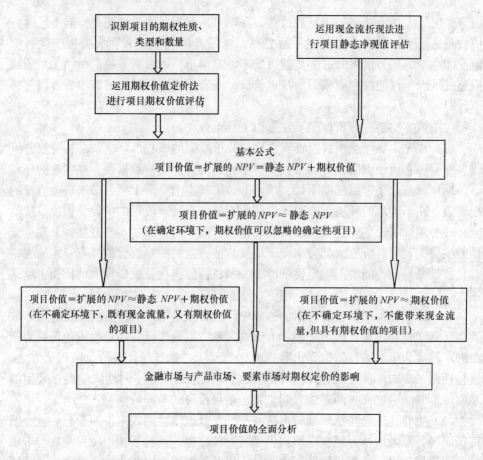

图 13-5　基于实物期权的项目决策分析框架

莫过于以现金流量为基础、考虑货币时间价值、计算出各项目"折现的现金流量",以此作为评价和优选的依据,从而使资金在各个项目上的分配和投放更为客观、更为可比,这就是传统项目决策分析评价方法——现金流量折现法(DCF)。在这种方法下,现金流量与货币时间价值是长期项目投资价值评价的基础,其中净现值(NPV)法则是最为常用的评价标准。即可依据净现值法则对投资项目作出选择:选择投资净现值为正的项目,拒绝净现值为负的项目;当净现值同为正时,选择净现值最大的项目。

2. 传统项目决策分析方法与实物期权理论的比较分析

(1) 关于不确定性和投资价值的关系

传统项目决策分析方法隐含着这样的假设:未来以现金流量度量的收益是可以预测的,即未来收益是确定的,将使用预测数据分析得出的结果视为投资的现实,这样做的结果将原本不确定的投资转化为确定性投资的假象,并且认为如果出现不确定性(通过敏感性分析得到),则会降低投资项目的价值。因此,不确定性越大，投资的价值就越小。

实物期权理论认为，未来收益是非常不确定的。因此，对未来以现金流量度量的收益的预测总是粗略的，只能获得其概率分布情况。但是，不确定性越大，使用期权的机会就越大，从而期权的价值就越大。如果投资者能够充分利用柔性管理策略经营这种较高的不确定性，则有可能利用不确定性来增加投资项目的价值。

(2) 关于投资的可逆性和灵活性、新信息的价值

传统项目决策分析方法隐含着这样的假设：假定投资是可逆的，即无论何种原因，如果市场结果比预期条件差，就可以撤销投资且收回支出；假定投资决策是要么"现在就投资"、要么"永远不投资"的一种当期决策，而且与决策后可能出现的新信息无关。

实物期权理论认为尽管一些投资符合这些条件，但大多数投资并不符合。实物期权理论假设大多数投资是不可逆转的。一旦投资，便至少有部分投资转化为沉没成本；但是，一旦接受某些投资项目后，这些项目也不一定非要固定下来。此外，项目并不是孤立存在的，竞争者之间的相互制约和影响，不仅使市场环境波动加剧，也影响到竞争的参与者之间的决策制定。管理人员能够而且经常利用柔性管理策略来影响项目的现金流量和项目寿命。在实际项目决策分析中，投资时机的选择具有某些灵活性，在获得进一步的信息之前可以延迟决策。显然，传统投资决策方法忽略了项目决策人员所具有的投资"灵活性"的价值，忽视了延期投资使投资人获得更多信息所带来的价值。

(3) 关于投资项目的寿命

传统项目决策分析方法隐含着这样的假设：一旦投资者决定投资，就要始终坚持投资直到项目的生命终结。这种假设没有考虑到管理者决策的积极主动性、有关投资项目内外信息的不断变化和项目技术的一些不确定性。实际上，随着时间的变化，投资者所面临的投资环境和项目的现金流是不断变化的，在项目的实施过程中，投资者有权采取扩张、收缩、放弃和转换开发项目等多种柔性投资策略，并非一定坚持投资直到项目的生命终结。

(4) 关于折现率的主观性和客观性

净现值法则用加权平均资本成本或由资本资产定价模型（$CAPM$）计算风险回报率，而且随着不确定性增加调整贴现水平，具有相当的主观性因素。因此，NPV 法则中的贴现率的确定往往带有主观性。所以，简单地采用 NPV 法则常常并不能取得满意的评估结果。例如，在实践中，投资者并未按照 NPV 法则所计算出的最低回报率作为是否投资的标准，其投资回报率往往要高于资本成本的 $3 \sim 4$ 倍，投资者才会真正投资。

实物期权理论中所用的贴现率为无风险利率，客观而准确。这是因为期权定价结果融入了金融市场的规则，不需要根据个人的风险偏好对折现率进行校正。

而且，实物期权的价格是根据动态复制的数学思想作出的，在这里，主观输入量是无法立足的。

(5) 关于项目投资的产出

传统项目决策分析方法隐含着这样的假设：项目投资的产出只表现为单一的净现金流入量。然而，实物期权理论认为，有些项目除了能为企业创造一定量的现金流量外，更多的是为企业今后的发展提供更多的机会或者有用的信息平台。

从上述分析，可以看出传统项目决策分析方法由于是建立在企业经营持续稳定、现金流可预测的基础上，它只能估算企业已经公开的投资机会和现有业务未来的增长所能产生的现金流的价值，而忽略了企业潜在的投资机会可能在未来带来的投资收益，也忽略了企业管理者通过灵活的把握各种投资机会所能给企业带来的增值。因此，传统分析方法的局限性对于实际的投资决策来说是本质性的，从整体上看，现金流量折现法实质上还是一种静态模型。在评价具有经营灵活性或战略成长性的项目投资决策中，再继续使用传统项目决策分析方法就会导致这些项目价值的低估，甚至导致错误的决策。

由于实物期权理论克服了传统项目决策分析方法的理论缺陷，真实地反映了项目投资的内在灵活性和不确定性。因此，实物期权理论是一种更为理想的评价不确定性问题的投资决策方法。实物期权理论和传统项目决策分析方法的主要区别见表 13-3。

实物期权理论与传统项目决策分析方法的比较　　　　　表 13-3

序 号	比较项目	净现值法则	实物期权理论
1	不确定性的价值	认为不确定性降低投资价值	认为不确定性可能增加投资价值
2	等待风险的策略	降低或规避风险	利用风险开拓机会
3	未来信息的价值	认为未来产生的信息只有有限的价值	认为未来产生的信息价值很高
4	管理者的作用	只承认有形的利润和成本，忽视管理者柔性经营策略的价值	既承认有形的利润和成本，还重视管理者柔性经营策略的价值
5	决策的性质	认为决策的形成是清晰固定的，一旦实施，就不能修改或更新，是一种刚性决策	认为决策形成受未来产生的信息和管理者的自主决策能力影响，是一种柔性决策
6	决策的次数	当期决策，基本一次性决策	动态决策，多次性决策

13.3 实物期权理论在项目投资决策中的应用

【例 13-1】 某石油公司正在决策是否购买一处油田。卖方的报价为 10000 美元，并且急于立即售出。初始钻探成本是 500000 美元。公司预期每年内可以采油 10000 桶。由于该项目的寿命期可达到百年，故该公司将来自石油的现金流量视为永续年金。目前市场上的油价为每桶 30 美元，该公司采油成本为 24 美元的，该公司为石油利润支付的税金预计为每桶 2 美元，因此，预期每桶的净利为 4 美元。因为认为油价以通货膨胀率上涨，所以假定它的每桶现金流量将保持 4 美元。适当的实际折现率是 10%。

试问：

(1) 根据上述提供的信息，按照传统的现金流量折现法，该公司是否应该购买这处油田并进行石油开采？

(2) 根据对国际市场油价趋势的预测，明年对于石油价格是相当危险的一年。一方面，欧佩克（OPEC）正在考虑一个在未来许多年的实际期限内将油价提高到每桶 35 美元的长期协议。另一方面，以沙与水的混合物作为燃料的新汽车试验研究目前正在检测中，若这项研发被证明是成功的，则在许多年内石油将被定价为每桶 5 美元。关于这两方面进展的全部信息将在整一年后揭晓。基于上述信息，该公司应如何决策？

【解】 (1) 按照传统的现金流量折现法，对于该公司，购买油田项目的净现值为：

$$NPV = -10000 - 500000 + \frac{4 \times 10000}{0.10} = -110000 (美元)$$

根据净现值法则，该公司不应该投资油田项目。

(2) 若油价提高至每桶 35 美元，则购买油田项目的净现值为：

$$NPV = -10000 - 500000 + \frac{(35 - 24 - 2) \times 10000}{0.10} = 390000 (美元)$$

然而，万一油价跌至每桶 5 美元，则购买油田项目的净现值为（注：这里不考虑征税金）：

$$NPV = -10000 - 500000 + \frac{(5 - 24) \times 10000}{0.10}$$
$$= -2410000 (美元)$$

可见，若出现这种情况，净现值将比它今天的净现值负的还多。

基于上述信息，该公司应这样决策：①应该购买该油田；②对该油田钻探与否的决策应该推迟到有关欧佩克新协议和新汽车试验结论的信息发布之后。

做出上述决策是基于如下理由：

①假定该油田已经被购买

若该油田已被买下，应该立即开始钻探吗？假如立即开始钻探，那么 $NPV = -110000$ 美元。而若将油田钻探与否的决策推迟到 1 年后新信息揭晓之时，那时就能做出最适宜的选择：若油价降至每桶 5 美元，则该公司就不应该钻探，这时除了购买油田的 10000 美元外，它没有任何损失；若油价涨至每桶 35 美元，则钻探应立即开始。所以，一旦公司买下油田，实际上就拥有了一个看涨期权：期权费是 10000 美元，到期日是 1 年，执行价格是 500000 美元。通过推迟投资期权策略,若油价上涨,公司将只投资 500000 美元钻探成本,执行该期权;若油价下跌,公司将节省 500000 美元,放弃该期权。

② 应该先将该油田买下来吗?

假设现在已经知道这个关于油田钻探的最佳决策,但不知道油价上涨的准确概率,那么是否应该先将该油田买下来呢?该公司的正确决策是:不管油价上涨的概率有多大,都应该将该油田买下。因为当每桶油价为 35 美元时,投资油田项目的 NPV 是 390000 美元,而当每桶油价为 5 美元时,损失的仅为购买油田成本的 10000 美元。从实物期权角度分析,先将油田买下,实际上是购买了一份看涨期权,可以实现有限的损失和非常大的收益。因此,潜在的高收益率显然值得冒风险。

【例 13-2】 某房地产开发商拟对市区某块地皮是否购买并进行开发作投资决策。该地皮规划分两期开发,第 1 期第 1 年初开发,第 2 期第 5 年初开发。假设该开发商有两种开发可能:(1)只能获得第 1 期开发权;(2)第 1 期开发完毕,还可以获得第 2 期的开发权。房地产开发商预测两种开发模式的现金流量图见图 13-6 和图 13-7。开发商第 1 期在第 1 年初支付土地使用权出让金及建设费用 500 百万元,第 1 年末至第 4 年末,每年的销售房款税后收入为 100 百万元、200 百万元、300 百万元、100 百万元;第 2 期在第 5 年初支付土地使用权出让金和建设费用 1500 百万元,第 5 年末至第 8 年末的销售房款税后收入为 300 百万元、600 百万元、900 百万元、300 百万元。假设房地产开发的资金成本为 $K=20\%$。

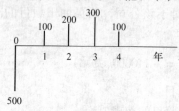

图 13-6 只获得首期开发权的现金流量图

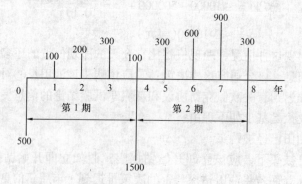

图 13-7 同时获得两期开发权的现金流量图

【解】 (1)传统的净现值法则评估投资项目是否可行
如果只进行第 1 期开发,则:

$$NPV = \sum_{t=0}^{t=4}(CI-CO)_t(1+K)^{-t} = 444 - 500 = -56(百万元) < 0$$

如果两期都进行开发，则：

$$NPV = \sum_{t=0}^{t=8}(CI-CO)_t(1+K)^{-t} = -56 - 81 = -137(百万元) < 0$$

由于两种开发模式的 $NPV < 0$，因此，根据传统的净现值法则，无论是只进行第 1 期开发，还是两期都进行开发，房地产开发商都不应该购买该地皮进行房地产开发。

(2) 实物期权理论分析投资项目是否可行

如果房地产开发商能够利用实物期权的战略思想，即只有当未来房地产市场价格走高且证实该开发项目能够获利的时候，才会在第 5 年初投资进行第 2 期开发。这样，投资一个净现值为负的第 1 期开发项目，就像购买期权付出期权费用一样，使房地产开发商有权而不是有义务从第 2 期开发机会中获利。房地产开发商第 1 期 $NPV = -56$ 百万元是从第 2 期开发项目中获得增长期权所必须支付的期权费，而且未来房地产市场价格越不稳定，这种期权的价值就越高。

因此，利用实物期权思想，该项目开发本质上可看作涨期权，其执行价格是第 2 期在第 5 年初支付的土地使用权出让金和建设费用 1500 百万元。将第 2 期开发项目的现金流量以 20% 的贴现率折现到第 1 年初的现值为（注：当计息时间无限小时，对应于年资金成本 $K = 20\%$ 的连续复利为 $(e^K - 1)$）：

$$PV_0 = \sum_{t=5}^{8}(CI-CO)_t(1+K)^{4-t}/(1+e^K-1)^4$$

$$= \sum_{t=5}^{8}(CI-CO)_t(1+K)e^{-4K}$$

$$= \left[\frac{300}{(1+20\%)^1} + \frac{600}{(1+20\%)^2} + \frac{900}{(1+20\%)^3} + \frac{300}{(1+20\%)^4}\right]e^{-4\times 0.2}$$

$$= 598.5(百万元)$$

假设在该开发项目中，$Black\text{-}Scholes$ 模型参数如下：PV_0(第 2 期开发项目现金流现值) = 598.5 百万元；X(执行价格) = 1500 百万元；σ(标准差) = 0.35；r(无风险利率) = 10%；t(至到期日的期限) = 4 年。

按照 $Black\text{-}Scholes$ 模型的计算如下：

$$C = V_0 N(d_1) - Ee^{-rt}N(d_2)$$

式中

$$d_1 = \left[\ln\left(\frac{V_0}{E}\right) + \left(r + \frac{1}{2}\sigma^2\right)t\right]/\sqrt{\sigma^2 t}$$

$$d_2 = d_1 - \sqrt{\sigma^2 t}$$

解得：

$$d_1 = \frac{\ln\left(\frac{598.5}{1500}\right) + \left(0.1 + \frac{1}{2} \times 0.35^2\right) \times 4}{\sqrt{0.35^2 \times 4}} = -0.39$$

$$d_2 = -0.3911 - \sqrt{0.35^2 \times 4} = -1.09$$

$$N(d_1) = N(-0.3911) = 0.5 - 0.1517 = 0.3483$$

$$N(d_2) = N(-1.0911) = 0.5 - 0.3621 = 0.1379$$

$$C = 598.5 \times 0.3483 - 1500 e^{-0.1 \times 4} \times 0.1379$$
$$= 208.46 - 138.66 = 69.80(百万元)$$

因此，扩展的 NPV = 传统的 NPV + 投资项目的实物期权价值 C = -56 + 69.80 = 13.80 百万元 > 0。

考虑在该地皮开发中所具有的增长期权价值后，该开发项目的净现值（即扩展的 NPV）大于零。显然，传统的净现值法则低估了投资项目所具有的价值。

因此，根据实物期权理论，房地产开发商的开发策略如下：(1) 如果只能获得第 1 期的开发权，则放弃该开发项目；(2) 如果能够获得两期的开发权，则首先购买地皮进行第 1 期开发，4 年后，如果房地产市场价格走高且证实该开发项目能够获利的时候，才会在第 5 年初投资进行第 2 期开发；4 年后，如果房地产市场价格走低且证实该开发项目不能够获利的时候，放弃第 2 期开发权。

【例 13-3】 某公司正在决策是否购买一项期限为 1 年的专利权以投资生产某种产品，购买该专利权需要 150 万元，生产项目投资额预计为 1050 万元。一年后，若市场条件变好，此项目价值 1800 万元；若市场条件变差，此项目价值 600 万元。上涨和下跌的概率都是 50%。此项目的期望收益率是 20%，无风险利率为 8%。关于该产品市场条件的全部信息将在 1 年后获知。

试问：

(1) 根据上述提供的信息，按照传统的现金流量折现法，该公司是否应该购买该专利并投资某产品项目？

(2) 根据上述提供的信息，按照实物期权理论，该公司应如何决策？

【解】 (1) 按照传统的现金流量折现法，如果该公司购买专利并立刻投资某产品项目，则该项目的净现值为：

$$NPV = (0.5 \times 1800 + 0.5 \times 600)/(1 + 20\%) - 1050 - 150$$
$$= -200(万元)$$

根据净现值法则，该公司应拒绝此项目。

如果该公司购买专利并在 1 年后投资某产品项目，则该项目的净现值为：

$$NPV = (0.5 \times 1800 + 0.5 \times 600)/(1 + 20\%) - 1050/(1 + 20\%) - 150$$
$$= -25(万元)$$

根据净现值法则，该公司也应拒绝此项目。

因此，该公司购买一项期限为 1 年的专利权之后，无论现在立即投资还是 1

年后再投资生产项目,按照传统的项目决策方法,都应该拒绝该项目。

(2) 由于该公司购买专利权后,有1年的决策时间。因此,根据实物期权理论,该公司对该项目的决策实际上拥有一个推迟投资期权:即一年后,市场条件变好,投资该项目;市场条件变差,放弃投资。因此,可以根据二项式期权定价模型对该推迟投资期权进行定价。

根据传统的现金流量折现法,该项目现在的价值为:

$$PV_0 = (1800 \times 0.5 + 600 \times 0.5)/(1 + 20\%) = 1000(万元)$$

本项目在一年后的价值分别为 1800 万元和 600 万元。本项目所包含的推迟投资期权的基本参数如下:标的资产当前价值为 $S = 1000$ 万元,期权的执行价格 X 为投资支出为 1050 万元,$u = 1.8$,$d = 0.6$,$T = 1$。到期时,期权价格或者为 $C_u = \max\{0, (uS - X)\} = \max\{0, (1800 - 1050)\} = 750$ 万元,或者 $C_d = \max\{0, (dS - X)\} = \max\{0, (600 - 1050)\} = 0$。图 13-8 是标的资产和期权价格变化的单期二项式图。

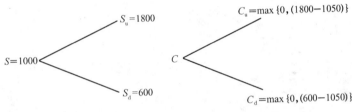

图 13-8 标的资产和期权价格变化的单期二项式图

根据单期二项式期权定价模型公式(13-1),可以计算出该推迟投资期权的价值(C):

$$C = e^{-rT}\left[\frac{e^{rT} - d}{u - d}C_u + \left(1 - \frac{e^{rT} - d}{u - d}\right)C_d\right]$$

$$= e^{-0.08}\left[\frac{e^{0.08} - 0.6}{1.8 - 0.6} \times 750 + \left(1 - \frac{e^{0.08} - 0.6}{1.8 - 0.6}\right) \times 0\right]$$

$$= 276.94(万元)$$

因此,如果对应于购买专利权并立即投资该生产项目,考虑本项目所包含的推迟投资期权价值,则该投资项目的价值计算如下:

项目价值 = 扩展的 NPV = 静态 NPV + 期权价值
$$= -200 + 276.94 = 76.94(万元)$$

如果对应于购买专利权并在1年后投资该生产项目,考虑本项目所包含的推迟投资期权价值,则该投资项目的价值计算如下:

项目价值 = 扩展的 NPV = 静态 NPV + 期权价值
$$= -25 + 276.94 = 251.94(万元)$$

考虑本项目所具有的推迟期权价值,该投资项目的价值均大于零。因此,基于上述信息，该公司应这样决策：①应该立即购买1年期限的专利权；②对该生产项目的投资与否的决策应该推迟到1年后获取该产品市场的价格信息之后。

思 考 题

1. 期权概念是什么？何为看涨期权、看跌期权？
2. 影响期权价值的因素。
3. 二项式期权定价模型和 *Black-Scholes* 期权定价模型的比较。
4. 实物期权的概念实物期权的核心思想。
5. 实物期权与金融期权的比较。
6. 实物期权的基本类型有哪些？举例说明房地产开发项目决策中存在哪些实物期权类型。
7. 基于实物期权理论的项目决策分析方法，项目价值有什么组成？
8. 传统项目决策分析方法的基本假设是什么？这些假设存在哪些缺陷？

习题参考答案

第3章 习题参考答案

1. (1)应支付的费用 = $100 + 0.20 \times 100 = 120$(元)，平均每 km 1.20 元。

(2)甲应负担的费用 = $[100 + 0.20 \times (100 + 50)] \times [100/(100 + 50)] = 86.67$(元)

乙应负担的费用 = $[100 + 0.20 \times (100 + 50)] - 86.67 = 43.33$(万元)

(3)往返 20km 甲、乙支付给出租公司 $20 \times 0.20 = 4$(元)，丙支付 10 元给甲和乙，因而从经济的角度借给丙是有利的。

2. 假设该公司每月生产建筑配件 x 个，则有下式成立：

$20000 + 6x = 40000 + 4x$，解之可得 $x = 10000$(个)。即产量小于 10000 个时，选择 A 机械；产量大于 10000 个时，选择 B 机械。

3. 根据习题 3 损益分歧点图(a)可以看到，将产品承包给外单位加工的价格应该小于 8.00 元。

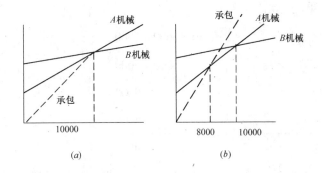

习题3 损益分歧点图

当承包价格为 8.50 元时，将产生两个损益分歧点，见图中(b)。由图可知：

当 $x < 20000 \div (8.50 - 6) = 8000$ 个时，将产品承包给外单位加工的第三方案有利；

当 $8000 < x < 10000$ 个时，使用 A 机械有利；

当 $x > 10000$ 个时，使用 B 机械有利。

4. 租赁安装机械 A 是正确的。此时的平均加工费用为：

$$(20000 + 6 \times 8000) \div 8000 = 8.50(元/个)$$

由于承包给外单位加工的费用 8 元/个 > 自制加工的费用 6 元/个，所以自制有利。

5. 假设更换 B 机械时的加工数为 x 个，则有下式成立：

$$6x \geqslant 40000 + 4x，可得 x \geqslant 20000 个$$

即，当加工个数超过 20000 个时将 A 机械更换成 B 机械有利。

6.(1)根据题意此时处于生产能力有余状态，因而有下述关系成立：

自制时的成本 = 材料费 + 变动加工费 = $1.50 + (36 \div 8) \times 1 = 6$(元)；市场价格是 8 元。因而自制有利，有利 2 元。

(2)由于处于生产能力不足状态，因而有下述关系成立：

自制的成本 = 材料费 + 舍弃 1 小时加工公司产品造成的损失 = $1.50 + 12.50 = 14$(元)；市场的销售价格是 8 元，因而购买市场销售的产品将便宜 6 元。

7.(1)在计算每 1 天、每 1 小时、每个产品的成本或收益时，由于将固定成本也进行了分摊计算，所以将使不随方案的变化而变化的固定成本也变成似乎是变化的了。

(2)固定成本 = 机械的租赁费 + 劳务费 = $9000 + 5400 = 14400$(元)。每 1 个产品的变动成本 = 辅助材料费 + 变动加工费 = $0.5 + 1 = 1.50$(元)；每 1 小时的变动成本 = $0.50 \times 20 + 1 \times 20 = 30$(元)。

加班时还要作为变动费用追加 37.50 元/小时(每个产品为 1.875 元)。

Ⅰ. 销售收益(单位为元)　　　$7.50 \times 3600 = 27000$

Ⅱ. 费用(单位为元)

①辅助材料费	$0.50 \times 3600 = 1800$
②加工费	$1 \times 3600 = 3600$
③机械租赁费	9000
④劳务费	5400
费用合计	19800

净收益 = $27000 - 19800 = 7200$(元)。请读者自己根据上述情况和本书讲过的有关知识绘图。

(3)设恰好将每月固定费用回收的产量为 x，则有：

$$x = 14400/(7.50 - 1.50) = 2400(个)$$

(4)由于正常时每天工作 8h 可做 160 个，因而每小时可生产 20 个，根据增量可进行如下计算：

产量的增加：$20 \times 50 = 1000$(个)

收益的增加：$7.50 \times 1000 = 7500$(元)

费用的增加：

材料费　$0.50 \times 1000 = 500$(元)

加工费　$1 \times 1000 = 1000$(元)

加班费　$1.875 \times 1000 = 1875$(元)

因而净收益的增加 $= 7500 - (500 + 1000 + 1875) = 4125$(元)；每月的净收益 $= 7200 + 4125 = 11325$(元)。

8. 解该题时注意，该厂目前处于生产能力有余状态。

(1)接受 x 工厂 500 个(相当于 50 小时)订货时净收益的增加额的计算：

$$（销售价格 - 材料费）\times 500 = (6 - 1) \times 500 = 2500(元)$$

加工费的增加：

正常时间：$20 \times 40 = 800$(元)

加班时间：$57.50 \times 10 = 575$(元)

由于净收益的增加额 $= 2500 - (800 + 575) = 1125$(元)，所以接受订货是有利的。

(2)设交货价格为 P，则有下式成立：

$$500 \times (P - 1) - 1375 \geq 2000$$

$\therefore P \geq 7.75$ 元

9. 该月属于生产能力不足状态。

(1)由于加工费没有发生变化，每小时的(交货价格 - 材料费)变化如下：

出售给 x 工厂：$(8 - 1) \times 10 = 70$(元)

出售给公司：$(7.50 - 0.50) \times 20 = 140$(元)

因此，接受 200 个(20 小时)订货时将减少净收益值为：

$$(140 - 70) \times 20 = 1400(元)$$

(2)设交货价格为 P，则有：

$$(P - 1) \times 10 \geq 140，即 P \geq 15(元)$$

10.(1)该厂正常情况下每个月可以生产 $(60 \div 4) \times 200 = 3000$(个)，市场对合格品的需求量应为 $3000 \times (1 - 0.2) = 2400$(个)。正常情况下的利润 $= 2400 \times 15 + 3000 \times 0.2 \times 4 - (6 \times 3000 + 14000) = 6400$(元)。

当产品需求量为 3000 个时，由于受到生产能力 3000 个的限制，只能生产合格品 $3000 \times (1 - 0.2) = 2400$(个)。这种情况下与正常生产的差别是市场需求与所提供的合格品的差值 $= 3000 - 2400 = 600$(个)，由此减少销售收益 $= 15 \times 600 = 9000$(元)，其他数值没有发生变化，因此与正常生产相比损失为 9000 元。

(2)市场需求 2000 个，则该厂应生产产品 $= 2000/(1 - 0.2) = 2500$(个)。其中不合格品为 500 个，其损失 $= (6 - 4) \times 500 = 1000$(元)。

11.(1)此时属于生产能力不足状态。

①销售收益的增加值为：$2 \times 800 = 1600$(元)，费用没有发生变化。

②根据题意意味着有效工作时间增加了 $40 \times 0.1 = 4$(小时)，因而导致：

收益增加：$2 \times 500 \times 4 \times 0.9 = 3600$(元)；费用增加：$0.9 \times 500 \times 4 = 1800$(元)。净收益增加额 $= 3600 - 1800 = 1800$(元)。

③材料费的节约额即为效益的增加值,该值 = $0.7 \times 0.1 \times 80000 = 5600$(元)。

④收益的增加即是效益的增加值,该值 = $2 \times 0.1 \times 80000 \times (1 - 0.1) = 14400$(元)。

⑤此时每小时将增加产品 $500 \times 0.1 = 50$(个),1个月将增加产量 $50 \times 160 = 8000$(个),由此引起的变化是:

收益增加: $2 \times 8000 \times (1 - 0.1) = 14400$(元)

费用增加: $0.7 \times 8000 = 5600$(元)

因此,净效益的增加值 = $14400 - 5600 = 8800$(元)。

(2)此时属于生产能力有余状态。

① 设合格品为 54000 个时必须生产的产品数量是 x 个,则有:

现在生产的产量 $x = 54000 \div (1 - 0.1) = 60000$(个)

改善后生产的产量 $x = 54000 \div (1 - 0.09) = 59341$(个)

改善后少生产的数量 = $60000 - 59341 = 659$(个),将使变动费用减少: $0.9 \times 659 = 593.1$(元)。

②由于处于生产能力有余状态,有效工作时间增加并不能带来任何收益和费用的变化,因而,净效益的增量是零。

③材料费的减少使变动成本减少值 = $0.7 \times 0.1 \times 60000 = 4200$(元)。

④其他数值不变,价格的提高使净效益增加值 = $2 \times 0.1 \times 54000 = 10800$(元)。

⑤单位产品生产时间缩短会带来工作时间的减少,计算过程为:

现状: $60000 \div 500 = 120$(小时)

改善后: $60000 \div 550 = 109$(小时)

由此可见,工作时间减少 $120 - 109 = 11$(小时),由此可使变动加工费节约 $100 \times 11 = 1100$(元)。

12. 这是关于存在沉没成本时如何进行方案选择的问题。处理方式有两种:将所有数据都予以考虑的方式;不考虑沉没成本,仅考虑由于方案变化而引起的数据变化。在两种方式中以后一种方式考虑问题更加准确和简洁。实际上投资额为 $18 - 10 = 8$(万元),由此获得每年 $8 - 6 = 2$(万元)的费用减少,即效益每年增加 2 万元。

13. 为便于说明问题将每个人的意见整理汇总如下表所示。

	(1)迁移时(万元)	(2)新购时(万元)	(2)-(1)的差值(万元)
A	20	$100 + (40 - 28) = 112$	92
B	20	$100 + (40 - 28) - 28 = 84$	64
C	20	$100 - 28 = 72$	52
D	$40 + 20 = 60$	$100 + (40 - 28) = 112$	52
E	$40 + 20 = 60$	$100 - 28 = 72$	12

迁移时将产生20万元的现金流出,此后各年作业费用将多花费4万元;重新购买时将有100－28＝72万元的现金流出。迁移和重新购买时现时点的差额为72－20＝52万元。因而从表中可以看到:C和D是正确的,仅仅是其说法有所不同;A、B、C三人单方面加上40万元账面价值,而B将处理价值考虑了两次,这样处理都是错误的。

第4章 习题参考答案

1. $8775 = 6500 \times (1 + 7\% \times n)$,解得 $n = 4.96$(年)

2. 6%单利计息时5年后的利息总额 $F = P(1 + ni) = 10 \times (1 + 6\% \times 5) = 13$(万元)

6%复利计息时5年后的本息总额 $F = 10 \times (1 + 6\%)^5 = 13.38$(万元)

或 $F = 10 \times (F/P, 6\%, 5) = 10 \times 1.338 = 13.38$(万元)

6%单利和6%复利计算5年后的利息总额之差为0.38万元。

3. $F = 1500 \times (1 + 8\% \times 3) \times (F/P, 7\%, 10) = 1860 \times 1.967 = 3658.9$(元)

4. (1) 将来值 $F = 5000 \times (1 + 10\%)^n$

(2) 将来值 $F = 7000 \times (1 + 10\%)^n$

5. (1) 现值 $P = 5500 \times (P/F, 9\%, 6) = 5500 \times 0.5963 = 3279.47$(元)

(2) 按复利计算时,现值 $P = 6200 \times (P/F, 1\%, 15 \times 12) = 6200 \times 0.1668 = 1033.96$(元)

按单利计算时,现值 $P = F/(1 + 1\% \times 15 \times 12) = 6200/2.8 = 2214.29$(元)

6. (1) 等额支付的现值

$P = 3500 \times (P/A, 7\%, 8) = 3500 \times 5.971 = 20898.5$(元)

(2) 等额支付的现值

$P = 3000 \times (P/A, 12\%/2, 6 \times 2) = 3000 \times (P/A, 6\%, 12)$
$= 3000 \times 8.384 = 25152$(元)

7. (1) 等额支付的将来值

$F = 400 \times (F/A, 6\%, 10) = 400 \times 13.181 = 5272.4$(元)

(2) 设每月利率为 x,根据题意有下列关系成立:

$10\%/2 = (1 + x)^6 - 1$,解得 $x = 0.85\%$,则有等额支付的将来值:

$F = 1500 \times (F/A, 0.85\%, 2 \times 12) = 1500 \times 26.494 = 39741$(元)

8. (1) 年值 $A = 15000 \times (A/F, 8\%, 8) = 15000 \times 0.09401 = 1410.15$(元)

(2) 设年值为 A,则有下式成立:

$A \times (A/F, 10\%/2, 2) \times (F/A, 10\%/2, 10 \times 2) = 20000$

$A \times 0.48780 \times 33.066 = 20000$

$A = 1239.96$(元)

9. 设 n 年后可获得 15000 元，则有：

$$15000 = 3000 \times (F/P, 8\%, n), (F/P, 8\%, n) = 5,$$

当 $n = 20$ 时，$(F/P, 8\%, 20) = 4.661$；当 $n = 21$ 时，$(F/P, 8\%, 21) = 5.034$。因而有：

$$n = 20 + \frac{5 - 4.664}{5.034 - 4.664} \times (21 - 20) = 20.91(年)$$

10. $\quad 8000 = 4000 \times (F/P, i, 5)$

$(F/P, i, 5) = 2$，因为 $(F/P, 12\%, 5) = 1.762$，$(F/P, 15\%, 5) = 2.011$，因而有：

$$i = 12\% + \frac{2 - 1.762}{2.011 - 1.762} \times (15\% - 12\%) = 14.87\%$$

11. 投资效果持续时间（寿命）为 10 年时的净收益为：

$$A = 10 \times (A/P, 10\%, 10) = 10 \times 0.16275 = 1.6275(万元)$$

投资效果持续时间（寿命）为 20 年时的年净收益为：

$$A = 10 \times (A/P, 10\%, 20) = 10 \times 0.11746 = 1.1746(万元)$$

投资效果持续时间（寿命）为 30 年时的年净收益为：

$$A = 10 \times (A/P, 10\%, 30) = 10 \times 0.10608 = 1.0608(万元)$$

投资效果持续时间（寿命）为无限年时的年净收益为：

$$A = 10 \times 10\% = 1(万元)$$

12. (a) 每期期末 $A = 30 \times (A/F, 10\%, 5) = 30 \times 0.1638 = 4.914(万元)$
(b) 每年的年初 $A = 4.914 \div (1 + 10\%) = 4.4673(万元)$

13. $A = 50 \times (A/P, 12\%, 10) = 50 \times 0.17698 = 8.849(万元)$，或：

$$A = 50 \times (F/P, 12\%, 10) \times (A/F, 12\%, 10)$$
$$= 50 \times 3.106 \times 0.05698 = 8.849(万元)$$

14. (1) 设银行的利率为 i，则有：

$20 = 10 \times (F/P, i, 6)$，即：$(F/P, i, 6) = 2$，可以求得 $i = 12.1\%$

(2) (a) 净现值：

$$P = 20 \times (P/F, 8\%, 6) - 10 = 20 \times 0.6302 - 10 = 2.604(万元)$$

(b) 净年值：

$A = P(A/P, 8\%, 6) = 2.604 \times 0.21632 = 0.5633(万元)$，

或：$A = [20 \times (P/F, 8\%, 6) - 10] \times (A/P, 8\%, 6) = 0.5633(万元)$

(c) 净将来值：

$F = [20 \times (P/F, 8\%, 6) - 10] \times (F/P, 8\%, 6) = 2.604 \times 1.587 = 4.1325$(万元)，

或：$F = A(F/A, 8\%, 6) = 0.5633 \times 7.336 = 4.1324(万元)$

$F = 20 - 10 \times (F/P, 8\%, 6) = 20 - 10 \times 1.587 = 4.13(万元)$

15. 根据题意其现金流量图如下所示：

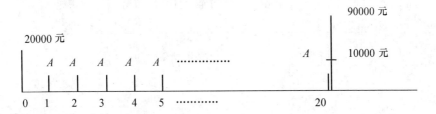

设每年年末存款金额为 A，则有：

$$100000 = 20000(F/A, 5\%, 20) + 10000 + A(F/A, 5\%, 20)$$
$$= 20000 \times 2.653 + 10000 + A \times 33.066$$

由此可得：$A = 1117.2(元)$

16. 设利率 $i = 10\%$，并设该设备的寿命期为 n，则有下式成立：

$$6 \times (P/A, 10\%, n) \geqslant 24, \text{即：} (P/A, 10\%, n) \geqslant 4$$

由于 $(P/A, 10\%, 5) = 3.791$，$(P/A, 10\%, 6) = 4.355$，应用插值法可得：

$$n \geqslant 5 + \frac{4 - 3.791}{4.355 - 4} \times (6 - 5) = 5.59(年)$$

17. 根据题意，其现金流量图为：

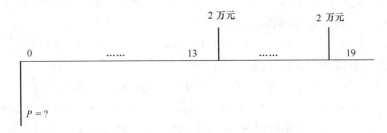

根据现金流量图，可知现时点应存款的数额是：

$$P = 2 \times (P/F, 5\%, 13) + 2 \times (P/F, 5\%, 19)$$
$$= 2 \times 0.5303 + 2 \times 0.3957 = 1.852(万元)$$

18. 根据题意，其现金流量图为：

根据现金流量图，该设备投资所产生的净收益：

(a) 净现值

$$P = 40 \times (P/F, 12\%, 1) + 32 \times (P/F, 12\%, 2) + 28 \times (P/F, 12\%, 3)$$
$$+ 23 \times (P/F, 12\%, 5) - 100$$
$$= 40 \times 0.8929 + 32 \times 0.7972 + 28 \times 0.7118 + 23 \times 0.6335$$
$$+ 17 \times 0.5674 - 100$$
$$= 35.716 + 25.5104 + 19.9304 + 14.6165 + 9.6458 - 100$$
$$= 5.4191(万元)$$

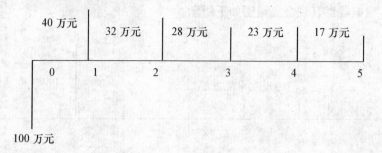

(b)净年值

$$A = P \times (A/P, 12\%, 5) = 5.4191 \times 0.27741 = 1.5033(万元)$$

(c)净将来值

$$F = P \times (F/P, 12\%, 5) = 5.4191 \times 1.762 = 9.5485(万元)$$

或 $\quad F = A \times (F/A, 12\%, 5) = 1.5033 \times 6.353 = 9.5505(万元)$

19. (a)总费用的现值

$$P = 40 \times (P/A, 10\%, 10) + 300 = 40 \times 6.144 + 300 = 545.76(万元)$$

(b) 总费用的年值

$$A = P \times (A/P, 10\%, 10) = 545.76 \times 0.16275 = 88.8224(万元)$$

$$A = P(A/P, 10\%, 10) + 40 = 300 \times 0.16275 + 40 = 88.825(万元)$$

20. (1) (a)该投资的净收益的现值

$$P = 90 \times (P/A, 10\%, 10) - 300 = 90 \times 6.144 - 300 = 252.96(万元)$$

(b)该投资的净收益的年值

$$A = P(A/P, 10\%, 10) = 252.96 \times 0.16275 = 41.1692(万元)$$

$$A = 90 - 300 \times (A/P, 10\%, 10) = 90 - 300 \times 0.16275 = 41.175(万元)$$

(2)该投资内部收益率可以按 $AW = 0$,$PW = 0$,$FW = 0$ 求解。

按 $AW = 0$ 时,有下列关系成立:

$$AW = 90 - 300 \times (A/P, r, 10) = 0$$

设 $i_1 = 25\%$ 时,净年值 $AW(i_1 = 25\%) = 90 - 300 \times 0.28007 = 5.979(万元)$

设 $i_2 = 30\%$ 时,净年值 $AW(i_2 = 30\%) = 90 - 300 \times 0.32346 = -7.038(万元)$

应用插值法计算内部收益率的公式可得内部收益率为:

$$r = 25\% + \frac{5.979}{5.979 + 7.038} \times (30\% - 25\%) = 27.297\%$$

21. (1) $(A/P, i, n) \times (F/A, i, n) = \dfrac{i(1+i)^n}{(1+i)^n - 1} \times \dfrac{(1+i)^n - 1}{i}$

$$= \frac{i(1+i)^n}{i} = (F/P, i, n)$$

(2) $\quad (P/F, i, n) \times (A/P, i, n) = \dfrac{1}{(1+i)^n} \times \dfrac{i(1+i)^n}{(1+i)^n - 1}$

$$= \frac{i}{(1+i)^n - 1} = (A/F, i, n)$$

(3) $\quad (A/P, i, n) \times (F/A, i, n) \times (P/F, i, n)$

$$= \frac{i(1+i)^n}{(1+i)^n - 1} \times \frac{(1+i)^n - 1}{i} \times \frac{1}{(1+i)^n} = 1$$

22. $(A/F, i, n) + i = \dfrac{i}{(1+i)^n - 1} + i = \dfrac{i + i[(1+i)^n - 1]}{(1+i)^n - 1}$

$$= \frac{i(1+i)^n}{(1+i)^n - 1} = (A/P, i, n)$$

$(A/P, i, n) - i = \dfrac{i(1+i)^n}{(1+i)^n - 1} - i = \dfrac{i(1+i)^n - i[(1+i)^n - 1]}{(1+i)^n - 1}$

$$= \frac{i}{(1+i)^n - 1} = (A/P, i, n)$$

第 5 章 习题参考答案

1. (1) 基准收益率为 10%，可利用的资金总额为 1600 万元时，对于独立方案，其方案优选的顺序是按内部收益率的大小为序加以选择，直至资金得到充分运用为止。对于寿命期为一年的投资方案，其内部收益率 = $\dfrac{\text{年末净收益} - \text{年初投资额}}{\text{年初投资额}} \times 100\%$（该表达式可以由净现值等于零推导出来）。由此可得各方案的内部收益率为：

$$r_A = \frac{230 - 200}{200} \times 100\% = 15\%, \quad r_B = \frac{390 - 300}{300} \times 100\% = 30\%$$

$$r_C = \frac{540 - 400}{400} \times 100\% = 35\%, \quad r_D = \frac{540 - 450}{450} \times 100\% = 20\%$$

$$r_E = \frac{550 - 500}{500} \times 100\% = 10\%, \quad r_F = \frac{870 - 700}{700} \times 100\% = 24.3\%$$

$$r_G = \frac{900 - 800}{800} \times 100\% = 12.5\%$$

按内部收益率的大小为序依次为：C、B、F、D、A、G、E。由于 C、B、F 方案的投资额 = 400 + 300 + 700 = 1400（万元）。资金总额为 1600 万元，投资 C、B、F 方案后尚有 1600 - 1400 = 200（万元）的余额。由于各个方案不可分割，无法执行 D 方案（期投资额为 450 万元）。而 A 方案的投资额恰好为 200 万元，且其内部收益率为 15% > 基准收益率 10%，因而可选 A 方案。最终选择的方案是 C、B、F、A 方案，恰好使 1600 万元得到充分运用。

(2) 资金的数量不限，资本的利率：

(a) $i = 12\%$ 时，此时可以选内部收益率 $\geqslant 12\%$ 的方案，即选择 C、B、F、D、A、G 方案。

(b) $i = 14\%$ 时，应选 C、B、F、D、A 方案。

(c) $i = 16\%$ 时，应选 C、B、F、D 方案。

2. 互斥的投资方案选择的方法有多种，仅用净将来值法加以说明，其他方法由读者自己去做。

A 方案：$FW_A = 260 - 200 \times (1 + 0.1) = 40$（万元）

B 方案：$FW_B = 375 - 300 \times (1 + 0.1) = 45$（万元）

C 方案：$FW_C = 483 - 400 \times (1 + 0.1) = 43$（万元）

最优方案是 B。

3.（1）自有资金 600 万元标准的运用机会的收益率为 6% 时，

A 方案：$260/(1 + 0.06) - 200 = 45.28$（万元）

B 方案：$375/(1 + 0.06) - 300 = 53.77$（万元）

C 方案：$483/(1 + 0.06) - 400 = 55.66$（万元）

最优方案是 C。

（2）该单位只有自有资金 100 万元，不足部分可以 10% 利率从银行贷款时，应该采用一年后的净收益与自有资金的成本（6%）及借入资金成本的差的大小判断方案的优劣。

如果用净将来值求解，则有：

A 方案：$260 - 100 \times (1 + 0.06) - 100 \times (1 + 0.1) = 44$（万元）

B 方案：$375 - 100 \times (1 + 0.06) - 200 \times (1 + 0.1) = 49$（万元）

C 方案：$483 - 100 \times (1 + 0.06) - 300 \times (1 + 0.1) = 47$（万元）

最有利的方案是方案 B。

（3）应按照资金利率自小到大的顺序依次加以选择，因而有：

A 方案：$260 - 100 \times (1 + 0.06) - 100 \times (1 + 0.1) = 44$（万元）

B 方案：$375 - 100 \times (1 + 0.06) - 100 \times (1 + 0.1) - 100(1 + 0.2) = 39$（万元）

C 方案：$483 - 100 \times (1 + 0.06) - 100 \times (1 + 0.1) - 200(1 + 0.2) = 27$（万元）

最有利的方案是方案 A。

（4）由于运用的机会为 16% 到 18%，比借款的利率要大，所以应该借款 400 万元。资金的成本不是借款的利率，而是运用的机会，因而可以由下述计算进行判断。

	$i = 16\%$	$i = 17\%$	$i = 18\%$
A 方案：$260 - 200(1 + i) =$	28 万元	26 万元	24 万元
B 方案：$375 - 300(1 + i) =$	27 万元	24 万元	21 万元
C 方案：$483 - 400(1 + i) =$	19 万元	15 万元	11 万元

由上述计算结果可以看出，在任何情况下都是 A 方案最有利。

4. 追加投资收益率如下所示：

	追加投资额	追加净收益	追加投资收益率
$O \to A$ 方案	200 万元	60 万元	30%
$A \to B$ 方案	100 万元	15 万元	15%
$B \to C$ 方案	100 万元	8 万元	8%

由此可知第 2 题的最优方案为 B 方案。

第 3 题的最优方案的结论是：(1) C 方案；(2) B 方案；(3) A 方案；(4) A 方案。

5. 由于 B 方案的追加投资收益率为 20%，方案 C 为 5%，D 方案为 16% 不是单调递减的，C 方案是无资格方案，应求出由 B 方案追加 3100 − 2000 = 1100 万元的追加投资收益率之后再进行方案的选择。

6. (1) 每月生产的时间是有限资源，应以每 1 小时贡献利润的大小为序予以选择，其顺序为：C（每 1 小时的贡献利润为 (80 − 45) × 100 = 3500 元、A（每 1 小时的贡献利润为 (50 − 10) × 50 = 2000）、D（每 1 小时的贡献利润为 (90 − 40) × 25 = 1250 元）、B（每 1 小时的贡献利润为 (70 − 30) × 20 = 800 元）

生产 C 产品 4000 个（需要时间 40 小时），总的贡献利润（减去固定费用之前）14 万元；

生产 A 产品 4000 个（需要时间 80 小时），总的贡献利润（减去固定费用之前）16 万元；

生产 D 产品 2000 个（需要时间 80 小时），总的贡献利润（减去固定费用之前）10 万元。

净收益总额 = (14 + 16 + 10) − 32 = 8（万元）

(2) 必须最少生产和销售 1000 个 B 产品时，与问题 (1) 相比需要花费 50 小时的时间生产 B 产品，与此同时，相应减少了生产 D 50 小时（相当于 1250 个），与 (1) 相比每月净收益减少的数额为：

$$[(90 − 40) × 25 − (70 − 30) × 20] × 50 = 2.25（万元）$$

(3) 这是判断加班进行生产是否有利的问题。由于加班费每小时需增加 900 元，与问题 (1) 的情况相比增加 40 小时是有利的（由于 B 产品每小时的贡献利润为 800 元，小于每小时的加班费 900 元，所以不能生产 B 产品，而 D 产品已经生产了 80 小时，还有可生产的时间为 40 小时），其净收益的增加值为：

$$(1250 − 900) × 40 = 14000（元）$$

(4) A 产品的销售价格降低了 10%，意味着销售价格为 50 × (1 − 0.1) = 45（元/个），由于产品 A 每小时的贡献利润是：(45 − 10) × 50 = 1750（元/小时）因此并没有改变生产产品的优先顺序。因而最佳的生产计划为：

生产 C 产品 4000 个（需要 40 小时），总的贡献利润（减去固定费用之前）

14万元；由于 A 产品的销售价格降低了 10%，因而可以销售 5000 个，所以可以生产 A 产品 5000 个（需要 100 小时），总的贡献利润（减去固定费用之前）为 17.5 万元；生产 D 产品 1000 个（需要 60 小时），总的贡献利润（减去固定费用之前）为 7.5 万元。上述总计 39 万元，与（1）相比减少了 1 万元，所以降低价格增加销售量的做法是不利的。

7. A 厂的 3 个互斥方案的追加投资收益率分别为：

$$r_{A_1-A_0} = [(13-10)/1 \times 100\% = 30\%,$$
$$r_{A_2-A_1} = [(24.5-13-10)/(20-10)] \times 100\% = 15\%,$$
$$r_{A_3-A_2} = [(35.4-24.5-10)/(30-20)] \times 100\% = 9\%。$$

B 厂的 2 个互斥方案的追加投资收益率分别为：

$$r_{B_1-B_0} = [(14.8-10)/10] \times 100\% = 45\%,$$
$$r_{B_2-B_1} = [(26-14.8-10)/(20-10)] \times 100\% = 12\%。$$

C 厂的 3 个互斥方案的追加投资收益率分别为：

$$r_{C_1-C_0} = [(11.5-10)/10] \times 100\% = 15\%,$$
$$r_{C_2-C_1} = [(24.0-11.5-10)/(20-10)] \times 100\% = 25\%,$$
$$r_{C_3-C_2} = [(34.6-24.0-10)/(20-10)] \times 100\% = 6\%。$$

A、B 两个独立方案中的互斥方案都是单调减少的，没有无资格方案；C 厂的 3 个互斥方案不是单调减少的，求 $r_{C_2-C_0}$：

$$r_{C_2-C_0} = [(24-20)/20] \times 100\% = 20\%$$

此时可以按追加投资收益率的大小为序进行方案选择。

当基准收益 $i=10\%$、最多可利用资金为 40 万元时，应选择的方案有 B_1（投资 10 万元）、A_1（投资 10 万元）、C_2（投资 20 万元）。

8. 本题求解时注意这是混合方案选择的问题，且各方案实施后可以认为寿命期是无限的。

A 产品各个互斥方案的追加投资收益率为：

$r_{A_1-A_0} = (600/2000) \times 100\% = 30\%$，$r_{A_2-A_1} = [(650-600)/(3000-2000)] \times 100\% = 5\%$，

$r_{A_3-A_2} = [(840-650)/(3000-2000)] \times 100\% = 19\%$。

B 产品各个互斥方案的追加投资收益率为：

$r_{B_1-B_0} = (100/1000) \times 100\% = 10\%$，$r_{B_2-B_1} = [(440-100)/(2000-1000)] \times 100\% = 34\%$，

$r_{B_3-B_2} = [(600-440)/(3000-2000)] \times 100\% = 16\%$，$r_{B_4-B_3} = [(680-600)/(4000-3000)] \times 100\% = 8\%$。

C 产品各个互斥方案的追加投资收益率为：

$r_{C_1-C_0} = (430/2000) \times 100\% = 21.5\%$，$r_{C_2-C_1} = [(750-430)/(3000-2000)$

$\times 100\% = 32\%$。

由上述计算可知 A_2、B_1、C_1 方案是无资格方案,排除无资格方案,求新的追加投资收益率如下:

$$r_{A_3-A_1} = (840-600)/(4000-2000) \times 100\% = 12\%$$

$r_{B_2-B_0} = (440/2000) \times 100\% = 22\%$,$r_{C_2-C_0} = (750/3000) \times 100\% = 25\%$。

该部门资金总额不能超过 5000 万元时应选择的方案是 C_2(投资 3000 万元)和 A_1(投资 2000 万元)。

9.(1)资本的利率为 10% 时,两个方案的净现值为:

$$PW_A = 4(P/A, 10\%, 8) - 20 = 4 \times 5.335 - 20 = 1.34 \text{(万元)}$$

$$PW_B = 6(P/A, 10\%, 8) - 30 = 6 \times 5.335 - 30 = 2.01 \text{(万元)}$$

B 方案较 A 方案的净现值多 0.67 万元,故 B 方案较 A 方案好。

两个方案的净年值为:

$$AW_A = 4 - 20(A/P, 10\%, 8) = 4 - 20 \times 0.18744 = 0.2512 \text{(万元)}$$

$$AW_B = 6 - 30(A/P, 10\%, 8) = 6 - 30 \times 0.18744 = 0.3768 \text{(万元)}$$

(2)设追加投资收益率为 r_{B-A},则有:

$$(6-4) \times (P/A, r_{B-A}, 8) - (30-20) = 0$$

$r_{B-A} = 12.1\% > 10\%$,因而 B 方案优于 A 方案。

(3)设 A 机械的使用年限(假如不是 8 年)为 n 年时,A、B 两个方案优劣相同,则有:

$PW_A = PW_B$,即:

$$4 \times (P/A, 10\%, n) - 20 = 6 \times (P/A, 10\%, 8) - 30$$

根据上式可求得:$(P/A, 10\%, n) = 5.5025$。

由于 $(P/A, 10\%, 8) = 5.335$,$(P/A, 10\%, 9) = 5.759$

因而,采用插值法可得:

$$n = 8 + \frac{5.5025 - 5.335}{5.759 - 5.335} \times (9 - 8) = 8.4 \text{(年)}$$

即 A 机械的使用年限应为 8.4 年以上时,较 B 机械有利。

10.(1)净现值法

$$PW_A = 10 + 2(P/A, 12\%, 7) = 10 + 2 \times 4.564 = 19.128 \text{(万元)}$$

$$PW_B = 14 + 0.9(P/A, 12\%, 7) = 14 + 0.9 \times 4.564 = 18.1076 \text{(万元)}$$

B 方案优于 A 方案,有利 1.0204 万元。

净年值法

$$AW_A = 2 + 10(A/P, 12\%, 7) = 2 + 10 \times 0.21912 = 4.1912 \text{(万元)}$$

$$AW_B = 0.9 + 14(A/P, 12\%, 7) = 0.9 + 14 \times 0.21912 = 3.96768 \text{(万元)}$$

B 方案优于 A 方案,有利 0.22352(万元)。

净将来值法

$FW_A = 10（F/P，12\%，7）+ 2（F/A，12\%，7）= 10 \times 2.211 + 2 \times 10.089$
$= 42.288（万元）$

$FW_B = 14（F/P，12\%，7）+ 0.9（F/A，12\%，7）= 14 \times 2.211 + 0.9 \times 10.089 = 40.0341（万元）$

B 方案优于 A 方案，有利 2.2539 万元。

(2) 设 B 机械较 A 机械有利时的使用年限为 n，则有：

$PW_B \leqslant PW_A$ 或 $AW_B \leqslant AW_A$、$FW_B \leqslant FW_A$，如按 $AW_B \leqslant AW_A$ 计算则有：$AW_B = 0.9 + 14（A/P，12\%，n）\leqslant AW_A = 2 + 10 \times（A/P，12\%，7）$

即 $0.9 + 14（A/P，12\%，n）\leqslant 2 + 10 \times（A/P，12\%，7）$，$(A/P，12\%，n) \leqslant 0.23509$。

由于 $(A/P，12\%，7) = 0.21912$，$(A/P，12\%，6) = 0.24323$，因而

$$n = 6 + \frac{0.24323 - 0.23509}{0.23509 - 0.21912} \times (7 - 6) = 6.51（年）$$

(3) 设 A 机械较 B 机械有利时的基准收益率（不是 12% 时）为 i，则有：

$PW_A \leqslant PW_B = 10 + 2（P/A，i，7）\leqslant 14 + 0.9（P/A，i，7）$

$(P/A，i，7) = 3.6364$，由于 $(P/A，15\%，7) = 4.160$，$(P/A，20\%，7) = 3.605$，因而：

$$i \geqslant 15\% + \frac{4.160 - 3.6364}{4.160 - 3.605} \times (20\% - 15\%) = 19.717\%$$

11. 资本的利率为 10% 时

净现值法：$PW_{20cm} = 1800 + 350 \times（P/A，10\%，15）- 1800 \times 0.1 \times（P/F，10\%，15）$

$= 1800 + 350 \times 7.606 - 180 \times 0.2394 = 4419.008（万元）$

$PW_{30cm} = 2400 + 200 \times（P/A，10\%，15）- 1800 \times 0.1 \times（P/F，10\%，15）$

$= 2400 + 200 \times 7.606 - 180 \times 0.2394 = 3863.944（万元）$

因而 30cm 管径的方案有利。

净年值法：$AW_{20cm} = 350 + 1800 \times（A/P，10\%，15）- 1800 \times 0.1 \times（A/F，10\%，15）$

$= 350 + 1800 \times 0.13147 - 180 \times 0.03147 = 580.9814（万元）$

$AW_{30cm} = 200 + 2400 \times（A/P，10\%，15）- 2400 \times 0.1 \times（A/F，10\%，15）$

$= 200 + 2400 \times 0.13147 - 240 \times 0.03147 = 507.9752（万元）$

因而 30cm 管径的方案有利。

12. A 设备的年度投资费用 $= 70 \times（A/P，10\%，4）= 70 \times 0.31547 = 22.083$（万元）

B 设备的年度投资费用 $= 140 \times（A/P，10\%，8）= 140 \times 0.18744 = 26.242$

(万元)

因而 A 设备有利。

13. 设每年价格上升率为 i，则有下式成立：

$70 \times (1+i)^4 (A/P, 10\%, 4) \leqslant 140 \times (1+i)^8 (A/P, 10\%, 8)$

即 $0.31547 \leqslant 2 \times (1+i)^8 \times 0.18744$，可得 $(1+i)^4 \geqslant 0.8415$，$i \leqslant -4.2\%$。

14. 这是寿命期不同的互斥投资方案选择的问题，宜采用净年值法。设 Q 装置的价格为 P，则 Q 装置较 S 装置有利的条件是：

$$5 \times (A/P, 12\%, 5) \geqslant P (A/P, 12\%, 8)$$

$$P \leqslant \frac{5 \times 0.27741}{0.20130} = 6.89 \text{（万元）}$$

15. (1) 将 $(P/A, 10\%, 8) = 5.335$，分别代入下式，可依次求出各个方案的净现值为：

$PW_A = 3.42 \times (P/A, 10\%, 8) - 10 = 8.25$（万元）

$PW_B = 4.56 \times (P/A, 10\%, 8) - 14 = 10.33$（万元）

$PW_C = 3.00 \times (P/A, 10\%, 8) - 8 = 8.00$（万元）

$PW_D = 4.50 \times (P/A, 10\%, 8) - 15 = 9.01$（万元）

$PW_E = 5.56 \times (P/A, 10\%, 8) - 18 = 11.66$（万元）

$PW_F = 4.96 \times (P/A, 10\%, 8) - 17 = 9.46$（万元）

$PW_G = 2.16 \times (P/A, 10\%, 8) - 6 = 5.52$（万元）

$PW_H = 3.80 \times (P/A, 10\%, 8) - 12 = 8.27$（万元）

按照净现值的大小为序依次排列，则有：E、B、F、D、H、A、C、G。

(2) 对于独立方案选择，应以各个方案的内部收益率为指标。以 A 方案为例，其内部收益率的求法如下：

$$3.42 (P/A, r_A, 8) - 10 = 0，可以求得 r_A = 31\%$$

按上述方法依次可以求得各方案的内部收益率分别为：$r_B = 28\%$，$r_C = 34\%$，$r_D = 25\%$，$r_E = 26\%$，$r_F = 24\%$，$r_G = 32\%$，$r_H = 27\%$。

可以利用的资金限额为 50 万元时选择的方案依次为 C、G、A、B、H，资金总额为 50 万元；净现值为 40.37 万元。

(3) 在相同金额的制约条件下，若以净现值为尺度排列优先顺序，则应为 E、B、F 方案。投资总额是 49 万元，净现值为 31.45 万元。

16. 本题的关键是对于追加投资收益率的理解。

(1) 第 3 方案的内部收益率可按下式求得：

$300 (A/P, r_3, 10) - 71.6 = 0$，$(A/P, r_3, 10) = 0.2387$，$r_3 = 20\%$

(2) 使第 3 方案成为最佳投资方案的资本利率 i 的范围，可由下式求得：

$(104.1 - 71.6) \times (P/A, r_{5-3}, 10) = 500 - 300$，解之可得：$r_{5-3} = 10\%$

使第3方案成为最佳投资方案的资本利率 i 的范围是：$10\% < i < 20\%$。

（3）$(71.6 - 13.8) \times (P/A, r_{3-1}, 10) = 300 - 100$，解之可得：$r_{3-1} = 26\%$

使第3方案成为最佳投资方案的资本利率 i 的范围是：$10\% < i < 26\%$。

17. 当资金仅可以筹措到500万元时应选择 A_1、B_2 方案，此时投资总额为500万元，净利润为84万元；当资金仅可以筹措到700万元时应选择 A_1、C_2、B_1，此时投资总额为700万元，净利润为105万元。

具体计算过程，读者可以参照混合方案的选择方法自己完成。

18. 这是混合方案选择及资金筹措的问题。

（1）此时可以从 x 银行贷款3000万元，从 y 银行贷款2000万元。应该选择 A_2、C_3 方案。

（2）此时可以从 x 银行贷款3000万元，从 y 银行贷款2000万元。应该选择 A_2、B_2、C_3 方案。

第6章 习题参考答案

1. （1）设不考虑材料费上升时该自动化投资额为 C_0，则有下式成立：

$$C_0 \leq 15 \times (P/A, 10\%, 7) = 15 \times 4.868 = 73.07 （万元）$$

（2）当材料费今后将以7%的比率上升时：

此时的实质利率：$k = [(1+0.1)/(1+0.07)] - 1 = 0.028$

$$C_0 \leq 15 \times (P/A, 2.8\%, 7) = 15 \times 6.2775 = 94.16 (万元)$$

当材料费上升的比率每年为10%时：

此时的实质利率：$k = [(1+0.1)/(1+0.1)] - 1 = 0$

$$C_0 \leq 15 \times (P/A, 0\%, 7) = 15 \times 7 = 105 (万元)$$

当材料费上升的比率每年为15%时：

此时的实质利率：$k = [(1+0.1)/(1+0.15)] - 1 = -0.043$

$$C_0 \leq 15 \times (P/A, -4.3\%, 7) = 15 \times 8.3773 = 125.67 （万元）$$

2. （1）设每年年末的净收益应为 R，则有下式成立：

$$R \geq 100 \times (A/P, 10\%, 8) = 18.7 （万元）$$

（2）只要借款利率不变，其答案同（1）。

3. （1）今后5年每年年初存款额 $A = 120 \times (A/F, 10\%, 5) \div (1+0.1) = 17.8$（万元）。

（2）5年后需要的投资额 $F_5 = 120 \times (F/P, 5\%, 5) = 120 \times 1.276 = 153.12$（万元）

因而，每年年初应存款的金额：

$A = [153.12 \times (A/F, 10\%, 5)] \div (1+0.1) = 153.12 \times 0.16380 \div 1.1 = 22.8$（万元）

(3) $A \times [(1+0.1)^5 + (1+0.05)(1+0.1)^4 + (1+0.05)^2 (1+0.1)^3 + (1+0.05)^3 (1+0.1)^2 + (1+0.05)^4 (1+0.1)] = 120 \times (1+0.05)^5$

$A \times (1+0.05)^5 [(1+0.1)^5/(1+0.05)^5 + (1+0.1)^4/(1+0.05)^4 + \cdots + (1+0.1)/(1+0.05)] = 120 \times (1+0.05)^5$

由于：$(1+0.1)/(1+0.05) = 1.0476$

$A \times (1.0476^5 + 1.0476^4 + 1.0476^3 + 1.0476^2 + 1.0476) = 120$

$A \times 1.0476 (1.0476^5 - 1) / (1.0476 - 1) = 120$

$A = 120 \times 0.0476 / (1.0476^5 - 1) = 120 \times 0.17358 = 20.83$（万元）

4. (1) 设解除契约的手续费为 x，则有：$200 - x = 200/(1+0.1)^2$

$x = 200 - 200/(1+0.1)^2 = 200 - 165.29 = 34.71$（万元）

(2) 解除契约的手续费为 x，则有：

$200 - x = 200 \times (1+0.1)^2/(1+0.1)^2$，$x = 0$（万元）

(3) 设解除契约的手续费为 x，则有：

$200 - x = 200 \times (1-0.05)^2/(1+0.1)^2$

$x = 200 - 200/(1+0.158)^2 = 200 - 149.15 = 50.85$（万元）

5. (1) $20000 = 2000 \times (P/A, 8\%, n)$，$n = 20.9$ 年。
(2) 当一般物价水平将以每年 8% 的比率上升时，$k = 0$
$20000 = 2000 \times (P/A, 0\%, n) = 2000 \times n$，$n = 10$ 年。
当一般物价水平将以每年 4% 的比率上升时，$k = 3.8\%$
$20000 = 2000 \times (P/A, 3.8\%, n)$，$n = 12.8$ 年。

6. (1) (a) 设 B 机械的购置价格为 x，则当机械价格稳定的时候：

$80 \times (A/P, 12\%, 5) > x (A/P, 12\%, 8)$

$x < 80 \times (A/P, 12\%, 5) / (P/A, 12\%, 8) = 11.02$（万元）

(b) 机械的价格每年以 5.5% 的比率上升时：

$k = (1+0.12)/(1+0.055) - 1 = 6\%$

$x < 80 \times (A/P, 6\%, 5)(P/A, 6\%, 8) = 11.79$（万元）

(2) 设机械的价格上升比率为 k 时两个方案的优劣相同, 则有:

$$80 \times (A/P, k, 5) = 1.2 \times 80 \times (A/P, k, 8)$$

$k = 4.7\%$ 时, 上式左边 = 右边

$$h = [(1+0.12)/(1+0.047)] - 1 = 7\%$$

7. (1) 当物价不发生变化时, 整个期间支出的费用额的现值及相当于每年年末的平均值是:

$$PW = 200 + [50 \times (A/F, 12\%, 4)] / 0.12 = 287.2 \text{ (万元)}$$
$$AW = 287.2 \times 0.12 = 34.5 \text{ (万元)}$$

(2) 由于: $k = [(1+0.12)/(1+0.06)] - 1 = 5.66\%$

$$PW = 200 + [50 \times (A/F, 5.66\%, 4)] / 0.0566 = 403.0 \text{ (万元)}$$
$$AW \text{ (名义价值)} = 403.0 \times 0.12 = 48.36 \text{ (万元)}$$
$$AW \text{ (实质价值)} = 403.0 \times 0.0566 = 22.8 \text{ (万元)}$$

8. 可以参照第 7 章有关内容及其解题方法。

(1) 设经济寿命为 n 年, 则年费用为 $AC = 200(A/P, 10, n) + 70 + 12(n-1)$

解得: $n = 4$ 年

(1)	(2)	(3)	(4)	(5)	比较损失	
n	$(A/P,10\%n)$	$200 \times (2)$	$70+12(n-1)$	$(3)+(4)$		
1	1.10000	220.000	70	290.000		
2	0.57619	115.238	82	197.238	-28.144	短一年费用损失
3	0.40211	80.422	94	174.422	-5.328	短二年费用损失
4	0.31547	63.094	106	169.094		经济寿命是 4 年
5	0.26380	52.760	118	170.760	-1.666	长一年费用损失
6	0.22961	45.922	130	175.922	-6.828	长二年费用损失

(2) 经济寿命是 4 年;

(3) 使用期比最佳使用年数短 1 年时损失是 5.328 万元; 使用期比最佳使用年数短 2 年时损失是 28.144 万元。

(4) 使用期比最佳使用年数长 1 年时损失是 1.666 万元; 使用期比最佳使用年数长 2 年时损失是 6.828 万元。

第 7 章 习题参考答案

1. 根据已知条件做出现金流量图如下页:

(1) 若设备的处理价值总是零, $i = 12\%$ 时, 该设备的经济寿命如表列计算所示, 经济寿命为 10 年, 即是设备的物理使用年限。

(2) 若设备的处理价值第 1 年末为 120 万元, 第 2 年末为 72 万元,..., 即是前一年的 60% 时, 计算如表列计算所示其经济寿命也为 10 年。

2. 根据 1 题的计算表, 可以分为两种情况:

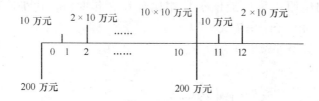

① 年数 n	② 收益 (万元)	③ ②× (P/F,i,n) (万元)	④ ③ 的累计值 (万元)	⑤ ④× (A/P,i,n) (万元)	⑥ 200× (A/P,i,n) (万元)	⑦ 处理残值 (万元)	⑧ ⑦× (A/F,i,n) (万元)	⑨ ⑥-⑤ 不计残值 (万元)	⑩ ⑨-⑧ 计残值 (万元)
1	10	8.929	8.929	10	224	120	120	214	94
2	20	15.944	24.873	14.717	118.340	72	33.962	103.623	69.661
3	30	21.354	46.227	19.247	83.270	43.2	12.802	64.023	51.221
4	40	25.420	71.647	23.588	65.846	25.92	5.423	42.258	36.835
5	50	28.370	100.017	27.746	55.482	15.552	2.448	27.736	25.288
6	60	30.396	130.413	31.720	48.646	9.331	1.150	16.926	15.776
7	70	31.661	162.074	35.514	43.824	5.599	0.555	8.310	7.755
8	80	32.312	194.386	39.130	40.260	3.359	0.273	1.130	0.857
9	90	32.454	226.840	42.573	37.536	2.016	0.136	-5.037	-5.173
10	100	32.200	259.040	45.845	35.396	1.209	0.069	-10.449	-10.518
11	110	31.625	290.665	48.954	33.684	0.726	0.035	-15.270	-15.305
12	120	30.804	321.469	51.898	32.288	0.436	0.018	-18.214	-18.196

(1) 如果不计残值(参见上题经济寿命计算表第 9 列)

①若设备的使用年数与最佳年数相比缩短 1 年,公司的净收益减少了:
$-5.037-(-10.449)=5.142$(万元);

若设备的使用年数与最佳年数相比缩短 2 年时,公司的净收益减少了:
$1.13-(-10.449)=11.579$(万元);

②若设备的使用年数与最佳年数相比延长 1 年,公司的净收益增加了:
$-15.27-(-10.449)=4.821$(万元);

若设备的使用年数与最佳年数相比延长 2 年时,公司的净收益增加了:
$-18.214-(-10.449)=7.765$(万元);

(2) 如果计残值(参见上题经济寿命计算表第 10 列)

①若设备的使用年数与最佳年数相比缩短 1 年,公司的净收益减少了:
$-5.173-(-10.518)=5.345$(万元);

若设备的使用年数与最佳年数相比缩短 2 年时,公司的净收益减少了:
$0.857-(-10.518)=11.375$(万元);

②若设备的使用年数与最佳年数相比延长 1 年,公司的净收益增加了:
$-15.305-(-10.518)=4.821$(万元);

若设备的使用年数与最佳年数相比延长 2 年时,公司的净收益增加了:
$-18.196-(-10.518)=7.765$(万元)。

3. 根据已知条件做出现金流量图如下:

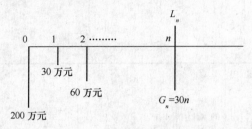

(1) 估计每年的净收益以 10 万元的速度渐减,将来出现的新设备与现在的设备相比,每年的净收益都将增大 20 万元,因而现有设备的劣性化年值:
$$20+10=30(万元);$$
设备的处理价值,初年度末为投资额的一半,以后分别为前一年度的 50%,则:设备各年的处理价值见表⑦列的计算值(计算如表所示)。

经济寿命计算表($i=12\%$)

① 年数 n	② 作业劣化值 (万元)	③ ②× $(P/F,i,n)$ (万元)	④ ③ 的累计值 (万元)	⑤ ④× $(A/P,i,n)$ (万元)	⑥ 200× $(A/P,i,n)$ (万元)	⑦ 处理残值 (万元)	⑧ ⑦× $(A/F,i,n)$ (万元)	⑨ ⑥+⑤-⑧ (万元)
1	0	0	0	0	224	100	100	124
2	30	23.916	23.916	14.151	118.340	50	23.585	108.906
3*	60	42.708	66.624	27.739	83.270	25	7.409	103.6
4	90	57.195	123.819	40.765	65.846	12.5	2.615	103.996
5	120	68.088	191.907	53.237	55.482	6.25	0.984	107.735

(2) 以劣性化年值为指标,该设备的经济寿命为 3 年。
(3) 实际的使用年数与最佳年数相比缩短 1 年时的损失值为:5.306 万元;
$$103.6-108.906=-5.306 \text{ 万元}$$
实际的使用年数与最佳年数相比缩短 2 年时的损失值为:20.4 万元;
$$103.6-124=-20.4 \text{ 万元}$$
实际的使用年数与最佳年数相比延长 1 年时的损失值为:0.366 万元;
$$103.6-103.996=-0.366 \text{ 万元}$$
实际的使用年数与最佳年数相比延长 2 年时的损失值为:4.135 万元。
$$103.6-107.73=-4.135(万元)$$

4. 根据已知条件,实质利率=7%,设备的经济寿命计算如下表所示。

经济寿命计算表（$i = 12\%$）

① 年数 n	② 作业劣化值 （万元）	③ ②× $(P/F,i,n)$ （万元）	④ ③的累计值 （万元）	⑤ ④× $(A/P,i,n)$ （万元）	⑥ 200× $(A/P,i,n)$ （万元）	⑦ 处理残值 （万元）	⑧ ⑦× $(A/F,i,n)$ （万元）	⑨ ⑥+⑤－⑧ （万元）
1	0	0	0	0	224	100	100	114
2	30	26.202	26.202	14.492	110.62	50	24.155	100.957
3*	60	48.978	75.180	28.651	75.22	25	7.775	97.096
4	90	68.661	143.841	42.462	59.04	12.5	2.813	98.686
5	120	85.560	229.401	55.951	48.78	6.25	1.087	103.644

因而可以得出结论是：以劣性化年值为指标，利率值的变化对经济寿命没有影响，为3年。

5. 根据已知条件做出 A、B 两个方案的现金流量图如下：

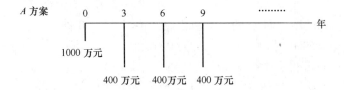

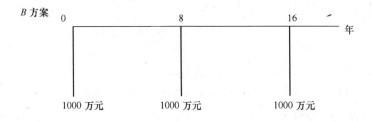

（1）更新成大型设备 B 的方案，先分别求出 A 方案和 B 方案的现值费用再进行比较：

$$P_A = 100 + 400(A/P,8\%,3)(P/A,8\%,n)(P/F,8\%,3)$$

$$= 100 + 400 \times 0.388 \times \frac{1}{8\%} \times 0.794 = 1640.36$$

$$P_B = 1000(A/P,8\%,8)(P/A,8\%,n) = 1000 \times 0.174 \times \frac{1}{8\%} = 2175$$

$$P_B - P_A = 534.64 > 0$$

所以，更新成大型设备 B 的方案不利。

(2) 3年后将现有设备更新成大型设备 B 的现金流量图如下：

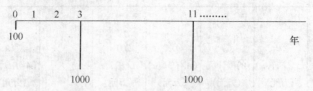

$$P_{B3} = 100 + 1000(A/P, 8\%, 8)(P/A, 8\%, n)(P/F, 8\%, 3)$$

$$= 100 + 1000 \times 0.174 \times \frac{1}{8\%} \times 0.7938 = 1826.95$$

$$P_B - P_{3B} = 2175 - 1826.95 = 348.05 > 0$$

所以，3年后更新成大型设备 B 的方案有利。

第 8 章 习题参考答案

7. (1) 企业的最大可能盈利时的产量：

$$B = Q \times (50 - 28) - 66000 = 22Q - 66000$$

此函数单调递增，而 Q 的最大值为设计年产量 6000 件，所以当 $Q = 6000$ 时，B 最大值为 66000 元。

(2) 企业不赢不亏时的最低产量是

$$B = Q \times (50 - 28) - 66000 = 0$$

得到 $Q = 3000$ 件

(3) 企业年利润为 5 万元时的产量是

$$B = Q \times (50 - 28) - 66000 = 50000$$

得到 $Q = 5273$ 件

8. (1) 项目在初始条件下的内部收益率是

$$NPV_0 = -15000 + (3500 - 1000) \times (P/A, IRR, 10) = 0$$

得到 $IRR = 10.58\%$

同理，可得到变化后的年收入，如下表所示：

单因素变化对内部收益率大小的影响

变化幅度	-20%	-10%	0	10%	20%
年收入	3.47%	7.18%	10.58%	13.84%	17.00%

财务净现值对年收入的敏感系数是：

$$E = \frac{\Delta A}{\Delta F} = \frac{\dfrac{3.47\% - 10.58\%}{10.58\%} \times 100\%}{-20\%} = 3.36$$

同理可得：-10%时，$E = 3.21$；

10%时，$E = 3.09$；

20%时，$E = 3.04$。

(2) 令 x、y 分别代表初始投资和年收入的变化百分数，t（寿命）为自变量，根据题意可得

$NPV(t) = -15000(1+x) + [3500(1+y) - 1000] \times (P/A, 15\%, t) \geq 0$

$NPV(9) = -3071 - 15000x + 16701y$

$y \geq 0.18 + 0.90x$

$NPV(10) = -2453 - 15000x + 17566y$

$y \geq 0.14 + 0.85x$

$NPV(11) = -1916 - 15000x + 18318y$

$y \geq 0.10 + 0.82x$

$NPV(12) = -1449 - 15000x + 18972y$

$y \geq 0.08 + 0.79x$

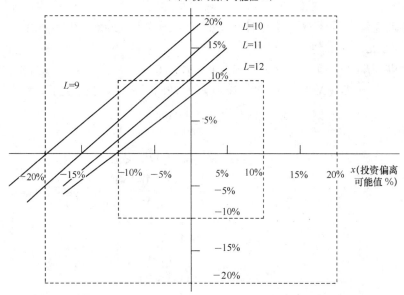

	−20%	−10%	0	10%	20%
初始投资/万元	12000	13500	15000	16500	18000
年收入/万元	2800	3150	3500	3850	4200
寿命/年	8	9	10	11	12
净现值/万元	−3922.86	−3241.06	−2453	−1583.96	−654.18

所以，初始投资、年收入、寿命三项同时变化对净现值的敏感度系数是：

$$E = \frac{\Delta A}{\Delta F} = \frac{\frac{-3922.86 - (-2453)}{-2453} \times 100\%}{-20\% - 0} = -3.0;$$

$$E = \frac{\Delta A}{\Delta F} = \frac{\frac{-3241.06 - (-2453)}{-2453} \times 100\%}{-10\% - 0} = -3.2;$$

$$E = \frac{\Delta A}{\Delta F} = \frac{\frac{-1583.96 - (-2453)}{-2453} \times 100\%}{10\% - 0} = -3.5;$$

$$E = \frac{\Delta A}{\Delta F} = \frac{\frac{-654.18 - (-2453)}{-2453} \times 100\%}{20\% - 0} = -3.5$$

9. 年现金流量为 5000 万元时，$NPV = -25000 + 5000(P/A, 12\%, 5) = -6976$ 万元；

年现金流量为 10000 万元时，$NPV = -25000 + 10000(P/A, 12\%, 5) = 11048$ 万元；

年现金流量为 12000 万元时，$NPV = -25000 + 12000(P/A, 12\%, 5) = 18257.6$ 万元；

所以，$E(NPV) = -6976 \times 0.3 + 11048 \times 0.5 + 18257.6 \times 0.2 = 7082.72$ 万元

$$D(NPV) = \Sigma [NPV_i - E(NPV)]^2 \times P = 92121620$$

$$\sigma = \sqrt{D(NPV)} = 9598 \text{ 万元}。$$

10. (1)
$$P(NPV \geqslant 0) = 1 - P(NPV < 0)$$
$$= 1 - \phi\left(\frac{0 - 1300}{\sqrt{3.24 \times 10^6}}\right)$$
$$= 1 - 1 + \phi(0.72)$$
$$= 76.42\%$$

(2) $$P(NPV \leqslant 1500) = \Phi\left(\frac{1500 - 1300}{\sqrt{3.24 \times 10^6}}\right)$$
$$= \Phi(0.11)$$
$$= 54.38\%$$

附 录

附录 I 复利因数表

0.5%

附表 1

n	$(F/P, i, n)$ $(1+i)^n$	$(P/F, i, n)$ $\dfrac{1}{(1+i)^n}$	$(F/A, i, n)$ $\dfrac{(1+i)^n-1}{i}$	$(A/F, i, n)$ $\dfrac{i}{(1+i)^n-1}$	$(A/P, i, n)$ $\dfrac{i(1+i)^n}{(1+i)^n-1}$	$(P/A, i, n)$ $\dfrac{(1+i)^n-1}{i(1+i)^n}$
1	1.005	0.9950	1.000	1.00000	1.00500	0.995
2	1.010	0.9901	2.005	0.49875	0.50375	1.985
3	1.015	0.9851	3.015	0.33167	0.33667	2.970
4	1.020	0.9802	4.030	0.24813	0.25313	3.950
5	1.025	0.9754	5.050	0.19801	0.20301	4.926
6	1.030	0.9705	6.076	0.16460	0.16960	5.896
7	1.036	0.9657	7.106	0.14073	0.14573	6.862
8	1.041	0.9609	8.141	0.12283	0.12783	7.823
9	1.046	0.9561	9.182	0.10891	0.11391	8.779
10	1.051	0.9513	10.228	0.09777	0.10277	9.730
11	1.056	0.9466	11.279	0.08866	0.09366	10.677
12	1.062	0.9419	12.336	0.08107	0.08607	11.619
13	1.067	0.9372	13.397	0.07464	0.07964	12.556
14	1.072	0.9326	14.464	0.06914	0.07414	13.489
15	1.078	0.9279	15.537	0.06436	0.06936	14.417
16	1.083	0.9233	16.614	0.06019	0.06519	15.340
17	1.088	0.9187	17.697	0.05651	0.06151	16.259
18	1.194	0.9141	18.786	0.05323	0.05823	17.173
19	1.099	0.9096	19.880	0.05030	0.05530	18.082
20	1.105	0.9051	20.979	0.04767	0.05267	18.987
21	1.110	0.9006	22.084	0.04528	0.05028	19.888
22	1.116	0.8961	23.194	0.04311	0.04811	20.784
23	1.122	0.8916	24.310	0.04113	0.04613	21.676
24	1.127	0.8872	25.432	0.03932	0.04432	22.563
25	1.133	0.8828	26.559	0.03765	0.04265	23.446
26	1.138	0.8784	27.692	0.03611	0.04111	24.324
27	1.144	0.8740	28.830	0.03469	0.03969	25.198
28	1.150	0.8697	29.975	0.03336	0.03836	26.068
29	1.156	0.8653	31.124	0.03213	0.03713	26.933
30	1.161	0.8610	32.280	0.03098	0.03598	27.794
35	1.191	0.8398	38.145	0.02622	0.03122	32.035
40	1.221	0.8191	44.159	0.02265	0.02765	36.172
45	1.252	0.7990	50.324	0.01987	0.02487	40.207
50	1.283	0.7793	56.645	0.01765	0.02265	44.143
55	1.316	0.7601	63.126	0.01584	0.02084	47.981
60	1.349	0.7414	69.770	0.01433	0.01933	51.726
65	1.383	0.7231	76.582	0.01306	0.01806	55.377
70	1.418	0.7053	83.566	0.01197	0.01697	58.939
75	1.454	0.6879	90.727	0.01102	0.01602	62.414
80	1.490	0.6710	98.068	0.01020	0.01520	65.802

续表

n	$(F/P, i, n)$ $(1+i)^n$	$(P/F, i, n)$ $\dfrac{1}{(1+i)^n}$	$(F/A, i, n)$ $\dfrac{(1+i)^n-1}{i}$	$(A/F, i, n)$ $\dfrac{i}{(1+i)^n-1}$	$(A/P, i, n)$ $\dfrac{i(1+i)^n}{(1+i)^n-1}$	$(P/A, i, n)$ $\dfrac{(1+i)^n-1}{i(1+i)^n}$
85	1.528	0.6545	105.594	0.00947	0.01447	69.108
90	1.567	0.6383	113.311	0.00883	0.01383	72.331
95	1.606	0.6226	121.222	0.00825	0.01325	75.476
100	1.647	0.6073	129.334	0.00773	0.01273	78.543

1%

附表 2

n	$(F/P, i, n)$ $(1+i)^n$	$(P/F, i, n)$ $\dfrac{1}{(1+i)^n}$	$(F/A, i, n)$ $\dfrac{(1+i)^n-1}{i}$	$(A/F, i, n)$ $\dfrac{i}{(1+i)^n-1}$	$(A/P, i, n)$ $\dfrac{i(1+i)^n}{(1+i)^n-1}$	$(P/A, i, n)$ $\dfrac{(1+i)^n-1}{i(1+i)^n}$
1	1.010	0.9901	1.000	1.00000	1.01000	0.990
2	1.020	0.9803	2.010	0.49751	0.50751	1.970
3	1.030	0.9706	3.020	0.33002	0.34002	2.941
4	1.041	0.9610	4.060	0.24628	0.25628	3.902
5	1.051	0.9515	5.101	0.19604	0.20604	4.853
6	1.062	0.9420	6.152	0.16255	0.17255	5.795
7	1.072	0.9327	7.214	0.13863	0.14863	6.728
8	1.083	0.9235	8.286	0.2069	0.13069	7.651
9	1.094	0.9143	9.369	0.0674	0.11674	8.566
10	1.105	0.9053	10.462	0.09558	0.10558	9.471
11	1.116	0.8963	11.567	0.08645	0.09645	10.368
12	1.127	0.8874	12.683	0.07885	0.08885	11.255
13	1.138	0.8787	13.809	0.07241	0.08241	12.134
14	1.149	0.8700	14.947	0.06690	0.07690	13.004
15	1.161	0.8613	16.097	0.06212	0.07212	13.865
16	1.173	0.8528	17.258	0.05794	0.06794	14.718
17	1.184	0.8444	18.430	0.05426	0.06426	15.562
18	1.196	0.8360	19.615	0.05098	0.06098	16.398
19	1.208	0.8277	20.811	0.04805	0.05805	17.226
20	1.220	0.8195	22.019	0.04542	0.05542	18.046
21	1.232	0.8114	23.239	0.04303	0.05303	18.857
22	1.245	0.8034	24.472	0.04086	0.05086	19.660
23	1.257	0.7954	25.716	0.03889	0.04889	20.456
24	1.270	0.7876	26.973	0.03707	0.04707	21.243
25	1.282	0.7798	28.243	0.03541	0.04541	22.023
26	1.295	0.7720	20.526	0.03387	0.04387	22.795
27	1.308	0.7644	30.821	0.03245	0.04245	23.560
28	1.321	0.7568	32.129	0.03112	0.04112	24.316
29	1.335	0.7493	33.450	0.02990	0.03990	25.066
30	1.348	0.7419	34.785	0.02875	0.03875	25.808
35	1.417	0.7059	41.660	0.02400	0.03400	29.409
40	1.489	0.6717	48.886	0.02046	0.03046	32.835
45	1.565	0.6391	56.481	0.01771	0.02771	36.095
50	1.645	0.6080	64.463	0.01551	0.02551	39.196
55	1.729	0.5785	72.852	0.01373	0.02373	42.147
60	1.817	0.5504	81.670	0.01224	0.02224	44.955
65	1.909	0.5237	90.937	0.01100	0.02100	47.627
70	2.007	0.4983	100.676	0.00993	0.01993	50.169
75	2.109	0.4741	110.913	0.00902	0.01902	52.587
80	2.217	0.4511	121.672	0.00822	0.01822	54.888
85	2.330	0.4292	132.979	0.00752	0.01752	57.078
90	2.449	0.4084	144.863	0.00690	0.01690	59.161
95	2.574	0.3886	157.354	0.00636	0.01636	61.143
100	2.705	0.3697	170.481	0.00587	0.01587	63.029

1.5% 附表 3

n	$(F/P, i, n)$ $(1+i)^n$	$(P/F, i, n)$ $\dfrac{1}{(1+i)^n}$	$(F/A, i, n)$ $\dfrac{(1+i)^n - 1}{i}$	$(A/F, i, n)$ $\dfrac{i}{(1+i)^n - 1}$	$(A/P, i, n)$ $\dfrac{i(1+i)^n}{(1+i)^n - 1}$	$(P/A, i, n)$ $\dfrac{(1+i)^n - 1}{i(1+i)^n}$
1	1.015	0.9852	1.000	1.0000	0.0150	0.985
2	1.030	0.9707	2.015	0.4963	0.5113	1.956
3	1.046	0.9563	3.045	0.3284	0.3434	2.912
4	1.061	0.9422	4.091	0.2444	0.2594	3.854
5	1.077	0.9283	5.152	0.1941	0.2091	4.783
6	1.093	0.9145	6.230	0.1605	0.1755	5.697
7	1.110	0.9010	7.323	0.1366	0.1516	6.598
8	1.126	0.8877	8.433	0.1186	0.1336	7.486
9	1.143	0.8746	9.559	0.1046	0.1196	8.361
10	1.161	0.8617	10.703	0.0934	0.1084	9.222
11	1.178	0.8489	11.863	0.0843	0.0993	10.071
12	1.196	0.8364	13.041	0.0767	0.0917	10.908
13	1.214	0.8240	14.237	0.0702	0.0852	11.732
14	1.232	0.8118	15.450	0.0647	0.0797	12.543
15	1.250	0.7999	16.682	0.0599	0.0749	13.343
16	1.269	0.7880	17.932	0.0558	0.0708	14.131
17	1.288	0.7764	19.201	0.0521	0.0671	14.908
18	1.307	0.7649	20.489	0.0488	0.0638	15.673
19	1.327	0.7536	21.797	0.0459	0.0609	16.426
20	1.347	0.7425	23.124	0.0432	0.0582	17.169
21	1.367	0.7315	24.471	0.0409	0.0559	17.900
22	1.388	0.7207	25.838	0.0387	0.0537	18.621
23	1.408	0.7100	27.225	0.0367	0.0517	19.331
24	1.430	0.6995	28.634	0.0349	0.0499	20.030
25	1.451	0.6892	30.063	0.0333	0.0483	20.720
26	1.473	0.6790	31.514	0.0317	0.0467	21.399
27	1.495	0.6690	32.987	0.0303	0.0453	22.068
28	1.517	0.6591	34.481	0.0290	0.0440	22.727
29	1.540	0.6494	35.999	0.0278	0.0428	23.376
30	1.563	0.6398	37.539	0.0266	0.0416	24.016
35	1.684	0.5939	45.592	0.0219	0.0369	27.076
40	1.814	0.5513	54.268	0.0184	0.0334	29.916
45	1.954	0.5117	63.614	0.0157	0.0307	32.552
50	2.105	0.4750	73.683	0.0136	0.0286	35.000
55	2.268	0.4409	84.529	0.0118	0.0268	37.271
60	2.443	0.4093	96.215	0.0104	0.0254	39.380
65	2.632	0.3799	108.803	0.0092	0.0242	41.338
70	2.836	0.3527	122.364	0.0082	0.0232	43.155
75	3.055	0.3274	136.973	0.0073	0.0223	44.842
80	3.291	0.3039	152.711	0.0065	0.0215	46.407
85	3.545	0.2821	169.665	0.0059	0.0209	47.861
90	3.819	0.2619	187.930	0.0053	0.0203	49.210
95	4.114	0.2431	207.606	0.0048	0.0198	50.462
100	4.432	0.2256	228.803	0.0044	0.0194	51.625

2%

附表 4

n	$(F/P, i, n)$ $(1+i)^n$	$(P/F, i, n)$ $\dfrac{1}{(1+i)^n}$	$(F/A, i, n)$ $\dfrac{(1+i)^n - 1}{i}$	$(A/F, i, n)$ $\dfrac{i}{(1+i)^n - 1}$	$(A/P, i, n)$ $\dfrac{i(1+i)^n}{(1+i)^n - 1}$	$(P/A, i, n)$ $\dfrac{(1+i)^n - 1}{i(1+i)^n}$
1	1.020	0.9804	1.000	1.00000	1.02000	0.980
2	1.040	0.9612	2.020	0.49505	0.51505	1.942
3	1.061	0.9423	3.060	0.32675	0.34675	2.884
4	1.082	0.9238	4.122	0.24262	0.26262	3.808
5	1.104	0.9057	5.204	0.19216	0.21216	4.713
6	1.126	0.8880	6.308	0.15853	0.17853	5.601
7	1.149	0.8706	7.434	0.13451	0.15451	6.472
8	1.172	0.8535	8.583	0.11651	0.13651	7.325
9	1.195	0.8368	9.755	0.10252	0.12252	8.162
10	1.219	0.8203	10.950	0.09133	0.11133	8.983
11	1.243	0.8043	12.169	0.08218	0.10218	9.787
12	1.268	0.7885	13.412	0.07456	0.09456	10.575
13	1.294	0.7730	14.680	0.06812	0.08812	11.348
14	1.319	0.7579	15.974	0.06260	0.08260	12.106
15	1.346	0.7430	17.293	0.05783	0.07783	12.849
16	1.373	0.7284	18.639	0.05365	0.07365	13.578
17	1.400	0.7142	20.012	0.04997	0.06997	14.292
18	1.428	0.7002	21.412	0.04670	0.06670	14.992
19	1.457	0.6864	22.841	0.04378	0.06378	15.678
20	1.486	0.6730	24.297	0.04116	0.06116	16.351
21	1.516	0.6598	25.783	0.03878	0.05878	17.011
22	1.546	0.6468	27.299	0.03663	0.05663	17.658
23	1.577	0.6342	28.845	0.03467	0.05467	18.292
24	1.608	0.6217	30.422	0.03287	0.05287	18.914
25	1.641	0.6095	32.030	0.03122	0.05122	19.523
26	1.673	0.5976	33.671	0.02970	0.04970	20.121
27	1.707	0.5859	35.344	0.02829	0.04829	20.707
28	1.741	0.5744	37.051	0.02699	0.04699	21.281
29	1.776	0.5631	38.792	0.02578	0.04578	21.844
30	1.811	0.5521	40.568	0.02465	0.04465	22.396
35	2.000	0.5000	49.994	0.02000	0.04000	24.999
40	2.208	0.4529	60.402	0.01656	0.03656	27.355
45	2.438	0.4102	71.893	0.01391	0.03391	29.490
50	2.692	0.3715	84.579	0.01182	0.03182	31.424
55	2.972	0.3365	98.587	0.01014	0.03014	33.175
60	3.281	0.3048	114.052	0.00877	0.02877	34.761
65	3.623	0.2761	131.126	0.00763	0.02763	36.197
70	4.000	0.2500	149.978	0.00667	0.02667	37.499
75	4.416	0.2265	170.792	0.00586	0.02586	38.677
80	4.875	0.2051	193.772	0.00516	0.02516	39.745
85	5.383	0.1858	219.144	0.00456	0.02456	40.711
90	5.943	0.1683	247.157	0.00405	0.02405	41.587
95	6.562	0.1524	278.085	0.00360	0.02360	42.380
100	7.245	0.1380	312.232	0.00320	0.02320	43.098

2.5%

n	$(F/P, i, n)$ $(1+i)^n$	$(P/F, i, n)$ $\dfrac{1}{(1+i)^n}$	$(F/A, i, n)$ $\dfrac{(1+i)^n - 1}{i}$	$(A/F, i, n)$ $\dfrac{i}{(1+i)^n - 1}$	$(A/P, i, n)$ $\dfrac{i(1+i)^n}{(1+i)^n - 1}$	$(P/A, i, n)$ $\dfrac{(1+i)^n - 1}{i(1+i)^n}$
1	1.025	0.9756	1.000	1.00000	1.02500	0.976
2	1.051	0.9518	2.025	0.49383	0.51883	1.927
3	1.077	0.9286	3.076	0.32514	0.35014	2.856
4	1.104	0.9060	4.153	0.24082	0.26582	3.762
5	1.131	0.8839	5.256	0.19025	0.21525	4.646
6	1.160	0.8623	6.388	0.15655	0.18155	5.508
7	1.189	0.8413	7.547	0.13250	0.15750	6.349
8	1.218	0.8207	8.736	0.11447	0.13947	7.170
9	1.249	0.8007	9.955	0.10046	0.12546	7.971
10	1.280	0.7812	11.203	0.08926	0.11426	8.752
11	1.312	0.7621	12.483	0.08011	0.10511	9.514
12	1.345	0.7436	13.796	0.07249	0.09749	10.258
13	1.379	0.7254	15.140	0.06605	0.09105	10.983
14	1.413	0.7077	16.519	0.06054	0.08554	11.691
15	1.448	0.6905	17.932	0.05577	0.08077	12.381
16	1.485	0.6736	19.380	0.05160	0.07660	13.055
17	1.522	0.6572	20.865	0.04793	0.07293	13.712
18	1.560	0.6412	22.386	0.04467	0.06967	14.353
19	1.599	0.6255	23.946	0.04176	0.06676	14.979
20	1.639	0.6103	25.545	0.03915	0.06415	15.589
21	1.680	0.5954	27.183	0.03679	0.06179	16.185
22	1.722	0.5809	28.863	0.03465	0.05965	16.765
23	1.765	0.5667	30.584	0.03270	0.05770	17.332
24	1.809	0.5529	32.349	0.03091	0.05591	17.885
25	1.854	0.5394	34.158	0.02928	0.05428	18.424
26	1.900	0.5262	36.012	0.02777	0.05277	18.951
27	1.948	0.5134	37.912	0.02638	0.05138	19.464
28	1.996	0.5009	39.860	0.02509	0.05009	19.965
29	2.046	0.4887	41.856	0.02389	0.04889	20.454
30	2.098	0.4767	43.903	0.02278	0.04778	20.930
35	2.373	0.4214	54.928	0.01821	0.04321	23.145
40	2.685	0.3724	67.403	0.01484	0.03984	25.103
45	3.038	0.3292	81.516	0.01227	0.03727	26.833
50	3.437	0.2909	97.484	0.01026	0.03526	28.362
55	3.889	0.2571	115.551	0.00865	0.03365	29.714
60	4.400	0.2273	135.992	0.00735	0.03235	30.909
65	4.978	0.2009	159.118	0.00628	0.03128	31.965
70	5.632	0.1776	185.284	0.00540	0.03040	32.898
75	6.372	0.1569	214.888	0.00465	0.02965	33.723
80	7.210	0.1387	248.383	0.00403	0.02903	34.452
85	8.157	0.1226	286.279	0.00349	0.02849	35.096
90	9.229	0.1084	329.154	0.00304	0.02804	35.666
95	10.442	0.0958	377.664	0.00265	0.02765	36.169
100	11.814	0.0846	432.549	0.00231	0.02731	36.614

3%

n	$(F/P, i, n)$ $(1+i)^n$	$(P/F, i, n)$ $\dfrac{1}{(1+i)^n}$	$(F/A, i, n)$ $\dfrac{(1+i)^n-1}{i}$	$(A/F, i, n)$ $\dfrac{i}{(1+i)^n-1}$	$(A/P, i, n)$ $\dfrac{i(1+i)^n}{(1+i)^n-1}$	$(P/A, i, n)$ $\dfrac{(1+i)^n-1}{i(1+i)^n}$
1	1.030	0.9709	1.000	1.00000	1.03000	0.971
2	1.061	0.9426	2.030	0.49261	0.52261	1.913
3	1.093	0.9151	3.091	0.32353	0.35353	2.829
4	1.126	0.8885	4.184	0.23903	0.26903	3.717
5	1.159	0.8626	5.309	0.18835	0.21835	4.580
6	1.194	0.8375	6.468	0.15460	0.18460	5.417
7	1.230	0.8131	7.662	0.13051	0.16051	6.230
8	1.267	0.7894	8.892	0.11246	0.14246	7.020
9	1.305	0.7664	10.159	0.09843	0.12843	7.786
10	1.344	0.7441	11.464	0.08723	0.11723	8.530
11	1.384	0.7224	12.808	0.07808	0.10808	9.253
12	1.426	0.7014	14.192	0.07046	0.10046	9.954
13	1.469	0.6810	15.618	0.06403	0.09403	10.635
14	1.513	0.6611	17.086	0.05853	0.08853	11.296
15	1.558	0.6419	18.599	0.05377	0.08377	11.938
16	1.605	0.6232	20.157	0.04961	0.07961	12.561
17	1.653	0.6050	21.762	0.04595	0.07595	13.166
18	1.702	0.5874	23.414	0.04271	0.07271	13.754
19	1.754	0.5703	25.117	0.03981	0.06981	14.324
20	1.806	0.5537	26.870	0.03722	0.06722	14.877
21	1.860	0.5375	28.676	0.03487	0.06487	15.415
22	1.916	0.5219	30.537	0.03275	0.06275	15.937
23	1.974	0.5067	32.453	0.03081	0.06081	16.444
24	2.033	0.4919	34.426	0.02905	0.05905	16.936
25	2.094	0.4776	36.459	0.02743	0.05743	17.413
26	2.157	0.4637	38.553	0.02594	0.05594	17.877
27	2.221	0.4502	40.710	0.02456	0.05456	18.327
28	2.288	0.4371	42.931	0.02329	0.05329	18.764
29	2.357	0.4243	45.219	0.02211	0.05211	19.188
30	2.427	0.4120	47.575	0.02102	0.05102	19.600
35	2.814	0.3554	60.462	0.01654	0.04654	21.487
40	3.262	0.3066	75.401	0.01326	0.04326	23.115
45	3.782	0.2644	92.720	0.01079	0.04079	24.519
50	4.384	0.2281	112.797	0.00887	0.03887	25.730
55	5.082	0.1968	136.072	0.00735	0.03735	26.774
60	5.892	0.1697	163.053	0.00613	0.03613	27.676
65	6.830	0.1464	194.333	0.00515	0.03515	28.453
70	7.918	0.1263	230.594	0.00434	0.03434	29.123
75	9.179	0.1089	272.631	0.00367	0.03367	29.702
80	10.641	0.0940	321.363	0.00311	0.03311	30.201
85	12.336	0.0811	377.857	0.00265	0.03265	30.631
90	14.300	0.0699	443.349	0.00226	0.03226	31.002
95	16.578	0.0603	519.272	0.00193	0.03193	31.323
100	19.219	0.0520	607.288	0.00165	0.03165	31.599

3.5%

n	$(F/P, i, n)$ $(1+i)^n$	$(P/F, i, n)$ $\dfrac{1}{(1+i)^n}$	$(F/A, i, n)$ $\dfrac{(1+i)^n-1}{i}$	$(A/F, i, n)$ $\dfrac{i}{(1+i)^n-1}$	$(A/P, i, n)$ $\dfrac{i(1+i)^n}{(1+i)^n-1}$	$(P/A, i, n)$ $\dfrac{(1+i)^n-1}{i(1+i)^n}$
1	1.0350	0.9662	1.000	1.00000	1.03500	0.966
2	1.0712	0.9335	2.035	0.49140	0.52640	1.900
3	1.1087	0.9019	3.106	0.32193	0.35693	2.802
4	1.1475	0.8714	4.215	0.23725	0.27225	3.673
5	1.1877	0.8420	5.362	0.18648	0.22148	4.515
6	1.2293	0.8135	6.550	0.15267	0.18767	5.329
7	1.2723	0.7860	7.779	0.12854	0.16354	6.115
8	1.3168	0.7594	9.052	0.11048	0.14548	6.874
9	1.3629	0.7337	10.368	0.09645	0.13145	7.608
10	1.4106	0.7089	11.731	0.08524	0.12024	8.317
11	1.4600	0.6849	13.142	0.07609	0.11109	9.002
12	1.5111	0.6618	14.602	0.06848	0.10348	9.663
13	1.5640	0.6394	16.113	0.06206	0.09706	10.303
14	1.6187	0.6178	17.677	0.05657	0.09157	10.921
15	1.6753	0.5969	19.296	0.05183	0.08683	11.517
16	1.7340	0.5767	20.971	0.04768	0.08268	12.094
17	1.7947	0.5572	22.705	0.04404	0.07904	12.651
18	1.8575	0.5384	24.500	0.04082	0.07582	13.190
19	1.9225	0.5202	26.357	0.03794	0.07294	13.710
20	1.9898	0.5026	28.280	0.03536	0.07036	14.212
21	2.0594	0.4856	30.269	0.03304	0.06804	14.698
22	2.1315	0.4692	32.329	0.03093	0.06593	15.167
23	2.2061	0.4533	34.460	0.02902	0.06402	15.620
24	2.2833	0.4380	36.667	0.02727	0.06227	16.058
25	2.3632	0.4231	38.950	0.02567	0.06067	16.482
26	2.4460	0.4088	41.313	0.02421	0.05921	16.890
27	2.5316	0.3950	43.759	0.02285	0.05785	17.285
28	2.6202	0.3817	46.291	0.02160	0.05660	17.667
29	2.7119	0.3687	48.911	0.02045	0.05545	18.036
30	2.8068	0.3563	51.623	0.01937	0.05437	18.392
35	3.3336	0.3000	66.674	0.01500	0.05000	20.001
40	3.9593	0.2526	84.550	0.01183	0.04683	21.355
45	4.7024	0.2127	105.782	0.00945	0.04445	22.495
50	5.5849	0.1791	130.998	0.00763	0.04263	23.456
55	6.6331	0.1508	160.947	0.00621	0.04121	24.264
60	7.8781	0.1269	196.517	0.00509	0.04000	24.945
65	9.3567	0.1069	238.763	0.00419	0.03919	25.518
70	11.1128	0.0900	288.938	0.00346	0.03846	26.000
75	13.1986	0.0758	348.530	0.00287	0.03787	26.407
80	15.6757	0.0638	419.307	0.00238	0.03738	26.749
85	18.6179	0.0537	503.367	0.00199	0.03699	27.037
90	22.1122	0.0452	603.205	0.00166	0.03666	27.279
95	26.2623	0.0381	721.781	0.00139	0.03639	27.484
100	31.1914	0.0321	862.612	0.00116	0.03616	27.655

4%

n	$(F/P, i, n)$ $(1+i)^n$	$(P/F, i, n)$ $\dfrac{1}{(1+i)^n}$	$(F/A, i, n)$ $\dfrac{(1+i)^n - 1}{i}$	$(A/F, i, n)$ $\dfrac{i}{(1+i)^n - 1}$	$(A/P, i, n)$ $\dfrac{i(1+i)^n}{(1+i)^n - 1}$	$(P/A, i, n)$ $\dfrac{(1+i)^n - 1}{i(1+i)^n}$
1	1.040	0.9615	1.000	1.00000	1.04000	0.962
2	1.082	0.9246	2.040	0.49020	0.53020	1.886
3	1.125	0.8890	3.122	0.32035	0.36035	2.775
4	1.170	0.8548	4.246	0.23549	0.27549	3.630
5	1.217	0.8219	5.416	0.18463	0.22463	4.452
6	1.265	0.7903	6.633	0.15076	0.19076	5.242
7	1.316	0.7599	7.898	0.12661	0.16661	6.002
8	1.369	0.7307	9.214	0.10853	0.14853	6.733
9	1.423	0.7026	10.583	0.09449	0.13449	7.435
10	1.480	0.6756	12.006	0.08329	0.12329	8.111
11	1.539	0.6496	13.486	0.07415	0.11415	8.760
12	1.601	0.6246	15.026	0.06655	0.10655	9.385
13	1.665	0.6006	16.627	0.06014	0.10014	9.986
14	1.732	0.5775	18.292	0.05467	0.09467	10.563
15	1.801	0.5553	20.024	0.04994	0.08994	11.118
16	1.873	0.5339	21.825	0.04582	0.08582	11.652
17	1.948	0.5134	23.698	0.04220	0.08220	12.166
18	2.026	0.4936	25.645	0.03899	0.07899	12.659
19	2.107	0.4746	27.671	0.03614	0.07614	13.134
20	2.191	0.4564	29.778	0.03358	0.07358	13.590
21	2.279	0.4388	31.969	0.03128	0.07128	14.029
22	2.370	0.4220	34.248	0.02920	0.06920	14.451
23	2.465	0.4057	36.618	0.02731	0.06731	14.857
24	2.563	0.3901	39.083	0.02559	0.06559	15.247
25	2.666	0.3751	41.646	0.02401	0.06401	15.622
26	2.772	0.3607	44.312	0.02257	0.06257	15.983
27	2.883	0.3468	47.084	0.02124	0.06124	16.330
28	2.999	0.3335	49.968	0.02001	0.06001	16.663
29	3.119	0.3207	52.966	0.01888	0.05888	16.984
30	3.243	0.3083	56.085	0.01783	0.05783	17.292
35	3.946	0.2534	73.652	0.01358	0.05358	18.665
40	4.801	0.2083	95.026	0.01052	0.05052	19.793
45	5.841	0.1712	121.029	0.00826	0.04826	20.720
50	7.107	0.1407	152.667	0.00655	0.04655	21.482
55	8.646	0.1157	191.159	0.00523	0.04523	22.109
60	10.520	0.0951	237.991	0.00420	0.04420	22.623
65	12.799	0.0781	294.968	0.00339	0.04339	23.047
70	15.572	0.0642	364.290	0.00275	0.04275	23.395
75	18.945	0.0528	448.631	0.00223	0.04223	23.680
80	23.050	0.0434	551.245	0.00181	0.04181	23.915
85	28.044	0.0357	676.090	0.00148	0.04148	24.109
90	34.119	0.0293	827.983	0.00121	0.04121	24.267
95	41.511	0.0241	1012.785	0.00099	0.04099	24.398
100	50.505	0.0198	1237.624	0.00081	0.04081	24.505

5%

附表 9

n	$(F/P, i, n)$ $(1+i)^n$	$(P/F, i, n)$ $\dfrac{1}{(1+i)^n}$	$(F/A, i, n)$ $\dfrac{(1+i)^n-1}{i}$	$(A/F, i, n)$ $\dfrac{i}{(1+i)^n-1}$	$(A/P, i, n)$ $\dfrac{i(1+i)^n}{(1+i)^n-1}$	$(P/A, i, n)$ $\dfrac{(1+i)^n-1}{i(1+i)^n}$
1	1.050	0.9524	1.000	1.00000	1.05000	0.952
2	1.103	0.9070	2.050	0.48780	0.53780	1.859
3	1.158	0.8638	3.153	0.31721	0.36721	2.723
4	1.216	0.8227	4.310	0.23201	0.28201	3.546
5	1.276	0.7835	5.526	0.18097	0.23097	4.329
6	1.340	0.7462	6.802	0.14702	0.19702	5.076
7	1.407	0.7107	8.142	0.12282	0.17282	5.786
8	1.477	0.6768	9.549	0.10472	0.15472	6.463
9	1.551	0.6446	11.027	0.09069	0.14069	7.108
10	1.629	0.6139	12.578	0.07950	0.12950	7.722
11	1.710	0.5847	14.207	0.07039	0.12039	8.306
12	1.796	0.5568	15.917	0.06283	0.11283	8.863
13	1.886	0.5303	17.713	0.05646	0.10646	9.394
14	1.980	0.5051	19.599	0.05102	0.10102	9.899
15	2.079	0.4810	21.579	0.04634	0.09634	10.380
16	2.183	0.4581	23.657	0.04227	0.09227	10.838
17	2.292	0.4363	25.840	0.03870	0.08870	11.274
18	2.407	0.4155	28.132	0.03555	0.08555	11.690
19	2.527	0.3957	30.539	0.03275	0.08275	12.085
20	2.653	0.3769	33.066	0.03024	0.08024	12.462
21	2.786	0.3589	35.719	0.02800	0.07800	12.821
22	2.925	0.3418	38.505	0.02597	0.07597	13.163
23	3.072	0.3256	41.430	0.02414	0.07414	13.489
24	3.225	0.3101	44.502	0.02247	0.07247	13.799
25	3.386	0.2953	47.727	0.02095	0.07095	14.094
26	3.556	0.2812	51.113	0.01956	0.06956	14.375
27	3.733	0.2678	54.669	0.01829	0.06829	14.643
28	3.920	0.2551	58.403	0.01712	0.06712	14.898
29	4.116	0.2429	62.323	0.01605	0.06605	15.141
30	4.322	0.2314	66.139	0.01505	0.06505	15.372
35	5.516	0.1813	90.320	0.01107	0.06107	16.374
40	7.040	0.1420	120.800	0.00828	0.05828	17.159
45	8.985	0.1113	159.700	0.00626	0.05626	17.774
50	11.467	0.0872	209.348	0.00478	0.05478	18.256
55	14.636	0.0683	272.713	0.00367	0.05367	18.633
60	18.679	0.0535	353.584	0.00283	0.05283	18.929
65	23.840	0.0419	456.798	0.00219	0.05219	19.161
70	30.426	0.0329	588.529	0.00170	0.05170	19.343
75	38.833	0.0258	756.654	0.00132	0.05132	19.485
80	49.561	0.0202	971.229	0.00103	0.05103	19.596
85	63.254	0.0158	1245.087	0.00080	0.05080	19.684
90	80.730	0.0124	1594.607	0.00063	0.05063	19.752
95	103.035	0.0097	2040.694	0.00049	0.05049	19.806
100	131.501	0.0076	2610.025	0.00038	0.05038	19.848

6% 附表 10

n	$(F/P, i, n)$ $(1+i)^n$	$(P/F, i, n)$ $\dfrac{1}{(1+i)^n}$	$(F/A, i, n)$ $\dfrac{(1+i)^n - 1}{i}$	$(A/F, i, n)$ $\dfrac{i}{(1+i)^n - 1}$	$(A/P, i, n)$ $\dfrac{i(1+i)^n}{(1+i)^n - 1}$	$(P/A, i, n)$ $\dfrac{(1+i)^n - 1}{i(1+i)^n}$
1	1.060	0.9434	1.000	1.00000	1.06000	0.943
2	1.124	0.8900	2.060	0.48544	0.54544	1.833
3	1.191	0.8396	3.184	0.31411	0.37411	2.673
4	1.262	0.7921	4.375	0.22859	0.28859	3.465
5	1.338	0.7473	5.637	0.17740	0.23740	4.212
6	1.419	0.7050	6.975	0.14336	0.20336	4.917
7	1.504	0.6651	8.394	0.11914	0.17914	5.582
8	1.594	0.6274	9.897	0.10104	0.16104	6.210
9	1.689	0.5919	11.491	0.08702	0.14702	6.802
10	1.791	0.5584	13.181	0.07587	0.13587	7.360
11	1.898	0.5268	14.972	0.06679	0.12679	7.887
12	2.012	0.4970	16.870	0.05928	0.11928	8.384
13	2.133	0.4688	18.882	0.05296	0.11296	8.853
14	2.261	0.4423	21.015	0.04758	0.10758	9.295
15	2.397	0.4173	23.276	0.04296	0.10296	9.712
16	2.540	0.3936	25.673	0.03895	0.09895	10.106
17	2.693	0.3714	28.213	0.03544	0.09544	10.477
18	2.854	0.3503	30.906	0.03236	0.09236	10.828
19	3.026	0.3305	33.760	0.02962	0.08962	11.158
20	3.207	0.3118	36.786	0.02718	0.08718	11.470
21	3.400	0.2942	39.993	0.02500	0.08500	11.764
22	3.604	0.2775	43.392	0.02305	0.08305	12.042
23	3.820	0.2618	46.996	0.02128	0.08128	12.303
24	4.049	0.2470	50.816	0.01968	0.07968	12.550
25	4.292	0.2330	54.865	0.01823	0.07823	12.783
26	4.549	0.2198	59.156	0.01690	0.07690	13.003
27	4.822	0.2074	63.706	0.01570	0.07570	13.211
28	5.112	0.1956	68.528	0.01459	0.07459	13.406
29	5.418	0.1846	73.640	0.01358	0.07358	13.591
30	5.743	0.1741	79.058	0.01265	0.07265	13.765
35	7.686	0.1301	111.435	0.00897	0.06897	14.498
40	10.286	0.0972	154.762	0.00646	0.06646	15.046
45	13.765	0.0727	212.744	0.00470	0.06470	15.456
50	18.420	0.0543	290.336	0.00344	0.06344	15.762
55	24.650	0.0406	394.172	0.00254	0.06254	15.991
60	32.988	0.0303	533.128	0.00188	0.06188	16.161
65	44.145	0.0227	719.083	0.00139	0.06139	16.289
70	59.076	0.0169	967.932	0.00103	0.06103	16.385
75	79.057	0.0126	1300.949	0.00077	0.06077	16.456
80	105.796	0.0095	1746.600	0.00057	0.06057	16.509
85	141.579	0.0071	2342.982	0.00043	0.06043	16.549
90	189.465	0.0053	3141.075	0.00032	0.06032	16.579
95	253.546	0.0039	4209.104	0.00024	0.06024	16.601
100	339.302	0.0029	5638.368	0.00018	0.06018	16.618

附录I 复利因数表　337

7%　　　　　　　　　　　　　　　　　附表 11

n	$(F/P, i, n)$ $(1+i)^n$	$(P/F, i, n)$ $\dfrac{1}{(1+i)^n}$	$(F/A, i, n)$ $\dfrac{(1+i)^n-1}{i}$	$(A/F, i, n)$ $\dfrac{i}{(1+i)^n-1}$	$(A/P, i, n)$ $\dfrac{i(1+i)^n}{(1+i)^n-1}$	$(P/A, i, n)$ $\dfrac{(1+i)^n-1}{i(1+i)^n}$
1	1.070	0.9346	1.000	1.0000	1.0700	0.935
2	1.145	0.8734	2.070	0.4831	0.5531	1.808
3	1.225	0.8163	3.215	0.3111	0.3811	2.624
4	1.311	0.7629	4.440	0.2252	0.2952	3.387
5	1.403	0.7130	5.751	0.1739	0.2439	4.100
6	1.501	0.6663	7.153	0.1398	0.2098	4.767
7	1.606	0.6227	8.654	0.1156	0.1856	5.389
8	1.718	0.5820	10.260	0.0975	0.1675	5.971
9	1.838	0.5439	11.978	0.0835	0.1535	6.515
10	1.967	0.5083	13.816	0.0724	0.1424	7.024
11	2.105	0.4751	15.784	0.0634	0.1334	7.499
12	2.252	0.4440	17.888	0.0559	0.1259	7.943
13	2.410	0.4150	20.141	0.0497	0.1197	8.358
14	2.579	0.3878	22.550	0.0443	0.1143	8.745
15	2.759	0.3624	25.129	0.0398	0.1098	9.108
16	2.952	0.3387	27.888	0.0359	0.1059	9.447
17	3.159	0.3166	30.840	0.0324	0.1024	9.763
18	3.380	0.2959	33.999	0.0294	0.0994	10.059
19	3.617	0.2765	37.379	0.0268	0.0968	10.336
20	3.870	0.2765	37.379	0.0268	0.0944	10.336
21	4.141	0.2415	44.865	0.0223	0.0923	10.836
22	4.430	0.2257	49.006	0.0204	0.0904	11.061
23	4.741	0.2109	53.436	0.0187	0.0887	11.272
24	5.072	0.1971	58.177	0.0172	0.0872	11.469
25	5.427	0.1842	63.249	0.0158	0.0858	11.654
26	5.807	0.1722	68.676	0.0146	0.0846	11.826
27	6.214	0.1609	74.484	0.0134	0.0834	11.987
28	6.649	0.1504	80.698	0.0124	0.0824	12.137
29	7.114	0.1406	87.347	0.0114	0.0814	12.278
30	7.612	0.1314	94.461	0.0106	0.0806	12.409
35	10.677	0.0937	138.237	0.0072	0.0772	12.948
40	14.974	0.0668	199.635	0.0050	0.0750	13.332
45	21.007	0.0476	285.749	0.0035	0.0735	13.606
50	29.457	0.0339	406.529	0.0025	0.0725	13.801
55	41.315	0.0242	575.929	0.0017	0.0717	13.940
60	57.946	0.0173	813.520	0.0012	0.0712	14.039
65	81.273	0.0123	1146.755	0.0009	0.0709	14.110
70	113.989	0.0088	1614.134	0.0006	0.0706	14.160
75	159.876	0.0063	2269.657	0.0004	0.0704	14.196
80	224.234	0.0045	3189.063	0.0003	0.0703	14.222
85	314.500	0.0032	4478.576	0.0002	0.0702	14.240
90	441.103	0.0023	6287.185	0.0002	0.0702	14.253
95	618.670	0.0016	8823.854	0.0001	0.0701	14.263
100	867.716	0.0012	12381.662	0.0001	0.0701	14.269

8%   附表 12

n	$(F/P, i, n)$ $(1+i)^n$	$(P/F, i, n)$ $\dfrac{1}{(1+i)^n}$	$(F/A, i, n)$ $\dfrac{(1+i)^n-1}{i}$	$(A/F, i, n)$ $\dfrac{i}{(1+i)^n-1}$	$(A/P, i, n)$ $\dfrac{i(1+i)^n}{(1+i)^n-1}$	$(P/A, i, n)$ $\dfrac{(1+i)^n-1}{i(1+i)^n}$
1	1.080	0.9259	1.000	1.00000	1.08000	0.926
2	1.166	0.8573	2.080	0.48077	0.56077	1.783
3	1.260	0.7938	3.246	0.30803	0.38803	2.577
4	1.360	0.7350	4.506	0.22192	0.30192	3.312
5	1.469	0.6806	5.867	0.17046	0.25046	3.993
6	1.587	0.6302	7.336	0.13632	0.21632	4.623
7	1.714	0.5835	8.932	0.11207	0.19207	5.206
8	1.851	0.5403	10.637	0.09401	0.17401	5.747
9	1.999	0.5002	12.488	0.08008	0.16008	6.247
10	2.159	0.4632	14.487	0.06903	0.14903	6.710
11	2.332	0.4289	16.645	0.06008	0.14008	7.139
12	2.518	0.3971	18.977	0.05270	0.13270	7.536
13	2.720	0.3677	21.495	0.04652	0.12652	7.904
14	2.937	0.3405	24.215	0.04130	0.12130	8.244
15	3.172	0.3152	27.152	0.03683	0.11683	8.559
16	3.426	0.2919	30.324	0.03298	0.11298	8.851
17	3.700	0.2703	33.750	0.07963	0.10963	9.122
18	3.996	0.2502	37.450	0.02670	0.10670	9.372
19	4.316	0.2317	41.446	0.02413	0.10413	9.604
20	4.661	0.2145	45.762	0.02185	0.10185	9.818
21	5.034	0.1987	50.423	0.01983	0.09983	10.017
22	5.437	0.1839	55.457	0.01803	0.09803	10.201
23	5.871	0.1703	60.893	0.01642	0.09642	10.371
24	6.341	0.1577	66.765	0.01498	0.09498	10.529
25	6.848	0.1460	73.106	0.01368	0.09368	10.675
26	7.396	0.1352	79.954	0.01251	0.09251	10.810
27	7.988	0.1252	87.351	0.01145	0.09145	10.935
28	8.627	0.1159	95.339	0.01049	0.09049	11.051
29	9.317	0.1073	103.966	0.00962	0.08962	11.158
30	10.063	0.0994	113.283	0.00883	0.08883	11.258
35	14.785	0.0676	172.317	0.00580	0.08580	11.655
40	21.725	0.0460	259.057	0.00386	0.08386	11.925
45	31.920	0.0313	386.506	0.00259	0.08259	12.108
50	46.902	0.0213	573.770	0.00174	0.08174	12.233
55	68.914	0.0145	848.923	0.00118	0.08118	12.319
60	101.257	0.0099	1253.213	0.00080	0.08080	12.377
65	148.780	0.0067	1847.248	0.00054	0.08054	12.416
70	218.606	0.0046	2720.080	0.00037	0.08037	12.443
75	321.205	0.0031	4002.557	0.00025	0.08025	12.461
80	471.955	0.0021	5886.935	0.00017	0.08017	12.474
85	693.456	0.0014	8655.706	0.00012	0.08012	12.482
90	1018.915	0.0010	12723.939	0.00008	0.08008	12.488
95	1497.121	0.0007	18701.507	0.00005	0.08005	12.492
100	2199.761	0.0005	27484.516	0.00004	0.08004	12.494

10%

附表 13

n	$(F/P, i, n)$ $(1+i)^n$	$(P/F, i, n)$ $\dfrac{1}{(1+i)^n}$	$(F/A, i, n)$ $\dfrac{(1+i)^n-1}{i}$	$(A/F, i, n)$ $\dfrac{i}{(1+i)^n-1}$	$(A/P, i, n)$ $\dfrac{i(1+i)^n}{(1+i)^n-1}$	$(P/A, i, n)$ $\dfrac{(1+i)^n-1}{i(1+i)^n}$
1	1.100	0.9091	1.000	1.00000	1.10000	0.909
2	1.210	0.8264	2.100	0.47619	0.57619	1.736
3	1.331	0.7513	3.310	0.30211	0.40211	2.487
4	1.464	0.6830	4.641	0.21547	0.31547	3.170
5	1.611	0.6209	6.105	0.16380	0.26380	3.791
6	1.772	0.5645	7.716	0.12961	0.22961	4.355
7	1.949	0.5132	9.487	0.10541	0.20541	4.868
8	2.144	0.4665	11.436	0.08744	0.18744	5.335
9	2.358	0.4241	13.579	0.07354	0.17364	5.759
10	2.594	0.3855	15.937	0.06275	0.16275	6.144
11	2.853	0.3505	18.531	0.05396	0.15396	6.495
12	3.138	0.3186	21.384	0.04676	0.14676	6.814
13	3.452	0.2897	24.523	0.04078	0.14078	7.103
14	3.797	0.2633	27.975	0.03575	0.13575	7.367
15	4.177	0.2394	31.772	0.03147	0.13147	7.606
16	4.595	0.2176	35.95d	0.02782	0.12782	7.824
17	5.054	0.1978	40.545	0.02466	0.12466	8.022
18	5.560	0.1799	45.599	0.02193	0.12193	8.201
19	6.116	0.1635	51.159	0.01955	0.11955	8.365
20	6.727	0.1486	57.275	0.01746	0.11746	8.514
21	7.400	0.1351	64.002	0.01562	0.11562	8.649
22	8.140	0.1228	71.403	0.01401	0.11401	8.772
23	8.954	0.1117	79.543	0.01257	0.11257	8.883
24	9.850	0.1015	88.497	0.01130	0.11130	8.985
25	10.835	0.0923	98.347	0.01017	0.11017	9.077
26	11.918	0.0839	109.182	0.00916	0.10916	9.161
27	13.110	0.0763	121.100	0.00826	0.10826	9.237
28	14.421	0.0693	134.210	0.00745	0.10745	9.307
29	15.863	0.0630	148.631	0.00673	0.10673	9.370
30	17.449	0.0573	164.494	0.00608	0.10608	9.427
35	28.102	0.0356	271.024	0.00369	0.10369	9.644
40	45.259	0.0221	442.593	0.00226	0.10226	9.779
45	72.890	0.0137	718.905	0.00139	0.10139	9.863
50	117.391	0.0085	1163.909	0.00086	0.10086	9.915
55	189.059	0.0053	1880.591	0.00053	0.10053	9.947
60	304.482	0.0033	3034.816	0.00033	0.10033	9.967
65	490.371	0.0020	4893.707	0.00020	0.10020	9.980
70	789.747	0.0013	7887.470	0.00013	0.10013	9.987
75	1271.895	0.0008	12708.954	0.00008	0.10008	9.992
80	2048.400	0.0005	20474.002	0.00005	0.10005	9.995
85	3298.969	0.0003	32979.690	0.00003	0.10003	9.997
90	5313.023	0.0002	53120.226	0.00002	0.10002	9.998
95	8556.676	0.0001	85556.760	0.00001	0.10001	9.999

12%

附表 14

n	$(F/P, i, n)$ $(1+i)^n$	$(P/F, i, n)$ $\dfrac{1}{(1+i)^n}$	$(F/A, i, n)$ $\dfrac{(1+i)^n-1}{i}$	$(A/F, i, n)$ $\dfrac{i}{(1+i)^n-1}$	$(A/P, i, n)$ $\dfrac{i(1+i)^n}{(1+i)^n-1}$	$(P/A, i, n)$ $\dfrac{(1+i)^n-1}{i(1+i)^n}$
1	1.120	0.8929	1.000	1.00000	1.12000	0.893
2	1.254	0.7972	2.120	0.47170	0.59170	1.690
3	1.405	0.7118	3.374	0.29635	0.41635	2.402
4	1.574	0.6355	4.779	0.20923	0.32923	3.037
5	1.762	0.5674	6.353	0.15741	0.27741	3.605
6	1.974	0.5066	8.115	0.12323	0.24323	4.111
7	2.211	0.4523	10.089	0.09912	0.21912	4.564
8	2.476	0.4039	12.300	0.08130	0.20130	4.968
9	2.773	0.3606	14.776	0.06768	0.18768	5.328
10	3.106	0.3220	17.549	0.05698	0.17698	5.650
11	3.479	0.2875	20.655	0.04842	0.16842	5.938
12	3.896	0.2567	24.133	0.04144	0.16144	6.194
13	4.363	0.2292	28.029	0.03568	0.15568	6.424
14	4.887	0.2046	32.393	0.03087	0.15087	6.628
15	5.474	0.1827	37.280	0.02682	0.14682	6.811
16	6.130	0.1631	42.753	0.02339	0.14339	6.974
17	6.866	0.1456	48.884	0.02046	0.14046	7.120
18	7.690	0.1300	55.750	0.01794	0.13794	7.250
19	8.613	0.1161	63.440	0.01576	0.13576	7.366
20	9.646	0.1037	72.052	0.01388	0.13388	7.469
21	10.804	0.0926	81.699	0.01224	0.13224	7.562
22	12.100	0.0826	92.503	0.01081	0.13081	7.645
23	13.552	0.0738	104.603	0.00956	0.12956	7.718
24	15.179	0.0659	118.155	0.00846	0.12846	7.784
25	17.000	0.0588	133.334	0.00750	0.12750	7.843
26	19.040	0.0525	150.334	0.00665	0.12665	7.896
27	21.325	0.0469	169.374	0.00590	0.12590	7.943
28	23.884	0.0419	190.699	0.00524	0.12524	7.984
29	26.750	0.0374	214.583	0.00466	0.12466	8.022
30	29.960	0.0334	241.333	0.00414	0.12414	8.055
35	52.800	0.0189	431.663	0.00232	0.12232	8.176
40	93.051	0.0107	767.091	0.00130	0.12130	8.244
45	163.988	0.0061	1358.230	0.00074	0.12074	8.283
50	289.002	0.0035	2400.018	0.00042	0.12042	8.304
55	509.321	0.0020	4236.005	0.00024	0.12024	8.317
60	897.597	0.0011	7471.641	0.00013	0.12013	8.324
65	1581.872	0.0006	13173.937	0.00008	0.12008	8.328
70	2787.800	0.0004	23223.332	0.00004	0.12004	8.330
75	4913.056	0.0002	40933.799	0.00002	0.12002	8.332
80	8658.483	0.0001	72145.692	0.00001	0.12001	8.332

附录 I 复利因数表 341

15% 附表 15

n	$(F/P, i, n)$ $(1+i)^n$	$(P/F, i, n)$ $\dfrac{1}{(1+i)^n}$	$(F/A, i, n)$ $\dfrac{(1+i)^n-1}{i}$	$(A/F, i, n)$ $\dfrac{i}{(1+i)^n-1}$	$(A/P, i, n)$ $\dfrac{i(1+i)^n}{(1+i)^n-1}$	$(P/A, i, n)$ $\dfrac{(1+i)^n-1}{i(1+i)^n}$
1	1.150	0.8696	1.000	1.00000	1.15000	0.870
2	1.322	0.7561	2.150	0.46512	0.61512	1.626
3	1.521	0.6575	3.472	0.28798	0.43798	2.283
4	1.749	0.5718	4.993	0.20027	0.35027	2.855
5	2.011	0.4972	6.742	0.14832	0.29832	3.352
6	2.313	0.4323	8.754	0.11424	0.26424	3.784
7	2.660	0.3759	11.067	0.09036	0.24036	4.160
8	3.059	0.3269	13.727	0.07285	0.22285	4.487
9	3.518	0.2843	16.786	0.05957	0.20957	4.772
10	4.046	0.2472	20.304	0.04925	0.19925	5.019
11	4.652	0.2149	24.349	0.04107	0.19107	5.234
12	5.350	0.1869	29.002	0.03448	0.18448	5.421
13	6.153	0.1625	34.352	0.02911	0.17911	5.583
14	7.076	0.1413	40.505	0.02469	0.17469	5.724
15	8.137	0.1229	47.580	0.02102	0.17102	5.847
16	9.358	0.1069	55.717	0.01795	0.16795	5.954
17	10.761	0.0929	65.075	0.01537	0.16537	6.047
18	12.375	0.0808	75.836	0.01319	0.16319	6.128
19	14.232	0.0703	88.212	0.01134	0.16134	6.198
20	16.367	0.0611	102.444	0.00976	0.15976	6.259
21	18.822	0.0531	118.810	0.00842	0.15842	6.312
22	21.645	0.0462	137.632	0.00727	0.15727	6.359
23	24.891	0.0402	159.276	0.00628	0.15628	6.399
24	28.625	0.0349	184.168	0.00543	0.15543	6.434
25	32.919	0.0304	212.793	0.00470	0.15470	6.464
26	37.857	0.0264	245.712	0.00407	0.15407	6.491
27	43.535	0.0230	283.569	0.00353	0.15353	6.514
28	50.066	0.0200	327.104	0.00306	0.15306	6.534
29	57.575	0.0174	377.170	0.00265	0.15265	6.551
30	66.212	0.0151	434.745	0.00230	0.15230	6.566
35	133.176	0.0075	881.170	0.00113	0.15113	6.617
40	267.864	0.0037	1779.090	0.00056	0.15056	6.642
45	538.769	0.0019	3585.128	0.00028	0.15028	6.654
50	1083.657	0.0009	7217.716	0.00014	0.15014	6.661
55	2179.622	0.0005	14524.148	0.00007	0.15007	6.664
60	4383.999	0.0002	29219.992	0.00003	0.15003	6.665
65	8817.787	0.0001	58778.583	0.00002	0.15002	6.666

20%　　　　　　　　　　　　　　　　　　　　　　　附表 16

n	$(F/P, i, n)$ $(1+i)^n$	$(P/F, i, n)$ $\dfrac{1}{(1+i)^n}$	$(F/A, i, n)$ $\dfrac{(1+i)^n-1}{i}$	$(A/F, i, n)$ $\dfrac{i}{(1+i)^n-1}$	$(A/P, i, n)$ $\dfrac{i(1+i)^n}{(1+i)^n-1}$	$(P/A, i, n)$ $\dfrac{(1+i)^n-1}{i(1+i)^n}$
1	1.200	0.8333	1.000	1.00000	1.20000	0.833
2	1.440	0.6944	2.200	0.45455	0.65455	1.528
3	1.728	0.5787	3.640	0.27473	0.47473	2.106
4	2.074	0.4823	5.368	0.18629	0.38629	2.589
5	2.488	0.4019	7.442	0.13438	0.33438	2.991
6	2.986	0.3349	9.930	0.10071	0.30071	3.326
7	3.583	0.2791	12.916	0.07742	0.27742	3.605
8	4.300	0.2326	16.499	0.06061	0.26061	3.837
9	5.160	0.1938	20.799	0.04808	0.24808	4.031
10	6.192	0.1615	25.959	0.03852	0.23852	4.192
11	7.430	0.1346	32.150	0.03110	0.23110	4.327
12	8.916	0.1122	39.581	0.02528	0.22526	4.439
13	10.699	0.0935	48.497	0.02062	0.22062	4.533
14	12.839	0.0779	59.196	0.01689	0.21689	4.611
15	15.407	0.0649	72.035	0.01388	0.21388	4.675
16	18.488	0.0541	87.442	0.01144	0.21144	4.730
17	22.186	0.0451	105.931	0.00944	0.20944	4.775
18	26.623	0.0376	128.117	0.00781	0.20781	4.812
19	31.948	0.0313	154.740	0.00646	0.20646	4.843
20	38.338	0.0261	186.688	0.00538	0.20536	4.870
21	46.005	0.0217	225.026	0.00444	0.20444	4.891
22	55.206	0.0181	271.031	0.00369	0.20369	4.909
23	66.247	0.0151	326.237	0.00307	0.20307	4.925
24	79.497	0.0126	329.484	0.00255	0.20255	4.937
25	95.396	0.0105	471.981	0.00212	0.20212	4.948
26	114.475	0.0087	567.377	0.00176	0.20176	4.956
27	137.371	0.0073	681.853	0.00147	0.20147	4.964
28	164.845	0.0061	819.223	0.00122	0.20122	4.970
29	197.814	0.0051	984.068	0.00102	0.20102	4.975
30	237.376	0.0042	1181.882	0.00085	0.20085	4.979
35	590.668	0.0017	2948.341	0.00034	0.20034	4.992
40	1469.772	0.0007	7343.858	0.00014	0.20014	4.997
45	3657.262	0.0003	18281.310	0.00005	0.20005	4.999
50	9100.438	0.0001	45497.191	0.00002	0.20002	4.999

25%

附表 17

n	$(F/P, i, n)$ $(1+i)^n$	$(P/F, i, n)$ $\dfrac{1}{(1+i)^n}$	$(F/A, i, n)$ $\dfrac{(1+i)^n-1}{i}$	$(A/F, i, n)$ $\dfrac{i}{(1+i)^n-1}$	$(A/P, i, n)$ $\dfrac{i(1+i)^n}{(1+i)^n-1}$	$(P/A, i, n)$ $\dfrac{(1+i)^n-1}{i(1+i)^n}$
1	1.250	0.8000	1.000	1.00000	1.25000	0.800
2	1.562	0.6400	2.250	0.44444	0.69444	1.440
3	1.953	0.5120	3.812	0.26230	0.51230	1.952
4	2.441	0.4096	5.766	0.17344	0.42344	2.362
5	3.052	0.3277	8.207	0.12185	0.37185	2.689
6	3.815	0.2621	11.259	0.08882	0.33882	2.951
7	4.768	0.2097	15.073	0.06634	0.31634	3.161
8	5.960	0.1678	19.842	0.05040	0.30040	3.329
9	7.451	0.1342	25.802	0.03876	0.28876	3.463
10	9.313	0.1074	33.253	0.03007	0.28007	3.571
11	11.642	0.0859	42.566	0.02349	0.27349	3.656
12	14.552	0.0687	54.208	0.01845	0.26845	3.725
13	18.190	0.0550	68.760	0.01454	0.26454	3.780
14	22.737	0.0440	86.949	0.01150	0.26150	3.824
15	28.422	0.0352	109.687	0.00912	0.25912	3.859
16	35.527	0.0281	138.109	0.00724	0.25724	3.887
17	44.409	0.0225	173.636	0.00576	0.25576	3.910
18	55.511	0.0180	218.045	0.00459	0.25459	3.928
19	69.389	0.0144	273.556	0.00366	0.25366	3.942
20	86.736	0.0115	342.945	0.00292	0.25292	3.954
21	108.420	0.0092	429.681	0.00233	0.25233	3.963
22	135.525	0.0074	538.101	0.00186	0.25186	3.970
23	169.407	0.0059	673.626	0.00148	0.25148	3.976
24	211.758	0.0047	843.033	0.00119	0.25119	3.981
25	264.698	0.0038	1054.791	0.00095	0.25095	3.985
26	330.872	0.0030	1319.489	0.00076	0.25076	3.988
27	413.590	0.0024	1650.361	0.00061	0.25061	3.990
28	516.988	0.0019	2063.952	0.00048	0.25048	3.992
29	646.235	0.0015	2580.939	0.00039	0.25039	3.994
30	807.794	0.0012	3227.174	0.00031	0.25031	3.995
35	2465.190	0.0004	9856.761	0.00010	0.25010	3.998
40	7523.164	0.0001	30088.655	0.00003	0.25003	3.999

30%

n	(F/P, i, n) $(1+i)^n$	(P/F, i, n) $\dfrac{1}{(1+i)^n}$	(F/A, i, n) $\dfrac{(1+i)^n-1}{i}$	(A/F, i, n) $\dfrac{i}{(1+i)^n-1}$	(A/P, i, n) $\dfrac{i(1+i)^n}{(1+i)^n-1}$	(P/A, i, n) $\dfrac{(1+i)^n-1}{i(1+i)^n}$
1	1.300	0.7692	1.000	1.00000	1.30000	0.769
2	1.690	0.5917	2.300	0.43478	0.73478	1.361
3	2.197	0.4552	3.990	0.25063	0.55063	1.816
4	2.856	0.3501	6.187	0.16163	0.46163	2.166
5	3.713	0.2693	9.043	0.11058	0.41058	2.436
6	4.827	0.2072	12.756	0.07839	0.37839	2.643
7	6.275	0.1594	17.583	0.05687	0.35687	2.802
8	8.157	0.1226	23.858	0.04192	0.34192	2.925
9	10.604	0.0943	32.015	0.03124	0.33124	3.019
10	13.786	0.0725	42.619	0.02346	0.32346	3.092
11	17.922	0.0558	56.405	0.01773	0.31773	3.147
1Z	23.298	0.0429	74.327	0.01345	0.31345	3.190
13	30.288	0.0330	97.625	0.01024	0.31024	3.223
14	39.374	0.0254	127.913	0.00782	0.30782	3.249
15	51.186	0.0195	167.286	0.00598	0.30598	3.268
16	66.542	0.0150	218.472	0.00458	0.30458	3.283
17	86.504	0.0116	285.014	0.00351	0.30351	3.295
18	112.455	0.0089	371.518	0.00269	0.30269	3.304
19	146.192	0.0068	483.973	0.00207	0.30207	3.311
20	190.050	0.0053	630.165	0.00159	0.30159	3.316
21	247.065	0.0040	820.215	0.00122	0.30122	3.320
22	321.184	0.0031	1067.280	0.00094	0.30094	3.323
23	417.539	0.0024	1388.464	0.00072	0.30072	3.325
24	542.801	0.0018	1806.003	0.00055	0.30055	3.327
25	705.641	0.0014	2348.803	0.00043	0.30043	3.329
26	917.333	0.0011	3054.444	0.00033	0.30033	3.330
27	1192.533	0.0008	3971.778	0.00025	0.30025	3.331
28	1550.293	0.0006	5164.311	0.00019	0.30019	3.331
29	2015.381	0.0005	6714.604	0.00015	0.30015	3.332
30	2619.996	0.0004	8729.985	0.00011	0.30011	3.332
35	9727.860	0.0001	32422.868	0.00003	0.30003	3.333

40% 附表 19

n	$(F/P, i, n)$ $(1+i)^n$	$(P/F, i, n)$ $\dfrac{1}{(1+i)^n}$	$(F/A, i, n)$ $\dfrac{(1+i)^n-1}{i}$	$(A/F, i, n)$ $\dfrac{i}{(1+i)^n-1}$	$(A/P, i, n)$ $\dfrac{i(1+i)^n}{(1+i)^n-1}$	$(P/A, i, n)$ $\dfrac{(1+i)^n-1}{i(1+i)^n}$
1	1.400	0.7143	1.000	1.00000	1.40000	0.714
2	1.960	0.5102	2.400	0.41667	0.81667	1.224
3	2.744	0.3644	4.360	0.22936	0.62936	1.589
4	3.842	0.2603	7.104	0.14077	0.54077	1.849
5	5.378	0.1859	10.946	0.09136	0.49136	2.035
6	7.530	0.1328	16.324	0.06126	0.46126	2.168
7	10.541	0.0949	23.853	0.04192	0.44192	2.263
8	14.758	0.0678	34.395	0.02907	0.42907	2.331
9	20.661	0.0484	49.153	0.02034	0.42034	2.379
10	28.925	0.0346	69.814	0.01432	0.41432	2.414
11	40.496	0.0247	98.739	0.01013	0.41013	2.438
12	56.694	0.0176	139.235	0.00718	0.40718	2.456
13	79.371	0.0126	195.929	0.00510	0.40510	2.469
14	111.120	0.0090	275.300	0.00363	0.40363	2.478
15	155.568	0.0064	386.420	0.00259	0.40259	2.484
16	217.795	0.0046	541.988	0.00185	0.40185	2.489
17	304.913	0.0033	759.784	0.00132	0.40132	2.492
18	426.879	0.0023	1064.697	0.00094	0.40094	2.494
19	597.630	0.0017	1491.576	0.00067	0.40067	2.496
20	836.683	0.0012	2089.206	0.00048	0.40048	2.497
21	1171.356	0.0009	2925.889	0.00034	0.40034	2.498
22	1639.898	0.0006	4097.245	0.00024	0.40024	2.498
23	2295.857	0.0004	5737.142	0.00017	0.40017	2.499
24	3214.200	0.0003	8032.999	0.00012	0.40012	2.499
25	4499.880	0.0002	11247.199	0.00009	0.40009	2.499
26	6299.831	0.0002	15747.079	0.00006	0.40006	2.500
27	8819.764	0.0001	22046.910	0.00005	0.40005	2.500

50%

n	$(F/P, i, n)$ $(1+i)^n$	$(P/F, i, n)$ $\dfrac{1}{(1+i)^n}$	$(F/A, i, n)$ $\dfrac{(1+i)^n-1}{i}$	$(A/F, i, n)$ $\dfrac{i}{(1+i)^n-1}$	$(A/P, i, n)$ $\dfrac{i(1+i)^n}{(1+i)^n-1}$	$(P/A, i, n)$ $\dfrac{(1+i)^n-1}{i(1+i)^n}$
1	1.500	0.6667	1.000	1.00000	1.50000	0.667
2	2.250	0.4444	2.500	0.40000	0.90000	1.111
3	3.375	0.2963	4.750	0.21053	0.71053	1.407
4	5.062	0.1975	8.125	0.12308	0.62308	1.605
5	7.594	0.1317	13.188	0.07583	0.57583	1.737
6	11.391	0.0878	20.781	0.04812	0.54812	1.824
7	17.086	0.0585	32.172	0.03108	0.53108	1.883
8	25.629	0.0390	49.258	0.02030	0.52030	1.922
9	38.443	0.0260	74.887	0.01335	0.51335	1.948
10	57.665	0.0173	113.330	0.00882	0.50882	1.965
11	86.498	0.0116	170.995	0.00585	0.50585	1.977
12	129.746	0.0077	257.493	0.00388	0.50388	1.985
13	194.620	0.0051	387.239	0.00258	0.50258	1.990
14	291.929	0.0034	581.859	0.00172	0.50172	1.993
15	437.894	0.0023	873.788	0.00114	0.50114	1.995
16	656.841	0.0015	1311.682	0.00076	0.50076	1.997
17	985.261	0.0010	1968.523	0.00051	0.50051	1.998
18	1477.892	0.0007	2953.784	0.00034	0.50034	1.999
19	2216.838	0.0005	4431.676	0.00023	0.50023	1.999
20	3325.257	0.0003	6648.513	0.00015	0.50015	1.999
21	4987.885	0.0002	9973.770	0.00010	0.50010	2.000
22	7481.828	0.0001	14961.655	0.00007	0.50007	2.000

附录 Ⅱ 随机数表

附表 21

48867	33971	29678	13151	56644	49193	93469	43252	14006	47173
32267	69746	00113	51336	36551	56310	85793	53453	09744	64346
27345	03196	33877	35032	98054	48358	21788	98862	67491	42221
55753	05256	51557	90419	40716	64589	90398	37070	78348	02918
93124	50675	04507	44001	06365	77897	84566	99600	67985	49133
98658	66583	97433	10733	80495	62709	61357	66903	76730	79355
68216	94830	41248	50712	46878	87317	80545	31484	03195	14755
17901	30815	78360	78260	67866	42304	07293	61290	61301	04815
88124	21868	14942	25893	72695	56231	18918	72534	86737	77792
83464	36749	22336	50443	83576	19238	91730	37507	22717	94719
91310	99003	25704	55581	00729	22024	61319	66162	20933	67713
32739	38352	91256	77744	75080	01492	90984	63090	53087	41301
07751	56724	03290	56386	06070	67105	64219	48192	70478	84722
55228	64156	90480	97774	08055	04435	26999	42039	16589	06757
89013	51781	81116	24383	95569	94247	44437	36293	29967	16088
51828	81819	81038	89146	39192	89470	76331	56420	14527	34828
59783	85454	93327	06078	64924	07271	77563	92710	42183	12380
80267	47103	90556	16128	41490	07996	78454	47929	81586	67024
82919	44210	61607	93001	26314	26865	26714	43793	94937	28439
77019	77417	19466	14967	75521	49967	74065	09746	27881	01070
66225	61832	06242	40093	48000	76849	29929	18988	10888	40344
98534	12777	84601	56336	00034	85939	32438	09549	01855	40550
63175	70789	51345	43723	06995	11186	38615	56646	54320	39632
92362	73011	09115	78303	38901	58107	95366	17226	74626	78208
61831	44794	65079	97130	94289	73502	04857	68855	47045	06309
42502	01646	88493	48207	01283	16474	08864	68322	92454	19287
89733	86230	04903	55015	11811	98185	32014	84761	80926	14509
01336	66633	26015	66768	24846	30032	73118	15802	13549	41335
72623	56083	65799	88934	87274	19417	84897	90877	76472	52145
74004	68388	04090	35239	49379	04456	07642	68642	01026	43810
09388	54633	27684	47117	67583	42496	20703	68579	65883	10729
51771	92019	39791	60400	08585	60680	28841	09921	00520	73135
69796	30304	79836	20631	10743	00246	24979	35707	75283	39211
98417	33403	63448	90462	91645	24919	73609	26663	09380	30515
56150	18324	43011	02660	86574	86097	49399	21249	90380	94375
76199	75692	09063	79999	94672	69128	39046	15379	98450	09159
74978	98693	21433	34676	97603	48534	59205	66265	03561	83075
35769	92530	04407	53725	96963	19395	16193	51018	70333	12094
63819	65669	38960	74631	39650	39419	93707	61365	46302	26134
18892	43143	19619	43200	49613	54904	73502	19519	11667	53294
32855	17190	61587	80411	22827	38852	51952	47785	34952	93574
29435	96277	53583	92804	06027	19736	54918	66396	96547	00351
36211	67263	82064	41624	49826	17566	02476	79368	28831	02805
73514	00176	41638	01420	31850	41380	11643	06787	09011	88924
90895	93099	27850	29423	98693	71762	39928	35268	59359	20674
69719	90656	62186	50435	77015	29661	94698	56057	04388	33381
94982	81453	87162	28248	37921	21143	62673	81224	38972	92988
84136	04221	72790	04719	34914	95609	88695	60180	58790	12802
58515	80581	88442	65727	72121	40481	06001	13159	55324	93595
9.0681	59164	75797	08928	68381	12616	97487	84803	92457	88847

附录Ⅲ 标准正态分布表

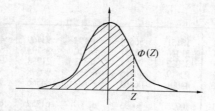

附表 22

Z	0	1	2	3	4	5	6	7	8	9
-3.0	0.0013	0.0010	0.0007	0.0005	0.0003	0.0002	0.0002	0.0001	0.0001	0.0000
-2.9	0.0019	0.0018	0.0017	0.0017	0.0016	0.0016	0.0015	0.0015	0.0014	0.0014
-2.8	0.0026	0.0025	0.0024	0.0023	0.0023	0.0022	0.0021	0.0021	0.0020	0.0019
-2.7	0.0035	0.0034	0.0033	0.0032	0.0031	0.0030	0.0029	0.0028	0.0027	0.0026
-2.6	0.0047	0.0045	0.0044	0.0043	0.0041	0.0040	0.0039	0.0038	0.0037	0.0036
-2.5	0.0062	0.0060	0.0059	0.0057	0.0055	0.0054	0.0052	0.0051	0.0049	0.0048
-2.4	0.0082	0.0080	0.0078	0.0075	0.0073	0.0071	0.0069	0.0068	0.0066	0.0064
-2.3	0.0107	0.0104	0.0102	0.0099	0.0096	0.0094	0.0091	0.0089	0.0087	0.0084
-2.2	0.0139	0.0136	0.0132	0.0129	0.0126	0.0122	0.0119	0.0116	0.0113	0.0110
-2.1	0.0179	0.0174	0.0170	0.0166	0.0162	0.0158	0.0154	0.0150	0.0146	0.0143
-2.0	0.0228	0.0222	0.0217	0.0212	0.0207	0.0202	0.0197	0.0192	0.0188	0.0183
-1.9	0.0287	0.0281	0.0274	0.0268	0.0262	0.0256	0.0250	0.0244	0.0238	0.0233
-1.8	0.0359	0.0352	0.0344	0.0336	0.0329	0.0322	0.0314	0.0307	0.0300	0.0294
-1.7	0.0446	0.0436	0.0427	0.0418	0.0409	0.0401	0.0392	0.0384	0.0375	0.0367
-1.6	0.0548	0.0537	0.0526	0.0516	0.0505	0.0495	0.0485	0.0475	0.0465	0.0455
-1.5	0.0668	0.0655	0.0643	0.0630	0.0618	0.0606	0.0594	0.0582	0.0570	0.0559
-1.4	0.0808	0.0793	0.0778	0.0764	0.0749	0.0735	0.0722	0.0708	0.0694	0.0681
-1.3	0.0968	0.0951	0.0934	0.0913	0.0901	0.0885	0.0869	0.0853	0.0838	0.0823
-1.2	0.1151	0.1131	0.1112	0.1093	0.1075	0.1056	0.1038	0.1020	0.1003	0.0985
-1.1	0.1357	0.1335	0.1314	0.1292	0.1271	0.1251	0.1230	0.1210	0.1190	0.1170
-1.0	0.1587	0.1562	0.1539	0.1515	0.1492	0.1469	0.1446	0.1423	0.1401	0.1379
-0.9	0.1841	0.1814	0.1788	0.1762	0.1736	0.1711	0.1685	0.1660	0.1635	0.1611
-0.8	0.2199	0.2090	0.2061	0.2033	0.2005	0.1977	0.1949	0.1922	0.1894	0.1867
-0.7	0.2420	0.2389	0.2358	0.2327	0.2297	0.2266	0.2236	0.2206	0.2177	0.2148
-0.6	0.2743	0.2709	0.2676	0.2643	0.2611	0.2578	0.2546	0.2514	0.2483	0.2451
-0.5	0.3085	0.3050	0.3015	0.2981	0.2946	0.2912	0.2877	0.2843	0.2810	0.2776
-0.4	0.3446	0.3409	0.3372	0.3336	0.3300	0.3264	0.3228	0.3192	0.3150	0.3121
-0.3	0.3821	0.3783	0.3745	0.3707	0.3669	0.3632	0.3594	0.3557	0.3520	0.3483
-0.2	0.4207	0.4168	0.4129	0.4090	0.4052	0.4013	0.3974	0.3930	0.3897	0.3859
-0.1	0.4602	0.4562	0.4522	0.4483	0.4443	0.4404	0.4364	0.4325	0.4286	0.4247
-0.0	0.5000	0.4960	0.4920	0.4880	0.4840	0.4801	0.4761	0.4721	0.4681	0.4641

附录Ⅲ 标准正态分布表

续表

Z	0	1	2	3	4	5	6	7	8	9
0.0	0.5000	0.5040	0.5080	0.5120	0.5160	0.5199	0.5239	0.5279	0.5319	0.5359
0.1	0.5398	0.5438	0.5478	0.5517	0.5557	0.5596	0.5636	0.5675	0.5714	0.5753
0.2	0.5793	0.5832	0.5871	0.5910	0.5948	0.5987	0.6026	0.6064	0.6103	0.6141
0.3	0.6179	0.6217	0.6255	0.6293	0.6331	0.6368	0.6406	0.6443	0.6480	0.6517
0.4	0.6554	0.6591	0.6628	0.6664	0.6700	0.6736	0.6772	0.6808	0.6844	0.6879
0.5	0.6915	0.6950	0.6985	0.7019	0.7054	0.7088	0.7123	0.5157	0.7190	0.7224
0.6	0.7257	0.7291	0.7324	0.7357	0.7389	0.7422	0.7454	0.7486	0.7517	0.7549
0.7	0.7580	0.7611	0.7642	0.7673	0.7703	0.7734	0.7764	0.7794	0.7823	0.7852
0.8	0.7881	0.7910	0.7939	0.7967	0.7995	0.8023	0.8051	0.8078	0.8106	0.8133
0.9	0.8159	0.816	0.8212	0.8238	0.8264	0.8289	0.8315	0.8340	0.8365	0.8389
1.0	0.8413	0.8438	0.8461	0.8485	0.8508	0.8531	0.8554	0.8557	0.8599	0.8621
1.1	0.8643	0.8665	0.8686	0.8708	0.8729	0.8749	0.8770	0.8790	0.8810	0.8830
1.2	0.8849	0.8869	0.8888	0.8907	0.8925	0.8944	0.8962	0.8980	0.8997	0.9015
1.3	0.9032	0.9049	0.9066	0.9082	0.9099	0.9115	0.9131	0.9147	0.9162	0.9177
1.4	0.9192	0.9207	0.9222	0.9236	0.9251	0.9265	0.9278	0.9292	0.9306	0.9319
1.5	0.9332	0.9345	0.9357	0.9370	0.9382	0.9394	0.9406	0.9418	0.9430	0.9441
1.6	0.9452	0.9463	0.9472	0.9484	0.9495	0.9505	0.9515	0.9525	0.9535	0.9545
1.7	0.9554	0.9564	0.9573	0.9582	0.9591	0.9599	0.9608	0.9616	0.9625	0.9633
1.8	0.9641	0.9648	0.9656	0.9664	0.9671	0.9678	0.9686	0.9693	0.9700	0.9606
1.9	0.9713	0.9719	0.9726	0.9732	0.9738	0.9744	0.9750	0.9756	0.9762	0.9767
2.0	0.9772	0.9778	0.9783	0.9788	0.9793	0.9798	0.9803	0.9808	0.9812	0.9817
2.1	0.9821	0.9826	0.9830	0.9834	0.9838	0.9842	0.9846	0.9850	0.9854	0.9857
2.2	0.9861	0.9864	0.9868	0.9871	0.9874	0.9878	0.9881	0.9884	0.9887	0.9890
2.3	0.9893	0.9896	0.9898	0.9901	0.9904	0.9906	0.9909	0.9911	0.9913	0.9916
2.4	0.9918	0.9920	0.9922	0.9925	0.9927	0.9929	0.9931	0.9932	0.9934	0.9936
2.5	0.9938	0.9940	0.9941	0.9943	0.9945	0.9946	0.9948	0.9949	0.9951	0.9952
2.6	0.9953	0.9955	0.9956	0.9957	0.9959	0.9960	0.9961	0.9962	0.9963	0.9964
2.7	0.9965	0.9966	0.9967	0.9968	0.9969	0.9970	0.9971	0.9972	0.9973	0.9974
2.8	0.9974	0.9975	0.9976	0.9977	0.9977	0.9978	0.9979	0.9979	0.9980	0.9981
2.9	0.9981	0.9982	0.9982	0.9983	0.9984	0.9984	0.9985	0.9985	0.9986	0.9986
3.0	0.9987	0.9990	0.9993	0.9995	0.9997	0.9998	0.9998	0.9999	0.9999	0.1000

附录Ⅳ EXCEL 在财务评价中的应用

利用 EXCEL 中的财务函数，可以计算财务评价中的许多数值。

1. 资金时间价值的计算

EXCEL 提供了有关年金、年金终值、年金现值、利率、期数等资金的时间价值函数，可以方便地在模型中直接加以应用。

其有关术语如下：

RATE 表示利率，一般是一个固定值。

NPER 为方案寿命期或者计算期。

PMT 为等额年金，PMT 包括本金和利息，但不包括其他的费用及税款。

PV 为现值。如果省略 PV，则假设其数值为零。

FV 为终值。如果省略 FV，则假设其数值为零。

TYPE 是逻辑值，其数字为 0 或 1，用以指定现金流发生时间是在期末还是期初。1 表示支付时间在期初；如果为 0 或者忽略，表示支付时间在期末。

正负号表示现金流的方向。

1.1 终值函数 FV( )

该函数是在已知现值、年金、期限和利率的情况下求终值。表示形式是：
$FV(rate, nper, pmt, pv, type)$。

【例1】 某人现借出 100 元，年利率为 7%，借期 5 年，若考虑一次收回本利，5 年后他将收回多少款项？

$FV(5\%, 5, 0, -100, 0) = 140.26$

【例2】 某项目建设期为 5 年，每年年末向银行贷款 1000 万元，利率为 8%，投产时一次偿还，问 5 年末共应偿还多少款项？如果每年年初贷款，则 5 年末应偿还多少款项？

年末贷款时：$FV(8\%, 5, -1000, 0, 0) = ￥5866.60$

年初贷款时：$FV(8\%, 5, -1000, 0, 1) = ￥6335.93$

【例3】 现将 1000 元存入银行，以后每个月月末存入 100 元，年利率 6%，则 1 年后终值为多少？（有效利率 = 6%/12 = 0.5%）。

$FV(0.5\%, 12, -100, -1000, 0) = ￥2295.23$

1.2 现值函数 PV( )

该函数是在已知终值、年金、期限和利率的情况下求现值。表示形式是：
$PV(rate, nper, pmt, fv, type)$。

【例4】 如年利率为 10%，则 10 年后的 2594 万元资金现值价值几何？

$PV(10\%, 10, 0, 2594, 0) = ￥-1,000.10$

【例5】 已知年利率为12%，则每年年末某工厂需要支付设备的维修费350元，相当于现在多少钱？如年初支付则又如何？

年末支付时：$PV(12\%, 15, -350, 0, 0) = ¥2,383.80$

年初支付时：$PV(12\%, 15, -350, 0, 1) = ¥2,669.86$

【例6】 假设要购买一项保险年金，该保险可以在今后20年内于每月末回报500元，假定投资回报率为8%，则现在花60000元购买是否值得？

$PV(8\%/12, 12 \times 20, 500, 0, 0) = ¥-59,777.15$，-号表示现金流出。

因 59,777.15 < 60000，故不值得购买。

【例7】 某建筑公司计划从一年后开始的今后20年间每年能从银行取出2万元，第5年能多取出1万元，第10年能多取出1.5万元。若年利率为6%，则该公司现在应该存多少钱才能满足需要？

$P = PV(6\%, 20, 20000, 0, 0) + PV(6\%, 5, 0, 10000, 0) + PV(6\%, 10, 0, 15000, 0) = ¥-229,398.42 + ¥-7,472.58 + ¥-8,375.92 = ¥-245,246.92$

1.3 年金函数

1.3.1 年金函数 PMT（　　）

该函数是在已知现值、终值、期限和利率的情况下求年金。表示形式是：$PMT(rate, nper, pv, fv, type)$。

【例8】 某厂计划从现在起每年等额自筹资金，在5年后进行扩建，扩建项目预计需要资金150万元，利率10%，那每年末应该等额筹资多少？

$PMT(10\%, 5, 0, 150, 0) = ¥-24.57$ 万

【例9】 以6%的利率按月底等额存款，在18年后达到50000，则月存款额为多少？

$PMT(6\%/12, 18 \times 12, 0, 50000, 0) = ¥-129.08$

【例10】 某人从银行贷款50万元买房，贷款利率为6%，10年内按月等额偿还贷款，则每月还款额为多少？

$PMT(6\%/12, 10 \times 12, 500000, 0, 0) = ¥-5,551.03$

1.3.2 年金中的本金函数 PPMT（　　）

该函数是在已知固定利率和等额分期付款的情况下，计算在某一给定期间内的本金偿还额。表示形式是：$PPMT(rate, per, nper, pv, fv, type)$，Per表示用于计算其本金数额的期数，它必须介于1和付款总次数nper之间。

【例11】 续例10，某人从银行贷款50万元买房，贷款利率为6%，10年内按月等额偿还贷款，第1年第8个月和第10年第8个月的偿还本金额各为多少？

第1年第8个月偿还的年金中包含本金额：$PPMT(6\%/12, 8, 10 \times 12, 500000, 0) = ¥-3,159.43$

第10年第8个月内偿还的年金中包含本金额：$PPMT(6\%/12, 116, 10 \times 12, 500000, 0) = ¥-5,414.31$

1.3.3 年金中的利息函数 IPMT（ ）

该函数是在固定利率及等额分期付款方式的情况下，计算给定期数内对投资的利息偿还额。其函数表示形式是：IPMT（rate, per, nper, pv, fv, type），Per 是用于计算其利息数额的期数，必须在 1 到 nper 之间。

【例 12】 续例 10 和例 11，某人从银行贷款 50 万元买房，贷款利率为 6%，10 年内按月等额偿还贷款，第 1 年第 8 个月和第 10 年第 8 个月的偿还利息额各为多少？

第 1 年第 8 个月偿还的年金中包含的利息额：IPMT（6%/12, 8, 10×12, 500000, 0）= ￥-2,391.60

第 10 年第 8 个月偿还的年金中包含的利息额：IPMT（6%/12, 116, 10×12, 500000, 0）= ￥-136.72

将例 11 和例 12 中相对应的各月所还本金和利息额相加即得到例 10 中的等额年金 ￥-5,551.03。

即年金函数的三个函数存在以下关系：

PMT（ ）= PPMT（ ）+ IPMT（ ）。

1.4 计算期函数 NPER（ ）

该函数是在固定利率及等额分期付款方式下，计算某项投资的总期数。其表示形式是：NPER（rate, pmt, pv, fv, type）。

【例 13】 投资 24 万元购置某施工机械，则每年人工费（假设已折算成每年年末支付额）可节约 6 万元。则该机械的寿命为几年以上时该项投资合适？设利率为 12%，机械设备残值为 0。

NPER（12%, 6, -24, 0, 0）= 5.770176065（年），即该机械的寿命大于 5.77 年以上时该项投资合适。

如果例 13 的机械设备残值为 1 万元，则：

NPER（12%, 6, -24, 1, 0）= 5.591909571 年，即所要求的寿命期缩短了。

1.5 利率函数 RATE（ ）

该函数是已知年金、终值、现值、计算期等的情况下，计算固定利率。函数 RATE 通过迭代法计算得出，并且可能无解或有多个解。如果在进行 20 次迭代计算后，函数 RATE 的相邻两次结果没有收敛于 0.0000001，函数 RATE 将返回错误值 #NUM。其函数表示形式是：RATE（nper, pmt, pv, fv, type, guess）。guess 为预期利率。如果省略预期利率，则假设该值为 10%。如果函数 RATE 不收敛，请改变 guess 的值。通常当 guess 位于 0 到 1 之间时，函数 RATE 是收敛的。

【例 14】 已知贷款 8000 元，4 年还清，每月底还款额为 200 元，则该贷款的利率为多少？

$RATE(48, -200, 8000, 0, 0) = 1\%$，月贷款利率约为 1%。

年贷款利率为：$RATE(48, -200, 8000, 0, 0) \times 12 = 9\%$

2. 净现值函数 NPV

该函数是在已知贴现率（折现率或基准收益率）以及一系列未来支出（负值）（或者现金流出）和收入（正值）（现金流入），返回一项投资的净现值。其函数表示形式是 $NPV(rate, value1, value2, \cdots)$。Rate 为某一期间的贴现率，是一固定值。$value1, value2, \cdots$ 为 1 到 29 个参数，代表支出及收入。$value1, value2, \cdots$ 在时间上必须具有相等间隔，并且都发生在期末。NPV 使用 $value1, value2, \cdots$ 的顺序来解释现金流的顺序。所以务必保证支出和收入的数额按正确的顺序输入。如果参数为数值、空白单元格、逻辑值或数字的文本表达式，则都会计算在内；如果参数是错误值或不能转化为数值的文本，则被忽略。如果参数是一个数组或引用，则只计算其中的数字。数组或引用中的空白单元格、逻辑值、文字及错误值将被忽略。

函数 NPV 假定投资开始于 $value1$ 现金流所在日期的前一期，并结束于最后一笔现金流的当期。函数 NPV 依据未来的现金流来进行计算。如果第一笔现金流发生在第一个周期的期初，则第一笔现金必须添加到函数 NPV 的结果中，而不应包含在 $values$ 参数中。

【例 15】 某投资项目寿命期 5 年，期初投资 40000 元，第一年的净收益为 8000 元，第二年的净收益为 9200 元，第三年的净收益为 10000 元，第四年的净收益为 12000 元，第五年的净收益为 14500 元。设基准收益率为 8%，则 NPV 为多少？

$NPV = NPV(8\%, 8000, 9200, 10000, 12000, 14500) - 40000 = ¥1,922.06$

【例 16】 建设期第一年年末投资 10000 元，第二年净收益为 3000 元，第三年净收益为 4200 元，第四年净收益为 6800 元，基准收益率为 10%，则 NPV 为多少？

$NPV(10\%, -10000, 3000, 4200, 6800) = ¥1,188.44$

以上两例的区别在于，例 15 中投资发生在第一年的期初，例 16 中投资发生在第一年的期末，所以将第一年的期末投资当作价值序列中的第一个。

3. 内部收益率函数 IRR（   ）

已知现值、年值、方案寿命期、将来值等数值的情况下，计算内部收益率。这些现金流不必为均衡的，但作为年金，它们必须按固定的间隔产生，如按月或按年。其表示形式是 $IRR(values, guess)$。$values$ 是现金流，$values$ 必须包含至少一个正值和一个负值，以计算返回的内部收益率。

(1) 函数 IRR 根据数值的顺序来解释现金流的顺序。故应确定按需要的顺序输入了支付和收入的数值。

(2) 如果数组或引用包含文本、逻辑值或空白单元格，这些数值将被忽略。

(3) guess 为对函数 IRR 计算结果的估计值。

(4) Microsoft Excel 使用迭代法计算函数 IRR。从 guess 开始，函数 IRR 进行循环计算，直至结果的精度达到 0.00001%。如果函数 IRR 经过 20 次迭代，仍未找到结果，则返回错误值 #NUM!。

(5) 在大多数情况下，并不需要为函数 IRR 的计算提供 guess 值。如果省略 guess，假设它为 0.1（10%）。

(6) 如果函数 IRR 返回错误值 #NUM!，或结果没有靠近期望值，可用另一个 guess 值再试一次。

【例17】 某项目期初投资 70,000 元，第一年的净收益为 12,000 元，第二年的净收益 15,000 元，第三年的净收益为 18,000，第四年的净收益为 21,000 元，第五年的净收益 26,000 元。求此投资项目的内部收益率？

在 EXCEL 中列出现金流量如下表。

-70,000	期初投资
12,000	第一年的净收入
15,000	第二年的净收入
18,000	第三年的净收入
21,000	第四年的净收入
26,000	第五年的净收入

插入 IRR（A1：A6）= 9%

【例18】 假设投资 1000 万元购置某设备后，第一年、第二年、第三年末分别可获得 600 万元、500 万元、400 万元的净收益，设备的寿命为 3 年，3 年后的残值为零。则其投资的内部收益率为多少？

在 EXCEL 中列出现金流量如下表。

¥-1,000.00
600
500
400

插入 IRR（A1：A4）= 25%

4. 折旧函数

4.1 直线折旧函数 SLN（　　）

SLN 是计算某项资产在一个期间中的线性折旧值的函数。其表示形式是 SLN（cost，salvage，life），cost 为资产原值，salvage 为资产在折旧期末的价值（也称为资产残值），life 为折旧期限（有时也称作资产的使用寿命）。

【例19】 某设备原值 30000 元，其折旧年限为 10 年，残值为 7500 元，则按直线折旧法,其年折旧额为多少?

SLN(30000,7500,10)=￥2,250.00

4.2 双倍余额递减法折旧函数 DDB( )

DDB 使用双倍余额递减法或其他指定方法,计算一笔资产在给定期间内的折旧值。其表示形式是 DDB(cost,salvage,life,period,factor),cost 为资产原值,salvage 为资产在折旧期末的价值(也称为资产残值),life 为折旧期限(有时也称作资产的使用寿命),period 为需要计算折旧值的期间。period 必须使用与 life 相同的单位。factor 为余额递减速率(折旧因子),如果省略参数 factor,则函数假设 factor 为 2(双倍余额递减法)。如果不想使用双倍余额递减法,可改变参数 factor 的值。这五个参数都必须为正数。

当折旧大于余额递减计算值时,如果希望转换到直线余额递减法,可使用 VDB 函数。

【例 19】 某机械设备原值 2400 元,残值 300 元,使用年限 10 年,使用双倍余额递减法计算折旧?

计算第一天的折旧值。Microsoft Excel 自动将 factor 设置为 2:

DDB(2400,300,10×365,1)=￥1.32

计算第一个月的折旧值:DDB(2400,300,10×12,1,2)=￥40.00

计算第二个月的折旧值:DDB(2400,300,10×12,2,2)=￥39.33

计算第三个月的折旧值:DDB(2400,300,10×12,3,2)=￥38.68

计算第一年的折旧值:DDB(2400,300,10,1,2)=￥480.00

计算第二年的折旧值:DDB(2400,300,10,2,2)=￥384.00

计算第三年的折旧值:DDB(2400,300,10,3,2)=￥307.20

计算第四年的折旧值:DDB(2400,300,10,4,2)=￥245.76

计算第五年的折旧值:DDB(2400,300,10,5,2)=￥196.61

计算第六年的折旧值:DDB(2400,300,10,6,2)=￥157.29

计算第七年的折旧值:DDB(2400,300,10,7,2)=￥125.83

计算第八年的折旧值:DDB(2400,300,10,8,2)=￥100.66

使用双倍余额递减法,应当在其固定资产折旧年限到期前两年内,将固定资产净值扣除预计净残值后的净额平均摊销。

2400 − 1997.35 − 300 = 102.65 元

计算第九、十年的折旧值:102.65/2 = 51.325 元。

4.3 年限总和折旧法函数 SYD( )

SYD 计算某项资产按年限总和折旧法计算的指定期间的折旧值。其表示形式是 SYD(cost,salvage,life,per)。cost 为资产原值,salvage 为资产在折旧期末的价值(也称为资产残值),life 为折旧期限(有时也称作资产的使用寿命),per 为期间,其单位与 life 相同。

【例20】 某设备资产原值 30000 元，资产残值 7500 元，使用寿命 10 年，用年限总和法计算其折旧。

第一年的折旧值：SYD（30000,7500,10,1）＝￥4,090.91
第二年的折旧值：SYD（30000,7500,10,2）＝￥3,681.82
第十年的折旧值：SYD（30000,7500,10,10）＝￥409.09

主 要 参 考 书 目

[1] 《投资项目可行性研究指南》编写组.投资项目可行性研究指南.北京:中国电力出版社,2002

[2] 国家发展改革委员会、建设部发布.《建设项目经济评价方法与参数(第三版)》.北京:中国计划出版社,2006

[3] 千住镇雄,伏见多美雄共著.經濟性工学.日本能率協会,1969

[4] 千住镇雄,伏见多美雄共著.經濟性工学の基礎.日本能率協会,1985

[5] 千住镇雄,伏见多美雄.經濟性工学の應用.日本能率協会 1983

[6] 谷重雄著.建築經濟学.(日)技报堂出版,1988

[7] 玉井正寿著.價值分析.森北出版株式会社,1978

[8] 千住镇雄,伏见多美雄著.設備投資計画法.日科技建,1983

[9] (美)唐纳德 G·纽南著.工程经济分析.张德旺译.北京:水力电力出版社,1987

[10] 樊昌武,刘长滨编著.建筑工程技术经济学.北京:中国建筑工业出版社,1988

[11] 颜崇伦等著.建设项目可行性研究基本知识与应用.北京:电子工业出版社,1985

[12] 马克·汤普森著.计划评价中效益与费用分析.张军译.北京:中国建筑工业出版社,1987

[13] 肖大文编著.企业的技术改造及其可行性研究.西安:西北电讯工程学院出版社,1985

[14] 刘长滨.技术进步条件下有限区间内设备经济更新期探讨[J].建筑管理现代化.1987.3

[15] 联合国工业发展组织编.工业可行性研究编制手册.进出口管理委员会调研室组织翻译.北京:中国财政经济出版社,1981

[16] CanadaJR.(1971):Intermediate Economic Analysis for Management and Engineering,Prentice-HallInc

[17] DeCoster DT. and Schafer EL.(1979):Management Accounting:A Decision Analysis,2nd.ed.,John Wiley

[18] DeGarmo. EP. Canada JR. and Sullivan WG. Engineering Economy,6th ed. New York:The Macmillan Co.1979

[19] Morris WT. Engineering Economic Analysis. Reston,Va.:Reston Publishing,1976

[20] Geoffrey T. Le Blond,Douglas Ford Cobb,"Using1-2-3R",2nd ed. Indiana,1985

[21] 斯蒂芬 A.罗斯等著.公司理财(Corporate Finance).吴世农、沈艺峰、王志强等译.北京:机械工业出版社,2003

[22] 黄达主编.货币银行学.北京:中国人民大学出版社,2002

[23] 杨春鹏著.实物期权及其应用.上海:复旦大学出版社,2003

[24] 郁洪良著.金融期权与实物期权——比较和应用.上海:上海财经大学出版社,2003

[25] Jamie Rogens 著.战略、价值与风险——不动产期权理论.宋清秋译.北京:经济管理学院,2003

[26] 马欣著.高科技项目投资价值评估的实物期权研究[博士学位论文].北京:北京交通大学,2006
[27] 秦寿康等著.综合评价原理与应用[M].北京:电子工业出版社,2003年6月第1版
[28] 杜栋,庞庆华.现代综合评价方法与案例精选.北京:清华大学出版社,2005年9月第1版
[29] 谢季坚,刘承平.模糊数学方法及其应用.武汉:华中科技大学出版社,2000年5月第2版
[30] 韩伯棠编著.管理运筹学.北京:高等教育出版社,2000年7月第1版